KB212751

제10대 조계종정 혜암대종사 탄신 백주년 기념논집

慧菴禪師研究 ①

(사)혜암선사문화진흥회 엮음

혜암선사의
삶과 사상

시화음

眼光爍破三千界 裏有瞳睛碧眸寒 胸次洒落渾忘世 中有雷霆氣宇新 龍華禪院 松潭

傳佛心燈曹溪宗正慧菴堂性觀大宗師眞影

혜암당 성관대종사慧菴堂 性觀大宗師 진영眞影

불기 2543년(서기 1999년) 조계종정 당시 모습

불기 2512년(서기 1968년) 지리산 상무주암 수행시절

불기 2514년(서기 1970년) 4.15 하안거 결재기

불기 2515년(서기 1972년)남해용문사

불기 2538(서기 1994년). 1. 26.해인사 방장추대식

불기 2536년(서기 1992년) 음력 10월 15일 해인사 동안거 결재 기념

불기 2538년(서기 1994년) 승려대회

불기 2543년(서기 1999년) 4월 제10대 종정추대식

해인사 용맹정진

불기 2544년(서기 2000년) 원당암 용맹전진

불기 2544년(서기 2000년) 원당암 법문

불기 2542년(서기 1998년) 원당암 용맹정진 하안거 유발상좌와 함께

불기 2542년(서기 1998년) 달마선원에서 용맹정진 하안거 유발상좌와 함께

불기 2546년(서기 2002년) 1월 6일 혜암대종사 영결식

불기 2546년(서기 2002년) 1월 6일 혜암대종사 다비식

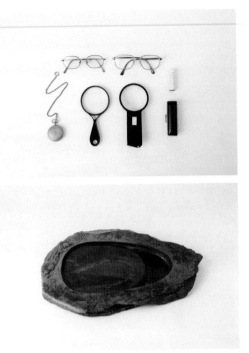

혜암대종사 유품

青山千秋綠
月色萬古明

伽倻山海印叢林 方丈 慧菴

海印寺全國禪院 首座大會
佛紀二五三八年陰七月十二日

曹溪宗正

惟愛法爲師

慧菴

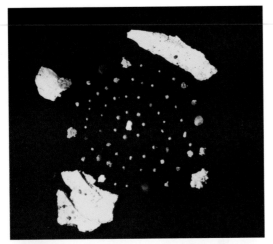

불기 2546년 (서기 2002년) 1월 7일
해암 큰스님의 사리

해암 큰스님의 비

해암 큰스님의 사리탑

CONTENTS

혜암당 성관대종사慧菴堂 性觀大宗師 행장行狀

혜암대종사慧菴大宗師는 1920년(庚申) 음력 3월 22일 전남 장성군 장성읍 덕진리 720번지에서 탄생하였다. 부친은 김원태金元泰이고 모친은 금성 정丁씨이며 속명은 남영南榮이라 하였다.

어려서부터 매우 총명하였으며, 타고난 성품은 강직하면서도 자비로웠다.

14세에 장성읍 성산 보통학교를 졸업하고 동리의 향숙鄕塾에서 사서삼경四書三經을 수학修學한 후 제자백가諸子百家를 열람하였으며, 위인전을 즐겨 읽었다.

17세에 일본日本으로 건너가 동·서양의 종교와 철학을 공부하던 중 어록을 보다가,

> 我有一卷經
> 不因紙墨成
> 展開無一字
> 常放大光明

> 나에게 한 권의 경전이 있으니
> 종이와 먹으로 이루어지지 아니하였네
> 펼치면 한 글자도 없지만
> 항상 큰 광명을 놓도다

라는 구절에 이르러 홀연히 발심하여 출가를 결심하고 귀국하였다.

1946년(27세), 합천 해인사에 입산 출가하여 인곡麟谷 스님을 은사로, 효봉曉峰 스님을 계사로 하여 수계득도受戒得度하고, '성관性觀'이라는 법명을 받았다.

스님은 출가한 날로부터 평생토록 일일일식一日一食과 장좌불와長坐不臥,

두타고행頭陀苦行으로 용맹정진勇猛精進하였으며, 가야총림선원伽倻叢林禪院에서 효봉스님을 모시고 첫 안거를 하였다.

1947년(28세), 문경 봉암사에서 성철·자운·우봉·보문·도우·법전·일도스님 등 20여 납자衲子와 더불어 '부처님 법대로 살자'는 봉암사 결사에 참여하였다.

1948년(29세), 해인사에서 상월霜月 스님을 계사로 비구계比丘戒를 수지하고, 오대산 상원사 한암스님 회상에서 안거하였다.

1949년(30세)에는 범어사에서 동산東山 스님을 계사로 보살계菩薩戒를 수지하고, 금정산 범어사 동산스님 회상과 가야총림 선원에서 안거하였다.

1951년(32세) 초봄에 해인사 장경각에서 은사이신 인곡스님께서 묻기를

如何是達磨隻履之消息인고?
金烏夜半西峰出입니다
如何是維摩杜口之消息인고?
靑山自靑山이요 白雲自白雲입니다
汝亦如是오 吾亦如是로다

'어떤 것이 달마대사가 한쪽 신을 둘러메고 간 소식인고' 하시니 '한밤중에 해가 서쪽 봉우리에서 떠오릅니다'라고 대답하였다.

또 '어떤 것이 유마 힐이 침묵한 소식인고' 하시자 '청산은 본래 청산이요 백운은 본래 백운입니다'라고 답하니 인곡스님께서 '너도 또한 그러하고 나도 또한 그러하다' 하시며,

只此一段事
古今傳與授
無頭亦無尾
分身千百億

다만 한 가지 이 일을
고금에 전해주니
머리도 꼬리도 없지만
천백억 화신으로 나투느니라

하시고 '혜암慧庵'이라는 법호를 내렸다.

이후 범어사 금어선원, 통영 안정사 천제굴闡提窟, 설악산 오세암五歲庵, 오대산 서대西臺와 동대東臺, 태백산 동암東庵 등지에서 목숨을 돌아보지 아니하고 더욱 고행 정진하였다.

특히, 천제굴闡提窟에서는 엄동설한嚴冬雪寒에도 불구하고 방바닥 한가운데 구들장을 파내고 성철스님과 함께 용맹정진하였으며, 6.25 전쟁 말기에는 인민군이 점령하고 있었던 설악산 오세암에 몇 번이나 죽을 고비를 넘기며 들어가 고행 정진하였고 오대산 동대 관음암에서는 적멸보궁까지 6개월 동안 밤낮없이 걸어 다니며 행선行禪 정진을 하였다.

1957년(38세) 겨울, 오대산 사고암史庫庵 토굴에서 방에 불을 때지 아니하고 검정콩 10알과 한 줌의 잣 잎으로 일종식一種食과 장좌불와長坐不臥하며 수마睡魔를 항복받고 5개월 동안 초인적인 고행 정진 끝에 주야불분晝夜不分 하고 의단疑團이 독로獨露하더니 홀연히 심안心眼이 활개豁開하여 오도송悟道頌을 읊었다.

迷則生滅心
悟來眞如性
迷悟俱打了
日出乾坤明

미혹할 땐 나고 죽더니
깨달으니 청정법신이네
미혹과 깨달음 모두 쳐부수니
해가 돋아 하늘과 땅이 밝도다

이로부터 동화사 금당선원, 오대산 서대와 북대, 상원사 선원, 지리산 상무주암, 통도사 극락암 선원, 묘관음사 선원, 천축사 선원, 용화사 법보선원 등 제방 선원에 나아가 더욱 탁마장양琢磨長養하였다.

1967년(48세)에 해인총림 유나維那, 1970년(51세)에는 대중의 요청에 따라 해인사 주지를 잠시 역임하기도 하였다.

1971년(52세), 통도사 극락암 선원에서 동안거 중에 경봉 조실스님께서 '봉통홍중공峰通紅中空'의 운자韻字에 맞추어 심경心境을 이르라고 하시니, 다음과 같은 게송을 지었다.

靈山會上靈鷲峰
萬里無雲萬里通
世尊拈花一枝花
歷千劫而長今紅
拈花當時吾見參
一棒打殺投火中
本來無物亡言語
天眞自性空不空

영산회상의 영취봉이여!
만리에 구름 한 점 없으니 만리에 통했도다
세존께서 들어 보인 한 송이 꽃은
미래제가 다하도록 길이 붉으리
꽃을 드실 때 내가 참석하여 보았다면
한 방망이로 때려 죽여 불 속에 던졌으리라
본래 한 물건도 없어 언어마저 끊겼건만
천진한 본래 성품은 공하되 공하지 아니하도다.

다음 해 봄, 수행처를 남해 용문사로 옮겨 정진함에 제방諸方의 납자와 재가불자在家佛子들이 모여들어 첫 회상會上을 이루었으며, 그 후 1973년(54세)에는 해인사 극락전에서 철조망을 치고 결사 정진을 하였다.

1976년(57세), 지리산 칠불암七佛庵에서 더욱 용맹정진하니 사부대중四部大衆이 운집하여 다시 회상會上이 이루어졌으며, 그해 봄 운상선원雲上禪院을 중수重修할 때에 먼지 속에서 작업 도중 홀연히 문수보살文殊菩薩을 친견하고 다음과 같은 게송으로 수기授記를 받았다.

塵凸心金剛劙
照見蓮攝顧悲

때문은 뾰족한 마음을 금강검으로 베어내고
연꽃을 비춰보아 자비로써 중생을 교화하라

1979년(60세)부터는 해인사 조사전에서 3년 결사를 시작으로 1990년(71세)까지 총림선원 대중과 함께 정진하였으며, 유나維那·수좌首座·부방장副方丈으로서 해인총림의 발전과 수행 가풍 진작을 위하여 진력盡力하였다.

특히, 스님은 출가 이후 가야산 해인사 선원, 희양산 봉암사 선원, 오대산 상원사 선원, 금정산 범어사 선원, 영축산 극락암 선원, 지리산 상무주암과 칠불암 선원, 조계산 송광사 선원 등 제방 선원에서 당대 선지식인 한암·효봉·동산·인곡경봉·전강선사 등을 모시고 45년 동안 일일일식一日一食과 장좌불와長坐不臥를 하며 용맹정진하였으니, 그 위법망구爲法忘軀의 두타고행頭陀苦行은 가히 본분납자本分衲子의 귀감龜鑑이요, 계율이 청정함은 인천人天의 사표師表라 아니할 수 없다.

1981년(62세)부터는 해인사 원당암에 재가불자 선원(달마선원)을 개설하여 매 안거 마다 1주일간 철야 용맹정진을 지도하고, 매월 2회 토요土曜 철야 참선 법회를 개최하여 약 500여 회에 이르는 참선 법문參禪法門을 설설說하는 등 수 많은 재가불자를 오직 참선 수행으로써 20년 동안 교화하였다.

1987년(68세), 조계종 원로회의 의원으로 선출되었으며, 1994년(75세)에는 원로회의 의장으로 추대되었다.

1993년(74세) 11월, 당시 조계종 종정이시며 해인총림 방장이셨던 성철 대종사께서 열반에 드심에 뒤를 이어 해인총림 제6대 방장에 추대되어 5백여 총림 대중을 지도하였다.

특히, 선원 대중에게는 오후 불식을 여법하게 지키도록 하고 '공부하다 죽어라', '밥을 적게 먹어라', '안으로 부지런히 정진하고 밖으로 남을 도와라' 하며 납자衲子로서 철저히 수행 정진할 것을 강조하였다.

또한, 매 결제 안거 중에 총림 대중이 함께 참여하는 1주일 철야 용맹정진 기간에는 노구老軀임에도 불구하고 한 시간도 빠짐없이 대중과 함께 정진하며 직접 후학을 지도하고 경책하여 주었다.

1994년 조계종 개혁 불사와 1998년 종단 분규사태 시에는 원로회의 의장으로서 종도들의 정신적 지주가 되어 주었다.

일생을 청정한 계행戒行과 두타고행頭陀苦行으로 올곧게 수행 정진한 스님은 1999년(80세) 4월, 조계종 제10대 종정에 추대되어 종단의 안정과 화합을 위하여 심혈을 기울였다.

2001년(82세) 12월 31일(음력 12월17일) 오전, 해인사 원당암 미소굴에서 문도들을 모아놓고 '인과因果가 역연歷然하니 참선 공부 잘해라'라고 당부한 후 임종게를 수서手書하니

我身本非有
心亦無所住
鐵牛含月走
石獅大哮吼

나의 몸은 본래 없는 것이요
마음 또한 머물 바 없도다
무쇠 소는 달을 물고 달아나고
돌사자는 소리 높여 부르짖도다

하고, 편안히 열반에 드니 세수世壽는 82세가 되고 법랍法臘은 56년이다.

2002년 1월 6일 해인사에서 5만여 사부대중이 운집하여 영결식을 종단장宗團葬으로 엄숙히 거행하고 다비茶毘를 봉행하니, 오색영롱한 사리 86과

顆가 출현하였다.

100일 동안 사리 친견법회를 봉행하였더니 날마다 인산인해를 이루었다.

2007년 12월, 문도들은 스님이 남기고 간 친필원고를 모아서 〈혜암대종사 법어집 I , II〉를 발간하고 해인사 일주문 입구에 위치한 '비림'에 사리탑과 행적비를 세웠다.

혜암당 성관대종사慧菴堂 性觀大宗師 연보年譜

불기 (서기) 세수 법랍 행장

2464(1920)　1　음력 3월22일 全南 長城郡 長城邑 德津里 720번지 에
　　　　　　서 嚴父 金元泰님과 慈母 丁桂仙님의 七男妹 中 次男으
　　　　　　로 出生하다. 俗名은 南榮이라 하다.

2477(1933)　14　長城邑 聖山 보통학교를 졸업하고 書院에서 漢學을 修學
　　　　　　하며 동·서양의 위인전偉人典과 佛敎經典을 耽讀하다.

2480(1936)　17　17세에 日本으로 건너가 동·서양의 종교와 哲學을 공
　　　　　　부하던 중《禪關策進》을 읽다가 發心하여 出家를 결심
　　　　　　하고 귀국하다.

2490(1946)　27　1　경남 합천 海印寺에 출가, 麟谷스님을 恩師로 曉峰스
　　　　　　님을 戒師로 受戒得度하다(음력 10.15). 法名은 性觀.
　　　　　　伽倻叢林 선원에서 首先안거 이래 漢巖·曉峰·東山·麟
　　　　　　谷·鏡峰·田岡선사 등 당대 선지식을 모시고 오대산 상
　　　　　　원사, 금정산 범어사, 통도사 극락암, 인천 용화사 등
　　　　　　제방선원에서 一日一食과 長坐不臥 頭陀苦行을 하며
　　　　　　45년 동안 勇猛精進하다.

2491(1947)　28　2　가야총림 선원(하안거), 문경 鳳巖寺 선원(동안거). 문
　　　　　　경 봉암사에서 성철·자운·우봉·보문·도우·법전·일도스
　　　　　　님 등 20여 납자와 함께 結社에 참여하다.

2492(1948)　29　3　가야총림 선원(하안거), 오대산 상원사 선원(동안거).
　　　　　　해인사에서 霜月 스님을 계사로 比丘戒 受持하다(음력
　　　　　　9.15).

2493(1949) 30 4 梵魚寺 금어선원(하안거), 가야총림 선원(동안거). 범어
사에서 東山스님을 계사로 菩薩戒 受持하다(음력 3.15).

2494(1950) 31 5 가야총림 선원(하·동안거).

2495(1951) 32 6 봄에 해인사에서 은사 麟谷스님으로부터 傳法偈와 '慧
庵'이라는 法號를 받다. 범어사 金魚禪院(하·동안거)
부터 방함록에 慧庵 性觀으로 표기되다.

2496(1952) 33 7 범어사 금어선원(하안거), 통영 안정사 천제굴(동안
거). 금어선원 하안거 대중 88명 가운데 동산스님으
로부터 유일하게 안거증을 받다. 동안거 중에 성철스
님과 함께 천제굴 방바닥 한가운데 구들장을 파내고
용맹정진하다

2497(1953) 34 8 설악산 五歲庵(하안거), 통영 안정사 천제굴(동안거).
인민군이 점령하고 있었던 설악산 오세암에 몇 번이
나 죽을 고비를 넘기며 들어가 봄부터 가을까지 고행
정진하다.

2498(1954) 35 9 오대산 西臺(하안거), 설악산 오세암(동안거). 서대에서
일타·일구스님과 함께 용맹정진하다. 여름부터 가을까
지 5개월 동안 낮에는 서대 염불암에서 좌선 정진하고
밤에는 적멸보궁까지 오가며 行禪 정진하다. 하안거 해
제 후 적멸보궁에서 하루 삼천배 씩 일주일 동안 참배
하고 "금생에 기필코 확철대오하리라"고 서원하다.

2499(1955) 36 10 오대산 東臺(하안거), 오대산 상원사 선원(동안거). 봄
부터 가을까지 6개월 동안 밤낮없이 동대 관음암에
서 적멸보궁까지 걸어다니며 行禪 정진하다.

2500(1956) 37 11 태백산 동암(하·동안거).

2501(1957) 38 12 태백산 동암(하안거), 오대산 史庫庵 토굴(동안거). 사
고암 토굴에서 수마睡魔를 항복받고 5개월 동안 초인
적인 용맹정진 끝에 悟道頌을 읊다.

2502(1958) 39 13 오대산 史庫庵 토굴(하안거), 고성 옥천사(동안거). 옥
천사에서 은사 인곡스님을 모시고 안거하다.

2503(1959) 40 14 동화사 금당선원(하안거), 오대산 서대(동안거). 동화
사 효봉스님 회상에서 은사 인곡스님을 모시고 안거
하다. 동안거 중 상원사 선원에서 진제·활안·희섭 월
현·현묵·현부스님 등과 함께 일주일 용맹정진하다.

2504(1960) 41 15 오대산 동대(하안거), 오대산 상원사 선원(동안거).

2505(1961) 42 16 해인사 (하안거), 오대산 北臺(동안거).
음력 7월 15일 은사 인곡스님이 해인사에서 입적하다.

2506(1962) 43 17 지리산 상무주암(하·동안거).

2507(1963) 44 18 통도사 極樂庵 선원(하안거), 해인사 선원(동안거). 극
락암 경봉스님 회상에서 안거하다.

2508(1964) 45 19 묘관음사 선원(하안거), 해인사 선원(동안거). 묘관음
사 향곡스님 회상에서 안거하다.

2509(1965) 46 20 통도사 극락암 선원(하안거), 해인사 선원(동안거).

2510(1966) 47 21 천축사 선원(하안거), 통도사 극락암 선원(동안거). 천
축사 서옹스님 회상에서 안거하다.

2511(1967) 48 22 해인사 중봉암(하안거), 해인총림 선원(동안거). 해인
총림 개설 첫 동안거 維那.

2512(1968) 49 23 지리산 上無住庵(하안기), 지리산 文殊庵(동안거). 가
을에 문수암을 복원하다.

2513(1969) 50 24 인천 용화사 선원(하안거), 해인총림 선원(동안거). 용
화사 전강스님 회상에서 안거하다. 동안거부터 해인
사 퇴설당(쇄관)에서 일타·현우·적명·거해스님 등과
함께 3년 결사를 시작하다.

2514(1970) 51 25 해인사 주지(4월~8월), 봉암사 백련암(동안거).

2515(1971) 52 26 봉암사 백련암(하안거), 통도사 극락암 선원(동안거).
동안거 중 경봉 조실스님께서 봉峰·통通·홍紅·중中·공
空 등 운자韻字에 맞추어 선시禪詩를 지으라 하심에
게송(칠언 율시 七言律詩)을 지어 바치다.

2516(1972) 53 27 남해 龍門寺(하·동안거). 선원 개설(납자 약 20명).

2517(1973) 54 28 해인사 극락전(하안거), 태백산 동암(동안거).

2518(1974) 55 29 태백산 동암(하·동안거). 현우·현기·무여스님 등과 함
께 정진하다.

2519(1975) 56 30 태백산 동암(하안거), 조계총림 송광사 선원(동안거).

2520(1976) 57 31 지리산 칠불암(하·동안거), 선원 개설(현우·활안·현기
성우·인각·원융스님 등 20여 납자와 재가 불자 20여
명 운집함). 봄에 雲上선원 重修시 文殊보살을 친 견하
고 게송으로 授記 받다.

2521(1977) 58 32 해인총림 維那. 해인총림 선원(하·동안거).

2522(1978) 59 33 지리산 상무주암(하·동안거). 여연·정견스님 등과 함
께 동안거 중 21일 단식 용맹정진하다.

2523(1979) 60 34 해인총림 선원(하·동안거), 해인사 祖師殿(解行堂)에
서 3년 결사를 시작하다.

2524(1980) 61 35 해인총림 維那. 해인총림 선원(하·동안거).

2525(1981) 62 36 해인총림 首座. 해인총림 선원(하·동안거).
　　　　　　　해인사 원당암에 재가불자 선원을 개설하여 매 안거
　　　　　　　마다 일주일 용맹정진을 지도하고 매월 2회 토요 철
　　　　　　　야 참선 법회를 개최하여 약 500여 회에 이르는 참선
　　　　　　　법문을 설하는 등 수많은 재가불자를 오직 참선수행
　　　　　　　으로써 20년 동안 교화하다.

2526(1982) 63 37 지리산 영원사(하안거), 지리산 도솔암(동안거).

2527(1983) 64 38 해인총림 선원(하·동안거). 하안거부터 1989년 동안
　　　　　　　거까지 7년간 해인총림 선원에서 안거하다.

2529(1985) 66 40 해인총림 副方丈.

2531(1987) 68 42 조계종 元老會議 議員에 선출되다. 지리산 도솔암을
　　　　　　　복원하다.

2535(1991) 72 46 조계종 元老會議 副議長에 추대되다.

2537(1993) 74 48 해인총림 제6대 方丈에 추대되다(~1996년).

2538(1994) 75 49 조계종 元老會議 議長에 추대되다(~1999년).

2543(1999) 80 54 조계종 제10대 宗正에 추대되다(~2001년).

2545(2001) 82 56 12월 31일(음력 12월17일) 오전, 해인사 願堂庵 微笑
　　　　　　　窟에서 涅槃하다

발간사

영원한 스승, 혜암당慧菴堂 성관性觀 대종사의 탄신 100주년을 맞이하였습니다. 2001년 열반에 드신지도 어언 18년이 흘러갔지만, 스승님의 가르침은 날이 갈수록 뼛속 깊이 스며들며 이 세상을 환히 비추고 있습니다. 탄신 100주년을 맞아서야 비로소 큰스님의 삶과 사상을 깊이 조명하고 더 널리 펴 나가자는 뜻이 한데 모아져 이 논집을 펴내게 되었습니다.

이 기념 논집은 지난 2014년과 2019년에 열린 학술대회에서 진지한 발표와 열띤 토론을 거친 글들을 모아 엮어내게 되었습니다. 은사님의 숭고한 삶과 사상을 아홉 분의 저명 학자들이 폭넓게 학술적으로 연구·발표하고, 그에 대해 열 분이 집중 토론한 내용들입니다. 학술대회에 500여명의 사부대중이 참석하여 성원을 보내주신 뜻도 더하여 담겨있습니다.

은사 혜암 큰스님은 평생을 청정한 수행자로 올곧게 정진하신 한국 현대불교의 대표적 선사禪師이십니다. 미혹한 제자들과 대중을 가르치기 위해 이 세상에 잠시 왔다 가신 부처님의 화신입니다. 상구보리上求菩提 하화중생下化衆生, "위로는 깨달음을 얻고, 아래로는 중생을 교화한다"는 대승불교의 수행법을 엄중히 실천하신 분입니다. '가야산 정진불'로 많은 대중들로부터 끝없이 존경을 받고 계십니다.

스승님께서는 1946년 출가하시어 그 이듬해 봉암사에서 20여 수행자들과 "부처님 법대로 살자"는 슬로건을 내걸고 결사를 시작하셨습니다. 그 후 항상 대중과 함께 제방선원에서 수행·정진하셨습니다. 해인총림 방장, 대한불교조계종 원로의장, 종정 등 중책을 역임하시면서도 사부대중들에게 변함없이 "공부하다 죽어라"라는 평생의 과제를 주시고, 연마토록 이끌어 주셨습니다. 스승님은 재가신도들도 수행·정진하면 깨달음을 이룰 수 있다고 늘 역설하셨습니다. 하여 일찍이 달마선원을 개설하여 주말마다 철야 용맹 정진을 함께 하시며 많은 후학들을 가르치셨습니다. 지금도 이 선원에는 큰 스님의 가르치심을 본받아 안거결재와 정기적인 철야정진의 가풍을 그대로 계승·정진해 나아가고 있습니다.

1994년과 1998년, 두 차례나 조계종단이 큰 위기에 처했던 적이 있었습니다. 은사님은 오직 '정법수호正法守護'의 정신으로 온몸을 던져 종단을 개혁하고 안정을 되찾는데 대들보 역할을 담당하셨으며, 한국 현대 불교사에 모든 종도들의 호법신장의 막중한 역할을 수행하신 업적이 기록되어 있습니다. 이理와 사事를 겸비하신 참으로 큰 스님이십니다.

우리 혜암대종사문도회는 혜암선사문화진흥회를 통해 스승님의 숭고한 사상과 자비의 삶을 선양하기 위해 포교, 교육, 승가복지, 사회복지, 장학사업, 문화사업, 효사상의 실천 및 다문화사업 등 다양한 활동을 지속적으로 전개해 나아갈 것입니다.

이 기념 논집에 담긴 연구업적들은 창의적 불교 사업을 펼쳐나가는데 나침판이 되리라고 생각합니다. 앞으로도 국·내외 저명 학자들을 초빙해 학술대회를 개최하고 학술적인 연구결과물을 책으로 묶어낼 예정입니다. 큰스님의 귀한 가르치심을 깨우치고 재조명하여 더 많은 대중들에게 널리 전파할 수 있는 계기가 되기를 간절히 기원합니다.

이 책을 펴내는데 세심한 기획과 편집을 총괄해 주신 편집위원장 여연 스님을 비롯하여 편집위원 여러분께 깊은 감사를 드립니다. 어려운 여건 속에서도 소중한 마음으로 출판을 맡아 준 도서출판 시화음 관계자분들에게도 고마움을 전합니다.

2020년 4월14일(음력 3월 22일)
사단법인 혜암선사문화진흥회 이사장 성법 합장

밤하늘의 별처럼 출현하여 호법의 계명성 되었으니

- 혜암 대종사 탄신 일백주년기념 논집을 펴내며

금구金口께서 남겨놓은 성언聖言이 편편片片으로 흩어지면 허공의 메아리만 남긴 채 사라질 것을 염려한 오백대중은 스스로 논사論師가 되어 왕사성 칠엽굴에서 경장經藏을 결집結集하였습니다. 제바提婆보살이 왕정王庭에서 논강을 위해 북을 쳤더니 사방에서 인물들이 구름처럼 운집하였습니다. 그 속에는 머리에 불타오르는 화분을 이고(頭戴火盆) 철판으로 배를 두른(鐵葉其腹) 모습으로 등장한 논사까지 있었습니다. 이런 선현先賢들처럼 법을 위하여 치열한 자세와 용맹스런 기상으로 어떤 질문이나 반론에도 종횡무진 대처하며 서로의 주장을 잘 헤아린다면 바로 이 자리가 가야산의 칠엽굴이 될 것입니다.

오백결집 이후 천축과 중원中原 그리고 해동과 열도列島에서 수천 수만의 논사論師들이 밤하늘의 별처럼 시시로 출현하여 때로는 혼자서 때로는 결집을 통해 호법護法의 명성明星이 되어 무명無明의 밤길을 비추었던 것입니다. 그 가운데 천축天竺의 대大논사인 마명馬鳴보살은 선종의 12조가 되었고 용수龍樹보살은 14조가 되었습니다. 특히 용수는 뒷날 중국에서 팔종八宗의 조사祖師로 숭상되었습니다.

부처님께서도 재세시在世時에 범지외도梵志外道가 출현할 때마다 기꺼이 논사를 자청하셨습니다. 서건西乾 28조와 동진東震 6조 등 삼삼조사卅三祖師도 교외별전敎外別傳을 향한 논사 역할을 마다하지 않으셨습니다. 그리하여 경장은 논장論藏으로 인하여 점차漸次를 갖추었고 경장은 선장禪藏으로 인하여 전후前後로 이어졌던 것입니다.

선사들은 일천칠백 공안公案에 대하여 착어着語와 평창評唱이라는 형식으로 논사의 방법론을 원용援用하여 본칙本則에 대한 후학들의 이해를 도왔습니다. 제1월月인 출초지담出草之談과 함께 달을 가리키는 손가락인 낙초지담落草之談을 동시에 아울렀기 때문입니다. 그래서 석두石頭선사는 진금포眞金鋪를 내걸었고 마조馬祖선사는 잡화포雜貨鋪를 표방했던 것입니다.

조계종 종정과 해인총림 방장을 역임하신 혜암성관 대종사는 때로는 잡화포에서 낙초자비落草慈悲를 아끼지 않으셨고 동시에 진금포에서 본 분사本分事를 드날린 이 시대의 선지식입니다. 탄신 일백주년을 맞이하여 선사의 수행 처인 동시에 사부대중의 제접처提接處이며 또 회향 처인 가야산에서 제방諸方의 논사인 불교학자들과 함께 선사의 진면목을 살피게 되었습니다. 더불어 가리사家裏事와 도중사途中事를 함께 논하는 이일일야二日一夜의 논장論場을 함께 폈습니다.

눈 밝은 안목으로 언어문자라는 방편을 빌려 노사老師의 본래면목本來面目을 향해 뗏목 위에서 삿대를 쥔 자유자재한 대장부大丈夫 노릇을 당부 드립니다.

하시下時에는 활구活句를 사구死句로 만들고
상시上時에는 사구를 다시 활구로 만들더니
중시中時에는 활구를 활구로 만드는구나.

불기 2564(2020)년 4월
혜암대종사 탄신 100주년을 맞이하여

해인총림 방장 벽산 원각 합장

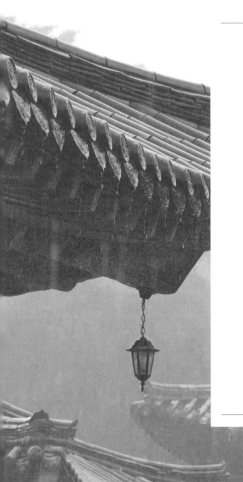

가야산의 대쪽,
혜암성관 대종사의 생애와 사상

여연 (부산여대 석좌교수)

초록

혜암성관 대종사의 속명은 김남영이며, 혜암은 법호이고 성관은 법명이다. 불가佛家의 일은 수행을 통하여 불법佛法을 밝히는 이판理判과 사찰의 운영 및 관리를 담당하는 사판事判으로 구분된다. 그런데 그는 이판과 사판 두 가지를 행함에 있어서 장애가 없었던 이사무애理事無礙하였다.

45년 동안 대종사는 하루 중 오전에 한 끼니만 먹고 오후에는 먹지 않는 일종식一種食과 오후불식午後不食, 결코 눕지 아니하고 꼿꼿이 앉은 채로만 수행하는 장좌불와長坐不臥, 잠을 자지 않고 수행하는 용맹정진勇猛精進을 하며 참선수행으로 초지일관하였다. 그의 "공부하다 죽어라"라는 가르침은 이판의 삶을 함축하고 있으며, 그가 종정과 방장의 소임을 지낸 것은 이판의 삶을 상징한다.

그런데 혜암성관의 사판에 대한 능력은 1994년 개혁불사와 1998년 종단사태를 앞장 서 해결하는 모습에서 확인할 수 있다. 은둔형 수행자가 아니라 적극적이며 개혁적인 수행자로서 종단개혁의 깃발을 손수 들고 앞으로 나아간 것이다. 당시 대종사는 단호한 결정과 실천력으로 종단을 반석에 올려 놓았다. 그의 사판적 능력이 혼란한 종단을 안정시키는 리더십이 되었던 것이다.

이와 같이 혜암성관 대종사는 불퇴전不退轉의 수행력으로 대중을 교화하고, 배사자립背師自立의 정신으로 종단개혁을 이끎으로써 이사무애의 삶을 실천하였다. 이는 대종사가 이사를 원용하는 본분종사로서 위상을 대중에게 보여준 것이다.

주제어

혜암慧菴, 성관性觀, 인곡麟谷, 조계종, 종단개혁, 종정宗正, 원로회의의장, 해인사, 원당암

I. 들어가는 글
- 우리는 왜 혜암성관 대종사를 추모해야만 하는가

인류는 지금 열린사회로 진화를 거듭하고 있지만 디지털문명으로 대변되는 기계문명에 의해 오히려 인간이 소외당하고 있는 역설의 시대에 살고 있다. 영혼을 가지지 않은 디지털문명 속에 인간은 소외당하고 분자화되고 있는 것이다. 그래서 인류는 인류의 영혼에 안식과 평화를 가져다줄 새로운 영적 지도자를 찾고 있다. 그런 점에서 21세기는 이른바 수도자(guru)의 시대다. 인류는 티벳불교의 정신적 지주인 달라이라마와 틱냑한, 가톨릭의 교황 같은 종교적 지도자들뿐만 아니라 경영과 문화 등 사회전반적인 분야에서 수도자(guru)에 열광하고 있다. 불교는 이른바 수도자(guru)의 종교다.

그런 점에서 21세기는 불교의 시대라고 할 수 있다. 그럼에도 불구하고 세계최고의 영적에너지를 가진 한국불교는 지금 침체의 늪에 빠져 있다. 불교가 가진 대명제의 오류가 아니라 우리시대를 책임질 본분종사가 부재하기 때문이다. 오늘날 우리가 가야산 대쪽으로 불리며 우리시대의 인천의 사

표로 불렸던 혜암성관 대종사를 기려야 하는 이유가 바로 여기에 있다. 혜암성관 대종사는 우리시대 본분종사로서 수행자의 표징을 우리에게 남겼기 때문이다.

혜암성관 대종사는 직지인심 견성성불을 통한 인간의 행복과 자유를 우리에게 실참으로 제시했다. 마음 밖에 선이 없으며 마음 안에 선이 없음을 아는 공부를 통해 세상에서 제일 수지맞는 장사를 할 것을 사부대중들에게 권했다. '공부하다 죽어라'란 선언적 메시지를 우리에게 각인시킨 혜암성관 대종사의 그 같은 성찰은 법문에 잘 나타나있다. 그 중 하나를 읽어보며 대종사의 생애와 사상에 대해 접근해보자.

> 내 마음이 나를 해치고 있는데 무슨 행복이 있고 자유가 있고 성불이 있겠는가. 인간은 다 죽습니다. 죽음이 다가오고 있다는 것을 잠시라도 잊지 말고 내 마음을 지키고 닦을 때 내가 성인이 됩니다. 지금 우리가 꿈 세상에서 꿈을 꾸고 있는 미혹한 중생인데 꿈인 줄도 모르고 자기가 미혹한 줄도 모르고, 속눈썹을 못 보는 것처럼 주인을 못보고 있으면서 중생들은 보는 것을 주인으로 삼고 번뇌망상을 처妻로 삼으니 고생일 수밖에 없습니다. 참 모습을 찾는 것이 견성입니다. 이 세상에서 제일 수지맞는 일 중 하나가 공부하다 죽는 일입니다. 목숨 내놓고 정진하다보면 견성이 가까워옵니다. 공부하다 죽어라.

II. 생애와 수행

1. 생애

대종사의 본관은 김해 김이며, 속명은 남영이며, 법명은 성관, 법호는 혜암으로 전남 장성에서 1920년 출생했다. 14세에 장성읍 성산보통학교를 졸업한 후 동리의 향숙에서 사서삼경을 수학한 후 제자백가, 불교경전, 위인전 등을 즐겨 읽었다. 17세에 일본으로 10년간 유학생활을 하던 중

1945년 어록에 실린 다음 구절을 보고 깨달음을 얻어 귀국 후 출가를 결행했다.

> 나에게 한 권의 경전이 있으니
> 종이와 먹으로 이루어지지 아니 하였네
> 펼치면 한 글자도 없으되
> 항상 큰 광명을 놓도다.

> 아유일권경 불인지묵성(我有一卷經 不因紙墨成)
> 전개무일자 상방대광명(展開無一字 常放大光明)[1]

평소 서양종교와 동양철학을 통해 깊은 사유의 세계에 입문했던 대종사에게 어록의 구절은 자신의 본분사를 찾는 공부를 할 수 있는 인연법을 만들어 준 것이다.

1946년 합천 해인사에 입산출가를 결행했던 대종사는 은사인 인곡 스님을 대면했다. 서슬 퍼런 대종사의 눈빛을 보며 인곡 스님이 참문을 했다.

"어디서 왔느냐?"
대종사는 곧바로 "아악" 할을 했다.
인곡 스님의 두 번째 방으로 "고향이 어디냐?"라고 물었다.
대종사께서는 손바닥으로 방바닥을 세게 내리쳤다.
수좌들로부터 정말 수좌라는 소리를 듣던 인곡 스님과 대종사의 법연이 이어지는 순간이었다. 대종사는 곧바로 깨치겠다는 생각을 했다. 가야총림 선원에서 효봉 스님을 모시고 일종식一種食과 장좌불와를 하며 첫 안거에 들었다. 대종사의 수행자로서 강단을 볼 수 있는 대목이다.

가야총림 안거를 시작으로 대종사는 질풍노도처럼 전국선원과 선지식을 찾아다니며 수행을 하는 구도행을 이어갔다. 1947년 문경봉암사에서 성철·우봉·자운·보문·도우·법전·일도 스님 등 20여 납자와 더불어 부처님법

---

1) 慧菴門徒會(編)b, 『慧菴大宗師法語集 II –大衆法語』(합천 : 해인사 원당암, 2007), pp.368~369.

대로 살자는 봉암사 결사를 시작했다. 1948년 오대산 상원사 선원, 1949년 가야총림선원, 금정산 범어사선원 등에서 안거를 했다.[2]

1951년 대종사는 해인사 장경각에서 거량을 통해 인가를 받은 후 인곡 스님에게서 혜암당이란 법호를 받는다.

인곡 스님이 물었다.
"어떤 것이 달마 대사가 한쪽 신을 둘러메고 간 소식인고?"
대종사가 답했다. "한밤중에 해가 서쪽 봉우리에 떠오릅니다."
인곡 스님이 물었다. "어떤 것이 유마힐이 침묵한 소식인고?"
대종사가 답했다. "청산은 본래 청산이요, 백운은 본래 백운입니다."
인곡 스님이 "너도 또한 그러하고 나 또한 그러하다."는 답을 하며 게송을 읊었다.
"다만 한 가지 이 일을
고금에 전해주니
머리도 꼬리도 없으되
천백억 화신으로 나투니느라."[3]

대종사의 용맹정진 구도행은 멈출 줄 몰랐다. 통영 안정사 천제굴, 설악산 오세암, 오대산 서대, 태백산 동암 등지에서 목숨을 걸고 용맹정진했다. 그러던 중 1957년 오대산 영감사 토굴에서 용맹정진하던 중 주야불분하고 의단이 독로하더니 홀연히 심안이 활개하여 다음과 같이 오도송을 읊었다.

미혹할 때는 나도 죽었다오
깨달으니 청정한 법신이어라
미혹 깨달음 모두 버리니
해가 뜨는 온 누리가 밝아지누나.

미칙생멸심 오래진여성(迷則生滅沁 悟來眞如性)

---

2) 혜암선사문화진흥회, 『스승 혜암』(파주 : 김영사, 2018), p.13.
3) 慧菴門徒會(編)b, 앞의 책, pp.369~370.

미오구타요 일출건곤명(迷悟俱打了 日出乾坤明)[4]

　대종사는 오도에 이은 보림에도 철저했다. 오대산 오대, 동화사 금당선원, 통도사 극락암 선원, 묘관음사 선원, 천축사 무무관 등 제방선원에 나아가 더욱 탁마장양했다.
　1976년 지리산 칠불암 운상선원에서 청색 사자를 탄 문수보살을 친견하고 게송으로 수기受記를 받았다.

　　때 묻은 뾰족한 마음을 금강검으로 베어내서
　　연꽃을 비춰보아 자비로써 중생을 섭화하여 보살피라.

　　진철심금강마(塵凸心金剛劘)하야
　　조견연섭고비(照見蓮䌷顧悲)하라[5]

　1979년 60세에 해인사 조사전에서 3년 결사를 시작, 71세까지 대중과 함께 정진했다. 유나 수좌 부방장으로서 해인총림의 발전과 총림대중의 용맹정진 가풍진작을 위해 진력했다. 1993년 해인총림 6대 방장에 추대된 후 500여 총림대중의 정신적 지도자로서 역할을 다했다. 선원대중에게는 납자로서 철저한 참선수행과 오후불식을 여법하게 지키도록 했다.
　대종사께서는 또 종단의 개혁과 안정에 기여했다. 1987년 조계종 원로의원에 선임된 후, 1994년 원로회의 의장으로 추대되었다. 1994년 개혁의 상징으로서 조계종 개혁불사를 앞장서서 이끌었고, 1998년 종단사태 시에는 원로회의 의장으로서 모든 종도들의 의지처와 정신적 지주가 되어주었다.
　일생을 청정한 두타행으로 수행정진하신 스님께서는 1999년 80세 4월 조계종 제10대 종정으로 추대되어 종단의 안정과 화합을 위하여 심혈을 기울였다. 2001년 82세 12월 31일 오전 해인사 원당암 미소굴에서 문도를 모아놓고 "인과가 역연하니 참선 잘해라"라고 당부하신 후 임종게를 남겼다.

4) 慧菴門徒會(編)a, 『慧菴大宗師法語集Ⅰ－上堂法語』(합천 : 해인사 원당암, 2007), p.2.
5) 慧菴門徒會(編)b, 앞의 책, p.372.

임종게(臨終偈)

나의 몸은 원래부터 없는 것이요
마음 또한 머무는 바가 없도다.
쇠로 된 소는 달을 머금고 달리고
돌로 만든 사자는 소리 높여 울부짖네.
아신본비유 심역무소주(我身本非有 心亦無所住)
철우함월주 석사대효후(鐵牛含月走 石獅大哮吼)[6]

세수 82세 법랍은 56년이었다. 백척간두에서 한 발짝 나아가며 종횡무진 대자유인으로 대쪽 같은 수행을 해온 대종사의 열반은 삼라만상에게 깊은 슬픔을 던져주었다.

2. 수행

대종사의 수행은 다음 4가지로 대별된다. 45년 동안 일종식一種食, 오후 불식午後不食, 장좌불와, 용맹정진 등 참선수행이 그것이다. 근현대불교에서 대종사의 수행력은모든 출가수행자들의 전범이 됐다. 출가에서 열반까지 단 한순간도 멈추지 않고 용맹정진을 했기 때문이다. 단 한 치의 빈틈도 용납하지 않은 서릿발 같은 수행력은 보는 이들로 하여금 섬광 같은 무서움을 던져주었다.

대종사는 출가 이후 가야산 해인사 선원 희양산 봉암산 선원, 오대산 상원사 선원,금정산 범어사 선원, 영축산 극락암 선원, 지리산 상무주암, 조계산 송광사 선원 등 제방선원에서 당대 선지식인 한암·효봉·동산·경봉·전강 선사를 모시고 45년 동안 일종식一種食, 오후불식午後不食, 장좌불와, 용맹정진을 하며 참선수행으로 초지일관했다. 대종사의 위법망구, 두타고행은 모든 본분납자의 귀감이요, 계율의 청정함은 인천의 사표였다.

---

6) 慧菴門徒會(編)a, 앞의 책, p.4.

가야산 호랑이로 불리며 중생들의 존경을 한 몸에 받았던 성철 스님도 생전에 중노릇 제대로 하는 사람은 돌아가신 지월 스님과 혜암 수좌뿐이라고 말할 정도였다.

가야산 대쪽으로 불리며 전국수행자들의 존경을 한몸에 받았던 스님의 수행력은 그 누구도 따라올 수 없을 정도로 강렬했던 두타행이었다. 그 대표적인 것이 바로 오대산 사고암 토굴수행이다. '공부하다 죽으리라'란 결심 하나로 영하 20도를 오르내리는 혹한의 추위에도 방에 불을 때지 않고 오로지 잣나무 생잎만 먹으면서 수행했던 것은 스님의 수행력과 그 근원이 어디에 있는지를 잘 보여주고 있다. 1999년 종정취임 후 첫 번째 가졌던 일간지와 인터뷰에서 스님은 자신의 수행과정에 대해 다음과 같이 밝히고 있다.

> 중노릇 하면서부터 나는 온 나라의 선지식을 가리지 않고 두루 찾아다녔습니다. 모든 선사들이 보조지눌 국사께서 주창하신 돈오점수를 따르고 있는데 성철 스님만이 돈수를 말하거든요. 그 까닭을 물으니 통할 사람이 없다고 대답을 제대로 안 해요. 그래서 역대 조사들의 어록을 다시 샅샅이 봤더니 깨닫는 것 자체가 불법이고 수행의 방편에 지나지 않더라구요.[7]

대종사께서는 우리시대 수행자들이 가져야할 5가지 요체를 남겼다. 첫째는 밥을 많이 먹지 말라는 것이고, 둘째는 공부하다 죽으라는 것이다. 셋째로는 안으로 공부하고 남을 도와줄 것, 넷째로 주지 등의 소임을 맡지 말 것, 다섯째로는 일의일발一衣一鉢로 청빈하게 살아야 한다는 것이다.[8]

대종사의 수행력에 대해 동아일보에서 다음과 같이 평하고 있다.

> 혜암 종정은 엄격하고 청정한 수행생활과 이타정신으로 혼탁한 이 시대

---

7) 서울신문, 「조계종 새 종정 혜암 큰스님 인터뷰」, 1970.01.01.
   https://m.seoul.co.kr/news/newsView.php?id=19990515019001&cp=seoul(2019.10.08.)
8) 원각, 「지혜와 자비를 겸비한 원력 보살 큰스승」, 『스승 혜암』(파주 : 김영사, 2018), pp.62~63.; 임해봉, 『종정열전 2』, 서울 : 도서출판 문화문고, 2010, p.310.; 정찬주, 『공부하다 죽어라-혜암스님의 벼락같은 화두』(서울 : 열림원, 2013), p.70.

사부대중의 귀감이 돼왔다. 1946년 출가 이후 50년이 넘도록 하루 한 끼 식사와 눕지 않고 수행하는 장좌불와 등 치열한 수행을 해왔다. 48년 이후 혜암은 해인사 총림선원, 조계종 총림선원, 통도사 극락암 호국선원, 범어사 금어선원 등 선원에서 수행하면서 당대 최고의 선승들과 함께 선수행에 매진했다. 수행시절 강원도 오대산의 버려진 암자에서 한 겨울에 제자와 단 둘이 불도 때지 않고 밥도 먹지 않고 물과 잣나무잎 가루만 먹으면서 4개월 이상을 지내는 등 혜암은 한눈팔지 않고 용맹정진에 매진한 것으로 유명하다.[9]

해인총림 방장시절 해인사 선풍을 이끌어나간 것도 주목할 만하다. 1993년 해인총림 6대 방장에 취임한 혜암 스님은 선승들과 함께 선방에서 함께 수행을 했다. 특히 선방대중들에게 하루 4시간 이상 취침을 금하고, 오후에는 먹지 않는 오후불식을 지키게 했다. 방선 중에는 108배를 거르지 않도록 하게 했다. 대종사는 출가수행자의 근본을 수행과 계율에서 찾았다. 공부하다 죽을 것과 철저한 계율이 수행자의 양륜임을 평생의 삶을 통해 직접 내보였다.

III. 종단개혁

대종사에게서 빠질 수 없는 것이 바로 종단개혁이다. 대종사는 수좌로서는 드물게 이사를 겸비한 본분종사였다. 은둔형 수행자가 아니라 적극적이며 개혁적인 수행자로서 종단개혁의 깃발을 손수 들고 앞으로 나아갔다. 대종사의 개혁성은 젊은 수좌시절부터 돋보였다. 젊은 수좌시절부터 절의 큰 어른인 조실스님에게도 거침없이 직언을 했다. 그래서 대종사는 조실스님들로부터 "혜암이는 조실을 가르치러 다니는 사람"이라는 별칭을 가졌다.[10]

9) 동아일보, 「입적 조계종 혜암 종정…불교계의 큰 스승」, 2001.12.31.
   http://www.donga.com/news/article/all//20011231/7774457/1(2019.10.08.)
10) 연합뉴스, 「〈프로필〉제10대 조계종 종정 혜암」, 1999.04.02.
   https://news.v.daum.net/v/19990402154800315?f=o(2019.10.08.)

그런 대종사의 올곧음과 개혁성이 오늘의 조계종단을 반석에 올리는 데 결정적 기여를 했다. 대종사는 종단이 누란의 위기에 빠질 때마다 앞장섰다. 단호한 결정과 실천력으로 종단 개혁의 견인차 역할을 해냈다. 연합뉴스와 전 총무원장 월주 스님의 회고는 그 같은 사실을 잘 뒷받침하고 있다.

먼저 1994년 연합뉴스에 실린 기사를 보자. 기사의 제목은 '개혁세력 수장으로 떠오른 혜암 스님'이었다.

> 출가 이후 50년을 장좌불와 수행을 해온 것으로 유명한 그는 전국 선방을 두루 거치면서 참선수행에만 몰두해온 대표적인 수행자란 것이 교계의 설명이다. 40여 년 전 성철 스님과 인연을 맺은 후 돈오돈수법을 주창해온 혜암 스님은 1993년 11월 성철 종정 입적 후 해인사 방장자리를 물려받아 법맥을 이은 인물이기도 하다. 혜암 스님은 지난 5일 당시 부의장 자격으로 서암 종정을 제쳐두고 원로회의를 소집, 서의현 원장의 즉각 퇴진과 승려대회 개최 결의를 이끌어내 '종단의 살길은 개혁'뿐이라는 평소의 지론을 실천에 옮겼다. 또 9일 서원장 측의 입지를 넓히기 위해 서암 종정 주재로 열린 원로 중진연석회의 참가거부에 앞장섰으며, 승려대회 금지라는 종정의 교시 발표에 맞서 '종단 최고의결기구인 원로회의 결정을 번복할 수 없다'며 승려대회 개최를 재확인, 굽힐 줄 모르는 개혁의지를 강하게 보여줬다. 혜암 스님의 이 같은 개혁의지는 그동안 유명무실했던 원로회의 스님들을 자극, 이들의 상당수가 개혁세력의 편에 서게 하는 원동력이 됐다.[11]

어느 일간지에 연재된 전 총무원장 월주스님의 회고록은 개혁당시 대종사의 역할에 대해 자세한 평가를 하고 있다.

> 혜암 스님은 다른 선승들과 달리 종단이 위기에 빠지자 일신의 안일을 접은 채 산중을 나섰다. 1994년 총무원장 의현 스님 측과 '범종단개혁추진위원회'가 대립하고 있을 때에도 종단개혁에 동참했다. 스님은 원로의원들과 서울 대각사에서 모임을 열고 의현 스님의 3선이 이뤄진 종회 무효화,

11) 연합뉴스, 「개혁세력 수장으로 떠오른 慧菴스님」, 1994.04.10.
https://news.v.daum.net/v/19940410210500501?f=o(2019.10.09.)

총무원장 즉각 사퇴, 전국승려대회 소집 결의 등을 주도했다. 이후 단식 정진하며 산속에서 수행하던 수좌들의 개혁 참여를 이끌어냈다. 스님은 1998년 정화개혁회의의 청사 점거와 폭력 사태 속에서도 원로회의 의장으로 종헌 종법의 수호를 위해 앞장섰다. 두 차례 종단 사태의 극심한 대립 속에서 원로스님을 대표하는 상징적 존재였던 혜암 스님의 거취가 무엇보다 중요했다. 만약 스님이 그때 다른 입장을 취했다면 종단이 어디로 갔을지 실로 예측하기 어렵다. 스님은 중요한 고비마다 빠르게 결단을 내렸고, 일단 결정하면 단호했다. "배사자립背師自立, 스승이라도 그르다면 따를 수 없습니다. 개혁의 내용을 담은 종헌 종법은 '밥'입니다. 이를 지키지 않으면 종단이 생명을 지탱할 수 없습니다." 종단개혁을 되돌리려는 세력에 맞선 스님의 사자후가 귓가에 생생하다.12)

대종사의 강건한 종단 지도자로서 위상은 종정시절 내린 교시들에서도 엿보인다. 그중 하나를 살펴보자. 1999년 10월 7일 대종사는 다음과 같은 교시를 발표했다.

> 이번 분규사태를 승가발전의 계기로 삼아 종통수호에 나서달라. 세상만사 원형이정은 사필귀정이니 혹자혹위或慈或威로 종통을 수호하여 광도중생하라.
> 금반에 발생한 종단마장은 승가발전의 좋은 기회이니 사부대중은 환희극복하여 화발결실花發結實토록 하라.
> 종단발전이 국가발전이니 종도들은 일심동체하여 법통수호와 호국불교의 사명감으로 불광증휘佛光增輝하고 국태민안토록 하라.13)

대종사는 단호한 결정과 실천력으로 종단을 반석에 올려놓았다. 그런 점에서 대종사는 이사를 원융하는 본분종사로서 위상을 우리에게 보여준 것이다.

---

12) 동아일보, 「나의 삶 나의 길 / 송월주 회고록 37-"종헌, 종법은 '밥'이다."」, 2011.11.22.
   http://www.donga.com/ISSUE/Vote2016/News?m=view&date=20111222&gid=42789910
   (2019.10.10.)
13) 慧菴門徒會(編)a, 앞의 책, p.273.

IV. 대중교화와 사상

대종사의 대중교화와 사상은 수행을 통한 사부대중공동체의 건설이었다. 선수행과 불교적 사유를 통한 생활철학은 개인과 국가를 행복한 삶으로 이끌게 할 수 있다는 것을 실참과 법문을 통해 보여줬다. 대종사는 그 첫 번째로 선 수행을 통한 사부대중 공동체건설을 직접 실천했다.

이理와 사事의 경계를 허물고 1981년부터 원당암에 선불당이라는 재가불자선원을 개원해 함께 수행을 하며 직접 지도를 했다. 선불당은 스님들과 마찬가지로 재가불자들이 하안거 동안거 수행을 하는 곳이었다. 대종사는 평소대로 장좌불와로 철야정진을 하며 신도들과 함께 오전 3시와 오후 7시에 죽비로 예불을 올렸고, 오후에는 도량청소와 울력을 함께했다. 대종사는 신도들과 함께 참선을 하는 것만큼 확실한 대중교화가 없다는 것을 직접 실천했다. 대종사가 함께 했던 선불당 재가선원은 몇 년을 기다려야 할 만큼 많은 대중들이 참여를 했다. 대종사의 재가불자선원은 지금 템플스테이와 각 사찰 출가수행의 원천이 되었다.

2000년 부처님 오신 날을 맞아 발표한 종정법어도 대종사의 사상을 잘 볼 수 있다.

> 모든 국민은 화합이라는 말만 하지 말고 육체의 나를 버리고 일심동체의 큰 나로 돌아가 국가재앙의 근본인 지역감정을 해소하고, 북녘과 화해 교류 협력하는 것만이 평화통일을 앞당기는 바른 길임을 명심해야 한다. 뿌리 없는 채소를 밭에 가득히 심어 밑바닥 없는 바구니에 모두 캐어다가 입 없는 스님들이 함께 대중공양 하니 부처님께서도 경축일에 환희심으로 동참하시고 멋진 차나 한 잔 드십시오. 세상에서 겪게 되는 난관이나 재앙은 불행이 아니라 큰 선물입니다. 실패가 주먹만 하면 성공이 주먹만 하고, 실패가 태산만 하면 태산만한 성공을 얻을 수 있는 것입니다. 위인들은 모두 죽을 자리에서 살아난 경험을 등불삼아 큰 성공을 이룬 분들입니다.[14]

---

14) 위의 책, pp.288~289.

대종사는 법어를 통해 국민들의 화합과 평화통일의 길을 제시했고, 선 법문을 통해 대중에게 진정한 행복이 어디에 있는지를 제시했다. 대종사는 또 평생 금권과 권력으로부터 자유스러웠다. 자유로움에서 한 발짝 더 나아간 대종사는 또 권력자들에게도 죽비의 경책을 내렸다. 1996년 4번째로 대통령에 도전하려는 김대중 국민회의 총재에게 한 설법은 그 같은 모습을 잘 보여주고 있다.

> 대통령이 되는 법을 가르쳐주겠다. 대통령이 되려면 보살계를 타고 나야 하는데 보살계는 사람이면 사람 중의 왕, 버려지면 버러지의 왕이 될 수 있는 것이다. 그러므로 사람은 사지四地 보살덕행을 쌓아야 한다. 대통령이 되고 박사학위를 아무리 수백 개 따봤자 내가 나를 알기 전에는 값어치가 없는 것으로 도를 닦아야 한다. 책임자가 지켜야할 3가지 조건이 있다. 번거로운 일이 닥쳐와도 겁을 내지 말고, 일이 없기를 찾지 말고, 시비를 가릴 때는 가려야 한다.15)

V. 어록

대종사의 어록은 사막에서도 깊은 설산에서도 불광의 광휘를 내뿜을 정도로 찬란했다. 철저한 선 정신에 입각한 어록은 단 한 치의 빈틈도 없어서 수행자들뿐만 아니라 세간의 중생들의 마음도 흔들어 놓을 정도로 강렬한 메시지가 있었다. 그것은 가야산 정진불로 불리는 대종사의 깊은 수행력에서 나온 것이기 때문이다. 대종사 어록의 핵심은 수행과 자비였다. 자비를 통한 수행, 수행을 통한 자비행이 바로 깨달음의 눈을 뜨는 첫 걸음임을 초지일관 주장하고 있다. 대종사가 상당법어와 대중법어에서 설하신 수행자들에게도 재가불자들에게도 금과옥조와 같은 주요 어록들을 살펴보자.16)

---

15) 연합뉴스, 「〈낙수(落穗)〉 金大中총재 해인사서 설법들어」, 1996.07.31.
  https://news.v.daum.net/v/19960731181300165?f=o(2019.10.10.)
16) 慧菴門徒會(編), 『慧菴大宗師法語集Ⅰ-上堂法語』(합천 : 해인사 원당암, 2007); 慧菴門徒會(編), 『慧菴大宗師法語集Ⅱ-大衆法語』(합천 : 해인사 원당암, 2007).

- 숨 한번 마시고 내쉬지 못하면 이 목숨은 끝나는 것이니 이 목숨 다하기 전에 정진력을 못 얻으면 눈빛이 땅에 떨어질 때에 인생길을 잃어버리게 됩니다.
- 조그만 나라를 회복하려 해도 수많은 희생이 필요합니다. 전 우주적인 나를 되찾으려 할 때는 그만한 대가를 지불할 각오를 해야 합니다.
- 누구나 물건을 잃어버린 줄은 알게 되지만 내가 나를 잃어버린 것은 모릅니다.
- 미물을 업신여기는 마음을 가지면 후일에 나도 미물이 될 것입니다.
- 남에게 이익을 주는 것이 정말로 내게 이익이 되며 남에게 베푸는 것이 정말 나에게 고리高利의 저금을 하는 것입니다.
- 총과 칼이 사람을 찌르는 것이 아니요, 사람이 없이 사람을 찌르고 쏘는 것입니다.
- 지옥이 무서운 곳이 아니라 내 마음 가운데 탐진치가 무서운 것입니다.
- 팔만대장경을 둘둘 말아서 하나로 줄여 놓으면 마음 심心자 하나입니다. 마음을 깨쳐 중생을 제도하자는 것 외에 다른 것이 없습니다. 나머지는 모두 방편이고 외도법일 뿐입니다. 누구나 내 본심을 모르니 갈등이 생기는 것입니다.
- 마음이라는 보물이 나한테 있습니다. 내 마음을 잘 쓰면 하느님도 되고, 대통령도 되고, 부처님도 되고, 도인도 되고, 몸뚱이한테서는 아무것도 생길 수 없습니다.
- 우리 원수는 분별심입니다. 세상 사람들은 선심善心을 착한 마음이라고 하지만 진정한 선심이란 착한 마음을 버릴 때 비로소 있는 것입니다. 착한 마음도 나쁜 마음도 둘 다 버려야 극락에 갈 수 있습니다.
- 도시에서 살거나 산에 들어가는 것을 문제로 삼지 마십시오. 공부는 아무 때라도 할 수 있는 것이니까. 공부하려는 마음이 있으면 어디서나 못하겠습니까.
- 불법이란 먼데 또 바깥에 있는 것이 아닙니다. 마음을 근본으로 삼기

때문에 대도무문이라고 하는 것입니다. 문이 좁은 법은 없겠지만 어떤 것이나 도 아닌 것이 없기 때문에 문이 있다거나 반대로 없다고도 할 수 없습니다.

- 인간은 다 죽습니다. 죽음이 다가오고 있다는 것을 잠시라도 잊지 말고 내 마음을 지키고 내 마음을 닦을 때 내가 성인이 되는 것입니다.

VI. 결론
- 혜암성관 대종사는 우리시대 인천의 사표였다

우리는 본분종사를 이사에 능소능대하고 원융무애한 스승을 말한다. 혜암성관 대종사는 원융무애의 경지를 직접 실천했던 우리시대 인천의 사표였다. 가야산 정진불, 가야산 대쪽으로 불렸던 불퇴전의 수행력과 청빈한 계율을 바탕으로 한 대중교화의 길은 그 어느 누구도 결코 흉내낼 수 없는 것이었다. 스승이라도 그르다면 따를 수 없다는 배사자립背師自立의 정신으로 종단개혁의 선봉에 섰던 대종사의 분골쇄신 역시 그 누구도 범접할 수 없는 경지였다. 그런 대종사의 법행을 옆에서 지켜봤던 해인총림 법전 방장스님께서는 '찰나와 영겁이 둘이 아닌 경지를 만나게 해주었다'고 다음과 같이 대종사를 추모했다.

> 다시금 대선사의 존영을 마주 대하니/ 黑과 白이 不二이며/ 빛과 어둠이 둘이 아니며/ 動과 不動이 不二이며/ 찰나와 영겁이 둘이 아닌 경지를 만나게 되었으니/ 참으로 時와 空이 不二임을 알게 합니다.
> 사부대중은 마술처럼, 착시처럼, 신기루처럼, 메아리처럼, 보고 들으면서도, 혜암 대종사의 그림자를 통해 그 참마음과 眞相까지 여실히 알아챌 수 있다면, 그것이 바로 不取於相 如如不動인 것입니다.[17]

---

17) 해인총림 방장 법전스님, 「찰나와 영겁은 둘이 아닌 경지로다」, 『월간 海印』 368호(10월호), 2012.

이렇듯 혜암성관 대종사는 우리시대를 이끌어준 수도자(guru)였다. 수행자들에게도 재가불자들에게도 대종사를 모르는 삼라만상에게도 영원한 행복의 울림을 전해주는 수도자(guru)였다. 대종사의 울림은 지금 긴 그림자로 남아 우리 곁에 아직도 남아 있다. 우리가 오늘 혜암성관 대종사를 다시 만나려는 이유가 바로 여기에 있는 것이다. 내 닫힌 영혼을 열어주었던 대종사의 법향이 아직도 내 눈에 아른거린다.

나는 달의 크고 작음도 구별할 줄 모르며 윤년이 돌아와도 알아차리지 못한다. 번뇌 바로 그것이 보리이다. 깨끗한 꽃은 바로 진흙 속에서 핀다. 사람들이 이러쿵저러쿵 말한다 하더라도 함께 더불어 논의하는 일은 그쳐 버린다. 아침 일찍 목욕하고, 낮에 한차례 식사를 할 뿐이다. 세상만사를 다 버렸거니 무엇을 구할쏘냐. 어제는 청산을 보고 오늘은 흰 구름을 보며 바보나 멍청이처럼 살아갈 뿐이다.

참고문헌

원각, 「지혜와 자비를 겸비한 원력 보살 큰스승」, 『스승 혜암』, 파주 : 김영사, 2018.

임해봉, 『종정열전 2』, 서울 : 도서출판 문화문고, 2010.

정찬주, 『공부하다 죽어라 -혜암스님의 벼락같은 화두』, 서울 : 열림원, 2013.

정찬주, 『가야산 정진불 1』, 서울 : 랜덤하우스, 2010.

정찬주, 『가야산 정진불 2』, 서울 : 랜덤하우스, 2010.

해인총림 방장 법전스님, 「찰나와 영겁은 둘이 아닌 경지로다」, 『월간 海印』 368호(10월호), 2012.

慧菴門徒會(編), 『慧菴大宗師法語集 I-上堂法語』, 합천 : 해인사 원당암, 2007.

慧菴門徒會(編), 『慧菴大宗師法語集 II-大衆法語』, 합천 : 해인사 원당암, 2007.

혜암선사문화진흥회, 『스승 혜암』, 파주 : 김영사, 2018.

동아일보, 「입적 조계종 혜암 종정…불교계의 큰 스승」, 2001.12.31. (http://www.donga.com/news/article/all//20011231/7774457/1)

동아일보, 「나의 삶 나의 길 / 송월주 회고록 37-"종헌, 종법은 '밥'이다."」, 2011.11.22. (http://www.donga.com/ISSUE/Vote2016/News?m=view&date=20111222&gid=42789910)

서울신문, 「조계종 새 종정 혜암 큰스님 인터뷰」, 1970.01.01. (https://m.seoul.co.kr/news/newsView.php?id=19990515019001&cp=seoul)

연합뉴스, 「개혁세력 수장으로 떠오른 慧菴스님」, 1994.04.10. (https://news.v.daum.net/v/19940410210500501?f=o)

연합뉴스, 「〈낙수(落穗)〉 金大中총재 해인사서 설법들어」, 1996.07.31. (https://news.v.daum.net/v/19960731181300165?f=o)

연합뉴스, 「〈프로필〉 제10대 조계종 종정 혜암」, 1999.04.02. (https://news.v.daum.net/v/19990402154800315?f=o)

여연(如然, Yeoyeon) iljiam@hanmail.net

1970년 연세대학교 철학과를 졸업하고 1971년 경남합천 해인사에서 혜암스님을 은사로 출가하여 1975년 해인사 강원을 졸업했다.1982년 인도 달람사라 티베트 문헌도서관 수학, 스리랑카 게라니야 대학 동양문화연구소에서 근본불교와 팔리어를 연구했다. 1984년 불교계의 대표적인 잡지인 '해인'지를 도반들과 함께 창간했다. 대한불교조계종 종회의원, 불교신문 논설위원/ 주간, 조계종 총무원 기획실장 등을 역임했다. 진주 다솔사에서 효당 최범술 스님을 만나 차인의 길에 들어 선 후에 일지암에 주석하며 사단법인 일지암초의차 문화연구원 이사장과 한국차문화학회 창립회장으로서 차문화에 관한 학슬연구의 토대를 마련하였다. 그 후 동국대학교 불교대학원 차문화콘탠츠학과 교수, 차인연합회 대도대학 교수 등을 역임했으며, 2017년 우리 차 문화의 발전에 기여한 공로로 국립목포대학교에서 명예문학박사 학위를 받았다. 강진 백련사 주지를 마치고 현재는 해인사에 주석하면서 부산여자대학교 석좌교수로서 차문화연구와 교육에 힘쓰고 있다.

Abstract

The Life and Thought of Seon Master Hyeam(慧菴), a great venerable Patriarch

Yeoyeon*

Kim Nam-young is the generic name of Seon Master Hyeam, a great venerable Master, a great patriarch. Hyeam(慧菴) is his Dharma name, and Sungkwan(性觀) is his Precept name.

The work of the Buddhist monks is divided into the priest who only studies sutras and practises meditation, which reveals the Buddha-dharma through practice, and the Clerical monk, which is responsible for the operation and management of the temples. But he did not have any obstacles in doing both.

For 45 years, he ate only one meal a day; "one meal per day" and "no meal in the afternoon and practiced "Sitting meditation without lying down", never lying down. He did not sleep without valiant devotion (enthusiastic practice 勇猛 精進) and did not stop the Seon practice. His teaching of "Do practice to die" implies the priest who only studies sutras and practises meditation. His mission to The Supreme Patriarch of the Jogye Order and the quarters of a head monk symbolizes priest who only studies sutras and practises meditation.

The unimpeded interfusion of the principle and the particulars: "i 理" is the principle, reason, the abstract, the totality, while "sa 事" is things, events, the concrete and particular. "i" is non-discrimination, non-distinction, and "sa" is discrimination. "i" equates with sunyata, the

---

*Seon Master of Haeinsa Temple, Hon. PhD, Distinguished Professor at Busan Women's College

Plenum-Void, while "sa" equates with rupam, form. Yet they are mutually in a perpetual state of "suchness," just as "defilement itself is enlightenment."Cf. (Sasamuae) The unimpeded interfusion of all particulars.

However, As the Clerical monk, Seon Master Hyeam Sunggwan's ability to judge can be confirmed by leading the reform of 1994's immortality and 1998's termination. As an active and reforming practitioner, not a hermit practitioner, he carried forward the flag of longitudinal reform. At that time, Seon Master Hyeam put the end on the rock with firm decision and practical power. His judgmental ability became the leadership that stabilized the chaotic end of the Jogye Order.

In this way, Seon Master Hyeam practiced the unimpeded interfusion of the principle and the particulars lifelived the life by enlightening the Mahasangha and common people with the power of immortality and leading the vertical reform in the spirit of self-reliance.

Key Words

Hyeam(慧菴), Sungkwan(性觀), Ingog(麟谷), Jogye Order, Revolution of Buddhist Order, the Supreme Patriarch, Chairman of Board of Elders, Haein Temple, Wondang Temple

혜암 선사의 선사상과 수행법
-「상당법어」를 중심으로

종호 (동국대 선학과 교수)

목 차

Ⅰ. 들어가는 글

우연치 않게 혜암성관(慧菴性觀, 1920~2001) 선사의 사상과 수행법을 발표해달라는 부탁을 받고 선사의 법어집을 받아 살펴보게 되었다. 직접 모시고 살 기회는 가지지 못했지만, 이곳저곳에서 들은 카랑카랑하고 선기 넘친 분이셨다는 단편적 이야기들과는 비교할 수 없을 정도의 놀라운 내용이었다. 어느 조사의 어록과도 다름이 없는 조사선의 핵심 사상과 수행 원리, 방법론을 담고 있었고, 수행자들에 대한 노파심절한 가르침을 살필 수 있었다. 함께 하지 못한 아쉬움과 법어집이라도 살펴볼 수 있는 기회를 가질 수 있었던 것에 감사한 마음이 들었다.

선사의 사상과 수행법을 살펴봄에 기본 자료로는 법어집인 『慧菴大宗師法語集』으로 했다. 특히 법어집 Ⅰ, Ⅱ 권 중 Ⅰ권의 전반부에 있는 「상당법어」만을 중심으로 했다.[1] 그것은 법어집을 살펴본 후 「상당법어」만을 살펴보는 것도 의미가 있다고 여겨졌기 때문이고, 무엇보다 원고부탁을 받고 법

---

[1] 『慧菴大宗師法語集』Ⅰ, 慧菴門徒會編, 海印寺願堂庵(편집제작 김영사), 불기 2551(2007)년 (이하 본 글에서는 이 자료만 인용하였으므로 자료의 직접적인 언급은 하지 않고 페이지만 밝힌다.)

어집 전체를 살펴볼 만한 시간적인 여유를 갖지 못했기 때문이다. 「상당법어」는 법어집 I권 중 pp.17~268에 걸쳐져 있으며, 분량이 250여 페이지에 이른다.

또한 이런 연유로 여타 자료들, 예를 들어 『해인』이나 『大衆佛敎』, 『불일회보』에 게재된 내용이나 일부 유관 자료들도 참고하지 못했으며,[2] 글 자체도 전거를 찾거나 여타 선사들과 비교 검토하는 등 논문 형식으로 작성하지 못하고 주제별로 내용을 요약 정리하는 방식을 취했다. 또 선사의 사상이나 수행법을 선사 자신의 직접적인 삶이나 수행 관련 내용 – 법어집 이외의 내용 및 봉암사 결사와 여타 장소에서의 수행이나 가르침 등 – 과 연관하여 고찰할 필요도 있으나 그 역시 하지 못했다. 차후 논문으로 작성할 때 참조해 살펴볼 예정이다.

II. 혜암 선사의 선사상

선사는 조사선의 핵심에 철저해 있다. 근원의 실상을 밝히고 그 본체적 모습과 내재된 묘용력을 설명하며 그것을 깨닫도록 역설한다. 모든 가르침은 여기에 집중되어 있으며, 이를 체화體化하도록 설하고 있다.

선사는 '한 물건'을 말하고, 아무리 많은 법문을 하더라도 글자나 말만 다를 뿐, 이것 외에 다른 것은 없다고 밝힌다.[3] 한 물건은 구경의 실재상이요, 체득해야 할 불법의 핵심이다. 이 일물一物을 선사는 본래면목이나 본래신本來身, 여의보如意寶, 대신주大神珠, 묘도妙道, 고경古鏡, 일법一法, 일착자一着子, 일주화一株花, 마니주摩尼珠, 심경心鏡, 일구一句, 마음, 주인공, 나 등 여러 다양한 명칭으로 칭하고 있다.[4] 근원의 본체에 대한 이명異名과 그 설명이다.

---

2) 아직까지 선사를 직접 연구한 선행 연구물은 없으며, 「종정열전」등 여타 관련 자료를 참조할 필요가 있다.
3) p.20.
4) '모든 사람들이 가지고 있는 것으로 일어서든 앉든 항상 분명하게 따르는 것'(대신주, p.35), '너무나 당당하여 취할 수도 버릴 수도 없는 것'(묘도, p.116), '본래 티끌이 없는 것이나 오직 사람들이 더럽히고 닦는 것(고경, p.104)', '위로는 모든 불조로부터 아래로는 중생에게 이르기까지 아무 차별이 없어 미혹도 없으며 깨달음도 없는 것'(일법, p.146), '머리도 꼬리도 없되 천백억 화신이며, 본래 분명하고도 확실하여

  몇몇을 좀 더 자세히 살펴보면, 일물은 '고요히 빛나고 온 누리에 가득
차 있으면서도 항하사 수와 같은 공덕을 갖추고, 능히 죽이고 살리는 권능
을 가진 존재', '나고 죽음의 생멸을 벗어나 해와 달을 삼키고 우주에 활보
하는 존재', '깨친 부처나 깨치지 못한 벌레까지 똑 같이 가지고 있는 것이
나 석가나 달마도 눈을 들고 보지도 못하고 입을 열어 설명하지 못하는 것',
'미혹한다고 사라지지 않고 깨닫는다고 더해지지도 않으면서 행주좌와 어
묵동정에서 시비 등을 잘 분별하며 홀로 밝아 어둡지 않은 것' 등이라 한
다.5) 또 여의보는 '자신에게 내재하며 세세생생 무궁한 묘용력을 가지고 있
는 것, 그러면서 두두물물 일체에 분명하게 나타나지만 찾아보면 그 자취가
없는 것'이라 하고,6) 마니주는 '만고에 변함이 없어서 조금도 어둡지 아니
하며, 모든 범부와 성인에게서 늘어나거나 줄어들지 않으면서 생사에 자유
로운 것'7), 본래면목은 '말로 표현할 수 없고 마음의 작용이 사라진 곳이기
에 입만 열면 어긋나는 것'이라 한다.8)

  또한 마음이나 정신, 나에 대해서는, '푸른 것도 아니며, 누런 것도 아니
며, 붉은 것도 아니며, 흰 것도 아니며, 긴 것도 아니며, 짧은 것도 아니며,
가는 것도 아니며, 오는 것도 아니며, 더러운 것도 아니며, 깨끗한 것도 아
니며, 나는 것도 아니며, 없어지는 것도 아니어서 담연하고 항상 고요한 것
(마음)',9) '이름도 형상도 없지만 만유의 근본바탕이라 어디서 무슨 일에나
절대 능력자(정신)'라 하고,10) 특히 '나'는 '시종도 없고, 존망도 없고, 형상
도 없지만 오히려 조금도 부족함이 없는 존재', '생사도 없고 불에 타거나
칼에 상하는 것이 아니어서 일체 얽매임을 떠난 독립적인 것', '무한극수적
인 수명을 가진 것으로 죽으려야 죽을 수 없는 금강불괴신', '보고 들어서

닦아서 증득하는 것이 아닌 것. p.172 / 또한 불 속에서 피어난 연꽃이요 뿔이 난 사자. p.173 / 시방제불과
역대조사도 언어도단하고 심행처멸(心行處滅)하여 깨달을 수도 없고 전할 수도 없어서 아무리 찾아보아도
자취가 없는 것(일착자, p.211)', '모든 부처님도 정안으로 보지 못한 꽃(一株花, p.189)', '환(幻)속에
있는 환 아닌 것(本來身, p.20' 등.
5) 내용별로 p.66, 155, 73, 186.
6) p.35.
7) p.142.
8) p.182.
9) p.120.
10) p.257.

얻는 지식으로서는 얻을 수 없는 것'이라 한다.11)

생멸을 벗어나 있으면서도 독립적 존재이자 조금도 부족함이 없이 온 누리에 가득 차 활보하는 존재, 분명히 존재하지만 찾아보면 자취를 찾을 수도 없고, 언어적 표현이나 마음의 작용도 없어 이름이나 형상 및 시종과 존망도 없는 것, 청황적백이나 장단·거래·염정 등이 아니면서 담연하고 항상 고요함, 일체의 모든 존재가 똑같이 가지고 있는 것 등 여러 내용이다. 하지만 모두 '실상'의 설명이다.

중요한 것은 선사가 '법신을 깨달으니 한 물건도 없다', '부처도 마음도 물건도 아니니 주인공이라고 부르더라도 벌써 틀렸다', 또 법상에 오르시어 주장자를 들어 한 번 치고 '이것도 옳지 못하고 할도 십만 팔천 리이다'고 한 것처럼,12) 이러한 언급들은 단지 수행자들이 체득할 수 있도록 이끌어주는 방편으로서의 설명이다. 언어적 설명이나 형상의 표현을 떠나 비록 말과 문구는 있으나 생각만 해도 벌써 어긋나버린, 논리와 이론, 사량과 분별 이외의 영역이다. 선사는 이를 모든 중생의 절대성이라 하고, 부처님이 오시기 전이나 오신 뒤에라도 추호도 변함이 없는 진리이며, 우주의 근본원리, 만유의 근본바탕이라고 하고 있다.13) 유무나 생멸의 어떤 것으로도 표현할 수 없는 근원세계이다. 언어문자로 표현하거나 형상적 모습으로 나타낼 수 없는, 그 어떤 것으로 드러내 보인다고 하더라도 그것은 이미 중도실상이 아니라는, 이러한 근본 경지에 대한 가르침은 조사선 선리의 핵심 내용이다.

선사는 이런 만유의 근본바탕에 또렷하고 밝은 묘용이 있음을 설한다. 즉, '우리 자성 가운데는 모든 것이 청정해서 한 물건도 찾아볼 수 없고, 아무 것도 얻어 볼 수 없지만, 또 청정하기 때문에 일체가 거기에 비추고 거기에서 난다.'고 하고, '우주 전체가 허공 가운데 건립되어 있듯이, 청정하여 일체가 설 수 없는 진공眞空 가운데서 묘유妙有의 항사묘용恒沙妙用이 나오며, 이를 치연건립熾然建立이라 한다'고 한다.14)

---

11) p.265, 267.
12) p.178, 175, 47.
13) p.212, 257.

　연관하여 '몸과 마음은 무엇으로써 보는 것인가'에 '일체가 적멸하고 모든 명상이 다 떨어진 무심지에서는 여러 가지로 보는 것이 없다'고 하고, '이미 여러 가지로 보는 것이 없다면 다시 어떻게 보느냐'에 '자성으로 보는 것이다. 왜냐하면 자성이 본래 청정하여 담연히 비고 고요하므로 비고 고요한 본체 가운데서 이 보는 것이 능히 난다'고 설명한다.15) 무심이 되고 망념이 불생하여 주객의 전도된 마음이 없어지면 일체가 청정한 까닭에 자성으로 보는 것이 생겨나는 것이다. 내가 보는 것이 아니라 자성이 보는, 실체가 있는 자성이 보는 것이 아니라 진공의 본체가 내재한 부사의한 묘용력으로서의 작용이 있는 것이다.

　선사는 이를 또한 진여의 대용이라고 하고 있다. 중도의 자성, 다시 말해 듣고 보는 가운데 듣고 보는 것이 없고, 듣고 보지 않는 가운데 듣고 보는 것이 있으니, 듣고 보는 것과 듣고 보지 않는 것이 융통 자재하여 단견과 상견을 여읜 상주불멸하는 진여의 대용이다. 이 진여대용은 생멸 변견이 없고, 시공간에 어떤 장애도 없이, 일체처 일체시에 항상 융통 자재한다.16)

　다시 말해 자성의 본체에서 보고 듣는 것이 이루어지는, 즉 자성이 묘용력을 내재하고 있다. 자성이 청정해 일체가 서지 못하면 아무 것도 없는 단멸인 것 같지만 일체 만법의 항사묘용이 거기에서 전개된다.17)17 선사의 설명대로 텅 비고 고요한 진공의 본체에서 나오는 묘용력은 미래겁이 다하도록 쓰고 또 쓴다 하더라도 다 쓸 수가 없는 항하사 수의 용력用力이다. 세세생생 무궁하며, 무엇을 하든 함께 하고, 비추지 못하는 것이 없이 일체를 환히 본다. 무량의 공덕을 갖추고 있으며, 아주 오랜 옛날부터 오늘에 이르기까지 끊임없이 작용하는 본래지의 내적 공능이다. 이 미묘한 작용력은 진공의 묘유, 곧 자성의 청정함에서 나오기에 마음의 깨달음, 즉 자성을 깨달으면 걸림이 없어 어떤 오염의 영역 속에 들어가도 물들지 않으며, 물들지 않으므로 가는 곳마다 반야 아님이 없고, 처하는 곳마다 진실 아님이 없게 된다.18)

---

14) p.130.
15) p.121.
16) p.179, 184.
17) p.188.
18) p.35, 76, 66, 152, 122.

선사는 이러한 본체적 모습과 묘용력의 한 물건, 그 본래면목을 오로지 체증體證해야 한다고 강조한다. '선의 목적은 견성성불見性成佛이며 구경각究竟覺이고 증오證悟요, 견성은 중도를 정등각하는 것'임을 명확히 하고, 중도란 대무심지大無心地의 무념무생無念無生이라 설한다. 무심지에서의 무념무생의 반야지의 발현, 즉 진공에서의 묘유의 발현이 견성성불이고 증오이며, 이것이 쌍차쌍조雙遮雙照의 차조遮照 동시한 중도라는 것이다.[19] 쌍차쌍조적으로 대무심지의 무념무생이 발현됨이 견성이며 이것이 실상의 체증이다. 그래서 선사는 '중도를 알면 불법을 알고 불법을 알면 조사선祖師禪을 아는 것'이라 한다.[20]20 이러한 묘유의 묘용력, 진여의 대용은 곧 육조의 반야 및 수많은 어록에서 밝히고 있는 자연지自然智와 그 내용을 함께 한다.

III. 수행의 가르침

선사는 언어도단하고 심행처멸한 중도실상을 밝히면서 무엇보다 실제 체득해야 함을 역설한다. 선이 문자의 이해나 분별에 있는 것이 아니라 몸소 체증함에 있는 것은 두말할 나위 없지만 선사는 법신에 관한 이론과 법신 자체는 다르며, '마음이 부처'라는 도리를 이해하는 것과 '마음이 부처'임을 깨닫는 체험과는 확연히 다름을 설하고 스스로 체험을 해야 함을 강조한다.[21] 특히 '문자대로 뜻을 설한다고 해도 삼세 부처님의 원수이며, 설령 경전의 한 글자를 여의었다고 하더라도 이미 마설魔說'이라 하면서, '천경만론千經萬論이 삼세 불조의 목숨을 잃게 하는 것'이라는,[22] 즉 언어 사량적 이해와 그 접근을 통렬히 비판하고 직접 체득해야 함을 그야말로 역설하고 있다.

이러한 내용은 법문의 곳곳에서 살펴진다. '학문을 힘쓰는 것은 명경에

---

19) p.219.
20) p.219.
21) p.70.
22) p.246.

먼지를 자꾸 더 쌓는 것이어서 생사고를 더 깊게 한다'거나 '학문으로써 얻은 지혜는 한정이 있어서 배운 그 범위 밖은 모른다. 그러나 참선하여 마음을 깨치면 그 지혜는 한이 없어 그 지혜의 빛은 햇빛과 같고, 학문으로 얻은 지혜의 빛은 반딧불과 같아서 도저히 비유도 안 된다'는 언급도 같은 의미이다.[23]

불법이 이론에 있는 것이 아니라 실천에 있음은 당연하다. 선사는 마음의 눈을 가리는 지식과 학문을 버리고, 밝고 깨끗한 본래의 눈을 활짝 열어 무한의 광명을 뚜렷이 바로 보아야 한다고 설한다. 그리고 이것이 조사선이라고 밝히고 있다.[24]

구체적 수행법을 살펴보기 전에 중생이 중생으로서 살아가는 이유, 생사에 윤회하는 이유에 대해 어떻게 설하고 있는가? 선사는 일체중생이 자신의 근원 자성을 매각하고 무명육식無明六識을 반연하기 때문이라고 한다. 이 반연이 진로심[塵勞心, 分別妄想·無明心]으로 얽히게 하고 업을 지으며 고를 받게 한다고 한다.[25] 한 생각 일어남이 있으면 그 마음에 반연됨이 나타남은 분명하고, 이는 분별과 취사선택 및 집착을 낳아 전도된 생각과 삶을 필연적으로 가져온다. 이 업력이 중생세간으로서의 모습을 갖게 하며 윤회와 갖가지 고통을 받게 한다. 선에 있어서의 이와 관련된 내용은 홍인의 『최상승론』 등 초기의 어록에서부터 살펴볼 수 있는 것으로 용어나 설명 문구는 다소 다르지만 내용은 동일하다.

주지하다시피 이 문제의 해결에 수행이 있다. 여기에서 선사는 돈오를 설한다. 선사는 불법의 근본 목표가 생사해탈에 있다는 것은 누구나 다 아는 일이고 중생의 근기에 따라 이런 저런 수행들을 제각기 할 수는 있지만, 어떤 법을 닦아야 곧바로 쉽게 해탈을 얻을 수 있는가가 중요하다고 하면서 그 법으로 돈오를 설하고 있다. 즉, 돈오법이 '곧바로 쉽게' 깨달음으로 들어가는 방법인 것이다.

선사는 돈오라는 한 문에 의지해 진여자성을 바로 깨쳐야 진정한 해탈을

---

23) p.153.
24) p.218.
25) p.22, 205.

얻을 수 있다고 한다. 실질적인 해탈은 돈오해야만 얻을 수 있는 것이며, 그 돈오는 증오證悟여야만 하고, 해오解悟는 번뇌망상을 모두 여읜 구경각이 아니므로 해탈이라고 할 수가 없다고 한다. 즉 구경각을 이루기 전에는 실질적인 해탈이라고 할 수가 없다는 것이다. 구경각은 근본무명 등 일체의 무명을 완전히 끊는 것이며, 따라서 무명이 남아 있으면 당연 구경각이 아니고 해탈도 아닌 것이라 한다.

또한 선사는 구경각은 무념이요, 무소득이라고 한다. 무념은 일체 망념이 다 떨어지고 떨어졌다는 그 생각까지도 사라져 없어진 상태, 생멸심의 분별 망념만이 아니라 생멸이 아닌 제8아뢰야식의 미세 망념까지도 완전히 떨어진 상태임을 말하고 있다. 미세 망념이 떨어지면 아무 것도 세워질 수 없는 본래 청정의 자성이 드러나게 되고, 여기에서 있음과 없음 및 있고 없음의 모든 것들, 봄과 보지 않음 및 보고 보지 않음 등 조작, 시비, 취사, 단견과 상견 등 일체를 여읜 상주불멸 진여대용이 전개된다는 것이다. 공부의 자취 등 무언가가 남아 있다면 무소득이 아니며, 단견 상견 등 일체를 여의었으므로 무소득이다. 그래서 교가에서 말하는 십지 등각 보살이라도 남아 있는 것이 있으면 무소득, 즉 구경각을 이룬 것이 아니라고 한다. 근본무명을 끊고 십지 등각을 넘어서야만 무소득이고 구경각이며, 돈오라는 것이다.[26] 따라서 돈오는 해탈이며, 증오이자 구경각이다.[27]

선사는 또한 돈은 시간적으로 찰나를 의미하며, 때문에 조금씩 단계적으로 망념을 없애는 것이 아니라 일찰나 간에 근본무명을 완전히 끊는 것임을 밝힌다. 일찰나에 끊는 것이므로 시간적으로는 그야말로 찰나이며, 근본무명을 완전히 끊는 것이므로 내용적으로는 완전한 것이 된다. 망념이 일어나지 않는다는 것, 망념이 없다는 것은 분별 육식뿐만이 아니라 제8아뢰야식의 미세망념까지 일어나지 않는 것이며, 그러므로 선사는 제6식은 끊어졌으나 제8아뢰야식이 남아 있으면 선이 아니라고 한다. 미세망념이 모두 끊어져 진여 자성인 지혜의 해가 드러나 자기 본성을 보는 것, 그것이 돈오이고 해탈이며 성불이라는 것이다.[28] 또한 이것을 보는 것을 본성을 보는 것

---

26) pp.53~54, 158, 174, 179, 184, 188.
27) p.53.

이라 하며, 불성을 보는 것이라고 한다. 해오나 점차를 밟아 본성을 보는 것이 아니라 찰나지간에 본성을 바로 보아 성불하는 것이다. 선사는 이것이 바로 선종의 비결이라고 밝히고 있다.29)

선사는 삽삼조사를 비롯해 선종 정맥의 모든 조사들이 구경각을 돈오라고 했지 중간의 해오를 돈오라고 한 분은 아무도 없었다고 하면서 해오가 아니라 증오를 이루어야 함을 거듭해 강조한다.30) 그러면서 보조 스님에 대해 금가루와 옥석을 구분하지 못한 종문의 이단이라고 강하게 비판하고 있다. 보조 스님이 선으로 교를 포섭해 선풍을 진작했다고 하지만, 선문을 교종으로 전락시킨 큰 잘못을 범했다는 것이다. 그 이유로 선문에서는 십지도 견성이라고 보지 않는 철칙이 있는데 보조 스님은 십신초위十信初位를 돈오견성頓悟見性이라고 격하시켰고, 화엄 삼현십지三賢十地의 차제수次第修를 끌어들여 육조의 돈수를 파했다고 언급하고 있다.31)31 보조 스님의 내용은 『원돈성불론』에 기인한 것이고, 선사의 이 설은 성철스님도 밝힌 내용이다.

이처럼 돈오를 강조하는 선사는 모든 법은 다 마음으로 된 것이니 지금 무심無心을 공부하라고 한다. 무심을 공부하면 본래의 청정한 자성이 바로 나타날 것이라는 것이다. '직입直入'이다. 이러저러한 방법을 쓸 것 없이 곧바로 본원의 청정 자성이 나타나도록 직입하는 방법이다. 선사의 설에 의하면 '온갖 인연을 버리고 분별 망상을 내지 않음'이 전제되지만 곧바로 무심하면 된다. 그러면 천당이나 지옥, 너와 나, 탐욕과 성냄, 증애, 취사 등이 없는 청정의 본래 자성이 곧바로 나타나게 된다.32)

선사가 직입을 설하고 있는 예는 조주 스님의 깨달음에 대한 무문 스님의 평을 언급하고 있는 곳에서도 확인된다. 선사는 조주 스님이 남전 스님에게 물어 깨달은 것을 무문 스님이 평하면서, '비록 깨달았다고 하더라도 다시 30년을 참구해야 비로소 옳다고 할 것'이라 했다는 내용을 든다. 그러면서 그 이유로 바로 단도직입하지 못했기 때문이라고 밝히고 있다.33) 평상심시

28) p.88.
29) pp.89~90.
30) p.54.
31) p.133.
32) p.206.

도平常心是道라고 했을 때 곧바로 깨달았어야 했는데 이렇게 저렇게 물어 깨달았으므로 그 힘은 미약할 수밖에 없고 더 닦아야 한다는 것이다. 결국 분별이나 헤아림으로는 직입할 수 없음을 설명하고 있다. 분별이 있다는 것은 간격이 있음을 의미하고, 그 간격은 결국 직입을 불가능하게 한다. 더구나 선사는 '설사 몽둥이로 때리기를 비 오듯이 하고 할하기를 우레같이 하더라도 향상종승向上宗乘의 법에는 합당치 못하니, 여기에 이르러서는 누런 머리 석가와 푸른 눈 달마도 다시 30년을 더 참구하여야 될 것이다'고 하고, 또 '방망이 끝에 깨달았다고 하더라도 세존을 등진 것이며, 할 밑에서 모두 알아차리더라도 조사를 매장하는 것'이라고도 한다.34) 그야말로 즉금卽今 즉시卽時의 직입 강조이다. 이 직입의 방법이야말로 조사선에서 강조하고 있는 핵심이다. 즉 선사의 깨달음을 위한 체득의 요점도 본질적으로 여기에 입각해 있다.

이러한 직입, 즉 단도직입은 쌍차쌍조雙遮雙照의 설명과도 연결되어 있다. 선사는 쌍차쌍조한 차조遮照 동시가 곧 중도라고 밝히고 있다. "청정은 정으로서 쌍차를 말하고, 지혜는 혜로서 쌍조를 말함이니, 본체와 활용이 원융무애하여 차조동시하니, 이것을 중도라 하고 돈오라 하며 무념이라 하고 망심이 일어나지 않는다고 한다."고 한다.35)35 쌍차쌍조는 『보살영락본업경』을 비롯해 특히 천태지자의 『마하지관』에서 깊이 있게 다뤄지고 있는 중도의 이해론으로 성철스님도 인용하고 있다.

쌍차와 쌍조는 자연스레 함께 한다. 색과 공, 유와 무, 선과 악, 중생과 부처 등 양변을 이루고 있는 차별의 쌍이 차, 즉 막음과 동시에 조가 드러나는 것이다. 구름이 걷히는 순간 환한 햇빛이 동시에 나타나는 것처럼 간격이나 거리, 틈이 있이 있는 게 아니다. 쌍차면 곧 쌍조이고 쌍조면 쌍차이다. 그래서 차조가 동시이며, 그 세계는 원융이다. 원융은 생멸견해에서의 차조의 동시 원융이 아니라 진공묘유의 부사의경이다.36)

---

33) p.21.
34) p.139, 182, 24.1
35) p.188.36p.129.
36) p.129. 선사는 이를 "제8아뢰야 마계(魔界)의 근본 무명인 침공체적(沈空滯寂)의 무심이 아니라 확철히 구경각한 대원경지(大圓鏡智)의 무심이며, 십지등각(十地等覺) 자재보살도 미치지 못한 구경각인 견성"이

때문에 선사는 '만약 분별 견해와 사량 계교로 구학求學 탐오探悟한다면 도와는 더욱 멀어질 수밖에 없다'고 하고 따라서 이 묘리는 난가시難可示 난가설難可說이라 한다. 도는 학불학學不學과 오불오悟不悟로써 논할 바가 아닌 현기玄機가 전로되는 것이어야 한다는 것이다.37) 현기의 전로, 차조동시에서 "자성청정심을 증득하여 있다는 견해와 없다는 견해를 완전히 여의어 무생심無生心과 무주심無住心을 성취하되, 성취하였다는 생각도 없음이 곧 열반이고 해탈이며 돈오이며 견성이며 성불"이 이루어진다.38) 차나 조의 방법론이나 단계적 수행, 거기에서의 깨달음은 직입과는 십만 팔천리일 수밖에 없다.

그렇다면 분별 견해와 사량 계교를 떠나 현기 전로의 방법으로서 선사가 설하고 있는 수행법은 어떤 것인가. 무심의 직입이 일차적이지만 다음으로 살펴지는 것이 화두의 참구이다. 선사는 "상근기의 큰 지혜를 가진 이는 하나의 기연과 경계에서 이를 잡아 곧바로 사용하므로 굳이 많은 말이 필요하지 않습니다. 그러나 만일 참구를 논한다면 마땅히 조주趙州의 '무無'자와 '뜰 앞의 잣나무'와 동산洞山의 '마삼근麻三斤'과 운문雲門의 '마른 똥막대기' 등 맛이 없는 말을 의심하고 또 의심하며 이 화두를 끊임없이 들어 마치 모기가 무쇠소에 앉아 주둥이를 박지 못할 곳에까지 몰입하듯 하여야 합니다."고 한다.39) 상근기는 기연 경계에서 곧바로 체득하므로 특별한 언급이 필요 없지만 그렇지 못할 경우 화두 참구를 하라는 설명이다. 말하자면 무심에의 직입이 상근기에 해당되는 셈이다. 하지만 선사의 법문에는 이보다 훨씬 많은 곳에서 화두 참구와 관련된 내용이 언급되어 있다.

화두 참구의 간화수행을 살펴보기 이전에 주목되는 것으로, 선사의 발심과 신심에 대한 가르침이 있다.

"선은 발심한 자의 소유물이니 고생하고 노력 없이는 성취할 수 없습니다. 어떠한 일이 있더라도 오직 이 공부를 성취하고 말겠다는 결심이 아니

라 한다. p.219.
37) p.132.
38) p.149.
39) p.103.

면 도저히 이 공부는 성취하지 못합니다. 발심은 불조의 어머니요 공덕의 탑이 되니 모든 성현이 이로부터 나오기 때문입니다."라고 선사는 말한다.40) 발심의 마음이 공부의 성취를 가져옴이다. 더불어 불멸의 실상을 구득하려는 마음이 발심이라 하고, 발보리심發菩提心하면 처처가 안락국이 된다고 한다. 또 발심이 철저한 신심을 낳고, 신심이 불과佛果를 이루는 근본이 된다고 설한다. 깨달음에 정인正因 정연正緣이 있어야 한다고 하고 정인으로 발심을 언급하고 있는『단어壇語』나, 발심이 무상無上의 도를 속히 이루게 해준다는『종경록』의 내용 등 선사들의 발심 관련 내용은 많다.

신심에 대해서는 "오직 이 한 물건만 믿는 것을 바른 신심이라고 합니다. 석가도 쓸 데 없고 달마도 쓸 데 없습니다. 팔만장경이 다 무슨 잔소리입니까. 오로지 마음 깨치는 공부만 할 따름이요, 그 외에는 전부 외도이며 마군들입니다. 신심은 불조의 말씀을 믿는 것은 물론이고 자기가 자기를 믿는 신심이 더욱 철저하여야 하나니, 세상일도 자신自信 없이는 성취되는 일이 없거니 하물며 생사를 초월하는 일대사 일이겠습니까."라고 한다.41) '한 물건만 믿는 것이 바른 신심'이라는 것은 근본실상, 즉 본래면목에 대한 믿음이다. 선사가 "참선하는 사람이 생사일대사의 인연을 밝히고자 한다면 맨 처음에 자신의 마음이 부처이며, 자신의 마음이 법이며, 구경에 다름이 없음을 믿어서 철저하게 의심이 없어야 합니다. 만일 이와 같이 스스로 판단하지 못하면 비록 만겁 동안 수행을 한다 할지라도 마침내 진정한 대도에 들어갈 수 없습니다."42)고 하고 있는 것처럼, 자신의 본래모습에 대한 믿음이다. 이 믿음은 마음 깨치는 공부와 직접적으로 맞닿아 있다. 여기에 장애되는 것이라면 부처님이나 달마의 가르침 및 팔만장경이라 할지라도 예외일 수가 없다.

'불조의 말씀과 자신을 믿는 마음'은 일의 성취를 위한 신심이다. 한 물건에 대한 믿음과 직입의 수행보다는 그 내용을 알고 수행할 수 있는 가르침에 대한, 그리고 행위자로서의 스스로에 대한 믿음이다. 신심에 대한 내용

---

40) p.72.
41) p.73.
42) p.102.

역시 여러 선사들에게서 찾아볼 수 있는 선 수행의 중요 요소이다.

화두 참구에 대해 선사는 다음과 같이 설한다.

처음으로 공부하는 분들을 위하여 화두를 드는 말을 간단히 말하겠습니다. 별다른 비법이 없습니다. 알래야 알 수 없는 의정처疑情處에 대고 의심을 하되 공부가 잘 되든지 안 되든지 의정만 하는데, 만약 의심이 안 날 때에는 조작으로라도 '시심마是甚麼오', '시심마是甚麼'오 하고 노력하여 일체처 일체시에 간단없이 정진해야 합니다.

중생은 마음 가운데 이 생각, 저 생각 온갖 망념이 쉬지 않고 일어났다가 사라지고, 또 일어났다가 사라지고 하기 때문에 아무리 마음을 쉬고 비워 무심하려고 해야 무심할 수가 없고, 생각을 없애려고 해야 없앨 수 없는 법입니다.

이러한 중생의 업을 없앨 수 있는 방법이 바로 화두참구하여 견성하는 법입니다. 화두일념을 오매불망하여 간절하게 참구하다 보면 무수히 일어났다가 없어지는 생멸심은 점점 차단되어 갑니다.

노력하고 노력하여 진의심眞疑心이 돈발頓發하면 생멸심이 완전히 끊어지고 화두일념만이 현전되어 하늘을 보아도 하늘이 아니요, 땅을 보아도 땅이 아니요, 사람을 보아도 사람이 아니요, 종소리 북소리를 다 잊고 시간 가는 줄도 밥 때도 다 모르게 되는 법입니다.[43]

앞에서 무심에의 즉입을 언급하며 밝혔듯이 화두 참구는 무심의 즉입이 되지 않음으로 해서 쓰는 방법이다. 중생은 업장으로 인해 마음에서 온갖 생각들이 일어났다 사라지는 무한 생멸심의 반복을 보인다. 그 끊어지지 않는 망념으로 인해 아무리 마음을 비우고 쉬어 무심하고자 해도 할 수가 없다. 하지만 화두를 참구하여 일념이 되게 되면 점차 그 헤아릴 수 없이 반복되었던 망념의 생멸심이 점차 사라지게 된다. 따라서 업장을 없애고 무심할 수 있는 방법이 바로 화두 참구를 통한 견성법이라는 설명이다.

화두 참구의 구체적 방법으로 선사는 별다른 비법이 없다하며 간략히 설명한다. 즉 알려고 해야 알 수 없는 의정처에 대고 공부가 잘 되든 안 되든

---

43) p.125.

의심만 하라고 한다. 알려고 하더라도 알 수 없는 의정처란 이미 의식 분별이 떠난 곳, 그것이 붙어서는 안 되는 곳이지만 핵심은 의심하라는 언급에 있다. 그래서 만약 의심이 안 된다면 인위적으로라도 '시심마오' '시심마오' 해 그것이 끊어짐이 없도록 하라고 한다. 그래서 노력하고 노력하여 진의심이 돈발하고 생멸심이 끊어지며 화두 일념이 현전하도록 하라고 한다. 본참 공안의 화두가 언하에 율극봉栗棘蓬처럼 되어 의단독로疑團獨露 타성일편打成一片되어야 하지만 그렇지 못하는 대다수를 배려한 노파심절한 법문이다.

선사는 참구를 위한 방법으로 '무'자를 들어 몇 가지를 설명한다. '마치 천 길 만 길의 낭떠러지에 떨어진 때처럼 아무 계교나 다른 생각이 없이, 죽은 사람처럼 이렇게 한다 저렇게 한다는 생각을 버리고, 하루 종일 단 하나 무자만을 들면서 매昧하지 않도록 하라.', '마치 닭이 알을 품을 때 따뜻한 기운이 늘 계속되도록 하고, 고양이가 쥐를 잡을 때 몸과 마음을 움직이지 않듯이 하라.', '다만 이렇게 성성적적惺惺寂寂하고 적적성성寂寂惺惺하여 은밀히 참상參詳하기를 마치 어린애가 어머니를 생각하듯 하고, 배고픈 이가 먹을 것을 생각하듯 하며, 목마른 이가 마실 것을 생각하듯 해서 그만두려고 해도 둘 수 없게 하라.'[44] 첫 번째는 사량분별 없이 화두가 매하지 않게 하는 것을 말하고, 두 번째는 마음과 화두가 한 덩이리가 되도록 하는 것, 세 번째는 곧 득력처가 될 것이라 한다. 주지하다시피 여계포란如鷄抱卵, 여묘포서如猫捕鼠, 기사식飢思食 등은 간화 관련 여러 전적들에 나오는 내용이다.

선사는 또한 '화두가 저절로 순일하게 익어서 한 덩어리가 되면 몸과 마음이 텅 비어서 응연히 움직이지 않고 마음이 더 갈 데가 없어진다.'고 하고, '무자를 살펴 이 한 말씀에 무명을 쳐 없애면 마치 사람이 물을 마시어 차고 더운 것을 스스로 아는 것과 같이 될 것'이라 한다. 그러나 혹여 '투철하지 못하면 다시 더 정신을 차려서 오직 화두만을 꾸준히 가져서 간단이 없어야 한다. 의심이 있고 없음을 따지지 말고, 맛이 있고 없음을 가릴 것 없이, 곧 이 큰 의심 밑에 화두만을 들어서 단 하나로 매하지 말아야 한다.'

---

44) p.62.

고 한다. 행주좌와의 일상에 이와 같으면 곧 성취되지 않음이 없을 것이라는 것이다.45)

더불어 선사는 공안이 천 칠백이지만 화두 공부해 가는 방식은 동일하니 오직 화두가 하나라고 생각하고 참구하라고 하고, 또한 '소의지하小疑之下에 소오小悟하고 대의지하大疑之下에 대오大悟하며, 불의지하不疑之下에 불오不悟라'는 구절을 인용하며 크게 의심해야 함과, 대신심大信心 대분지大憤志 대의정大疑情의 삼요를 밝히고 있다.46) 특히 삼요가 없이는 공부하기가 어렵다고 하고, 대신심과 대분심으로 성성적적하게 챙기고 의심을 짓고 또 챙기고 의심을 지어가고 억지로라도 노력해야 하며, '무'자를 분별식으로 의심하는 것이 아니라 마음과 몸을 다 버리고 의단 하나가 되어서 의심하는 것, 즉 '무'를 대상으로 해서 의심하는 것이 아니라 나와 화두가 없이 화두의 의단과 한 덩어리가 되어 의심해야 함을 밝히고 있다.47) 화두는 의심이 생명이기에 알 수 없는 의심을 끊어짐 없이 파고 들어가 답답하고 재미없어도 모기가 무쇠소를 파고드는 것처럼 하라고 하고, '귀먹고 눈멀고 어리석으며, 모르는 체 바보인 체하여 화두일념으로 놓치지 않으며, 간절히, 그리고 머리에 붙은 불을 끄듯, 뼛골에 사무치는 화두를 챙겨야 공부에 진척이 있을 것'이라 한다.48)

나아가 선사는 구경각인 중도를 정등각하려면 오매일여寤寐一如라는 관문에서 크게 의심해 화두를 참구해야 확철대오를 증득, 구경각을 이룰 수 있다고 밝힌다. 생사에 자재한 능력을 가질 수 없는 동정일여動靜一如나 몽중일여夢中一如도 안 되는 상태에서의 깨우침이 아니라 오매일여의 경계에서 더 화두를 참구해 깨달아야 한다는 것이다. 오매일여의 경지에서 더 화두를 참구하라는 것은 오매일여의 경지가 비록 승묘勝妙한 경계이기는 하나 구경이 아니며, 거기에서 다시금 대의단의 화두를 참구하여 확철대오를 얻어야만 구경의 깨달음을 이룰 수 있기 때문이라고 한다.49) 선사의 이 설명, 즉

---

45) p.63.
46) p.80.
47) p.92, 226.
48) p.91~92.
49) p.220.

오매일여가 제8아뢰야 멸진정滅盡定 경계인 제8지보살에 들어가지만 그것이 구경이 아니며, 거기에서 화두참구를 통해 깨달음을 얻어야 구경각을 얻게 된다는 것에서 선사가 확철대오를 어떤 상태로 간주하고 있었는지를 살피게 된다. 선사는 생사에 자재하는 능력을 가질 수 없는 깨달음은 깨달은 것이 아니라 불교의 병이요 증상만인이라고 설파하고 있다.50)

선사는 또한 수행자의 일상생활에서의 점검사항들을 언급하며 화두 참구를 독려하고 있다. 예를 들어 다니고 머물고 앉고 누울 때에도 늘 화두를 점검하여서 하루 종일 끊어짐이 없는가, 사람들과 이야기 할 때에도 화두를 참구 하는가 등 생활 속에서의 점검 사항을 언급하며 끊임없이 참구하고 정진하라고 한다. 또한 혼침과 산란으로 참구가 되지 않을 때 공부를 지어나가는 다섯 가지와 세 가지의 행동을 언급하고, 또 여러 서원을 세우며 정진에 매진하도록 책려하고 있다.51) 이렇게 하여 의심하지 않아도 저절로 의심되고 들지 않아도 저절로 들어져 화두 일념이 만년이 될 때 곧 고향으로 돌아가게 된다고 설하고 있다.

Ⅳ. 맺는 말

혜암 선사의 선사상과 수행법을 나름대로 정리해보았다. 선사는 선의 핵심인 본래면목, 즉 만유의 근원인 중도실상을 밝히고 그 본체적 모습과 내재된 묘용력을 자세하게 설명하며 그것을 깨닫도록 역설한다. 실상이 이름이나 형상, 시종과 존망으로 설명하거나 나타낼 수 없으면서 조금도 부족함 없는 것임을 밝히고, 거기에 일체처 일체시에서 항상 융통 자재하는 묘용

---

50) p.37.
51) pp.63~64. 다섯 가지는 첫째 무명중생이니 마음이 있어도 벗하지 않을 것, 둘째 장님이니 눈이 있어도 보지 않을 것, 셋째 귀머거리이니 귀가 있어도 듣지 않을 것, 넷째 벙어리이니 입이 있어도 말하지 말 것, 다섯째 입이 화근이니 입이 있어도 함부로 먹지 말 것. 세 가지는 멍청한 체하여 바보인 체, 모르는 체, 어리석은 체 하는 것. 서원은 '차라리 쇠망치로 이 몸을 때려 부수어 머리에서 발까지 가루를 만들지언정 결단코 방일한 몸으로 신심 있는 단월의 공경예배를 받지 않겠다고 해야 한다.' 등 모두 8가지이다.(pp.108~109)

력, 즉 진공의 묘유, 진여의 대용이 발현되고 있음을 설한다. 그리고 그것을 깨닫는 것이 견성성불이고 구경각이며, 증오이자 중도의 정등각, 돈오, 해탈이라 밝히고 있다.

수행에 있어 선사는 무엇보다 체증해야 함을 강조한다. 이론적 이해나 알음이 아니라 몸소 직접 체득해야 함이다. 그래야 생사에 자유로운 부사의의 해탈경계를 성취할 수가 있다고 설한다. 그리고 그 체득의 가장 빠르고 쉬운 방법으로 '돈오'를 들고 있다.

돈오의 체득법으로 선사가 우선적으로 언급하고 있는 것은 실상에의 직입이다. 현기 전로의 즉금卽今 즉시卽時의 단도직입이며, 그 방법은 '온갖 인연을 버리고 분별 망상을 내지 않는 무심'이다. 그리고 그 원리는 쌍차쌍조의 차조동시 원융이다. 하지만 이렇게 되지 못하였을 때의 방법이 화두 참구이다. 오매일여寤寐一如를 관문으로 설정하고 거기에서 크게 의심하며 화두를 참구해야 확철대오를 얻고 구경각을 이룰 수 있다고 밝히는 선사의 간화 수행법은 이전의 설과 대별이 없다.

선사의 사상은 그야말로 정통 조사선에 입각해 있다. 방법론에 있어서도 직입과 경절의 방법을 든다. 「상당법문」에서는 오로지 무심에의 직입과 간화 수행만 보일 뿐, 다른 수행방법은 보이지 않는다. 조도助道로서의 언급이나 설명도 없다. 철저히 조사선자의 입장에 있었던 것이 선사임을 알 수 있다.

선사의 사상과 수행법을 나름대로 분류 정리했지만 법어집의 법문은 그야말로 현장처럼 생생하다. 언어도단 심행처멸의 근본경지를 다양한 용어와 설명으로 언급하며 체화하도록 설하고 있다. 이사理事를 넘나들며 자재한 살활殺活과 종탈縱奪의 모습을 보이며, 빈주賓主를 설하다가도 즉사즉리卽事卽理하고, 그러면서도 악지惡知의 즉착卽着을 염려해 휩쓸어 버리기도 한다. 학불학學不學 오불오悟不悟의 구학求學이나 탐오探悟로는 결단코 접근할 수 없음을 강조하고, 돈오, 증오, 구경각, 돈증의 해탈만이 구경임을 역설力說하고 있다.

종호(宗鎬, Jongho, 속명 박문기 朴文基 Park Moonki) seon@dongguk.edu

동국대학교 선학과와 동 대학원을 졸업하고 철학박사학위를 받았다. 동국대 교수로 재직하면서 불교대학장과 불교대학원장 등을 역임했으며, 현재 기획부총장을 맡고 있다. 임제선연구, 조계종사(공저), 여래장사상(역서) 등의 저서가 있다.

종호 스님의 발표문에 대한 토론

신규탁 (연세대 철학과 교수)

동국대 선학 전공 교수 종호 스님의 이 발표문은 혜암 선사의 선사상과 수행에 관한 선학자의 손에 의한 첫 보고서라는 점에서 그 의의가 있다. 그런데 본 보고서는 필자 자신도 밝혔듯이 『慧庵大宗師法語』 이외의 문헌 자료에 대해서는 전혀 언급이 없고, 내용 대부분은 위의 법어집 중 상당법어만을 요약 정리한 것이었다. 논증적인 글쓰기 방식으로 이루어지는 소위 논문의 형식을 갖추지는 못했다.

이런 형식적인 미완성은 있지만, 향후 혜암 선사의 선사상을 밝혀내기 위해서, 몇 가지 궁금함을 제시하여, 향후 이 방면의 연구에 함께 고민해보고자 한다.

첫째, 한국 근현대의 불교사상 측면에서 혜암 선사의 불교 사상을 어떻게 자리 지워야 할까? 이 문제에 답을 하기 위해서는 먼저 한국 근현대 불교사를 바라보는 기존 학계의 입장과 이에 대한 필자의 입장이 제시되어야 할 것이다. 그런 뒤에 이 위에서 혜암 선사의 선사상을 조명해 보아야 할 것이다.

둘째, 위의 첫째 이야기와도 연관되어 있지만, 혜암 선사의 선사상 내지는 불교사상 형성에 영향을 끼친 서적 내지는 인물 또는 시절인연에 대해서도 연구가 되어야 할 것이다. 한 사람의 사상은 여러 인연 속에서 형성되어 가기 때문이다.

셋째, 보조 지눌 선사에 대한 혜암 선사의 비평에 대해 필자 자신의 견해도 제시해야 할 것이다. 그리고 더 나아가 보조를 비평하는 성철 선사와의 관계도 언급이 있어야 할 것이다. 좀 더 노골적으로 말해서 당시 해인사라는 동일 수행 공간에서 혜암 선사만의 독특한 선 수행이나 사상이 과연 가능했는지? 그랬다면 그것이 무엇인지 규명이 되어야 할 것이다. 나아가 그런 가풍이 있다면, 그것이 지금의 우리들에게 어떤 의미가 있는지도 설명되어야 할 것이다.

연구자로서 아무도 가지 않았던 길에 첫발 내디디는 발표자 종오 스님의 노고와 용기에 찬사를 보내면서, 간략하게 토론 거리를 제시해 본다.

신규탁(辛奎卓, Shin Gyoo-Tag) ananda@yonsei.ac.kr

일본 동경대대학원 중국철학과에서 중국화엄을 연구하여 文學博士 학위를 받았다. 저서로는 〈규봉종밀과 법성교학〉, 〈한국 근현대 불교사상 탐구〉, 〈선문답 일지미〉, 〈원각경현담〉등이 있으며 화엄, 선, 의례 관계 논문을 다수 발표하였다. 불교평론학술상(2013), 청송학술상(2014), 연세대공헌교수상(2014) 등을 수상했고, (사)한중일교육문화교류협회 이사장, 한국정토학회 회장, 한국선학회 회장, 한국동양철학회 회장을 역임했고, 현재는 연세대 철학과 교수로 화엄철학, 선불교, 중국철학사 분야를 담당하고 있다.

혜암 선사慧菴 禪師의 수행 리더십 형성과 하화중생下化衆生*

조기룡 (동국대 불교학술원 교수)

초록

혜암慧菴 선사는 대한불교조계종의 제10대 종정이다. 본고는 혜암 선사의 리더십 형성 과정을 막스 베버(Max Weber)의 카리스마적 리더십 이론과 신조류新潮流 리더십 이론을 중심으로 고찰 후 그 리더십이 종단적·사회적으로 발현되는 과정을 하화중생의 관점에서 논의하고 있다.

혜암 선사의 리더십 형성에는 장좌불와長座不臥, 일일일식一日一食, 이 뭣고 참구(是甚麽; 看話禪) 등 일생에 걸친 수행과 그의 상징적 산물인 종정宗正 직위 자체가 요인으로 작용한 것으로 설명할 수 있다. 혜암 선사의 장좌불와와 일일일식은 Conger와 Kanungo의 카리스마적 리더십 귀인 이론(attributional theory of charismatic leadership)의 관점에서, 이 뭣고 참구는 Burns와 Bass의 변환적 리더십(transformational leadership) 이론의 관점에서, 종정 직위 자체는 막스 베버의 리더십의 권위의 정당성과

---

* 본고는 '혜암 선사 문화진흥회 제1회 학술대회'에서 발표 후 『대각사상』 제22집에 게재한 논문임을 밝혀둔다.

일상화된 카리스마에 대한 연구의 관점에서 형성 과정의 논거를 찾을 수 있다.

출가 수행자는 위로는 깨달음을 구하고(上求菩提) 아래로는 중생을 교화하고 제도하는(下化衆生) 삶을 살아야 한다. 혜암 선사의 두타행頭陀行이 상구보리의 실천이었다면, 종단분규 시 원로회의 의장에 추대되어 종단을 이끌었던 것과 원당암에 재가불자선원과 달마선원을 개원하여 재가자를 지도하였던 것은 하화중생의 실현이었다. 선사가 산문을 나와 종단분규를 해결하였던 것은 동動과 정靜이 일여一如한 경계에서 행한 하화중생이며, 재가불자선원과 달마선원을 열어 재가자들을 이끈 것은 부처님의 가르침에 승僧과 속俗을 두지 않은 하화중생이다.

주제어

혜암慧菴, 간화선, 종정宗正, 리더십, 대한불교조계종, 한국불교, 카리스마, 막스 베버, 선사禪師, 선禪

I. 서언

종교조직의 리더십과 경영조직의 리더십은 사뭇 다르다. 종교조직의 지도자는 마음의 감동을 줌으로써 리더십을 형성하나 경영조직의 지도자는 사람들에게 이윤을 줄 수 있음을 전제로 리더십이 형성된다. 사람들은 종교지도자에게서 이윤창출의 경영기법이 아닌 삶의 본질에 대한 해답을 희구希求한다. 석가모니 부처님이 깨달으신 바는 삶의 본질에 대한 해답, 바로 그것이기에 오늘을 살아가는 불교지도자 역시 삶의 본질에 대한 해답을 줄 수 있을 때 비로소 리더십을 형성할 수 있을 것이다.

불교는 삶의 본질을 타력他力이 아닌 자력自力으로 구하는 종교이다. 삶의 본질에 대한 깨달음을 방일放逸한 삶이 아닌 치열한 수행을 통하여 구하는 것이다. 그리고 불교지도자는 그 수행에 의한 깨달음을 전법교화하는 하화중생의 삶을 통하여 사람들의 마음의 감동을 일으킴으로써 리더십을 형성한다.

본고는 혜암 선사의 리더십을 수행의 관점에서 규명하고 그 리더십이 최종적으로 하화중생으로 실천되는 과정을 살펴보고자 한다. 혜암 선사는 대중에게 대한불교조계종(이하 조계종)의 제10대 종정을 지낸 스님으로 기억되고 있지만 일생을 '이 뭣고(是甚麼)' 화두를 들고 장좌불와長座不臥와 일일일식一日一食으로 정진한 선승禪僧으로 바라보는 시각이 보다 선사의 삶에 대한 평가로써 본질적이다. 이에 혜암 선사의 수행을 막스 베버의 카리스마적 리더십 이론과 신조류 리더십 이론의 관점에서 살펴볼 것이다.

또한 본고는 수행에 의하여 형성된 혜암 선사의 수행 리더십[1]이 종단宗團 차원에서는 소위 조계종의 개혁불사 시 대중들의 추종심(followership) 을 형성하였으며, 교단敎團 차원에서는 재가신도들을 위하여 재가불자선원과 달마선원을 개원하여 삶의 본질을 공부하도록 하는 하화중생의 동인動因이 되었음도 논하고자 한다.

II. 이론적 배경

1. 전통적傳統的 리더십 이론과 신조류新潮流 리더십 이론

리더십은 연구자들의 리더십에 대한 개념과 방법적 선호에 따라 여러 가지로 다르게 연구되어 왔다. 대부분의 연구자들은 리더십의 한 좁은 국면만을 연구해 왔으며 따라서 대부분의 연구들은 자연히 여러 가지 연구계열로 구분되게 되었다. 대부분의 리더십 연구들은 리더와 추종자를 구분시켜 주는 어느 정도 고정적인 일반특성을 연구했던 '특성이론', 효과적인 리더와 비효과적인 리더의 관찰가능하고 개발가능한 행동을 파악하고자 했던 '행동이론', 리더십 유효성은 상황에 따라 달라진다는 명제 하에 진행된 '상황

---

1) 본고에서 '수행 리더십'은 수행에 기인하여 형성되는 리더십으로 정의된다.

(부합)이론' 중 하나로 분류될 수 있다. 이들 이론은 리더십 연구의 주류를 형성해왔기 때문에 전통적 리더십 이론이라고 불리고 있다.[2]

1980년대에 들어서는 신조류 리더십 이론이라고 불리는 리더십 이론이 소개되고 있다. 이 이론의 주요한 것으로는 귀인 이론(attribution theories), 변환적 리더십 이론(transformational leadership theories), 카리스마적 리더십 이론(charismatic leadership theories)을 들 수 있으며, 비전적 리더십 이론(visionary leadership theories)과 문화적 리더십 이론(cultural leadership theories) 등도 이에 해당된다. 이처럼 전개되어 온 리더십 이론의 패러다임은 〈표 1〉과 같이 요약될 수 있는데, 이 표에 제시된 기간은 정확하게 나누어지기 보다는 다소 중복될 수도 있다.

〈표 1〉 리더십 이론의 패러다임

기간	접근방법	중심주제
1940년대 후반 이전	특성이론	리더십 능력은 타고난다.
1940년대 후반 ~1960년대 후반	행동이론	리더십 유효성은 리더의 행동에 따라 달라진다. 즉 리더십은 개발될 수 있다.
1960년대 후반 ~1980년대 초반	상황이론 또는 상황부합이론	리더십 유효성은 상황에 따라 달라진다.
1980년대 초반 이후	신조류 리더십 이론	리더는 비전을 지녀야 하며, 추종자에게 강한 정서적 반응을 이끌어내야 한다.

* Alan Bryman, *Charisma & Leadership in Organizations*(London : Sage, 1992), p.1 참고.

기술하였듯이, 본고는 혜암 선사의 수행을 신조류 리더십과 막스 베버의 카리스마 관점에서 분석하고 있다. 혜암 선사의 장좌불와長座不臥와 일일일식一日一食은 신조류 리더십의 귀인이론을 중심으로, 그리고 이 뭣고(是甚麼) 등 간화선 수행법은 신조류 리더십의 변환적 리더십을 중심으로 논의되어질 것이다.

---

2) 권상술,『상사의 변형적 리더십과 거래적 리더십이 조직구성원의 태도 및 지각에 미치는 영향』서강대학교 박사학위논문, 1995, p.11.

2. 막스 베버(Max Weber)와 카리스마

'카리스마(charisma)'라는 용어는 희랍어로 '신이 주신 재능(恩賜, divine gift)'이라는 뜻으로 그 재능에는 예언의 능력, 가르치는 재능, 치유의 능력, 다스림과 섬김의 능력 등이 포함되는 것으로 성서에 나타나고 있다.[3] 사회학자 막스 베버는 이 용어를 직책의 권위나 전통에 근거하는 것이 아닌, 리더는 특별한 자질을 갖고 태어난다는 추종자들의 지각에 근거하는 리더의 영향력 형태를 기술하는 데 사용하였다.[4]

최근까지 카리스마는 조직의 리더십에 관한 문헌에서 거의 다루어지지 않았다. 이 주제는 주로 정치적 리더십을 연구하는 학자들 및 사회운동과 종교적 신앙의 리더십을 연구하는 학자들의 관심분야였다. 많은 사회학자 및 정치과학자들이 카리스마를 기술하고 카리스마가 발생하는 조건들을 확인하려 하였다.

이 이론의 주요 쟁점 중 하나는 카리스마가 리더의 개인적 속성에 의한 것인지, 상황여건 때문에 발생하는 것인지 또는 리더와 추종자들간 상호적 영향력 과정의 결과인지 하는 것이다. 이 논쟁은 기술한 전반적全般的인 리더십 연구의 특성적, 상황적 및 상호작용적 접근법간 논쟁과 유사하다. 요즘도 카리스마라는 용어는 학자에 따라 상이하게 정의 및 사용되고 있긴 하나, 관계적이고 상호작용적인 개념으로 수렴현상이 발생하고 있다. 이에 의하면 카리스마는 리더의 자질과 행동에 대한 추종자들의 지각에서 결과 되는 것이다. 그리고 이 지각은 리더십의 상황 맥락과 부하들의 개인적 및 집단적 욕구에 의해서 영향을 받는다.[5]

본고는 막스 베버의 카리스마 이론을 혜암 선사의 여러 수행법 중 장좌불와 수행과 그가 추대되었던 조계종의 최고 권위를 지닌 종정 직위에 적용하여 분석하고자 한다. 즉 장좌불와와 종정 직위가 대중으로부터 어떻게 카리스마적 리더십을 형성하는지를 살펴볼 것이다. 특히 종정 직위에서 오는 카

---

3) 백기복, 『이슈리더십』, 서울 : 창민사, 2001, p.239.
4) 김대운(역), 『조직사회의 리더십 이해』, 서울 : 현대기획, 1997, p.293.(G.A. Yukl, *Leadership in Organizations*, Prentice Hall Inc., 1994.)
5) 위의 책, p.294.

리스마는 순수 카리스마와 일상화된 카리스마의 비교 분석을 통하여 타당
성을 확보할 것이다.

III. 혜암 선사의 수행과 리더십 형성 요인

본장에서는 혜암 선사가 행한 수행법인 장좌불와, 일일일식, 간화선(이
뭣고) 등이 불교수행으로써 갖는 효과성에 대한 토론이 아니라 뭇사람들에
게 미치는 리더십의 형성에 초점을 맞추어 논의하고자 한다. 왜냐하면 불교
수행법이 다양한데다 각각의 수행법에 대한 효과에 대해서도 각기 다른 주
장이 존재하는 데, 본고의 목적은 불교수행법의 효과에 대한 논증이 아닌
혜암 선사의 수행이 리더십의 형성에 미치는 효과를 논의하는데 있기 때문
이다.

1. 장좌불와(長座不臥)

장좌불와는 결코 눕지 않고 꼿꼿이 앉은 채로만 수행하는 방법으로 깨달
을 때까지는 편안하게 누어서 쉬는 시간 없이 정진을 하겠다는 의지의 표현
이라 할 수 있다. 1946년(27세) 초여름 가야산 해인사로 입산 출가하여 행
자가 되어 공양주 소임을 맡고 있던 27세의 청년 김남영金南榮은 그해 초가
을 가야총림 조실인 효봉孝峰 선사로부터 '무無'자 화두를 받았다.[6] 화두를
든 청년행자의 정진은 다른 행자들이 흉내 내지 못할 만큼 치열했다. 어느
날 청년행자는 공양 간에서 밥을 푸다가 화두를 타파하고 말겠다는 분심憤
心이 일어나 소임을 다른 스님에게 부탁하고 백련암 위에 있는 환적대로 올
라갔다. 그러나 환적 선사가 공부했다는 환적굴은 찾지 못하고 옆에 있는
바위굴로 들어가 "일주일 안에 깨치지 못하면 죽으리라"는 각오로 물 한 모
금 마시지 않고 장좌불와 수행을 하며 용맹정진 한 끝에 화두를 타파하지는

---

6) 혜암 선사는 1920년 3월 22일 전남 장성군 장성읍 덕진리 720번지의 김해 김(金)씨 가문에서 태어났다.
   부친은 김원태(金元泰), 모친은 금성 정(丁)씨였다.

못했지만 좌선삼매는 경험하고 해인사로 내려왔다.[7]

　이 청년행자가 바로 혜암 선사로 이 일은 그의 장좌불와의 시작이다. 청년행자는 음력으로 10월 15일 인곡麟谷을 은사로 효봉 선사를 계사로 사미승이 되었다. 사미승의 법명은 성관性觀이었다. 이후 법호를 혜암慧菴이라 하였다.[8]

　혜암에게 있어서 선승으로서 분기점이 되는 일이 오대산 사고史庫의 토굴에서의 확철대오廓徹大悟이다. 1957년(38세)[9] 초겨울, 혜암은 '공부하다 죽으리라' 결심하고 오대산 사고암(史庫庵 : 지금의 영감사, 靈鑑寺) 토굴에 들어갔다. 영하 20도를 오르내리는 추위에도 불구하고 방에 불을 때지 않고 오직 잣나무 생잎과 생콩 10알씩만을 먹으며 초인적인 용맹정진을 했다. 혜암은 이 때 수마睡魔를 조복받아 4개월 동안 한 순간도 잠들지 않았다. 수마를 조복받고 두타행으로 용맹정진하던 혜암은 어느 날 하늘과 땅, 조석朝夕을 분간치 못한 채 며칠 동안 의단疑端에 이끌리더니 마침내 심안心眼이 열려 다음과 같은 오도송을 읊었다.

미혹할 땐 나고 죽더니　　　迷則生滅心
깨달으니 청정법신이네　　　悟來眞如性
미혹과 깨달음 모두 쳐부수니　迷悟俱打了
해가 돋아 하늘과 땅이 밝도다. 日出乾坤明

　혜암은 이때 수마란 본래 없는 것임을 확연히 깨달은 후 열반 전까지 단 한 번도 누워본 적이 없었다. 하지만 혜암 선사가 장좌불와에 집착하였다고 보기는 어렵다. 혜암 선사 자신은 평생 장좌불와를 했지만 그 자체가 귀중한 것은 아니며 성불하는데 목적이 있는 것이라고 말하였기 때문이다.[10] 혜암

---

7) 임해봉, 『종정열전 2』, 서울 : 도서출판 문화문고, 2010, p.310.; 정찬주a, 『공부하다 죽어라 -혜암스님의 벼락같은 화두』, 서울 : 열림원, 2013, p.70.
8) 정찬주a, 앞의 책, p.70.
9) 임해봉의 『종정열전 2』의 p.315에서는 1957년의 혜암의 세납을 37세로 기록하고 있으나 혜암이 1920년생임과 승려들의 세납은 일반적으로 만 나이를 쓰지 않음을 고려할 때 38세로 보는 것이 타당하다.
10) 정찬주a, 앞의 책, p.33.

선사는 장좌불와는 달을 가리키는 손가락일 뿐 달이 아니라고 본 것이다.

그러나 혜암 선사의 장좌불와는 뭇사람들에게 종교지도자로서의 카리스마를 형성해줄 수 있는 요건을 갖추고 있다. 카리스마라는 용어는 독일 사회학자인 막스 베버가 1920년대 제시한 가장 생명력 있고도 논쟁적인 유산으로 전장前章에서 언급하였듯이 '신이 주신 재능'이라는 신학적 개념이었다.11) 당시 Weber는 신적 선물이라는 카리스마의 원래의 의미를 받아들이면서도, 동료나 하위자가 그 사람에게 특출한 능력이 있다고 인정함으로써 그 리더에게 카리스마가 귀인歸因된다고 주장하였다.

그는 카리스마적 리더를 위기 시에 사람들을 구원할 수 있는 해결책을 지니고 출현하는 신비스럽고 자아도취적이며 사람을 끌어들이는 흡인력을 지닌 사람이라고 보되, 카리스마는 사람들이 특정한 인물이 지니고 있는 특별한 속성을 목격하고 초자연적·초인간적 능력이 있다고 인정할 때 발현된다고 생각하였다.12) 즉 Weber는 신적 선물이라는 카리스마의 원래의 의미를 받아들이면서도, 동료나 하위자가 그 사람에게 특출한 능력이 있다고 인정함으로써 그 리더에게 카리스마가 귀인歸因된다고 주장한 것이다. 이러한 Weber의 카리스마 이론은 1970년대 중반 이후 新베버주의13)로 이어져 카리스마적인 리더십은 유전적이고 성격적인 리더의 특성보다는 리더가 어떤 독특하고 위대한 특징을 타고나면서부터 가지고 있다는 추종자들의 지각에 근거하여 받아들여지는 것으로 정의되고 있다.

한 시간을 앉아있기도 힘들어하는 범인凡人들에게 있어서 평생을 눕지 않는 행위는 초자연적·초인간적 능력으로 인지되기에 충분하기 때문에 혜암 선사의 장좌불와는 뭇사람들에게 카리스마를 형성하게 하는 요인으로 작용한 것으로 추론할 수 있다. 장좌불와의 카리스마 형성 과정은 Conger와 Kanungo의 카리스마적 리더십 귀인 이론(attributional theory of

---

11) Weber는 카리스마라는 어휘를 종교사가인 Rudolf Sohm에서 찾았고 Rudolf Sohm은 더 거슬러 올라가 이 어휘를 신의 선물 또는 은혜로 선물로 설명하는 St. Paul에서 인용하였다.

12) 박정남, 『최고경영자의 카리스마적 리더십에 관한 연구 : 최고경영자의 행동특성과 조직의 성과를 중심으로』, 명지대학교 박사학위논문, 1994, p.51.

13) J.M. Jermier, "Introduction : Charismatic Leadership : Neo-Weberian perspectives," *Leadership Quarterly*, 4(1993), pp.217~233.

charismatic leadership)으로부터 타당성을 더할 수 있다. 신조류 리더십에 해당하는 이 이론 역시 추종자가 리더의 행동에 대해 관찰한 내용을 근거로 리더에게 카리스마를 귀인시킨다는 전제에 입각하고 있다.14) Conger와 Kanungo는 리더가 자신이 주장하는 비전을 달성하기 위해 자기희생과 위험을 감수하며, 값비싼 대가를 치르는 행동을 마다하지 않는 리더는 카리스마적으로 지각될 가능성이 높다고 한다.15) 혜암 선사의 비전은 깨달음이며 이의 달성을 위하여 죽음을 마다하지 않는 수행은 뭇사람들에게 카리스마적으로 지각되기에 충분하다고 생각된다.

2. 일일일식一日一食

일일일식一日一食의 율장적 표현은 바일제법波逸提法 제37조의 비시식계非時食戒 즉 '비시非時(때 아닌 때)에 식사를 해서는 안 된다'이다. 비시식계는 불음계不淫戒와 더불어 금욕생활을 하는 출가계出家戒의 대표라 할 수 있다.16)

비시식계는 정오까지의 식사를 인정하는 계로서, 『마하승기율』에는 "여래는 1식을 하셨기 때문에 신체가 경편輕便하고 안락주安樂住를 얻으셨다. 그대들도 마땅히 1식을 해야 한다."17)고 되어있는데, 이것이 비시식계의 이유로 되어 있다. 이것은 금욕생활을 하는 출가자에게 있어서 매일 세 번의 식사를 하는 것은 영양섭취가 지나침도 있었을 것이다. 재가자처럼 육체노동을 하는 것도 아니고, 오후나 야간에 오직 선정 수행을 하기 때문에 오전 중에 식사를 하면 그것으로 하루의 영양이 충분했을 것이다. 그만큼 걸식하러 나가는 시간이나 식사를 하는 수고로움도 줄이고, 정신적으로나 육

---

14) J.A. Conger and R.N. Kanungo, "Toward a behavioral theory of charismatic leadership in organizational settings," *Academy of Management Review*, 12(1987), pp.637~647.

15) J.A. Conger and R.N. Kanungo, "Behavioral dimensions of charismatic eadership," In J.A. Conger and R.N. Kanungo, eds., Charismatic Leadership : *The Elusive Factor in Organizational Effecti veness*(San Francisco, Cal. : Jossey-Bass, 1988), pp.78~97.

16) 석혜능(譯), 『비구계의 연구 Ⅲ』, 서울 : 민족사, 2010, pp.455~456.(平川彰, 『二百五十戒の硏究 Ⅲ』, 1994.)

17) 『摩訶僧祇律』17(大正藏22, 359c), "如來以一食故. 身體輕便. 得安樂住. 汝等亦應一食."

체적으로 안정된 생활이 가능했을 것이다.[18]

혜암 선사는 무김치나 동치미 국물에 멀건 죽으로 된 한 끼로 비시식계를 지킴으로써 출가생활 전반에 걸쳐 수행의 장애를 극복해 왔는데, 한암漢岩 밑에서 살 때는 한 끼를 생잣 잎에다 콩을 열 개나 일곱 개씩 정확히 숫자를 세어 먹었으며 삼동에는 잣나무 가지를 분질러서 방에 두고 씹어 먹으며 물을 마셨다. 당시에는 누가 양식을 가져와도 안 받고 쌀밥, 보리밥은 한 끼도 안 먹고 네 달을 시험 삼아 살기도 하였다. 하지만 혜암 선사는 당시를 "목에 칼이 들어와도 무섭지 않을 것 같고 정신만 남아 몸뚱이가 없는 것 같았다."고 회고한다.[19]

해인총림 방장 시절, 혜암 선사는 납자들이 하루 4시간 이상 취침하는 것을 금지했고, 아침 방선 시간에는 모든 대중이 108배를 거르지 않고 행하게 했으며, 모든 선방 수좌들이 오후에 불식不食을 하도록 했다.[20] 이러한 청규의 준수는 혜암 선사의 경험칙이었다. 저녁밥은 몸을 무겁게 하고 수마를 불러들이므로 공부하는데 독이 되었던 것이다.

혜암 선사는 한 언론매체와 가진 인터뷰에서, '공부 잘되는 법이 따로 있습니까?'라는 질문에 "밥 적게 먹을 것, 잠은 4시간만 잘 것, 이유 없이 돌아다니지 말 것, 쓸데없이 말하지 말 것, 책을 보지 말 것 등 다섯 가지가 있습니다. 나보고 어떻게 하면 공부하는 데 도움이 되겠냐고 물으면 지금까지 말한 바와 같이 어쨌든 밥 많이 먹고는 공부 못한다. 밥 먹는 것이 공부다. 공부는 밥 먹는 것하고 둘이 아니다. 밥은 공부하기 위한 약으로만 먹으라고 하겠습니다. 밥을 적게 먹으면 말도 많이 안 하게 됩니다. 적게 먹으면 기운이 넘치지 않으니까 잠도 안 옵니다. 식곤증도 없으니까 머리가 맑습니다. 또 기운이 없으니까 말하고 싶지 않고 돌아다니고 싶지도 않습니다. 또 색심이 동해 가지고 공부에 방해되는 일이 있는데 밥을 적게 먹으니까 기운이 없어 색심이 동하지도 않습니다"라고 답하고 있다.[21]

---

18) 석혜능(譯), 앞의 책, pp.458~459.
19) 정찬주b, 『가야산 정진불 2』, 서울 : 랜덤하우스, 2010, p.137.
20) 임해봉, 앞의 책, p.324.
21) 「큰 스님을 찾아서-"돈오 이루겠다" 50년 장좌불와」, 『법보신문』, 2004.8.10.

일일일식 역시 장좌불와와 같이 귀인 이론의 관점에서 혜암 선사의 리더십 형성에 기여하고 있는 것으로 보인다. 일일일식으로 일생을 산다는 것은 삼시세끼를 먹고 살아가는 범인凡人들에게 있어서는 장좌불와처럼 초자연적·초인간적 능력으로 인지되어 카리스마를 형성할 수 있는 것이다. 오늘날에는 반드시 수행의 목적이 아니더라도 건강상의 이유로 일일일식을 하는 사람들도 있으나 멀건 죽으로 한 끼 식사를 다하는 수준은 아니다. 그리고 '일일일식은 출가자가 반드시 지켜야할 계율과 청규를 솔선수범하여 지키는 것이다'라는 점에서 대중들에게 더욱 팔로워십(followership, 추종심)을 형성해주었을 것이다. 아랫사람은 규율과 규칙을 지키더라도 윗사람은 안 지켜도 된다는 인식이 만연한 사회에서는 크고 작은 법규를 솔선수범하여 지키는 사람은 리더십의 모본으로 여겨질 수 있기 때문이다.

3. 간화선看話禪과 이 뭣고(是甚麼)

간화선看話禪은 말한 것(話) 즉 화두를 봄(看)으로써 본래 성품자리를 바로 보는 선禪법이다. 즉 간화선은 부처님과 역대 조사께서 이르신 한 마디 말이나 순간적으로 보이신 짧은 행위 끝에 백억 가지 법문을 뛰어넘어 바로 깨달음에 이르는 문이 있다고 보는 수행법이다. 단박에 뛰어넘어 바로 여래의 경지에 들어가는 것이다.[22] 이에 한국불교에 있어서는 간화선을 깨달음에 가장 빨리 질러가는 경절문徑截門으로 일컫는다. 경절문이란 '다양한 우회의 방편을 다 끊어버리고 근원으로 바로 가는 가장 빠르고 간명하고 적절한 길'이란 뜻이다.[23]

조계종의 현 종정宗正인 진제眞際 선사는 '간화선, 최상승의 경절문徑截門'이라는 법어에서 간화선을 모든 근기를 아우르는 수행법이요, 일체의 다른 방편을 구하지 않고 바로 여래지에 이르는 경절문이며, 눈 밝은 선지식을 만나 바르게만 지도받는다면 한 생에 다 해 마칠 수 있는 참선수행법으로

---

22) 조계종 교육원 불학연구소·전국선원 수좌회 편찬위원회, 『간화선』, 서울 : 대한불교조계종 교육원, 2005, p.51.
23) 위의 책, p.77.

설하고 있다.24)

간화선 수행자인 혜암 선사는 일생에 걸쳐 '이 뭣고(是甚麽)'를 화두로 들었다. '이 뭣고'는 마조馬祖가 제자를 깨달음에 이르게 하기위해 잘 썼던 화법으로 『馬祖錄』 속에는 '이 뭣고'가 여러 차례 나온다. 마조 스님이 무업 스님을 '이 뭣고'로 일깨우는 일화를 보도록 하자.

> 분주 무업(汾州無業 : 780~821) 스님이 스님을 참례하였다.
> 스님께서는 그의 훤칠한 용모와 종소리같이 우렁찬 목소리를 보고는 이렇게 말씀하셨다.
> "높고 높은 법당(佛堂)이나 그 속에 부처가 없구나."
> 무업 스님이 절하고 꿇어앉아서 물었다.
> "삼승(三乘)에 대한 공부는 대략 공부하였습니다. 그런데 선문(禪門)에서는 항상 바로 마음이 부처라고 하니, 정말 모르겠습니다."
> "알지 못하는 마음이 바로 그것이지, 그밖에 다른 것은 없다네."
> 무업 스님이 다시 물었다.
> "무엇이 조사가 서쪽에서 찾아와 가만히 전수하신 심인(心印)입니까?"
> "그대는 정말 소란을 피우는군. 우선 갔다가 뒤에 찾아오게."
> 무업 스님이 나가는 차에 스님께서 불렀다.
> "여보게!"
> 무업 스님이 머리를 돌리자 스님께서 말씀하셨다.
> "이게 무엇인가?"
> 무업 스님이 딱 깨닫고 절하자 스님께서 말씀하셨다.
> "이 둔한 놈아! 절은 해서 무엇하느냐."25)

부르는 소리에 자기도 모르게 몸을 돌려 그에 응하는 자신의 본원, 이것이 바로 나가지도 들어가지도 않는 존재인데 이것이 무엇인가를 밝혀보라는 말로써 자성을 촉구하는 말이다. 이 '이 뭣고'는 『馬祖錄』뿐만이 아니라 『祖堂集』이나 『五家語錄』을 비롯한 선종 문헌들 속에 무수히 나오고 있으며

---

24) 大韓佛敎曹溪宗 宗正 眞際法遠, 2013년 4월 24일, 〈간화선 대법회〉 법문.
25) 백련선서간행회(譯), 『馬祖錄·百丈錄』, 합천 : 장경각, 2002, pp.37~38에서 재인용.

오늘날 선가의 대표적인 화두로 자리 매김하고 있다.

'이 뭣고' 화두를 일생에 걸쳐 참구한 혜암 선사는 언론매체와의 인터뷰에 다음과 같이 그 중요성을 이야기하고 있다.

> 밥 먹으면서도 밥 먹는 이가 '이 뭣고?' 화장실에 가서도 용변을 보는 이가 '이 뭣고?', 어디서든 간단없이 일체처―切處 일체시―切時에 공부해야지 내가 힘을 얻을 수 있고, 따라서 목적을 달성할 수 있는 것이지.[26]

혜암 선사는 궁극적 깨달음을 위하여 '이 뭣고' 화두를 들 것을 주장하고 있으며, 선방 수좌들이나 재가 불자 모두에게 늘 '이 뭣고' 화두를 권하였다.

혜암 선사가 수행방편으로 삼은 간화선은 인간의 본질을 깨달을 수 있는 경절문으로 그 리더십의 형성은 변환적 리더십(transformational leadership) 이론에 의하여 설명되어질 수 있다. Burns는 리더십이 변환적 리더십과 거래적 리더십(transactional leadership)의 두 가지 형태 중 어느 하나로 형성된다고 보았다.[27] 변환적 리더십은 인본주의, 평화, 평등, 자유 등 정신적·출세간적 가치관을 부여하여 인간의 내면을 변환시키는 것이며, 거래적 리더십은 물질적·세속적인 보수와 지위를 제공하여 리더십과 추종심을 거래하는 것이다. 즉 변환적 리더십은 인간의 고차원적인 욕구를 자극하여 인간의 내면 변화를 유도하는 리더십이다. 이에 의하면 인생과 우주의 근원적인 진리인 일대사―大事를 요달了達하여 생사를 영단하고 인천의 사표가 되어 중생을 제도하고자 하는 간화선 수행자[28]는 변환적 리더십을 형성할 수 있는 일정 수준의 자격 요건을 구비한 것으로 볼 수 있다.

또한 Bass는 Burns의 이론에 기초하여 변환적 리더십의 구성요소로 카리스마(charisma), 지적인 자극(intellectual stimulation) 그리고 개인적인 배려(individualized consideration)를 제시하고 있는데,[29] 혜암 선사가 참구하고 출가와 재가의 수행자들에게 참구시킨 '이 뭣고'는 지적인 자

---

26) 〈법보신문〉, 2004.8.10.
27) J.M. Burns, *Leadership*(N.Y. : Harper & Row, 1978).
28) 월암, 『간화정로(看話正路)』, 부산 : 현대북스, 2006, p.257.
29) B.M. Bass, *Leadership and Performance Beyond Expectations*(N.Y. : The Free Press, 1985).

극의 요건을 충족하는 화두이다. Bass는 지적인 자극을 '리더가 문제에 대한 부하들의 인식도를 높이고 문제를 새로운 각도에서 보도록 유도하는 과정'으로 정의하고 있는데, 화두는 일상적인 격을 벗어난 '격외어格外語'이기 때문이다.30)

4. 종정宗正 직위

혜암 선사는 조계종의 제10대 종정이다. 우리는 앞에서 장좌불와, 일일일식, 간화선과 이 뭣고 등 혜암 선사의 수행방편과 리더십의 형성 관계를 살펴보았는데 종정宗正은 수행방편이 아닌 소임 즉 직위이다. 하지만 종정이 조계종의 신성神聖을 상징하며 종통宗統을 승계하는 지위를 가진다31)는 점에서 수행 그리고 리더십과 연계되어진다. 종정이 종통을 승계하는 지위를 가진다는 것은 간화선에 기반을 둔 조계종의 법맥法脈을 이어간다는 의미로 수행 리더십의 상징과 다르지 않기 때문이다. 이에 종정은 그 직위 자체로 불교적·사회적으로 최고의 권위를 인정받는다.

혜암 선사가 행한 장좌불와, 일일일식, 이 뭣고 화두 수행은 혜암 선사만의 고유 수행법은 아니다. 하지만 혜암 선사가 여타의 추앙받는 선사들과 마찬가지로 범부는 할 수 없는 이들 수행법을 철저히 실천하였기에 혜암 선사 역시 그들 수준의 카리스마적 리더십을 확보할 수 있었다고 보는 것이 합당하다. 그런데 혜암 선사는 여기에 더하여 극소수의 선사들만이 오를 수 있는 종정 직위에 추대됨으로써 전통적 권위와 법적-합리적 권위마저도 갖춘 것으로 보인다. 즉 종정 직위는 여타의 추앙받는 선사들이 갖췄던 수행에서 기인하는 카리스마에 더하여 전통적 권위와 법적-합리적 권위를 혜암 선사에게 부여해 줌으로써 그가 남다른 리더십을 형성할 수 있도록 해준 것으로 보인다.

권위의 정당성에 대하여 관심을 가진 Max Weber는 불멸의 전통적 신성에 대한 기존의 믿음에서 흘러나오는 '전통적 권위(traditional authority)', 규율의 법제화와 그러한 규율 체계 안에서 권위 있는 위치를 가지고 있는

---

30) 월암, 앞의 책, 144.
31) 대한불교조계종 종헌 제19조 종정은 본종의 신성(神聖)을 상징하며 종통(宗統)을승계하는 지위를 가진다.

자들의 권리에 대한 믿음에서 흘러나오는 '법적-합리적 권위(legal-rational authority)', 개인이나 그에 의한 규범적 형태나 계시된 질서의 예외적인 거룩성과 영웅주의에 의존하는 '카리스마적 권위(charismatic authority)'를 이상적 형태의 권위로 제시하였다.32)

그런데 종단의 최상위법인 종헌宗憲이 '종정은 본종의 신성을 상징하며 종통을 승계하는 최고의 권위와 지위를 가진다'고 규정하고 있기에 종정은 조직 체계에서 법적-합리적 권위를 갖는다. 또한 종헌의 규정과 별개로 신앙 체계에서 종정은 이미 신도들에게 신성한 존재로 믿어지고 있기에 전통적 권위도 갖는다. 이와 같이 종정의 직위 자체가 전통적 권위와 법적-합리적 권위를 갖고 있는 존재이기에 혜암 선사 역시 종정에 추대된 그 자체로 그 권위들을 부여받게 되고 이것이 선사의 리더십 형성에 일정 부분의 역할을 했을 것으로 추론할 수 있다.

종정 직위의 리더십 형성은 순수 카리스마(pure charisma)와 일상화된 카리스마(routinized charisma)의 관점에서도 살펴볼 필요가 있다.33) 순수 카리스마는 상기한 카리스마의 이상적 형태 중 카리스마적 권위에 의하여 형성되는 리더십으로 개인의 비범한 자질이나 능력에 기인한다. 이에 비하여 일상화된 카리스마는 전통적 권위와 법적-합리적 권위에 의하여 형성되는 리더십으로 순수 카리스마를 형성한 리더의 죽음과 함께 그 카리스마는 지위·역할이나 물건·상징에 부여되는 것이다.

순수 카리스마와 일상화된 카리스마의 관점에서 본다면 종정 직위는 일상화된 카리스마에 해당한다. 하지만 일상화 과정에서 카리스마적 요소가 꼭 사라진다고만 할 수는 없다. 그것은 개인 지도자의 인격에서 분리되어 객관적인 제도적 구조에 구현되고, 새로운 권위의 소유자는 제도적으로 합법화된 상태나 직분에 의하여 이전과는 다른 형태의 권위를 행사하기 때문이다.34) 이러한 일상화 과정을 통하여, '진짜 카리스마'는 쇠퇴해 버리고

---

32) M. Weber, *Economy and Society*(1925), Vol.3, edited by G. Roth and C. Wittich, (New York : Bedminster, 1968), pp.215~216.
33) M. Weber, *op. cit.*, p.1115~1121.
34) M. Weber, *The Theory of Social and Economic Organization*, Translated by T. Parsons(N.Y. : The Free Press, 1947), p.60.

거룩한 전통은 발전된다. 새롭게 발전된 전통, 상징적 체계와 제도적 구조의 정당성은 사회 제도와 전통의 강화를 위한 기반이 된다. 왜냐하면 그것은 카리스마적 리더와의 연관성 속에서 흘러나오기 때문이다.

Ⅳ. 혜암 선사의 리더십과 하화중생

출가 수행자는 위로는 깨달음을 구하고(上求菩提) 아래로는 중생을 교화하고 제도하는(下化衆生) 삶을 살아야 한다. 『유마경』에서는 "세상에 있으면서도 오염된 행을 하지 않고, 열반에 머물러 있어도 영원히 멸도에 들지 않는다."35)라고 했다. 즉 범부의 신분이면서도 세속 일에 탐닉하지 않고, 성인의 경지에서도 중생을 버리지 않는 것이 진정한 보살행이다. 전장前章에서 혜암 선사의 상구보리를 통한 리더십의 형성을 보았다면 본장本章에서는 선사의 하화중생에 의한 리더십의 실천을 살펴보도록 하자.

1. 종단분규와 원로회의 의장 소임의 수행

1994년과 1998년 두 번에 걸쳐 조계종은 분규를 겪었다. 혜암 선사는 1994년 개혁종단이 들어서는데 견인차 구실을 했고, 1998년 정화개혁회의 출범 때도 '종헌·종법 고수'를 선언해 현 종단체제 유지에 힘을 실어주었다. 대선객으로 위의威儀를 갖춘 혜암 선사의 투철한 수행관은 종단이 어려울 때마다 리더십으로 발현되었다.

혜암 선사는 1994년 개혁불사의 선봉장 역할을 하였다. 선사는 조계사의 전국승려대회에서 혼돈으로 치닫는 종풍을 바로 세우기 위해 원로회의 부의장으로서 범종단개혁추진위원회를 공식적으로 지지하였다. 선사의 결단은 절망 상태에 있는 젊은 승려들의 사기를 북돋우고 활기를 되찾게 했다. 당시 혜암 선사는 원로 스님들과 총무원 1층에서 3일 동안 공권력에 감금

---

35) 『維摩詰所說經』(大正藏14, 545b), "在於生死不爲汚行。住於涅槃不永滅度,　　　是菩薩行."

당한 채 단식으로 저항하면서 스님들을 이끌어주었다. 이때(1994.4.) 선사
는 거듭되는 요청으로 원로회의 의장이 되어 개혁회의 출범을 적극 지지하
며 불교개혁의 버팀목 역할을 하였다.36)

하지만 힘겨운 과정을 거쳐 출범한 개혁종단이 안정되기도 전에 종단은
다시 한 번 분규에 빠지게 된다. 1998년 10월, 월주 총무원장의 제29대
총무원장 후보 출마가 3선에 해당되는 지 여부를 놓고 종단은 또 다시 격렬
한 분란에 휩싸였다. 이에 11월 8일 원로회의 의장 혜암 선사는 해인사에
서 원로 8명과 간담회를 개최하여 '종헌종법대로 선거를 치르고 모든 사항
은 선거가 끝난 후 원로회의에서 결정하겠다'고 발표하였다.37) 하지만 3선
출마를 반대하는 측은 11일 승려대회를 개최하여 조계종 총무원 청사를 점
거 후 '정화개혁회의'를 출범하였다.38)

총무원장 선거를 둘러싼 종단의 혼란은 조계종의 최고의결기구인 원로회
의마저 양분되게 만들었다. 정원 22명인 원로회의 의원 중 7명은 월하月下
종정이 임석한 가운데 다른 원로의원 8명의 위임장을 받아 14일 오후 서울
양재동 구룡사에서 회의를 열고 '송월주宋月珠 총무원장의 해임과 중앙종회
의 해산 그리고 정화개혁회의 추인' 등을 결의했다. 또한 원로회의 소집을
거부한 의장 혜암을 제명하고 벽암碧岩 원로회의 부의장을 새 의장으로 선
출했다. 이에 대해 혜암 의장은 서울 종로구 대각사에서 기자회견을 갖고
'14일 원로의원들의 모임은 종헌 종법 상 효력을 갖는 정식 원로회의가 아
니다' 그리고 '정화개혁회의는 종헌종법을 무너뜨리는 불법적 폭거이므로
인정할 수 없다. 조속한 시일 내에 원로회의를 개최하여 입장을 밝히겠다'
는 요지의 입장문을 발표하였다.39)

이런 혼란과 갈등 속에서 정화개혁회의 측은 26일 총무원 청사에 현판식
을 거행하였다.40) 이에 30일 기존 총무원 측은 전국승려대회를 개최하고
총무원 청사의 접수接收를 시도하였으나 정화개혁회의 측과의 물리적 충돌

---

36) 임해봉, 앞의 책, pp.331~332.
37) 〈조선일보〉, 1998.11.12.
38) 〈경향신문〉, 1998.11.12.
39) 〈경향신문〉, 1998.11.16.
40) 〈세계일보〉, 1998.11.28.

로 부상자가 속출하는 상황에서 공권력(경찰)의 도움을 받아 12월 23일 청사를 되찾을 수 있었다.[41] 이후 양측이 각기 상대방의 주요 인사들을 각각 징계하는 등 종단은 혼미한 양상을 보였다.

1999년 3월 29일 월하 종정은 종정의 명의로 '조속히 총무원에 진출해 제2정화의 깃발을 드높이라'는 교시를 내렸으며 월탄月誕 정화개혁회의 상임위원장도 3월 31일 기자회견을 갖고 '월하 종정의 권위를 회복하고 청정 승가를 복원하겠다'고 밝혔다.[42] 그러나 4월 2일 혜암 선사가 조계종 제10대 종정에 추대됨으로써 심각한 사회적 파장을 야기했던 1998년의 종단분규는 일단락되었다.

1990년대 두 번의 종단분규를 안정시킨 주역인 혜암 선사는 1994년 당시 원로회의 의장으로 하산하면서 개혁종단을 탄생시키기 위한 자신의 입장을 다음과 같이 결연하게 밝히고 있다.

> …… 종단이 병들었는데 근본으로 돌아가지 않고 개혁을 열 번을 한들 뭣 할 것입니까? 다만 종단이 이대로 나아가서는 기필코 망하겠구나 하는 생각이 들어 '아, 이제 종단을 개혁해서 발전시켜야겠다'라는 것이 내 소견일 뿐입니다. 부처님 말씀대로만 해왔다면 개혁이라는 말은 필요 없는 것입니다. 부처님 말씀대로만 하면 천하를 통일해버릴 수 있습니다. 부처님 말씀대로 안하고 종단의 모습이 엉망으로 변해버렸기 때문에 개혁이란 말이 나오게 된 것입니다. 부끄러운 일이지만 부처님 말씀을 실천하지 못하고 있으니까 개혁이라는 말이 붙은 것입니다.
> … (중략) …
> 그래서 나는 잘못된 부분을 개혁할 수밖에 없다는 뜻을 가지고 발을 들여놓은 것입니다. 희생이 되는 한이 있더라도 이번에는 물러나지 않겠다는 결심을 가지고 있습니다.[43]

'말세가 되면 진승眞僧은 하산하고 가승假僧은 입산한다'는 금언이 있는

---

41) 〈문화일보〉, 1998.12.24.
42) 〈연합뉴스〉, 1999.04.01.
43) 정찬주a, 앞의 책, pp.197~198에서 재인용.

데, 혜암 선사는 세상이 잘못 돌아갈 때는 수행자의 본분을 다하기 위하여 분연히 세상 속으로 나아간 것이다.

2. 원당암 재가불자선원과 달마선원의 개원

세간과 산 속을 나누고 僧(승)과 속俗을 나누어 보는 것은 중생의 잘못된 견해다. 깨달은 이는 세간이든 산 속이든, 세속의 집이든 절이든, 거리든 시장이든 앉으면 법당이요, 머물면 부처님 도량이다. 깨달음을 추구하는 수행자의 삶이라면 산 속에서 학인을 제접하든 세간에서 중생을 교화하든 어느 쪽이든 문제될 것이 없다. 깊은 산 속에 맑은 약수가 있으면 마시기를 원하는 사람들이 저절로 모이듯 도인은 그렇게 모여드는 수행자를 제접하기도 하고 번화한 도시에서 모여드는 대중을 교화할 수도 있는 것이다.[44]

혜암 선사는 정법선양과 대중교화 그리고 하화중생을 위하여 1981년(62세)부터 해인사 원당암에 우리나라 시민선방의 효시라 할 수 있는 재가불자선원을 개원하여 매년 하안거와 동안거, 그리고 매월 첫째, 셋째 토요일 철야용맹정진을 20년 동안 직접 주관했다.[45] 총림 안의 산중암자에서 재가불자선원을 개원한 것은 선사의 시대통찰이 돋보이는 대목이라 하겠다. 1996년(77세)에는 108평의 달마선원을 신축하여 가을부터는 안거마다 100여 대중과 용맹정진하였고, 매월 토요 철야법회 대중에게 참선을 적극 지도함으로써 선의 대중화 생활화에 앞장섰다.[46]

재가불자선원 운영 후 달마선원 개원 직전 원당암의 상황과 혜암 선사의 열정은 정찬주와의 대담에 잘 나타나 있다.[47]

> 문 : 원당암은 산중암자로는 유일하게 재가불자를 위한 선방을 개설하고
> 있습니다. 재가불자들이 원당암으로 왜 몰려든다고 생각하십니까?
> 답 : … 무슨 일을 해야겠다고 궁리하던 중에 재가선방을 만들어서 신도

---

44) 조계종 교육원 불학연구소·전국선원 수좌회 편찬위원회, 앞의 책, p.407.
45) 임해봉, 앞의 책, p.323.
46) 위의 책, p.324.
47) 정찬주a, 앞의 책, p.39.

님들 참선을 지도해야겠다고 하는 할 일을 생각해냈어요. 20년이 지났는데 지금은 방사가 좁아서 여름에는 마당까지 꽉꽉 찹니다. 법문을 듣는 마이크가 법당 식당 할 것 없이 여러 개 달렸습니다. 정진도 방사가 비좁으니까 2층 다락에서도 하고 그렇습니다. 어쨌든 힘 있는 데까지는 신도님들을 도와주는 것이 옳은 일이다 생각하고 108평 선원을 짓고 있습니다.

문 : 재가불자들도 스님들과 똑 같이 참선합니까?

답 : 복을 짓는 게 자랑이 아니라 더 잘했으면 잘했지 스님보다 못하지 않아요. 나는 어름하게 하려면 고생해가며 안 합니다. 나는 평생을 두고 대중살이만 하고 왔기 때문에 자신이 있습니다. 공부하는 정신이라든지 자세라든지 자신이 있기 때문에 어름하게 기도시키지 않고 스님 못지않게 정신상으로나 행동적으로나 조금치라도 뒤떨어지지 않게 가르칩니다.

혜암 선사가 재가불자들이 왕래하면 수행에 지장을 받을 수 있음에도 불구하고 해인사의 암자 중에서도 가장 살기 좋다고 하는 원당암에 재가불자 선원을 개원한 것은 선의 대중화와 생활화에 대한 선사의 염원을 짐작할 수 있는 대목이라 하겠다. 또한 선사는 재가불자선원의 수행지도뿐만 아니라 세세한 살림살이에도 정성을 쏟아 선원 입구에 세운 글씨 한자 한자도 아무렇게나 쓰지 않았다. '달마선원達磨禪院'이란 글씨는 선사가 직접 진주 호국사로 가서 은초隱樵 정명수鄭命壽[48] 선생에게 부탁해 받은 것이다.

혜암 선사의 법문들에서도 선사가 재가불자의 수행을 중요시하고 독려했음을 발견할 수 있다. 1986년 7월 27일 삼일선원三一禪院의 개원법어에서 "수도에는 승속, 남녀노소, 유식무식과 부귀빈천의 차별이 없다."면서 선 수행에 정진해 줄 것을 당부하였다.[49] 1988년 5월 26일 조계사 대웅전의 수선회修禪會 법문에서는 "부처님께서 정각을 이루고 탄식하여 말하시되 '일체중생이 다 여래의 지혜 덕상이 있건마는 분별 망상으로 도를 이루지 못함'

---

48) 정명수 선생은 한말 최고의 서예가였던 성파(星坡) 하동주(河東州) 선생에게서 추사체를 익혔고, 진주성 촉석루와 서장대 및 북장대 그리고 해인사 구광루와 해탈문 주련 등을 썼다.

49) 慧菴門徒會(編), 『慧菴大宗師法語集 I - 上堂法語』, 합천 : 해인사 원당암, 2007, pp.305~309.

이로다."라고 하시며 "잠깐이라도 참선 공부를 하면 많은 칠보탑을 세우는 것보다 더 수승殊勝하다."고 법어를 하였다.50) 1996년 5월 3일(음) 원당암 달마선원의 상량식에서는 '선원을 창건하는 공덕으로 참선자는 확철대오廓徹大悟하며 신심단월信心檀越 구름처럼 모여 항작불사恒作佛事 도중생度衆生하여지이다.'라는 내용의 상량문을 올렸다.51)

간화선이 정립될 당시 중국의 사회적·역사적 현실은 커다란 위기 상황이었다. 송나라가 금나라와의 전쟁에서 패하여 사회가 어지럽고 경제가 어려워져 백성들이 혼돈과 절망에 빠져 있었다. 이러한 시대상황에서 대혜 종고大慧宗杲 선사는 간화선을 체계화하여 출가자와 재가자들에게 일상생활을 하면서 화두를 참구하는 법을 가르쳤다. 선사는 도탄에 빠진 백성들에게 용기를 불어넣어 무너져가는 나라를 다시 일으켜 세우는 지혜를 밝히기 위하여 자유자재하고 활활발발하게 선을 널리 전파하였던 것이다.52)

오늘날 우리 사회도 간화선이 정립되던 당시 중국 상황과 크게 다르지 않다. 비록 지난 시대에 비해 물질생활 수준은 나아졌다고 하지만 정신문화의 성숙도와 교양의 깊이는 낮은 수준에 머물러 있다. 또한 아직도 남북 분단의 비통한 현실과 노사, 진보와 보수 등등으로 대립하는 사회 흐름은 우리의 삶을 더욱 힘겹게 하고 있다.53)

이러한 오늘날의 사회적 현실 속에서 혜암 선사가 재가불자선원과 달마선원을 개원하여 신도들을 제접한 것은 간화선을 수행자의 전유물이 아닌 삶 전체의 문제를 풀어내는 보편적인 방법론으로 삼아 재가불자들을 이끈 것이다. 선사는 자신의 깨달음을 사회적으로 회향하는 해행상응解行相應과 지행합일知行合一의 삶을 실천하신 것이다. 이는 옛 조사들께서 대다수 많은 하근범부下根凡夫를 위하여 애민중생哀愍衆生의 심정으로 고칙공안古則公案을 시설하고 화두를 참구하게 하여 분별을 일시에 떨치고 본래면목本來面目을 바로 드러내 해탈의 삶을 살게 한 것과 다르지 않다.

---

50) 慧菴門徒會(編), 『慧菴大宗師法語集Ⅱ』, 합천 : 해인사 원당암, 2007, pp.82~90.
51) 임해봉, 앞의 책, p.336에서 재인용.
52) 조계종 교육원 불학연구소·전국선원 수좌회 편찬위원회, 앞의 책, p.409.
53) 위의 책, p.411.

V. 결언

간화선 수행자로서 혜암 선사의 일생은 산문 안에서 순일하게 수행 자체에 정진한 삶과 종단의 누란지위累卵之危를 구하고자 산문 밖을 나선 삶, 그리고 재가불자선원과 달마선원을 개원하여 재가신도들에게 간화선을 지도한 삶으로 요약할 수 있다. 이러한 선사의 삶은 간화선을 생활선生活禪이자 사중선四衆禪으로 인식하고 실천한 것이라 할 수 있다.54)

간화선은 번뇌가 그대로 깨달음이고 세간이 그대로 출세간이라는 믿음 위에 서 있기 때문에 간화선 수행자는 번뇌 가운데 있되 번뇌에 속박되지 않으며, 세간에 있되 세간에 물들지 않고 세간에서 만행을 실천하며 교화활동을 펼칠 수 있어야 한다.55) 번뇌가 공한 것이 보리요, 세간이 공한 것이 출세간이기에 세간을 떠나 보리를 구함은 토끼의 뿔과 거북의 털을 찾는 격이다.

동動과 정靜을 초월해 동정이 일여一如한 경계에서 참구하라는 대혜 선사의 가르침을 돌이켜볼 때,56) 혜암 선사의 산문 안에서 순일하게 수행하던 삶과 산문 밖에서 1994년과 1998년의 개혁종단을 이끌던 삶은 불이(不二)가 아니다. 간화선 수행자인 선사에게 있어서는 일상이 그대로 공부요, 공부가 그대로 생활이었던 것이다. 혜암 선사의 산문 안과 밖의 삶은 동과 정이 일여한 경계에서 참구하는 생활선으로서 간화선을 실천한 것이라 할 수 있다.

화두공부는 특별히 시간과 장소가 정해져 있는 것이 아니기 때문에 세속에 살면서 생활에 바쁜 재가자들에게 매우 합당한 수행법이기도 하다. 혜암 선사가 재가불자선원과 달마선원을 열어 재가불자를 지도한 것은 참선은

---

54) 생활(生活)선과 사중선(四衆禪)은 월암의 『간화정로(看話正路)』에서 원용한 개념으로, 그는 간화선의 특성으로 시간과 장소에 구애됨이 없이 일상의 삶에서 실천 가능하다는 의미의 '생활선'과 선 수행에 관심을 지닌 사람이면 비구, 비구니, 우바새, 우바이의 차별 없이 사부대중이 모두 수행 가능하다는 의미의 '사중선'을 제시하고 있다.

55) 조계종 교육원 불학연구소·전국선원 수좌회 편찬위원회, 위의 책, p.407.

56) 『大慧語錄』26(大正藏47, 893c~894a), "禪不在靜處, 不在鬧處, 不在思量分別處, 不在日用應緣處. 然雖如是, 第一不得捨却靜處, 鬧處, 日用應緣處, 思量分別處參, 忽然眼開, 都是自家屋裏事."

아무나 하는 것이 아니고 최상근기들이나 하는 것이며, 재가자는 염불이나 주력을 하는 것이라는 인식을 혁파한 사중선으로서의 실천이다. 선사는 출가이중出家二衆과 재가이중在家二衆인 사부대중四部大衆 그 누구에게라도 실참實參의 문을 열어 놓은 것이다.

혜암 선사의 생활선과 사중선의 실천은 결코 상구보리 하화중생의 발현과 다르지 않다. 선사가 산문을 나와 개혁종단을 이끈 것은 적정한처寂靜閑處와 시끄러운 곳의 분별없이 일상이 그대로 공부요, 공부가 그대로 일상인 생활선의 실천으로 일체처一切處와 일체시一切時를 막론하고 보리를 구한 것으로 이해할 수 있다. 또한 선사가 원당암에 재가불자선원과 달마선원을 개원하여 재가이중을 이끈 것은 간화선을 출가자의 전유물이 아닌 재가자와 공유하는 사중선의 실천으로 부처님의 가르침에 승속을 두지 않은 하화중생下化衆生의 발현이라 할 수 있다.

참고문헌

[경전류]

『維摩詰所說經』(大正藏14)
『摩訶僧祇律』17(大正藏22.)
『大慧語錄』26(大正藏47)

[국내문헌]

鏡虛惺牛禪師法語集刊行會(編), 『鏡虛法語』, 서울 : 인물연구소, 1981.

권상술, 『상사의 변형적 리더십과 거래적 리더십이 조직구성원의 태도 및 지각에 미치는 영향』. 서강대학교 박사학위논문, 1995.

박정남, 「최고경영자의 카리스마적 리더십에 대한 연구 : 최고경영자의 행동특성과 조직의 성과를 중심으로」, 명지대학교 박사학위논문, 1994.

백기복, 『이슈리더십』, 서울 : 창민사, 2001.

백련선서간행회(譯), 『馬祖錄·百丈錄』, 합천 : 장경각, 2002.

龍城 震鐘, 「修心正路」, 『覺海日輪』, 서울 : 세계불교성지보존회, 1997.

월암, 『간화정로(看話正路)』, 부산 : 현대북스, 2006.

임해봉, 『종정열전 2』, 서울 : 도서출판 문화문고, 2010.

정찬주, 『공부하다 죽어라 -혜암스님의 벼락같은 화두』, 서울 : 열림원, 2013.

정찬주, 『가야산 정진불 2』, 서울 : 랜덤하우스, 2010.

조계종 교육원 불학연구소·전국선원 수좌회 편찬위원회, 『간화선』, 서울 : 대한불교조계종 교육원, 2005.

平川彰, 『二百五十戒の研究 Ⅲ』, 석혜능(譯), 『비구계의 연구 Ⅲ』, 서울 : 민족사, 2010.

慧菴門徒會(編), 『慧菴大宗師法語集 Ⅰ-上堂法語』, 합천 : 해인사 원당암, 2007.

慧菴門徒會(編), 『慧菴大宗師法語集 Ⅱ』, 합천 : 해인사 원당암, 2007.

[국외문헌]

Bass, B.M., *Leadership and Performance Beyond Expectations*, N. Y. : The Free Press, 1985.

Bryman, A., *Charisma & Leadership in Organizations*, London : Sage, 1992.

Burns, J.M., *Leadership*, N.Y. : Harper & Row, 1978.

Conger, J.A. and Kanungo, R.N., "Toward a behavioral theory of charismatic leadership in organizational settings," *Academy of Management Review*, 12, 1987.

Conger, J.A. and Kanungo, R.N., "Behavioral dimension of charismatic leadership" In J.A. Conger and R.N. Kanungo, eds., *Charismatic Leadership : The Elusive Factor in Organizational Effectiveness*, San Francisco, Cal. : Jossey-Bass, 1988.

Jermier, J.M., "Introduction : Charismatic Leadership : Neo-Weberian perspectives," *Leadership Quarterly*, 4, 1993.

Weber, M., *The Theory of Social and Economic Organization*, Translated by T. Parsons, N.Y. : The Free Press, 1947.

Weber, M., *Economy and Society*(1925), Vol.3, edited by G. Roth and C. Wittich, New York : Bedminster, 1968.

Willner, A.R., *The Spellbinders : Charismatic Political Leadership*, New Haven : Yale University Press, 1984.

Yukl, G.A., *Leadership in Organizations*, 김대운(역), 『조직사회의 리더십 이해』, 서울 : 현대기획, 1997.

[기타자료]

〈경향신문〉, 1998.11.12., 1998.11.16.

〈법보신문〉, 2004.08.10.

〈세계일보〉, 1998.11.28.

〈연합뉴스〉, 1999.04.01.
〈조선일보〉, 1998.11.12.
『종단 법령집』, 대한불교조계종, 2014.

조기룡 (趙基龍, Cho Ki-ryong) chokiryong@dongguk.edu

현재 동국대 불교학술원 교수로 있다. 동국대 인도철학과를 졸업하고 동 대학원 행정학과에서
「불교지도자의 리더십이 사찰성장에 미치는 영향에 관한 연구」로 박사학위(Ph.D.)를 취득하
였다. 저서로는『종무행정론』, 『불교리더십과 사찰운영』, 『사찰경영, 부처님 법대로 하면 잘
된다』 등이 있으며, 현대사회의 한국불교를 주제로 하여 다수의 논문을 발표하였다. 불교학계
에서는 한국교수불자연합회 이사, 불교학연구회 총무이사, 한국불교학회 편집위원, 불교학보
편집위원 등을 역임하고 있으며, 불교사회계에서는 한국종교인평화회의(KCRP) 연구위원, 대
한불교조계종 포교원 신도연구위원, 대한불교진각종 진각복지재단 이사, 현대불교 논설위원
등으로 활동하고 있다.

Abstract

Seon Master Hyeam(慧菴)'s Formation of Ascetic Practice Leadership and Enlightenment of People

- Focused on new-trend leadership theory and Max Weber's charisma theory -

Cho, Ki-ryong*

Seon master Hyeam is the tenth supreme master of Korea's Buddhist Jogye Order. This paper examines Seon master Hyeam's leadership formation process, based on Max Weber's charismatic leadership theory, and new-trend leadership theory, and discusses such leadership's religious and social manifestation process in light of the enlightenment of people.

Seon master Hyeam's leadership was formed through his life-long ascetic practices such as "sitting, not lying throughout his life(長座不臥)," "eating one meal a day(一日一食)," and "seeking truth through Zen by asking what this is(是甚麼; 看話禪)," as well as through his prestigious position as supreme patriarch(宗正). Zen master Hyeam's leadership formation process can be connected with the attributional theory of charismatic leadership of Conger and Kanugo with regard to his practices of "sitting, not lying throughout his life" and "eating one meal a day," with transformational leadership of Burns and Bass with regard to his practice of "seeking truth through Seon by asking what this is," and with Max Weber's study on authority legitimacy and ordinary charisma with regard to his supreme patriarch position.

* Professor, Academy of Buddhist Studies, Dongguk Univ.

A Buddhist monk should seek enlightenment(上求菩提), while enlightening the people(下化衆生). Seon master Hyeam's dhūta practice(頭陀行) was the practice of seeking enlightenment, while his leadership as Chairman of Board of Elders, shown in settling the Order's disputes, and his opening of Seon Meditation Center for Civil Buddhists and Dharma Zen Meditation Center at Wondang Temple to teach civil Buddhists were the practice of enlightenment of people. The Seon master settling of the Order's disputes was the practice of enlightenment of people performed at the borderline of movement(動) and tranquility(靜), and the opening of Zen Meditation Center for Civilians and Dharma Seon Meditation Center to teach civil Buddhists was the practice of enlightenment of people according to Buddha's teaching of not distinguishing between priests and the general public.

Key Words

Hyeam(慧菴), Ganhwa Seon(看話禪), supreme patriarch(宗正), leadership, Jogye Order of Korean Buddhism, Korean Buddhism, charisma, Max Weber, Seon Master, Zen, Seon

조기룡 교수의 '혜암 선사의
수행 리더십 형성과 하화중생'을 읽고

이학종 (미디어붓다 대표기자)

조기룡 교수(이하 논자)의 '혜암 선사의 수행리더십 형성과 하화중생' 논문은 불교지도자의 덕상을 서양의 리더십 이론에 맞춰 분석한 의미 있는 논문이라고 논평자(이하 평자)는 생각합니다.

평자는 오랜 시절 불교전문기자로 일하면서 혜암 선사를 인터뷰하거나 지근거리에서 뵌 경험이 있습니다. 논자의 논문 가운데에 평자의 인터뷰 기사가 인용되어 있는 것을 읽으며, 평자는 당시 혜암 스님의 모습이 떠올랐고, 종단개혁 과정에서 혜암 선사께서 보여주신 단호한 역할에 다시금 존경의 마음이 일어나기도 했습니다.

다만 평자는 이 논문을 세미나를 이틀 앞두고 읽게 되어 충분한 검토를 하지 못했습니다. 이에 따라 평자의 마음에 흡족한 논평을 하지 못하게 되어 매우 아쉽게 생각합니다. 따라서 부득이 혜암 선사께서 큰 역할을 담당한 94년 종단 개혁과 98년 종단 분규사태와 관련된 내용을 중심으로 논평을 하게 됨을 양해해 주시기 바랍니다.

논자는 이 논문에서 혜암 선사의 리더십을 수행의 관점에서 규명하고, 그 리더십이 최종적으로 하화중생으로 실천되는 과정을 살피고 있습니다. 논자는 혜암 선사의 리더십은 첫째 전설적인 수행력과 둘째 그로 인해 자연스럽게 주어진 종정이라는 최고 권위의 지위로 보고 있습니다.

논자는 특히 혜암 선사의 초인적 수행이력을 귀인 이론[attributions theory, 歸因 理論]의 관점에서, '이뭣고 참구'는 변환(혁)적 리더십 이론[變

換(革)的指導性理論, transformational leadership theory]의 관점에서, 종정 직위 자체는 웨버의 '권의의 정당성과 일상화된 카리스마에 대한 연구'의 관점에서 리더십 형성의 논거를 찾고 있습니다.

평자는 논자의 이런 시도가 그동안 고승들에게 적용되어온 막연하거나, 전설적이거나, 신비롭기까지 한 평가가 가졌던 한계를 좀 더 명확하고 구체적이며, 피부에 와 닿는 평가로 전환되는 계기가 될 수 있다는 기대를 갖게 되었습니다.

평자의 이 같은 기대를 밝히면서 몇 가지 논자의 견해를 묻고자 합니다.

I.

귀인 이론은 자신이나 타인의 성공이나 실패와 관련한 행동 원인을 설명하는 방식에 대한 이론으로 '특수교육[special education, 特殊敎育]' 분야에서 적용되는 용어로 알고 있습니다.

그리고 변환(혁)적 리더십 이론은 행정학적 용어로 알고 있습니다. 변환(혁)적 리더십 이론은 지도자가 부하들에게 기대되는 비전(vision)을 제시하고 그 비전 달성을 위해 함께 힘쓸 것을 호소하여 부하들의 가치관과 태도의 변화를 통해 성과를 이끌어내려는 지도력에 관한 이론으로 알고 있습니다.

평자는 사부대중과 국민적 존경을 받는 고승의 삶과 사상 등의 진면목을 학술적 틀에 의해 분석하고 일반화하는 논자의 새로운 시도에 관심과 기대를 갖고 있습니다. 다만 주로 지체장애 등 특수교육(exceptional) 분야에서, 그것도 주로 성장기의 학생 층에 대한 연구로 제시된 귀인이론이 고승高僧, 즉 스마트(smart)하고 지니어스(genius)한 인물에 대해서도 동일하게 적용할 수 있는지에 대해 논자의 견해를 듣고 싶습니다.

II.

논자는 혜암 선사의 두타행을 상구보리의 실천으로, 종단분규 시 종단을 이끌었던 것을 하화중생의 실현으로 보고 있습니다. 특히 종단분규 해결을 동정일여動靜一如한 경계에서 행한 하화중생으로, 재가선원을 열어 재가자를 이끈 것을 '승속불이僧俗不二'의 경계에서 행한 하화중생으로 보았습니다. 또한 종단개혁에서 보인 리더십을 종단차원의 리더십으로, 재가신도를 위한 하화중생을 교단차원의 리더십으로 구분해 분석하고 있습니다. 종단과 교단의 구분사용에 대한 논자의 기준을 설명해주시기 바랍니다.

III.

논자가 제시한 혜암 선사의 리더십 가운데 매우 중요한 요인은 50년 이상 장좌불와(평생 장좌불와), 수마睡魔극복, 일일일식 등입니다. 일반인은 물론 수행자들조차 엄두가 나지 않는 초인적인 정진력입니다. 사실 이런 정도의 정진력은 전설적이거나 신비롭게 여겨지기까지 합니다. 보통 사람들은 이런 경우에 존경심과 함께 두려움을 느끼게 됩니다. 외경(경외)심이라고 할 수 있겠지요. 외경심은 알 수 없는 거대한 존재 앞에서 자신이 매우 작은 존재임을 기꺼이 느껴보려는 자발성, 즉 수용적이며 기꺼이 감동받고자 하는 자세일 뿐 아니라 직접 체험하고자 하는 마음을 말합니다. 혜암 선사를 설명하는 데에 '존경과 공감'보다는 '존경과 (나와 너무나 다른데서 오는)두려움'을 연상시키는 이런 요인들을 지나치게 부각하는 것이 과연 적절한 것인지, 이보다는 혜암 선사의 너무나 인간적이어서 절로 고개가 숙여지는 부드러움, 평화로움, 평상심시도에서 오는 절복심에 대한 사례를 '혜암 리더십'의 근거로 삼을 수는 없었는지에 대한 아쉬움이 있습니다. 이에 대한 논자의 견해를 들려주십시오.

Ⅳ.

혜암 선사께서 94년 서의현 총무원장의 3선 강행이 있었던 1994년 종단 개혁의 견인차 구실을 했으며, 98년 종단분규 사태 당시에는 종헌종법 고수를 선언해 현 종단체제 유지에 힘을 실었다는 논자의 평가에 동의합니다. 그러나 그 과정에서 선사께서는 본의든 아니든 두 분의 종정스님을 물러나게 하는 역할을 하게 되었습니다. 혹자는 이 점을 혜암 선사의 일생에서 아쉬웠던 점으로 지적하기도 합니다.

다 알다시피 두 분의 종정스님은 94년 서암 종정, 98년 월하 종정을 말합니다. 두 종정 스님은 모두 많은 분들의 존경을 받는 분들이었고, 지금도 존경의 대상으로 남아 있습니다. 저는 개인적으로 혜암 선사께서 당시에 두 종정스님을 좀 더 자주 만나서, 삼고초려라도 해서라도 설득하거나 호소를 하는-설사 그런 노력이 성공을 거두지 못했다고 하더라도- 모습을 보이셨으면 좋았을 것이라는 아쉬움을 갖고 있습니다. 이 부분에 대한 논자의 견해는 어떠한지 말씀해주시기 바랍니다.

이학종 (李學宗, Lee Hak-Jong) urubella@naver.com

불교언론인 겸 시인. 동국대 불교대학원 불교학과 석사과정 수료. 불교 언론에서 30여 년간 불교전문기자로 일했으며, 저서로 〈산승의 향기〉, 〈선을 찾아서〉, 〈돌에 새긴 희망〉, 〈인도에 가면 누구나 붓다가 된다〉 등이 있다. 논문 '한국불교의 시주 현황과 용도'(2009, 불교평론), '현대 한국불교의 정치참여와 평가'(2014, 불교평론), '일화로 살펴본 고암의 삶과 생각'(2018, 고암대종사 열반 30주년 추모 학술논문집 〈한국불교의 역사적 전통과 미래〉) 등을 발표하였다. 현재 충남 당진으로 귀촌해 농사와 글쓰기에 전념 중이다.

논평에 대한 발표자의 답변

조기룡

불교계 기자로서 오랜 현장 경험을 가지고 계신 이학종 선생님께서 졸고를 읽고 지적과 조언을 해주신데 대하여 우선 감사의 말씀을 드립니다. 논평자의 질문은 4가지이며, 이에 대하여 하나씩 답변 드리겠습니다.

Ⅰ. 첫 번째 질문은 '귀인 이론'은 지체장애 등 특수교육 분야에 적용되는 이론인데, 스마트(smart)하고 지니어스(genius)한 인물에 대하여 적용한 것이 옳으냐는 것입니다. 아마도 논평자께서 특수교육 분야의 한정된 연구자료를 참조한 듯하다는 생각을 가져봅니다. '귀인 이론'은 신조류리더십이론으로 리더십과 관련한 여러 학문에서 공통적으로 사용되고 있다고 말씀 드리겠습니다.

Ⅱ. 두 번째 질문은 종단과 교단의 구분사용에 대한 기준을 설명해달라는 것입니다. 필자는 논문에서 종단과 교단을 구분하여 사용하고 있습니다. 종단은 대한불교조계종, 한국불교태고종, 대한불교천태종, 대한불교진각종 등과 같이 각각의 종지(宗旨)를 신수봉행하는 조직 단위를 의미합니다. 그리고 교단은 각각의 종단을 통칭한 불교교단을 일컫는 의미로 사용하였습니다.

Ⅲ. 세 번째 질문은 혜암선사의 리더십을 분석함에 있어서 사용한 선사가 행한 장좌불와, 수마극복, 일일일식 등이 '존경과 두려움'을 일으키는 요인들을 부각하는 것이 적절한 지에 대한 지적입니다. 이에 대하여 필자는 장좌불와, 수마극복, 일일일식 등에서 존경이 아니라 두려움을 느끼는 불자분이 얼마나 있을까 하는 반문을 드립니다.

Ⅳ. 네 번째 질문은 혜암선사께서 서암 종정과 월하 종정을 물러나게 하기에 앞서 설득하거나 호소를 하는 노력을 보이지 못한데 대한 아쉬움을 묻는 질문입니다. 필자 역시 혜암선사가 전임 종정 두 분을 불신임하는 과정과 판단에 대한 고민을 상당히 많이 해보았습니다. 서암스님과 월하 스님이 종단에 행한 순기능이 적지 않고, 아직까지도 존경의 마음을 가지고 있는 분들이 많기에 더더욱 그러했습니다. 그러던 가운데 선승으로서만 살아온 혜암선사가 왜 그런 악연들을 피하지 않았을까 하는 것에 대한 의문의 해답을 회고담에서 일부나마 확인할 수 있었습니다. 그것은 '배사자립(背師自立)'입니다. 혜암선사는 1998년 11월 14일 종로 대각사에서 간담회를 열고 월하 종정에 대한 생각을 밝혔습니다. 당시 그는 "배사자립, 스승이라도 그르다면 따를 수 없습니다"라고 하였습니다. 혜암선사는 밥을 먹지 않으면 생명을 지탱할 수 없는 것처럼 종헌종법이 종단을 유지해주는 밥이기 때문에 종헌종법을 지키지 않으면 종단이 생명을 지탱할 수 없다고 하면서 스승이라도 그르다면 따를 수 없다고 하였습니다. 혜암선사는 종헌종법이 종단의 생명을 지켜주는 것이라고 판단하였고 비록 종정일지라도 그것을 위배하였기에 징계한 것이라고 이해할 수 있겠습니다. 월하 종정 불신임과는 달리 서암 종정 불신임에 대한 또 다른 분석이 필요할 수도 있지만, 배사자립의 논리는 맥을 같이 할 수 있다고 생각됩니다. 혜암선사의 두 전임 종정 불신임에 대하여 인간적 감정으로는 아쉬움이 있을 수도 있지만, 결과론적으로 왈가왈부하기보다는 혜암선사가 밝힌 자신의 생각을 제시함으로써 논평자의 질문에 대한 필자의 대답을 갈음하고자 합니다.

혜암 대종사
'상당법어' 교주 소감*

신규탁 (연세대 철학과 교수)

지구에 인류가 살기 시작하던 아주 오랜 옛날부터 그들은 자신들의 생각을 기록해왔다. 문자를 만들어, 자신과 자신을 둘러싼 자연과 세상을 기술하기 시작했으니, 이런 현상은 종교 방면에도 예외는 아니었다. 불교의 경우, 석가모니 부처님 입멸 이후 제자들은 스승과 함께했던 수행의 기억들을 거듭하여 결집해오다가 마침내 그것들을 문자화 했다. 이렇게 출현한 문헌의 형식은 매우 다양하지만 '12部經'으로 후세의 불교학자들은 범주화한다.

이런 문헌 자료들은 뒷날 출현하는 뛰어난 종교 사상가들에게 다양한 영감을 주었고, 그 영감의 많은 부분들이 다시 문자로 기록되어 인류 지성의 큰 강물을 이루어 오늘도 도도히 흐르고 있다. 이 大河 속에는 훗날 만들어진 대승 경전처럼 "나는 이렇게 들었다."는 형식으로 저자의 이름을 숨긴 경우도 있고, 논문이나 주석서 형식으로 저자의 이름을 노출시킨 경우도 있다. 이것들이 비록 형식은 다르지만, 각자의 종교적 심성 깊은 속에 인연 따라 출현하시는 비로자나 부처님 말씀을 체험한 것임에는 차이가 없다.

선불교 문헌도 그런 맥락에서 자성불自性佛을 저마다 스스로 체험해가는 자기 실현의 도정기道情記이다. 먼저 체험한 선지식이 이제 체험할 후배를 체험으로 인도하는 매뉴얼이다. 선사들의 매뉴얼은 이전의 그것들과는 판

---

* 이하의 〈1〉~〈5〉는 『공부하다 죽어라─ 교주 혜암대종사 상당법어』(신규탁 교수, 시와음, 2019년 4월 27일 간행 예정)에 실은 필자의 [교주후기] 전문이다.

이하게 다르다. 논리를 따지고 문헌을 정리하는 방식이 아니고 각자의 자신 속에 들어있는 진실과 지혜와 마주하게 한다. 후세의 학자들은 이 정신을 표어로 만들어 '직지인심直指人心 견성성불見性成佛' 또는 '불립문자不立文字 교외별전敎外別傳'으로 간판 달아 붙였다.

이 매뉴얼의 특징은 반성적 사유에 있으며, 생각의 근원을 살피는 데에 있으며, 섬세하고 일상적인 체험과 표현에 있다. 그리하여 이런 것들을 당사자의 인생살이에 구현하고 있다. 이 책의 주인공, 혜암 성관(慧菴 性觀 ; 1920년 3월 22일~2001년 12월 31일) 대종사가 바로 그런 분이시다.

II.

불교의 지혜와 지성은 공동체 속에서 생성되고 재해석되어왔다. 모여서 이야기 하는 '마당'이 있고 거기에는 '대중'이 있고 '토론'이 있다. 그리고 그것은 역사라는 대지 위에서 강물처럼 도도하게 굽이친다. 당연하지만 그 역사의 대지에는 언제나 극복하거나 지향해야 할 가치와 도덕과 이념과 철학이 현존한다. 인도의 경우 석가모니의 출현 당시는 브라만교 내지는 6사외도와의 긴장 속에서, 대승의 논사들은 상키야 등 6파철학과의 논쟁 속에서 그랬다. 중국의 경우 승조와 길장은 유교 및 도교의 인륜주의와 자연주의와 대적했고, 마조와 임제는 천태종과 화엄종의 강사들을 긴장하게 했다.

인도에서 시작하여 중국 대륙을 거쳐 해동으로 흐르는 불교의 이런 지성의 물줄기는 부침과 곡직을 거쳐 대한민국에까지 굽이치고 있다. 조선시대 계속되는 혹독한 불교탄압과 일제강점기에 산불처럼 번진 승려의 대처식육은 고스란히 '역사의 짐'이 되었다. '마당'도 망가져가고 '대중'도 흩어져가고 '토론'도 사라져가고, 이렇게 참혹한 역사의 복류천 속에서 '해인총림'으로 새 물결이 솟구친다.

때는 1967년 7월이었다. 성철을 초대 방장으로 하고 혜암을 유나로 하여 약 200여 명의 수행자가 '대중'을 꾸리고 한 '마당'에서 '토론'을 한다. 여기서 말하는 '토론'은 다름 아닌 방장의 '상당법어'이다.

　'상당법어'는 방장이 법당에 들고 법상에 올라, 마치 부처님께서 제자들을 둘러놓고 이야기 하듯이, 진리에 이르는 길을 설파하는 생동하는 현장이다. 강당에서 경전을 사이에 놓고 스승 제자가 앉는 방식도 아니고, 법당에서 불보살 상을 향해 향 피워 목탁 치며 예경하는 방식도 아니다. 사람과 사람이 만나서 법을 거량하는 현성現成된 자리이다. 이런 방식은 중국의 육조시대에 시작하여 당나라를 거쳐 송나라 시대에 널리 확산되면서, 우리나라에는 고려 후기에 유입되었다. 그러나 일제를 거치면서 '비구-대처 분규' 속에서 모두가 바람 앞의 등불이 되고 말았다. 이런 역사 속에서 진리의 등불에 심지를 고쳐 올려 후배들에게 전한 인물이 퇴옹 성철(1912~1993)이고 혜암 성관이다.

　성철의 '상당법어'는 『本地風光』(불광출판사, 1982)에 모여졌고, 혜암의 '상당법어'는 이제 『죽도록 공부하라』(시와음 , 2019)에 모았다. 한편 1969년 4월 15일 개원한 송광사의 '조계총림'에서 울려 퍼진 구산 수련(1909~1983)의 '상당법어'는 『九山禪門』(불일출판사, 1994)으로 세상에 나왔다. 세속의 연배 순으로 보면 구산-성철-혜암이지만, 상당법어집의 출판 순으로 보면 성철-구산-혜암이다. 이 세 분 방장의 법어집에는 여러 특색이 있는데 한 두 가지만 말하면 다음과 같다.

　첫째, 상당법어집 출판이 성철의 경우는 살아생전에 이루어졌고, 구산과 혜암의 경우는 사후에 이루어진다. 때문에 성철의 상당법어집은 출판에 즈음하여 본인이 법어를 다듬을 기회가 있었다. 그런데 구산과 혜암의 경우는 법어를 위해 만들어 둔 설법용 원고를 제자들이 책 만드는 원고로 썼기 때문에, 본인에게 다듬을 기회를 드리지 못했다.

　둘째, 한글 번역에 차이가 있다. 혜암의 경우는 상당법어를 위한 초고를 본인이 한문으로 짓고 현토하여 원고를 썼고 더불어 한글 번역도 붙여 두었다. 반면 구산과 성철의 경우는 한문으로 짓고 현토한 원고만 남겼고, 출판에 즈음하여 각각의 제자들이 한글 번역을 했다. 때문에 한문 원문에 대한 이해에 차이가 있을 수 있다.

Ⅲ.

선종에서 방장이 대중들에게 법문을 한 역사는 매우 길다. 이러한 정황들은 1004년 북송 경덕 원년에 편찬된『경덕전등록』곳곳에서 알 수 있다. 이 책은 1011년에 바로 대장경에 편입되었고 그 후 중국 일본 한국의 각 대장경에 수록되었다. 단행본 출판도 자주 있었는데 우리나라의 경우는 1614년 충남 논산에 있었던 불명산 쌍계사에서 나무판에 새긴 것이 현재 해인사로 옮겨져 보존되어 있다. 그리고 지금은 일부만 전하지만 금강산 표훈사에 보관된 판도 있는데, 이 판은 1550년 평안도 화장사에서 새긴 것이다.

『경덕전등록』에는 수많은 선사들의 '이야기'가 전해진다. 당연 그 '이야기'들 속에는 인도에서 중국을 거쳐 형성된 경전 내용은 물론 수행자들의 삶에 대한 지혜들이 들어있다. 이 '이야기'를 한문으로 '話頭'라 하는데, 남송 시대에 접어들면서 선사들의 상당법어에 이 '화두'들이 중요한 소재로 사용된다.

여기에 당송시대에 유행했던 詩(절구와 율시) 짓는 풍조를 선승들도 적극 활용하여, 수행자들의 진리 체험을 격발시켰다. 이 과정에서 생산된 법어들은 출판되어 오늘에도 전하는데 사람들은 이를 '頌古集'이라 부른다. 글자대로 풀어보면 '옛것을 노래한 모음집' 정도가 될 것이다. '옛것'이란 앞에서 말한 '화두'를 지칭한다. '노래[頌]'란 화두를 평가하는 한 형식인데, 이런 형식에는 '擧', '評', '徵', '拈', '代', '別' 등이 있다. 차례대로 '거'는 '옛것' 즉 화두를 거론하는 것이고, '평'은 그것을 평가 내지는 해석하는 것이고, '징'은 그것의 핵심을 알면서도 상대를 점검하기 위해 던지는 질문이고, '염'은 요점만 집어내어 들추는 것이고, '대'는 대신 대답해주는 것이고, '별'은 다른 각도에서 평하는 것이다.

대표적인 '송고집'은『선문염송집』이다. 이 책은 고려의 진각 혜심(1178 ~1234) 선사가 북송의 宗永이 편집한『宗門統要集』의 단점을 보완해서 총 30권으로 만들었다. 한편 그의 제자 구곡 각운은 이 책에 해설을 붙여 별도로『선문염송설화』(30권)을 지었다. 이 두 책은 조선조에도 몇 번 출간되어 많은 지식인들에게 애독되었다. 이런 과정에서 백파 긍선(1767~1852)은 『선문염송사기』(5권)를 필사본으로 써서 남겨 해독에 큰 도움을 주고 있다. 우리말로는 봉선사 월운 강백이 '한글대장경' 씨리즈로 1977~1980년에 번역한 4책이 있고, '염송'과 '설화'를 합본하여 다시 2005년『선문염송·염송설화』(총10책)을 번역했다.

이렇게 만들어진『선문염송집』은 마침내『경덕전등록』과 짝이 되어 선승들의 수행과 제자 지도에 적극 활용되었다. 물론 처음 절집에 들어온 초년생들이 이 두 책을 온전하게 독파하고 이해하는 것은 쉽지 않은 일이었다. 그리하여 송대 대혜 종고의『선요』와 원대 고봉 원묘의『서장』을 읽혀 힘을 붙이도록 했다. 이런 책들에 실린 화두로 하안거와 동안거 동안 수행 도구를 삼았고, 초하루와 보름에 수행대중들에게 방장은 상당법어를 했다.

상당법어의 형식은 비교적 정형화되었다. 먼저 (1)'垂示'를 한다. 수시는 '索語'라고도 하는데, 선사가 수행자의 역량을 탐색하기 위한 수단의 하나로 이야기 주제를 던지는 것이다. 이야기의 말문을 여는 것이다. 다음으로 (2)화두를 擧量한다. 그날 법어의 핵심 주제를 옛 공안에서 들추어내는 것이다. 이 과정에서 선사는 화두의 배경과 유래를 설명하기도 한다. 그런 다음에 (3)그 화두에 대한 옛사람들의 다양한 '頌古'를 소개하는데 거기에는 위에서 이미 말한 여러 형식이 있으니 참고 바란다. 이렇게 진행되는 중간 중간에 (4)선사는 스스로 자신의 입장을 드러내기도 하고, 때로는 모인 대중들에게 한마디 해보라고 다그치기도 한다. 상대가 답을 못하면 대신 답을 내기도 한다. 이런 과정을 거치면서 화두 수행을 점검하고 격발시켜 저마다의 본마음을 깨치도록 유인한다.

IV.

이하에서는 구체적인 실례를 이글의 뒤에 붙은 [참고자료]로 인용한 〈1.

1986년 11월 16일〉법어를 통해서 살펴보자.

이 상당법어는 동안거 결제 법어이다. 먼저 혜암 대종사는 모인 대중들에게 幻化空身이 우리 몸뚱이의 정체라고 말문을 튼다. 그러면서 허깨비 같은 이 몸속에 본래면목이 있다고 넌지시 일러준다. 이것이 바로 (1)수시이다. 이날 법문의 핵심 주제는 사람마다 제각기 간직한 '본래면목' 체험이다. 그리고 이 체험은 '일상'에서 일어나고 '무심'해야 된다는 것이다.

다음은 (2)화두를 거량하는 부분으로, "南泉因趙州問호대"부터 "便是人間好時節이니라."까지이다. 이 부분은 『무문관』〈平常是道〉조에서 들춰내온 것이다. 내용은 이렇다. 道가 무엇이냐고 묻는 제자(조주)에게 스승(남전)은 平常心이 도라고 대답한다. 그러자 제자는 다시 평상심을 얻으려고 그런 상태를 향해 노력해 나아가야겠냐고 질문하자, 스승은 그러려고 마음을 움직이는 순간 도와는 어긋난다고 단호히 막아선다. 제자는 움찔한다. 노력해 나아가서는 안 된다고 하시면 그럼 어찌해야 도를 알 수 있냐고 다시 덤빈다. 스승 남전은 이렇게 말한다. "도는 알고 모르고의 범주에 속하는 것이 아니다!" "알음알이로 어찌해 볼 수 없는 그 도를 제대로 체험해야만 걸림 없이 자유자재할 수 있다." "도를 어찌 알음알이로 시시비비를 따지려하는가!" 스승(남전)과의 문답 속에서 제자(조주)는 단박에 깨친다.

이것이 하나의 '이야기' 즉 '화두'이다. 이 화두의 유래는 『경덕전등록』〈조주종심〉조에 등장한다. 또 이 화두는 『선문염송』〈407. 平常話〉로 등재되어 무려 14명 선사들의 거량도 함께 소개된다. 매우 유명한 화두이다. 혜암 대종사는 이런 내력을 이미 숙지하고 상당법어를 진행하는 것이다. 물론 청중들도 이런 사전 지식을 숙지하고 있어야 한다.

그런데 묘하게도 (3)혜암은 『선문염송』에 인용된 거량이 아닌 무문 선사의 『무문관』의 評을 인용하여 자신을 뜻을 간접적으로 비추고 끝내는 친히 자신의 게송도 드러낸다. 이 지점이 관전 포인트이다.

무문 혜개 선사의 평가 요지는 이렇다. 즉, 제자(조주)의 질문을 받은 스승(남전)은 한 망 얻어맞아 아뜩하여 손발이 풀렸다고 관전평을 털어놓았다. 그렇다고 제자(조주)만을 추켜세우는 것도 아니다. 제자(조주)도 꼭 30

방망이 조져야 한다는 것이다.

　바로 여기에 혜암 대종사의 상당법어 묘미가 있다. 『경덕전등록』의 문장만 보면 스승(남전)의 지도편달만 두드러진다. 제자(조주)가 한 수 배운 꼴이다. 필자도 그렇다고 생각한다. 그런데 문제는 사람들이 '평상심이 도이다'라는 말의 표면만 보아 수행을 안 하고 지금 있는 그대로에 내맡기는 병폐이다. 이런 폐단을 막아버리려고, 무문은 스승과 제자 둘 다를 나무라는 척한 것이다. 혜암 대종사에게는 이런 무문 선사의 입장이 맘에 들었을 것이다. 혜암 선사 이 집안의 가풍은 번뇌에는 말할 것도 없고 깨달음조차에도 걸리지 말 것을 당부한다. 돈오와 철저한 무심수행은 이 도량의 살림살이다. 대종사의 삶조차가 그랬다.

　필자에게는 그렇게 읽혀진다. 그 근거는 그 다음에 이어지는 혜암 대종사의 설명이다. 해당하는 문구는 "平常心이 是道라 하니"부터 "何必向外求道尋이리오."까지이다. 이 부분은 혜암 자신의 평석이다. 그저 무심히 하고 일삼지 말아야 한다. 그렇다고 전도된 업력에 그냥 내맡겨도 안 된다. 환화공신인 몸뚱이는 물론 명예와 재색을 멀리해야 할 것을 강조한다. 이 대목에서 혜암 선사는 서산 대사의 『선가귀감』을 인용한다. 즉 "貪世浮名은 枉功勞形이요"부터 "鑿氷雕刻不用之功也라."까지가 그것이다.

　마지막으로 (4)화두 수행 부지런히 할 것을 당부한다. 재색을 멀리하라고 하신다. 대중과 살 경우는 잡담하지 말고 혼자 살 때는 방심하지 말라고 한다. 눈 밝은 스승 모시고 못된 친구 멀리하라고 하신다. 회광반조하라 하신다. 원력 세워 세월 헛되이 보내지 말라 당부하신다. 참선할 때는 반드시 활구를 참구하라고 하신다. 부처님과 조사님들의 귀한 말씀을 읽으라하신다. 외전일랑은 아예 마음에 두지도 말라고 하신다. 本分의 일만 말할지언정 절대 부질없는 명리를 숭상하지 말라고 하신다.

　겨우내 90일을 함께 수행 정진할 대중들을 맞이하는 자리이다. 이 겨울을 어찌 보낼지를 당부하는 스승의 노파심 간절함이 이보다 더할 수 있을까! 그런 선승을 바라보는 참선 대중들의 눈망울을 독자들도 상상해보시기를. 상당법어는 살아있는 생물이다. 비록 눈은 책 속의 문자를 향하더라도 마음은 현장으로 향해한다.

이상의 〈4〉는 어디까지나 필자의 해석이다. 독자들은 이 해석에 구애될 필요는 없다. 더구나 필자의 해석에 혜암 대종사의 禪旨를 가두어둘 필요는 더더욱 없다. 독자들은 저마다 자신의 방식으로 자신의 본래 면목을 체험하면 될 뿐이다. 남의 말에 들러붙지도 말고, 그렇다고 뱉어버려도 안 될 것이다.

> 책 보며 세월 녹이는 사이에
> 화창한 봄날 속절없이 다 가는데
> 민들레 홀씨 흔드는 저 바람은
> 나를 닮아 맑은 하늘 다 망치네.

V.

혜암 대종사께서 열반하신지 6년째 접어들던 2007년 겨울, 대종사님의 친필 유고가 영인되어 『慧菴 大宗師 親筆 法語集』(총8冊)으로 세상에 나왔다. 또 이 자료를 바탕으로 두 책으로 된 『慧菴 大宗師 法語集』(김영사)도 선보였다. 제자들은 말할 것도 없고 사부대중들은 환생하신 대종사님을 뵙는 듯 했을 것이다. 그런데 법어란 원래 시절인연 속에서 설해지는 것이어서, 세월과 사람이 달라지면 이해하기가 어려운 법이다. 게다가 向上一路의 本分을 거량하는 활구 법문은 언어나 문자로 따질 일이 아니다.

그런데, 언어 문자가 진리 자체는 아니지만 그것 말고 딱히 진리를 드러낼 방법도 마땅하지 않다. 때문에 세존께서도 팔만법문을 하셨고, 역대 조사들도 말씀을 남기셨다. 게다가 정법이 흩어질 것을 염려하여 아난존자께서 결집하셨고, 천하의 여러 종문에서도 문집을 남겼다. 자비를 드리우는 拖泥帶水의 친절함이며 卦垢衣의 충정이 아니겠는가? 혜암 대종사님의 법어를 활자화 하여 세상에 내놓는 제자들 또한 이런 심정이었을 것으로 생각된다.

이제 돌아오는 2020년이면 혜암 대종사 탄신 100주년이 된다. 이를 기념하여 대종사님의 선사상을 드러내는 학술대회를 기획하겠다고 동국대학교 연기영 교수님께서 필자에게 자문을 구하셨다. 혜암 대종사님은 출가 제자는 물론 재가 제자들에게도 참선 정진을 지도하셨다. 연 교수님은 법학 분야의 권위자이시자 원로이신데, 긴 세월 혜암 대종사님의 훈도를 직접 받으신 분이다.

수년 전에 동국대학교 대강당에서 혜암 대종사의 선사상을 밝히는 세미나가 열렸다. 필자도 당시 토론자로 참여를 했지만, 연구가 쉽지 않음을 공감할 수 있었다. 어려운 이유를 내 나름 생각해 보니, 무엇보다 법어집의 내용이 어려운 게 가장 큰 원인이 있었다. 특히 '상당법어'는 혜암 대종사께서 불경과 선어록을 자유자재로 종횡무진 인용하고 있기 때문이다. 방대한 독서와 치밀한 논리 추구와 철저한 자기 체험 없이는 접근 자체가 어렵다.

이런 필자의 소감을 말씀드리면서, 학술대회는 그것대로 진행하더라도, 더불어 대종사께서 남기신 법어가 독자들에게 온전히 전달될 수 있도록 편리를 도모하는 것이 어떠냐고 주문했다. 공감하시더니 이어서 그 작업을 필자에게 맡기는 것이었다. 아이디어를 낸 죄도 있고, 스승을 위하시는 연 교수님의 간절함이 이심전심되었다. 필자도 긴 세월 한 스님을 마음 속 깊이 스승으로 모셔 뭇 별들이 북극성 돌 듯 살고 있기 때문이다.

그리하여 우선 기존에 출판된 위의 자료 두 종류를 섭렵하여 글자를 하나하나 대조 교감하여 그 중에서 '상당법어'만 추렸다. 상당법어는 두 부류로 나눌 수 있었다. 하나는 출가 대중을 위한 것이고 다른 하나는 재가 대중을 위한 것이었다. 재가 대중 결제를 한 것은 우리나라 불교 역사의 처음이다. 필자가 생각하기에 그것은 향후 선불교 보급에 매우 중요하고 또 그 중요한 것이 향후 가야산의 전통이 되었으면 하는 바램이 생겼다. 사실 이게 선불교의 정신이다.

이렇게 상당법어에 한정하고 그 중에서 일시가 불분명하고 약간이라도 고증을 더할 점이 있는 부분은 일단 이번 책에서 싣지 않고 다음으로 미루었다. 향후 더 진전된 연구를 기다리는 것이 차라리 덜 실수를 하고, 또 이렇게 하는 것이 큰스님을 제대로 선양하는 길이라 생각했다.

열반하신 큰스님들에게 누가 될까 하여 법어집 이름은 밝히지 않겠지만,

**2.
혜암
선사의
선사상과
선수행관**

대한민국 정부 수립 이후 출간된 상당히 많은 큰스님의 법어집에 적지 않은 문제를 발견할 수 있었다. 우선 진위의 문제가 제일 크다. 그리고 수정 가필의 문제도 있다. 또 문헌 고증에도 문제가 있다. 대개의 문집은 스승님 사후에 후손들이 편집 출간하기 때문에 이런 일이 생긴다. 큰스님 자체의 탓은 아니다.

다행히도 혜암 대종사의 경우 친필 유고가 남아있었고, 효성스런 제자가 그것을 잘 보존했고, 금상첨화로 그것을 연구자들에게 공개했기 때문에, 위와 같은 문제는 원천적으로 없다. 필자가 할 수 있는 일은 다른 연구자들을 대신하여 상당법어의 출전을 밝혀 어디까지가 혜암 대종사의 말씀이고 어디 부터는 남의 말 인용인지를 밝혀두는 것이었다. 이런 일은 이 분야 연구자라면 누구나 할 수 있는 일이다. 다만 필자가 집중적으로 그런 수고를 좀 먼저 실행한 것뿐이다. 내가 먼저 수고로워 다른 연구자와 독자들에게 혜암 대종사의 귀한 말씀이 여실하게 잘 전달된다면, 이 또한 같은 길을 가는 연구자로서 마다할 일이 아니었다.

그렇다고 일체의 출전이나 전고를 다 밝혔다는 것은 아니다. 분명 인용이기는 인용인데 전고를 모를 경우는 '출전 미상'이라고 각주를 달았다. 독자들이 밝혀주기를 기대하면서 말이다. 그런데 문제는 밝히느라 밝혔는데 실수한 부분이 있을 수 있고, 또 남의 말 인용인데 그것이 인용인 줄도 모르고 필자 자신이 넘어간 부분도 있을 것이다. 이런 점은 참으로 두렵고도 두렵다. 廻文不盡이라는 단어에 붙어 면책 받을 수도 없는 노릇이니 참으로 딱하다.

'비구-대처 분규' 이후의 한국불교계를 돌아보면, 『염송』과 『전등』을 양손에 쥐고 흔들어낼 선사들도 많지 않았다. 특히 참선 결제 대중들 앞에서 그럴 수 있는 분들은 연대순으로 구산, 성철, 혜암, 이들 세 대종사가 마지막일 것이다. 이 분들의 상당법어 속에는 『염송』과 『전등』의 언구가 종횡으로 인용되었다. 이 책들은 그분들에게는 당연한 것이기 때문에 일일이 출전을 밝히지 않는다. 근대 이전의 글쓰기에 종종 보이는 일반적 양상이다.

끝으로 이 일을 하면서 생긴 바램을 말씀드리겠다. 참으로 은혜롭게도 가야산 해인총림에는 성철과 혜암 두 대종사께서 뒤를 이어 출세하셨고 게다가 돈오돈수의 같은 곡조를 演揚하셨으니, 분명 전통이라 할 만하다. 귀중한 이 전통을 잘 계승하여 이 시대에 걸맞게 연주해야 나아가야 할 것이다. 어느 수좌든 해인총림에 깃들어 방석 위에 둥지 튼 동안만이라도 중국 땅에서 생산된 선어록은 잠시 접어두고, 두 큰스님의 상당법어집 『본지풍광』과 『죽도록 공부하라』를 독파하고 조사관을 타파하며, 殺과 活에 자재하고 把住와 放行의 묘를 살리며 本分과 新熏으로 천만중생 제도할 밑천 만드는 호시절 되기를 기대한다.

참고자료

1986년 11월 16일 동안거 결제 법어

이 법어의 출전은 『慧菴大宗師法語集』 I (김영사, 2007, 18~24쪽)인데, 필자가 법어의 분석을 위해 문단을 나누고 소제목을 붙였다.

(陞座良久하고 拈拄杖子卓三下云)

① 【혜암 선사의 垂示】

> 幻來從幻去 去來幻中人
> 幻中非幻者 是我本來身
> ==============1)

우리 중생이 幻으로 왔다가 환을 따라 모두 가버리니 가고 오는 것이 다 환 가운데의 사람입니다. 환 속에 환 아닌 것이 있으니 그것이 바로 나의 본래면목이요, 본래의 몸입니다.

①-1 [위의 〈수시〉 대한 보충 설명]

내가 나의 물건을 마음대로 줄 수 있고 남이 내 물건을 마음대로 뺏을 수 있으나 줄 수도 없고 어느 누구도 빼앗을래야 빼앗을 수 없는 한 물건이 있으니 이것이 무엇입니까? 항상 법문하여도 글자나 말만 다를 뿐, 이것밖에는 다른 법문이 없습니다. 그것이 무엇이겠습니까?

---

1) [===] 표식은 혜암 대종사께서 친히 한글로 번역하신 부분을 표시함. 이하도 동일.

② 【혜암 선사의 擧量】2)

【무문 선사의 擧】
南泉因趙州問호대 如何是道니고. 泉云호대 平常心이 是道니라. 州云호대 還可趣向否3)이까. 泉云호대 擬向卽乖하니라. 州云호대 不擬爭知是道이리까. 泉云호대 道不屬知하고 道不屬不知하니 知는 是妄覺이요 不知는 是無記라. 若眞達不擬之道하여사 猶如太虛하여 廓然洞豁하리니 豈可强是非也리오. 州於言下에 頓悟하다.4)

【무문 선사의 評】
無門曰호대 南泉被趙州發問5)하여 直得瓦解氷消할새 分疎不下로다6) 趙州縱饒悟라도 更參三十年7)하여야 始得다 하시다.

【무문 선사의 頌】
頌曰호대
春有百花秋有月하니 夏有凉風冬有雪이라
若無閑事掛心頭하면 便是人間好時節이니라.

〈이상은 『무문관』〈平常是道〉조에서 인용해 온 구절.〉
=================
【혜암 선사의 번역】
趙州 스님8)께서 南泉 스님9)께 물으시되,
"무엇이 道입니까?" 하니,
남전 스님께서 이르시되 "平常心이 도니라." 하였습니다.
조주 스님께서 물으시되 "도리어 긍정하십니까, 아니하십니까?" 하니,

---

2) 네모 표 속의 내용은 모두 남의 글을 인용해 온 들이다. 이하도 동일.

남전 스님께서 이르시되 "마음으로 헤아린 즉 법을 어기느니라." 하였습니다.

조주 스님께서 물으시되 "헤아리지 아니하고 어떻게 이 도를 알 수 있습니까?" 하니,

남전 스님께서 이르시되 "도는 아는 데도 속하지 아니하고 모르는 데도 속하지 아니하니라. 아는 것은 망령된 깨달음이요, 알지 못하는 것은 無記니라. 만약 참으로 마음으로는 헤아릴 수 없는 도를 통달하면, 비유하건대 마치 太虛空과 같아서 확연히 탁 트이리니 어찌 가히 굳이 옳다 그르다 하리오." 하였습니다.

이에 조주 스님께서 言下에 몰록 깨달으셨습니다.

無門 스님10)께서 평가하시어 가로되, "조주 스님이 남전 스님에게 물어서 바로 불속에 얼음 녹듯이 깨달았으나 아직 이것으로는 만족하지 못한다. 조주 스님이 비록 깨달았다 하더라도 다시 30년을 참구하여야 비로소 옳다 할 것이다."라고 하셨습니다.

무문 스님이 頌하여 가로되

봄에는 온갖 꽃이 피고 가을에는 밝은 달이 뜨고
여름에는 시원한 바람이 불고 겨울에는 흰 눈이 내리네.
만약 쓸 데 없는 일에 신경 쓰지 아니하면
문득 이 사람이 인간 세상의 좋은 시절을 만난 것이니라.

---

3) 還可趣向否 : '還~否'는 의문형. '趣向'의 '向'은 방향보어. '(도를 알려고 그 쪽으로 마음을) 써 갈 수 있습니까?'의 뜻. 남전 보원 선사의 대화 이해는 물론 남종선의 마음공부 방법을 보여주는 중요한 대목으로 후세에 강력한 전통을 만들어간다. 그래서 축자적으로 어기를 살려 번역해보았다.

4) 州於言下에 頓悟라 : 이 부분이 『경덕전등록』〈조주종심〉조에는 "師言下悟理."로 되어 있다. '돈오'를 강조하려는 무문 선사의 의도가 이렇게 자구를 고친 것이다. 그리고 이런 무문의 의도를 혜암 대종사는 수용한다.

5) 南泉被趙州發問 : '남전 선사가 조주 선사의 질문을 받다'는 뜻.

6) 直得瓦解冰消할새 分疎不下로다. : '直得~'은 '~하는 지경에 까지 이르다'를 뜻하는 구어. '分疎'는 뒤에

③【거량에 대한 혜암 선사의 評】

(1)〈이하는 무문의 〈평〉과 〈송〉에 대한 혜암 대종사의 評〉

"왜 그렇게 말하셨겠습니까? 단도직입이라야 합니다. "平常心是道다."라고 말하였을 때 바로 즉시 깨달아 버렸어야하는데, 이렇게 저렇게 물어서 깨닫게 되었으므로 그러한 깨달음으로는 힘이 미약하기 때문에 30년을 더 닦아야 된다고 하신 것입니다."11)

(2)〈이하는 〈거〉〈평〉〈송〉 전체에 대한 혜암 대종사의 評〉

"산승이 인천 용화사 法寶禪院에서 안거에 들었을 때 있던 일입니다, 모 비구니 스님이 대중공양을 올린 후 본인이 직접 법문 할 수 있도록 田岡 조실 스님에게12) 허락을 받고 신도님 전에서 법문하는데 산승이 듣자하니, '평상심이 도'라는 법을 편견에 따른 분별심으로 집착하여 말하는 것이었습니다.

견성한 분상에서는 과실이 없지마는 범부의 입장에서 말하면 자연외도13)라고 합니다. 언어도단이나 불가피하게 말하자면, '평상심이 도'라는 것은 造作이 없고 是非가 없고 取捨가 없고 斷常14)이 없으며 범부와 성인이 없는 것이니, 진실하게 정진하여야 합니다."

부정을 나타내는 '不下' 또는 '不得'과 결합하여 '변명하지 못하다', '설명해내지 못하다'의 뜻. (제자 조주의 질문을 받고 스승 남전의 정신이 마치) 기와장이 물에 풀리고 얼음이 날 풀려 녹는 듯한 지경에 까지 이르러, 결국은 제대로 대꾸를 못했다는 무문 선사의 '평가'이다.

7) 三十年 : '일생' 또는 '한평생' 뜻함.

8) 趙州 스님 : 조주 종심(778~897) 선사는 남전 보원 선사의 제자. 문집으로 『조주록』이 유통되고 있음.

9) 南泉 스님 : 남전 보원(748~834) 선사는 남악 회양 선사의 제자. 육조 혜능-남악회양-마조 도일-남전 보원-조주 종심으로 이어지는 전등 계보.

10) 無門 스님 : 무문 혜계(1183~1260)는 남송대의 선승으로 『무문관』을 남겨 후세 선 불교 독서계에 많은 영향을 미쳤다.

11) 이 부분은 무문 선사의 〈평〉과 〈송〉에 대한 혜암 대종사의 평석. 이런 것을 '양중공안' 즉 공안이 겹쳤다고 한다.

12) 田岡 조실 스님 : 전강 대우(1898~1975) 선사는 전남 곡성 출신으로 해인사 제산 선사에게 득도. 『전강법 어집』이 있음.

13) 자연외도 : 불교에서는 '인연'을, 유교에서는 '오상'을, 도교에서는 '자연'을 각각 숭상한다. 자연이란 일체의 인위적인 노력을 배제하고 있는 그대로를 진라고 주장하는 것으로 불교에서는 이를 외도라고 한다.

14) 斷常 : 단견과 상견.

(3)〈이하는 한문으로 한 혜암 대종사의 評과 그 번역〉

"平常心이 是道라 하니 怜悧漢[15]이 言下에 知하면 卽得出身有分하리라. 雖然이나 時人이 自持天眞하야 不知無生之妙悟하니 豈能免輪廻之苦리오. 其原因則 一切衆生이 昧却自己本源自性하야 爲六塵緣慮[16]하니, 卽塵勞心之束縛하야 作業受苦하나니 此非平常心이라 卽是顚倒習性業力이니 然則如何卽是아. 着着하라. 大地本無事어늘 迷悟幾多人고."

==============

"'평상심이 도'라고 하니 영리한 사람이 언하에 알면 바로 해탈할 수 있는 것입니다. 그러나 세상 사람들은 스스로 天眞面目을 가지고 있으면서 無生의 묘한 이치(깨달음)를 알지 못하니 어찌 능히 생사윤회의 고를 벗어나겠습니까? 그 원인은 일체중생이 자기의 본래 근원된 자성을 昧却하여[17] 無明六識을 반연하여 생각을 삼아 곧 塵勞心(分別妄想·無明心)에 얽혀서 업을 지어 고를 받는 것이니 이것은 평상심이 아닌 것입니다. 곧 뒤바뀐 생각의 습성 업력이니, 그렇다면 어떤 것이 옳은 것이겠습니까? 잘 살피고 살핍시다. 불가피하게 말하자면 大地가 본래 일이 없거늘 깨달은 사람과 깨닫지 못한 사람이 몇이나 되겠습니까."

---

15) 怜悧漢 : 이때의 '漢'은 형용사 뒤에 붙어 명사화 한다. '~한 녀석', '~한 놈'의 어조.
16) 六塵緣慮 : 외6진[6경]과 내6진[6근]의 반연으로 생긴 것, 즉 뒤에 나오는 '塵勞心'을 지칭.
17) 昧却하여 : '~을(에) 미혹하다'의 뜻.

(4)〈이상의 평에 대한 頌古와 그 번역〉[18]

絶學無爲閑道人은 不除妄想不求眞이라.
〈이상은 『증도가』에서 인용해 온 구절.〉
==============
배움을 끊은 한가한 도인은
망상을 제거할 것도 없고 眞을 구할 것도 없는지라.

飢來喫飯困來眠이거늘 何必向外求道尋이리오.
==============
배고프면 밥 먹고 잠 오면 잠자는 것을
어찌 하필이면 마음 밖을 향하여 도를 구한단 말입니까.

(5)〈이하는 송고에 대한 보충 설명〉

산승이 하동 칠불암에서 안거 중에 있었던 일입니다. 쌍계사 受戒山林에 證師로 갔더니 강진 백련사 선원대중이 비구수계를 하기 위해 와서 말하기를, "모 선사님에게서 '禪答을 받지 못하면 入寺를 금한다(백련사로 다시 오지 말라)'는 엄명을 받아 왔습니다."고 하면서 봉투를 주었습니다.

개봉하니 백지 가운데 冬栢一葉을 발견하게 되었습니다. 수좌들에게 "그렇다면 불가피하게 입사하게 하여 주겠다."하고 일구를 써서 답했습니다.

"設使 一葉이라도 三十棒이요, 雖然이나 一葉이 十方春이라."

그렇게 써서 보냈더니 그 후 재차 서신상으로 "如何是生死解脫입니까?"라고 물어 와서, "以上不犯하리라." 하고 생각하여 擧量을 거절하였습니다.

---

18) 이 대목의 송고에는 타인(서산 대사)의 송고를 인용도 하고, 혜암 대종사 자신이 다른 입장에서 송고하기도 한다. 이런 형식을 '別'이라 한다.

수도자는 진실이 제일이니 대오로 법칙으로 삼아 역시 정진하여야 합니다. 정진, 두 글자가 成佛之母라 아니할 수 없습니다."

④【혜암 대종사의 마무리 당부】

(1)〈고인의 언구를 빌어서 당부〉

貪世浮名은 枉功勞形이요 營求世利는 業火如[19]薪이니라.
營求世利者는 有人詩에 云호되 鴻飛天末迹留沙요 人去黃泉名在家니라. 營求世利者는 有人詩에 云호되 採[20]得百花成蜜後에 不知辛苦爲誰甛고. 枉功勞形者는 鑿氷雕刻不用之功[21]也라.
〈이상은 『선가귀감』에서 인용해 온 구절.〉

＝＝＝＝＝＝＝＝＝＝＝＝＝＝＝＝

세상의 허망한 이름을 위하여 욕심을 내는 것을 고인이 비유하여 말씀하셨습니다. "기러기는 하늘 멀리 날아갔으나 발자취는 모래 위에 남아 있고, 사람은 황천객으로 갔으나 아직 이름은 집에 있더라." 세상의 이익을 구하는 것을 고인이 비유하여 말씀하셨습니다. "벌이 온갖 꽃에서 꿀을 따다가 가득 실은 후에 그 고생한 것도 아랑곳없이 누가 먼저 이 꿀을 먹는가."
그릇되게 몸을 괴롭히는 것은 얼음을 조각하여 예술품을 만들려고 하는 것과 같아서 쓸데없는 일인 것입니다. 업장의 불속에 마른 섶을 보탠다는 것은, 모든 물건이 우리를 좋게 해주는 것 같아도 욕심의 불을 더 치성하게 하는 재료가 될 뿐인 것입니다.[22]

---

19) 如 : 『선가귀감』에는 '加'로 되어 있음.
20) 採 : 『선가귀감』에는 '采'로 되어 있음.
21) 功 : 『선가귀감』에는 '巧'로 되어 있고, 이어서 "業火加薪者는 麤弊色香致火之具也라."는 구절이 있으나 혜암 대종사는 인용하지 않았음.
22) 이 문단은 앞에서 인용한 『선가귀감』의 원문을 혜암 대종사께서 의미만을 추려서 번역한 것임.

(2) 〈자신의 말로 당부하는 한문과 번역〉

出家修道輩는 財色最先禁하라 群居須愼口하고 獨處要防心하라. 明師常陪席하고 惡友勿同衾하라. 語當離戲笑하고 睡亦莫昏沈하라. 法如龜上木하고 身若海中箴이라 回光眞樂事라 忍負好光陰이리오. 志願如山海하야 期超大覺醒하라. 擇師兼擇友하야 精妙更精明하라. 坐必參活句하고 行須不間斷하라. 療身常一食하고 許睡限三更하라. 金書不離手하고 外典莫留情하라. 人世雖云樂이나 死魔忽可驚이라 吾儕論實事이언정 安得尚虛名이리오.

===============

출가한 修道大衆은 財色을 가장 먼저 멀리 금하고 대중처소에서는 모름지기 입을 조심하며, 혼자 살면서는 번뇌 망상의 도적을 막아야 합니다. 고명한 스승을 항상 모시고 섬기며 악한 벗은 같은 이불을 덮지 말 것이며, 말을 할 때는 마땅히 희론하여 웃지 말고, 잠자되 또한 마음 놓고 자지 말아야 합니다. 正法 活句을 만나기는 바다에서 거북이가 나뭇조각에 오르는 것과 같고, 사람 몸 받기는 바다 속에서 바늘 찾는 것과 같이 어려운 일입니다.

廻光反照하는 것이 참으로 즐거운 일이라, 모든 것을 참지 아니하고 어찌 좋은 세월을 헛되이 보내려고 합니까? 뜻과 원은 높은 산과 같이 세우고 넓은 바다와 같이 아량을 베풀어서 究竟의 大覺을 이루는 데 기어이 뛰어올라 갑시다.

스승을 가리고 벗을 가려서 자세하고 묘하고 밝은 법을 깨달을 것이며, 앉아서는 반드시 활구를 참구하고 행할 때는 모름지기 간단없이 공부지어 가야하며, 몸을 도와주는 데는 하루 한 때만 먹고, 잠은 밤 열두시가 넘어서는 자지 말라 하였습니다.

경전을 여의지 말고 외도의 서적은 마음에 두지 말아야 합니다. 사람들이 세상의 낙을 비록 즐겁다고 하나 죽음이라는 마군이 문득 괴롭혀 놀라게 할 때가 있을 것이니, 우리 모두 本分事[23]를 논할지언정 어찌 헛된 이름을 숭상하겠습니까.

---

23) 本分事 : 앞에서 한문으로 기록한 '實事'를, 이곳에서는 '本分事'로 고쳤음. 本分은 자신에게 부여된 본래의 자기 몫. 본분사는 자신에 부여된 자신만의 일. 수행은 남이 대신해 줄 수 없음을 의미.

(喝一喝)

一生無伎倆 虛作白頭翁
鑽紙求眞覺 蒸沙立妄功
==============
평소 아무 것도 한 것이 없이
헛되이 머리 흰 노인이 되었도다.
八萬의 장경만을 보아 眞覺을 구하고
모래를 쪄 밥을 만들려고 하는 망령된 공만 쌓았구나.

(卓拄杖一下, 便下座.)

佛紀 2530년 11월 16일. 陰 10월 15일.

신규탁(辛奎卓, Shin Gyoo-Tag) ananda@yonsei.ac.kr

일본 동경대대학원 중국철학과에서 중국화엄을 연구하여 文學博士 학위를 받았다. 저서로는 〈규봉종밀과 법성교학〉, 〈한국 근현대 불교사상 탐구〉, 〈선문답 일지미〉, 〈원각경현담〉등이 있으며 화엄, 선, 의례 관계 논문을 다수 발표하였다. 불교평론학술상(2013), 청송학술상(2014), 연세대공헌교수상(2014) 등을 수상했고, (사)한중일교육문화교류협회 이사장, 한국정토학회 회장, 한국선학회 회장, 한국동양철학회 회장을 역임했고, 현재는 연세대 철학과 교수로 화엄철학, 선불교, 중국철학사 분야를 담당하고 있다.

혜암성관慧菴性觀 선사禪師의
자성삼학自性三學의 선수행관禪修行觀 고찰
– 용맹정진勇猛精進과 두타고행頭陀苦行을 중심으로

문광 (대한불교조계종 교육원 교육아사리)

2.
혜암
선사의
선사상과
선수행관

초록

慧菴性觀(1920-2001) 선사는 조계종 제10대 종정으로서 해인사에서 출가한 이래 평생토록 55년 이상을 일종식과 장좌불와를 지속한 한국 현대불교를 대표하는 용맹정진과 두타고행의 사표이다. 그는 '공부하다 죽어라'라는 가르침에서 보듯이 오직 생사해탈을 위한 참선수행에 전념했던 납승이었다. 그가 강조한 自性三學의 戒·定·慧는 오직 용맹정진의 禪修行만을 위해 존재하는 것으로 그가 평소 "불교는 이론이 아니라 실천사상"이라고 했던 언명과 정확히 부합한다. 그는 칠불사에서 문수보살을 친견하고 친히 게송을 전해받은 뒤 해인사 원당암에 재가불자 선원인 달마선원을 개원하여 안거와 용맹정진을 직접 지도했으며 항상 대중과 함께 정진했다.

혜암은 조계종풍과 간화선풍을 확립하는데 큰 역할을 했는데, 2차례에 걸쳐 종단분규를 해결하고 조계종 종정으로서 종단개혁에 앞장섰을 뿐 아니

---

* 본고는 2019년 4월 20-21일에 해인사에서 개최된 혜암대종사 탄신 100주년 기념 제2차 학술대회(「혜암선사의 삶과 사상」)에서 발표했던 논문을 수정·보완한 것이다.

라 간화선을 사부대중의 생활 속에 정착시키는데 큰 역할을 하였다. 돈오돈
수와 오매일여를 주장함과 동시에 慧菴禪風의 가장 큰 특징은 일체의 助道
方便을 시설하지 않고 곧장 화두참선으로 뛰어들도록 지도했던 것이다. 혜
암의 禪修行觀은 뼛골까지 선사였던 정체성에 걸맞게 오직 생사해탈을 위한
위법망구의 용맹정진과 화두참선에 주력하는 것이었으며, 승속을 가리지
않고 곧장 참선수행으로 直入하도록 지도했던 것에 그 특색이 있다고 하겠
다.

본고에서 논자는 慧菴禪의 본지풍광을 제대로 드러내기 위해서는 많은 음성
법문 파일을 정본화할 필요가 있으며, 한국의 간화선 지도법을 정립하는 데
에 이를 적극적으로 활용할 필요가 있음을 역설했다.

주제어

慧菴性觀, 自性三學, 禪修行觀, 勇猛精進, 慧菴禪風

I. 序 : 혜암선사 연구의 방법론 문제

慧菴 性觀(1920-2001) 선사는 조계종 제10대 종정을 역임한 선사로서
그동안 그의 선사상에 대한 연구는 미흡했다고 할 수 있다.[1] 논자는 2002
년 해인사 원당암 염화실 다락에서 혜암선사 법어집의 육필원고를 최초로
발견한 마지막 시봉행자이며 현재 법어집의 편제 역시 그때 논자가 정리한
틀을 바탕으로 하여 보완된 것이다.

혜암선사 법어집의 특징은 단 한 글자도 남의 손을 빌리지 않은 스님의 친
필본을 바탕으로 했다는 것과 언어와 문자를 일삼지 않았던 스님의 가풍 때문
에 최소한의 유훈만이 남아 있다는 점이다. 따라서 단 한 단락도 스님의 생각
이 아닌 문장이 없다는 장점과 함께 이 법어집만으로는 스님의 진면목과 전모
를 드러내기엔 너무나도 역부족이라는 단점을 함께 지니고 있다고 하겠다.

---

1) 2014년의 학술대회에서 종호스님과 조기룡의 논문2편이 발표된 바 있다. 혜암선사문화진흥회(2014) 참조.

혜암의 선사상을 연구하기 위해서는 앞으로 많은 자료들이 보강되어야 한다. 특히 스님의 사상의 본령을 파악하기 위해서 가장 시급한 것은 스님의 육성음성이 그대로 담겨있는 법문테이프를 최대한 수집하여 빠짐없이 문헌화하는 일이다. 스님은 안거나 법회, 그리고 원당암 용맹정진 당시에 법상에 오르실 때에는 반드시 원고를 간략하게라도 정리를 해서 법문을 하셨다. 하지만 원고 그대로 읽고 마치는 것이 아니라 당신의 다양한 설법을 선보이셨는데 이 법문들이 백미였다. 즉 스님의 진면목은 대중설법과 소참법문에서 和盤托出 되었다고 볼 수 있다. 따라서 스님의 본지풍광은 문자로 남겨져 있는 원고보다도 육성법문에 훨씬 더 잘 드러나고 있으므로 이를 하루속히 정본화해야 한다.

그 이유는 스님은 늘 불교를 이론주의가 아니라 실천주의라고 설파했기 때문이다. 문헌으로 남아있는 그 어떤 것도 불교를 바로 드러내 줄 수 없다는 사유가 지배적이었기 때문이다. 불교는 수행이 근본이지 문자놀음은 일고의 가치도 없다고 보았다. 다음의 법문을 들어보자.

> 도를 아는 분상에서는 팔만대장경은 똥닦개요 코닦개입니다. 부처님도 허물이 많습니다. 부처님을 원수와 같이 보라는 것입니다. 불법을 설한 것은 전부 방편설이니 그것을 믿지 마시오. (…) 팔만대장경에는 부처가 없습니다. (…) 불교는 이론주의가 아니라 실천주의입니다. (…) 이 세상 모든 죽어가는 사람을 살려주는 공덕도 성불하라는 말 한마디 해 주는 것보다 못하다는 것입니다. 죽어가는 사람을 살려주어도 다시 욕심 부리다가 죽을 것인데 그것이 무슨 값어치가 있소. 실제 자기 마음을 닦아 성불하는 것 이외에 불법은 없습니다. 그러니 문자에 속지 마시오.[2]

혜암은 禪師이자 衲僧으로서 이론은 염두에 두지도 않고 오직 실천만 강조했다. 따라서 화려한 미사여구를 경계했고 경론도 압축적으로 활용했다. 오직 수행정진만을 담론하고 용맹정진만을 설파했다. 따라서 그의 문장에는 절제된 표현만이 담겨있고 오히려 육성법문에 열정이 듬뿍 실린 活文과

---

2) 해인사 원당암, CD (7).

절묘한 비유들이 담겨 있었다. 지금 이렇게 당신의 법어집이 만들어져서 유통되고 이를 통해 사상을 연구한다는 것을 안다면 자기 화두는 들지 않고 밤낮 남의 종노릇만 하는 멍텅구리라고 할 것이다.

따라서 혜암 선사의 사상을 연구하고자 하면 이론적으로 접근하기보다는 실천적인 측면으로 접근해야 한다. 논자가 그의 선사상을 '禪修行論'으로 접근하고자 하는 것은 바로 이러한 이유 때문이다. 글은 최소화하고 정진을 극대화하면서, 수행이론에 천착하기보다는 實參에 전부를 걸었던 그의 가풍을 감안한다면 법어집에는 스님의 진면목이 20% 정도만 담겨있다고 보아도 좋을 것이다. 따라서 이를 간과하고 스님의 법어집만 곧이곧대로 고찰한다면 이론적으로 특별한 것을 추출하기 힘들다거나 하는 단편적인 평가를 하기가 십상일 것이다. 慧菴禪의 특징은 남아있는 文字에 不立한다는 것을 명심해야 한다.

> 불법의 요체는 마음도 없는 無心이고, 수행의 첫째 방법은 밥을 적게 먹는 것이고, 최상의 포교란 신도들과 함께 좌선하는 것이고, 청량법음이란 인과를 법문하는 것이다.[3]

이 법문처럼 스님은 당대에 밥을 가장 적게 먹은 禪師였으며, 가장 오랜 시간 동안 선방에서 대중들과 함께 좌선했던 首座였다. 평생 一種食을 하셨는데 간식은 먹어본 일이 없었다고 법문하셨다.[4] 심지어 5개월 동안 밥을 먹지 않고 참선을 했다고도 했으며, 海印叢林의 少林禪院과 願堂庵의 재가불자 선원인 達磨禪院에서 80대까지 대중방에서 대중들과 밤낮으로 함께 앉아 정진했다. 대중들은 정진하는 선사를 곁에서 항상 볼 수 있었다. 이러한 면모는 문자로 절대 드러낼 수 없는 것이다. 生活이 그대로 법문이었기에 완벽한 언행일치를 보여준 삶이었다. 한 치의 거짓도 없었고 조금의 불일치도 없었다.

혜암 선사의 佛陀觀은 '붓다는 용맹정진으로 성불하여 고해에 빠진 중생을 제도한 분'이자 '자기 마음을 깨친 두타납자'라는 것이다.[5] 즉 붓다는 용

---

3) 정찬주(2010)(1), 100.
4) 해인사 원당암, CD (9).

맹정진하여 자기 마음을 깨친 분이지 언어문자를 남긴 것에 그 본령은 없다는 것이다. 따라서 그의 禪思想 역시 언어문자가 끊어진 용맹정진과 두타수행을 중심으로 연구6)할 일이지 남아있는 문헌으로 접근해서 결론을 내려서는 안 된다는 것이 논자의 생각이다.

"이 세상은 좋은 세상이 아니요 불구덩이 세상이다. 그러니 좋은 일 하겠다는 생각 가져봐야 아무 소용없으니 도를 닦아야 한다."7)는 것이 스님의 골수법문이다. "세상일 잘하려고 노력하는 사람들이 가장 불쌍한 사람"8)이니 "망상 피지 말고 용맹정진하라"9)는 것 외에 慧菴禪은 따로 없다. "세상만사는 잘못으로 귀일"10)하니 "공부하다 죽어라"는 것이 스님의 유훈이다.

혜암은 오직 禪만을 추구했던 本分衲子이자 頭陀行者였다. 부처님의 근본 종지가 마음에 있고 말씀에 있지 않듯이 스님의 宗旨 역시 수행에 있었지 문자에 있지 않았다. 이를 염두에 두고 스님의 근본 사상에 대한 연구는 언어를 떠나 있는 格外의 心地를 밝히는데 몰두해야 한다고 본다. 학자들은 문헌을 가장 중시하는데 스님은 문헌을 너무나 적게 남겨 놓았기 때문이다. 敎를 병행한 선사라기 보다는 禪에만 온통 전념한 선사였으며, 조계종의 宗正이었음에도 불구하고 생시에 법어집 한 권 남긴 적이 없었다는 것 자체가 명실상부한 그의 선사상의 일면이라 할 수 있겠다.

II. 勇猛精進과 頭陀苦行의 戒·定·慧

혜암은 "末世命運은 不回復이라, 말세의 운명은 회복이 불가능하다"11)라

---

5) 혜암문도회(2007)(2), 37.
6) 불교의 두타수행에 대한 연구로는 경성스님의 다음 논문이 있어 좋은 선례가 된다. 경성(2004).
7) 해인사 원당암, CD (4).
8) 해인사 원당암, CD (4).
9) "망상피지 말고 용맹정진하라. 모르겠도다, 하루 종일 누굴 위해 그리 바쁜고. (莫妄想勇猛精進, 不知終日爲誰忙)" 혜암문도회(2007)(2), 37.
10) 혜암문도회(2007)(2), 51.
11) 혜암문도회(2007)(2), 19.

고 법문했었다. 이는 이 시대가 말법시대임을 통렬히 선언한 것으로 지금의 운명은 돌이킬 수 없고 끝까지 가게 되어 있다는 것이다. 하지만 불교는 멸망시킬 수가 없다고 했다. 사원을 헐고 불상을 없애고 이름난 스님네가 없다고 해도 불교는 망하지 않으며 불법은 없앨 수가 없다는 것이다. 사람의 마음이 부처이므로 자기의 마음을 멸망시킬 수 없듯이 불법도 영원하다고 했다.12) 지금의 물질문명은 '자기를 상실한 문명'13)이므로 자기 밖에서 부처를 구하지 말고 종말이 없고 본래 순금인 영원한 자기의 참모습을 깨치라고 했다.14) 그 방법으로 제시한 것은 참선이며 용맹정진이었다.

> 참선하는 데는 별일이 없고 그 사람의 용맹스런 공부에 있다. 곧장 나가되 제 생명 잊어버리면 모든 법마다 한 터럭에 통하리라. (參禪無別事요 當人勇猛工이라 驀然忘性命하면 法法一毫通이로다)15)

혜암의 가풍은 '精進 두 글자가 成佛之母'16)라는 말에 잘 나타나 있다. 스님은 여느 祖師들과 같이 戒·定·慧 三學을 강조했는데 그 특징은 '自性三學'을 강조하는 데 있었다. 이 자성삼학은 용맹정진을 통해 완성되며 용맹정진을 위해 존재한다고 본 것이다. 스님의 자성삼학의 정신은 다음 구절에 잘 드러나 있다.

> 心之無非가 自性의 戒요
> 心之無亂이 自性의 定이요
> 心之無痴가 自性의 慧로다.
> 망심을 일으키지 않는 것이 無上正戒요
> 망심이 없는 것은 無上正定이 되며
> 마음에 망심이 없는 줄 아는 것이 無上正慧로다.17)

---

12) 혜암문도회(2007)(2), 19-20.
13) 혜암문도회(2007)(1), 36.
14) 혜암문도회(2007)(1), 36.
15) 혜암문도회(2007)(2), 42.
16) 혜암문도회(2007)(1), 22.
17) 혜암문도회(2007)(1), 328.

혜암이 설한 自性三學은 육조혜능이 설한 바와 같다. 육조는 계정혜 삼학이 따로 別立하는 것이 아니라 오직 '自性의 頓修'가 있을 뿐이며 이는 하근기가 아닌 상근기를 위한 것이라고 했다.[18] 스님은 『육조단경』의 '心地'를 '心之'로 바꾸었으며, 無妄이 無上의 正戒·正定·正慧임을 강조하고 있다. 三學을 철저히 自性의 정진으로 강조하고 있다. 혜암선의 한 특징은 용맹정진과 두타고행이 그대로 자성삼학과 다르지 않다는 것이다. 즉 혜암의 三學은 따로 존재하는 것이 아니라 오직 화두참선을 용맹스럽게 하는 것으로 귀결되고 있다.

1. 自性戒 : 以戒爲師와 頭陀苦行

혜암은 "위법망구로 용맹정진하여 확철대오로 無上正戒를 親證하여지어다"[19]라고 하였다. 계율의 완성은 용맹정진을 통한 확철대오를 통해 이루어진고 보았다. 또 "삼천 겁 동안 계율을 지키고 팔만 세를 경전을 외울지라도 밥 먹는 시간 동안 단정하게 실상을 관하는 것만 못하도다"[20]라고도 했다. 계율을 지키는 것 자체에 목적이 있는 것이 아니라는 것이다.

스님은 계율을 철저하게 지킨 분으로 유명하다. 해인사 율주이자 당대 최고의 율사였던 일타스님은 "나보다 더 계율을 잘 지키는 스님은 혜암스님이다"라고 했고, 성철스님은 "혜암스님처럼 중노릇하는 사람 못 봤다. 혜암스님 없으면 소화가 안 된다"[21]라고 했다. 스님은 "내가 사람이 아니라고 소문이 나버렸소. 문수보살, 보현보살 같이 총림을 도와주러 온 보살이라고 조실스님들이 그럽디다."[22]라고 했다. '혜암스님은 털어서 먼지가 안 나오는 스님'이라고 승가에 공인이 되어 있었다. 그리하여 종단의 개혁불사가 있을 때마다 승려대회를 열면 스님을 꼭 개혁의 대표로 모시게 되었던 것이다.

---

18) 퇴옹성철(2005), 222-225.
19) 혜암문도회(2007)(1), 329.
20) "持戒三千劫하고 誦經八萬歲라도 不如飯食間에 端坐念實相이라." 혜암문도회(2007)(2), 20- 21.
21) 해인사 원당암, CD (9).
22) 해인사 원당암, CD (9).

원로의장도 몇 번이나 사양하고 그만둬 버리고 왔었소. 나를 앉혀놓고 자기들 마음대로 해 버리니까. 그럴거면 나는 간다 하고 그만둬버렸지. 종정·방장 그런 거 어리석은 사람들이나 좋아하지 하고 싶어서 하는 거 아닙니다. 하지만 하는 바 없이 하지요. 종정취임식 하고 소감을 말해달라고 해서 좀 싫어할 소리 한 마디 했습니다. 지금껏 봐도 종단을 생각하는 스님을 아무도 못 봤다 그래버렸습니다. 그래서 불쌍해서 도와주려고 왔다 그랬습니다.[23]

혜암은 종정 그 까짓것도 종단이 불쌍해서 도와주려고 하긴 했지만, 종정은 지옥 안 가는 줄 아느냐고 했다. 한 생각 잘못하면 종정도 바로 지옥 간다고 했다. 스님은 조계종풍이 바로 서기를 원했다. 소임이나 주지를 살지말라고 제자들을 가르쳤지만 조계종이 불쌍해서 지계청정한 종단을 바로 세우려고 나섰다고 했다. 스님은 항상 부처님의 말씀인 계율로써 스승을 삼으라는 '以戒爲師'의 가르침을 설파하며 종단개혁을 위해서는 스님들이 반드시 계율을 엄수해야 한다고 강조했다.[24] 계율 하나만 가지고도 스님은 당대의 최고의 율사라고 해도 손색이 없었다. 하지만 그는 계율을 계율 자체로 보지 않았다. 용맹정진하기 위해 계율을 지키는 것이며, 계율을 지켜야만 용맹정진이 순조롭게 되는 것이라고 했다. 즉 정진을 위한 지계요, 지계를 통한 정진이었다.

혜암은 철저한 두타행자로 이 몸을 철저히 조복받기 위해서 평생을 철두철미하게 살았다. 계율에 대한 철저함은 당대 최고였다고 볼 수 있다. 스님은 부모를 천만번 죽인 죄보다 더 큰 죄가 이 몸뚱이 주인이 누군지도 모르면서 이 몸뚱이를 먹여 살린 죄라고 했다.[25] 스님은 이 세상 고통치고 이 몸뚱이보다 더한 고통은 없다고 했다. 배고픔, 음욕심, 진심, 공포심 등이 모두 이 몸뚱이 하나 때문에 일어나는 고통이라고 했다. 이 몸뚱이는 무상

---

23) 해인사 원당암, CD (12)」.
24) 혜암문도회(2007)(1), 325.
25) 해인사 원당암, CD (4).

한 것이고 내가 아니며 나의 것도 아니며 부모님의 물방울이 변한 것에 불과하니 이 허망한 몸뚱이에 집착하지 말고 용맹정진하여 자기를 바로 보고 생사해탈하여 중생을 제도하자는 것이다. 단순히 계율을 지키기 위해서 일종식을 한 것이 아니었다. 혜암은 오대산 史庫庵에서 5개월을 안 먹고도 살아봤다고 한다. 힘은 조금 없지만 몸은 아예 없는 것처럼 가벼웠다고 한다.26) 양식도 땔감도 없이 냉방에서 물과 잣잎과 콩 열 개만 먹으며 밤낮으로 정진했다고 한다. 월정사에서 쌀을 가지고 왔는데 필요 없으니 가지고 가라고 해도 안 가져가기에 새나 쥐들이 먹으라고 마루에 두었다고 한다.27) 이렇게 정진하여 身心一如의 경지에서 오도송을 읊었던 것이 1957년 38세 때의 일이다.28) 혜암은 32세 때인 1951년에 이미 스승인 麟谷선사로부터 인가를 받아 용성-인곡으로 이어져 온 법맥을 이어받은 상태였다. 그럼에도 불구하고 확철대오와 돈오돈수를 위해 용맹정진의 두타행을 줄곧 밀고 나갔던 것이다. 이처럼 그에게 있어서 일종식은 단순히 계율을 지키기 위함이 아니라 용맹정진을 통해 견성성불하기 위한 수행방편이었다. 계를 받고 몸과 입이 청정하고 모든 선법을 갖추어도 小分의 해탈을 얻을지언정 心解脫을 얻지 못하며 일체 해탈을 얻지 못한다는 것이다. 계율을 지키는 것도 진정한 해탈인 心解脫을 얻기 위한 것으로 스님의 지계정신은 自性戒를 중시했던 본분납자인 禪僧로서의 지계정신이었다.29)

혜암이 조계종 제10대 종정이 되어 발표한 교시의 첫째 항목은 '持戒淸淨'이었다. 스님은 一身의 지계와 청정만이 아니라 法界淸淨을 강조했다. '원당암 도량은 얼마나 청소를 깨끗이 하는지 절 마당에 떨어진 밥알을 주워 먹어도 된다'는 말이 회자될 정도였다.30) 스님은 도량이 청정하지 못하면 귀신이 얕잡아 보아 공부를 할 수 없다고 했다. 행자 때 2백 명 공양주를

---

26) 해인사 원당암, CD (5).

27) 혜암문도회(2007)(1), 93.

28) "미혹할 땐 나고 죽더니 깨달으니 청정법신이네. 미혹과 깨달음 모두 쳐부수니 해가 돋아 하늘과 땅이 밝도다. (迷則生滅心, 悟來眞如性, 迷悟俱打了, 日出乾坤明.)"

29) 혜암문도회(2007)(2), 64.

30) 이는 해인사 한주스님이었던 정원스님이 서울의 불광사의 신도들이 2002년 혜암선사의 사리친견을 위해 왔을 때 원당암을 소개하면서 했던 표현으로 논자가 직접 보았던 장면이다.

하다가 용맹정진해서 확철대오하겠다고 환적대에 올라갈 때도 음식을 하나도 가져가지 않았다고 했는데 이 역시 용맹정진하러 오는 납자가 먹을 것 챙겨서 오냐 하고 얕잡아 볼 것 같아서 아예 먹을 것을 챙겨가지 않고 7일 동안 용맹정진 했었다고 한다. 이처럼 스님의 두타고행은 수동적인 지계가 아니라 적극적인 지계를 통해 깊은 禪定을 얻기 위한 自性戒의 정신이었다.

2. 自性定 : 長坐不臥와 寤寐一如

혜암은 행자시절에 이미 장좌불와를 시작한 이래 55년 이상 이를 이어갔다. 이에 대해서는 누차 언급한 바 있다.

> 내가 평생을 장좌불와한다고 말하면 상을 내서 자랑한다는 것처럼 되기 때문에 말하기가 거북해요. 허나 평생을 장좌불와 해왔으니 사실인즉 맞습니다. 요새도 자유자재로 하고 있지요. 장좌불와를 하게 된 동기는 누가 시켜서 한 것이 아니라 일본에서 『선관책진』이란 책을 읽다가 장좌불와하는 내용을 보았기 때문입니다. 그 때 나도 장좌불와를 해야겠다고 다짐했고, 절에 들어와서 그것을 시작했습니다. 그 책에 3일, 5일, 7일이면 견성한다고 쓰여 있기 때문에 여유 있게 일주일이면 깨치지 못할 것이 있겠나 하고 입지를 세웠지요. 화두는 효봉 스님한테 탔고요.[31]

혜암은 다른 법문에서 대신심과 대분심과 대의심을 가지고 용맹정진하여 3일, 5일, 7일 만에 견성 못하면 지옥에 대신 가주겠다고 한 것이 바로 중국의 고봉스님이라고 언급했다. 고봉스님은 만법귀일 화두를 들고 엿새 만에 깨쳤다는 것이다.[32] 해인사는 총림 전체가 결제 기간 동안 7일간 용맹정진을 하는 가풍이 있는데 스님은 이때 재가불자 신도들에게도 동일하게 7일 용맹정진을 적극 권장했다. 오히려 석 달 동안 결제에 오지 못한 불자들이 7일 용맹정진 기간이 되면 방부를 들여 전국에서 수백 명이 원당암 달마선원을 빼곡히 채우곤 했다. 스님은 "일주일 용맹정진해본 사람은 효과를

---

31) 정찬주(2010)(1), 82.
32) 해인사 원당암, CD (5).

바로 보게 된다. 잠 안 자면 병난다, 죽는다 하니까 더 못 견디게 되는 것이다. 마음의 조화가 그렇게 무섭다. 잠을 안 자도 되는구나 하는 것을 알게 되는 것이 용맹정진이다. 분별심이 없어지고 망상이 없어지면 안 먹고 안 자도 병도 나지 않고 멀쩡히 살 수 있는 것이다."33) 실제로 7일 용맹정진을 체험해 보면 삼사일의 고비를 넘기면 다시 성성해지는 맑은 경지를 체험할 수 있다.

혜암이 가장 강조한 것은 선정이었다. 화두 한 생각으로 밀어붙이면 일주일 안에 깨칠 수 있다는 것이다. 천 길이나 만 길이나 떨어진다면 어떡해야 살아날까 하는 분심을 내고 화두를 들어야 한다는 것이다. 은산철벽을 뚫고 나갈 구멍이 없고 문이 없는 곳에 갇혀 버렸는데 거기서 어떻게 살아날 것인가 활로를 찾아내겠다는 생각으로 수행을 해야 하는데 그 방법이 바로 용맹정진이라는 것이다.34) 스님이 말하는 용맹정진은 단순히 관용적으로 사용하는 미사여구가 아니라 실제 등을 땅에 대지 않는 것이었다. 혹시 잠을 자는 경우가 있다고 하더라도 앉아서 잠깐씩 조는 정도였다. 그렇게 55년 이상을 장좌불와하며 선정을 닦았다. 이러한 그의 선수행관은 남겨놓은 문헌만을 통해서는 가늠할 수 있는 경지가 아니다. 言語道斷의 미묘한 선정의 세계이다.

> 광겁에도 못 이룸은 졸음 때문이니 사람 몸을 받았을 때 졸지를 마소.
> 생사대사 이 한판의 싸움에 있으니 어찌 싸우지 않고 졸기를 즐기랴. (廣劫
> 障道因睡眠, 幸得今身莫睡眠, 一死一生在此戰, 何不退賊肯睡眠.)35)

혜암은 "無心도 道라고 말하지 말라. 무심도 오히려 한 관문이 막혔다"36)는 법문을 자주 했다. 잠을 자나 깨어있으나 화두가 惺惺한 寤寐一如의 관문을 뚫어야 大無心이 된다는 것이다. 스님은 "염라 늙은이의 심문을 받지 않으려거든 조사의 관문을 뚫어야 한다"37)고 했고, 일천 성인도 전하지 못한

---

33) 해인사 원당암, CD (5).
34) 해인사 원당암, CD (5).
35) 혜암문도회(2007)(1), 70-71.
36) "莫道無心卽是道하라 無心猶隔一重關이라." 혜암문도회(2007)(2), 50.

向上一路의 祖師關을 낱낱이 투과해야 한다고도 했다. 그러기 위해서는 寤寐一如의 관문을 透過하고 透脫해야 한다는 것이다.

세간에서는 昭昭靈靈한 靈臺의 자성이 이 몸속에 있고 그것은 우리의 마음 또는 주인공이라고 부르고 있습니다. 그러나 그것은 생사의 근본이며 망상의 기연이며 분별지의 대상입니다. 만일 주인공이 소소영영한 것이라면 깨어있을 때에도 잠들어 있을 때에도 그 소소영영함은 변함이 없어야 할 것입니다. 이것은 도둑을 아들로 잘못 삼은 것입니다. 세간에서 소소영영하다고 생각하는 것은 견문각지의 경계를 벗어나지 못한 것입니다. 우리의 눈앞에 펼쳐진 현실적 경계가 없다면 그것은 토끼의 뿔, 거북이의 털과 마찬가지로 헛된 명칭에 지나지 않습니다. 그것은 참된 주인공이 아닙니다. (……) 견문각지로 헤아려서 아는 것이 아니라 언어와 문자를 떠나 오매일여한 상태에서 소소영영한 것이 주인공입니다.38)

세간에서 '昭昭靈靈'을 논하지만 스님은 오매일여한 상태에서 소소영영하지 못한 것은 모두 헛된 것이라고 일갈하고 있다. 이와 관련하여 법문에서 하나의 일화를 소개한 것이 있다.

화두는 '암호'인데 이 암호는 오매일여에서 깨쳐서 풀리는 것입니다. 한 번은 용맹정진을 하던 한 보살이 공부가 좀 되어가지고 와서는 "스님, 툭 터져버리고 나니 너도 나도 없습디다"라고 그래요. 깨쳤다고 왔는데 어디서 말은 잘 배워서 왔더구만. 너도 나도 없더라 이런 말은 어디에서도 들어서 알고 올 수 있지 않아요? 그래서 다른 것은 물어보지도 않고 돌아가서 오늘 밤에 잠을 자는가 안 자는가 보고 다른 날 보고를 하라고 했소. 그랬더니 다시 찾아오지 않더니 도량에서 지나가다가 만났소. 그래서 어제저녁에 잤냐고 물어보니까 "잠을 잘 잤지 왜 자지 않습니까" 그래요. 잠을 잘 잤다고 하니 "그러면 잠자는 견성을 했구만" 그랬소. 그거 조금 알아지는 게 있다고 그것을 살림살이로 삼아서는 안 되고 몇 푼어치 안 되는 것이니까 다시 공부하라고 가르쳐 주었소.39)

---

37) "若要不經閣老案, 直須參透祖師關." 혜암문도회(2007)(2), 56.
38) 혜암문도회(2007)(1), 47-48.

혜암은 실제 납자를 제접하는 데 있어서도 법거량을 바로 하지 않고 밤에
잘 때에 오매일여가 되는지의 여부부터 물어보았다. 깨어있을 때의 견문각
지 가지고는 생사를 해탈하는 데에는 턱없이 부족하니 견성을 논할 바가 아
니라는 것이다. 그의 勇猛家風은 일주일간 용맹정진하고 다시 일주일 용맹
정진하는 방식으로 평생을 오직 일주일만 생각하며 선정을 닦는 것이었다.
일주일 후 깨닫지 못하면 태평양 바다에 빠져죽겠다는 각오로 정진했다는
것이다.40)

> 일주일이 지나면 또다시 시작하는 것처럼 했지요. 일주일이면 견성한다
> 고 했으니까. 오직 일주일만 생각했어요. 일주일 동안 공부한 걸 내버리고
> 2주일이라 생각하지 않고 다시 일주일을 내세워 자꾸 하다 보니까 1년이
> 간 줄도 모르고, 저녁인지 낮인지도 몰랐어요. 공부할 때는 저녁도 없고 낮
> 도 없었어요. 일체유심조라고 하지 않습니까. 오직 공부하는 생각 하나밖에
> 없었어요.41)

혜암은 자신의 수명을 일주일로 삼아 7일간 용맹정진하여 깨닫지 못하면
공부하다 죽어버리겠다는 불퇴전의 각오로 82세를 살았다.42) 이것이 바로
'불법은 이론에 있지 않고 실천에 있다'고 했던 自性定의 선사상이자 慧菴禪
의 오매일여 사상의 특징이라 할 수 있겠다.

3. 自性慧 : 文殊菩薩의 偈頌과 達磨禪院

혜암은 재가불자의 참선수행을 지도하기 위해 달마선원을 원당암에 개원
함으로써 명실상부하게 해인사가 사부대중이 함께 안거를 나는 총림으로

---

39) 해인사 원당암, CD (6).
40) 정찬주(2010)(1), 18.
41) 위의 책, p.88. 소설가 정찬주 선생은 성철선사의 일대기를 쓰기 위해 혜암선사를 친견했다가 내 얘기도
   글로 한 번 써보라는 부촉을 받았다고 한다. 당시 많은 수행일화를 직접 들었다가 훗날 『가야산 정진불』과
   『공부하다 죽어라』를 집필했다고 한다.
42) 정찬주(2010)(1), 9.

완성시켰다. 해인사 안에 재가불자 선원을 만든다는 것에 대해 보수적인 일부 스님 사이에는 이견이 분분하기도 했고, 선원이 완성된 뒤에는 큰 절 스님들의 선원보다 좋다고 선원을 바꾸자는 말도 나왔다고 한다. 스님 입적후에도 지금까지 일 년에 두 철의 안거와 첫째·셋째 주의 토요일 저녁의 철야 용맹정진이 있어서 전국에서 재가불자 수행자들이 모여들고 있다. 달마선원의 입구에는 부처를 뽑는 과거장이라는 의미의 '選佛場'이란 현판이 걸려 있다. 여기에는 승속을 막론하고 용맹정진하여 생사를 해탈하고 성불하라는 스님의 가르침이 배어 있다.

혜암이 달마선원을 창건하고 지혜를 상징하는 문수보살을 주존불로 모신 인연은 1976년으로 거슬러 올라간다. 스님은 당시 57세로 지리산 칠불사의 운상선원에서 안거를 나고 있었다. 당시 선원은 重修 중이었는데 여름 어느 날 공사 중이던 선원에서 먼지구름이 일더니 홀연히 한 노인이 나타나 스님에게 "塵凸心金剛劚하야 照見蓮攝顧悲하라"는 게송을 하나 남기고 문득 사라졌다고 한다. 이에 대해 스님의 「사리탑비명」에서는 "지금부터는 그간의 수행한 精進力으로 下化衆生에 전념하면서 發現塵中自性佛하여 廣度無邊諸衆生하라는 授記를 준 것"[43]으로 기록되어 있다. 이것이 문수보살에게 친히 받은 게송이며, 정진력을 바탕으로 自性佛을 드러내어 중생들을 널리 제도하라는 의미로 해석한 것은 스님이 친히 제자들에게 그 의미를 설명한 바 있기 때문이다. 스님이 원당암에 재가불자를 위한 달마선원을 지어 문수보살을 모시고 참선을 지도하고자 원력을 세운 것은 바로 문수보살을 친견하고 받은 게송의 내용에 입각한 것이었다.

여기에서 문수보살이 주었다는 게송에 대해서 시의 형식과 내용적 측면에서 상세히 분석해 볼 필요가 있다.[44] 이 게송은 漢字의 운용과 詩의 作法에 있어서 매우 예사롭지 않은 많은 점들을 내포하고 있다. '塵凸心金剛劚하야 照見蓮攝顧悲하라'는 이 게송은 사실 3×3의 6언시의 형식이다. 5언시나 7언시의 흔한 형식을 띠고 있지 않다는 점이 특징인 것이다.

---

43) 혜암문도회(2007)(2), 381.
44) 논자는 2001년 출가한 이후 이 게송에 대해 줄곧 관심을 가지고 연구해 왔다. 중어중문학과에서 중국 古典詩學을 10년 동안 전공해 왔던 논자가 보기에도 너무나 독특한 시여서 매우 의아했었다.

혜암이 애송했던 중국 唐代의 永嘉玄覺 선사의 「證道歌」가 이러한 3×3의 6언시의 형태를 부분적으로 보여 주고 있다. 「증도가」의 첫 구절인 '君不見'[45]이라는 표현은 李白의 「將進酒」보다 그 시기가 앞선 표현이다. 中國 詩史에서 近體詩가 완성된 李白과 杜甫 이전의 시인 영가현각의 「증도가」 역시 押韻을 비교적 잘 맞추고 있다. 하지만 동일한 3×3의 6언시이지만 스님이 받은 게송은 운자마저 맞추지 않은 전형적인 古體詩의 전형을 보여주고 있다. '마(磨)'와 '비(悲)'의 자리는 韻을 맞추어야 그나마 6언이라는 古體의 형태 중에서도 近體詩의 유형을 담보하는 것이다. 하지만 '磨'는 下平聲 15韻 가운데 '歌'韻이고 '悲'는 上平聲 15韻 가운데 '支'韻으로 전혀 운이 맞지 않는다.[46] 즉 매우 자유로운 고체시로서 李·杜의 盛唐 이후의 詩作에서는 좀처럼 쓰지 않는 시작 형식으로 시의 형식면에서 이미 唐詩의 정제되기 이전의 자유로운 형태라는 점이 이채를 띠는 것이다. 내용적인 측면에서도 이 게송의 漢字運用은 매우 奇異하다.

진철심塵凸心 티끌묻은 뾰족한 마음을
금강마金剛磨 금강으로 깎아내고
조견연照見蓮 연꽃을 비추어보아
섭고비攝顧悲 자비로써 섭수하고 보살피라[47]

여기에서 '진철심塵凸心'과 '금강마金剛磨'라는 표현은 그 어디에서도 찾아볼 수 없는 희유한 표현이다.[48] '해철海凸'이라 하여 바닷물결이 일렁거린다는 의미로 사용된 용례는 있어도 번뇌의 마음이 일어나는 것을 '진철심塵凸心'이라고 표현한 용례는 그 어디에서도 찾아볼 수 없다. '금강마金剛磨'라는 표현에서 '마磨'라는 글자도 '깎다', '베다'라는 의미로 '닦다', '힘쓰다'의

45) 남명법천 외, 철우 역주(2018), 37.
46) 김상홍(2014), 85, 88-89.
47) 혜암문도회(2007)(2), 381.
48) 불교의 經律論 三藏을 담고 있는 c-beta에 전혀 나오지 않는 표현일 뿐 아니라, 유교의 經史子集을 담고 있는 고전번역원 데이타 베이스(db)에도 이러한 표현은 전무하다. 불교나 유교 경전에서 좀처럼 찾아보기 힘든 전대미문의 표현임이 확인된다.

의미까지 확대해서 사용할 수 있다고 하더라도, 불교에서 금강으로 번뇌를 베어낸다고 할 때 '마劘'자를 쓴 용례는 찾아볼 수 없다. 즉 이 게송에서 '철凸'과 '마劘'는 詩眼이 되는 두 글자로 번뇌는 '凸'로 수행은 '劘'라는 글자로 표현했다는 점에서 세상에 하나밖에 존재하지 않는 매우 독특한 시가 된 것이다. 이는 한시와 게송의 역사에서 일찍이 근거를 찾아보기 힘든 유니크한 창작이다. 예를 들어 '진염심塵染心을 금강파金剛破하라'고 하여 '염染'과 '파破'와 같은 글자를 사용했다면 매우 평범하고 진부한 표현이 되고 말았을 것인데 '塵凸心을 金剛劘하라'고 하여 완전히 다른 시의 풍격을 보여주게 된 것이다. 이처럼 '번뇌를 소멸시킨다'는 표현을 '마철凸劘'이라고 한 것은 기존에 존재하지 않았던 미증유의 것으로 世人之作이라기 보다는 문수보살이 내려준 慧命과 授記로 판단할 수 있는 근거가 된다고 하겠다.

혜암은 이 게송을 '수행력을 바탕으로 중생을 제도하라'는 문수의 수기로 해석하고 수행과 중생제도라는 두 가지 원력을 달성하기 위해 달마선원을 설립했다고 하겠다. 문수가 스님에게 내려준 이 게송은 스님의 '가야산 대쪽'이라는 별명과도 너무나 닮아 있다. 추상같은 법력으로 종단의 위상을 바로 세우고 종풍을 회복하기 위해 종단개혁에 2차례나 나섰던 스님의 가풍은 문수보살의 게송에 나타난 '마철劘凸의 가풍'이었다고 해도 손색이 없을 것이다. 문수보살과의 특별한 인연을 맺을 수 있었던 이유는 오직 용맹정진과 두타고행 이외에는 일체를 돌아보지 않은 自性慧의 선수행관의 선수행관을 철저히 실천했기 때문이라고 하겠다.

Ⅲ. 慧菴禪의 특징과 한국불교사에서의 지위

1. 간화선 수행방법론과 참선지도법

혜암을 대표하는 一句는 "공부하다 죽어라"로서 스님은 오직 生死一大事를 해결하는 生死解脫 이외에는 관심이 전무했고, 모든 법문 역시 교리와 지식과는 상관없는 용맹정진의 수행담론 밖에 없었다. 생사해탈에 대한 스님의 법문을 들어보자.

> 천상과 지옥이 한 집안입니다. 똑같이 윤회하는 육도로 고생하는 곳일 뿐
> 이지 천상도 좋은 것은 하나도 없습니다. (…) 착한 일 해서 수지맞지 않습
> 니다. 그러니 참선밖에는 불교가 없습니다. 참선이 없었더라면 불교는 벌써
> 없어졌을 것입니다. 출가하는 스님도 없어졌을 것입니다. (…) 평생을 지내
> 봐도 죄만 짓고 삽니다. 한 생각 일어났다가 사라졌다가 하는 것이 바로 죽
> 었다 살아났다 하는 것입니다. 그러니 팔만대장경 전체를 줄여놓으면 생사
> 일대사 해결하라는 한마디밖에 안 남습니다. 나고 죽는 문제를 참선을 통해
> 해결하라는 말 하나밖에 없는 것입니다. (…) 도 닦는 데는 자본금이 안 들
> 어갑니다. 배우는데 시간도 안 들어갑니다. 금방 배울 수 있습니다. 내가 내
> 눈을 못 보는데 거울을 보면 내 눈이 보이지 않습니까. 그 거울이 바로 화두
> 입니다. 화두를 들어서 공부를 하게 되면 나를 바로 보게 되는 것입니다.[49]

혜암은 팔만대장경을 바로 외우고 거꾸로 외우고 해도 지옥을 면치 못한
다고 했다. 교리를 알고자 하면 참선을 해서 그 마음의 주인자리를 깨달아
야 한다고 역설했다. 불법은 실천주의이지 다른 것은 없으며 참선하다가 죽
어버리면 최고로 수지맞는 장사라고 했다. 천상천하 전체에서 가장 수승한
일은 화두 들다가 죽어버리는 것이라고 했다.[50]

> 유아독존한 이 한 물건은 이 뭣고? 억! 도 닦다 죽어버리면 수지맞는 장
> 사입니다. 겉으로는 연극배우 노릇하듯 세상사를 열심히 하는 듯하지만 속
> 으로는 도 닦는 공부를 해야 됩니다. 마음만 내면 죄요, 남 도와주고 도와
> 줬다는 생각을 내도 죄가 됩니다. 만사를 돌아보지 말고 연극으로 세상일은
> 하고 도를 닦아버려야 합니다. 충효 같은 것 가르칠 바에야 비상을 먹여서
> 사람들을 다 죽여 버려라 하는 것이 부처님의 근본사상입니다. 속지 마시
> 오. 공부하다 죽어버리시오. 도 닦다 죽어버리면 수지맞는 사람입니다.[51]

---

49) 해인사 원당암, CD (7).
50) 해인사 원당암, CD (6).
51) 해인사 원당암, CD (4).

혜암은 조계종의 제10대 종정으로서 종풍선양과 개혁정화에 앞장서서 위기에 빠진 종단을 다시 반석에 올리는데 큰 업적을 남겼다. 하지만 그가 조계종단에 가장 큰 위업을 남긴 것은 바로 衲僧의 標本으로 禪修行의 指南을 남겨준 것이라고 할 수 있다. '오직 참선', '오직 간화선'으로 일관한 혜암의 禪風은 그 전모를 잘 정리하여 현재의 납자와 수행자들로 하여금 바른 화두참선방법론으로 활용하게 할 필요가 있다. 따라서 여기에서는 스님의 간화선 수행방법론과 참선지도법의 일단만을 정리·제시하기로 하고 향후 혜암선 연구의 한 분야로 정립되기를 기원해 본다.

우선 혜암이 화두참선을 시키는 과정을 살펴보면 '수계-화두결택-간화선 수행방법 강의-용맹정진 체험-제접과 점검'이라는 일련의 과정으로 간화선 지도가 이루어지고 있음을 알 수 있다. 스님은 반드시 처음 오는 불자로 하여금 수계식을 통해 기본오계를 받게 하고 불명을 주어 본래 부처라는 것을 각인시켰다. 이후 곧바로 화두를 결택해 주고 화두 드는 방법을 자세히 교육해 주었다. 그리고는 곧장 스스로 화두참선을 해 보도록 인도했다. 혹시 상기가 되거나 마장이 생기거나 하는 것들 때문에 간화선에 진입하지 못할까 걱정할 필요가 없었다. 항상 대중들과 함께 정진했고, 언제든 스님에게 궁금한 점을 묻고 점검받을 수 있도록 문호를 활짝 개방하여 제접이 수월하도록 해주셨다. 스님만 믿고 따라가면 되는 것이었다. 적게 먹고 잠을 자지 않고 용맹정진을 하도록 수행프로그램을 확정하여 정례화했다. 이 공부는 스스로 자기의 본래 마음을 닦고 자기를 깨닫는 것이므로 어떠한 이론이나 지식도 필요치 않다고 했다. 오직 직접 정진해 보라고 했으며 대중들 곁에서 항상 같이 정진해 주셨다. 혜암은 다양한 화두로 대중들에게 결택해 주었는데 그 가운데 대표적인 것들은 다음과 같은 것들이다.

父母未生前 本來面目이 是甚麼오?
부모가 낳기 전 본래면목이 이 뭣고?
不是心이오 不是物이오 不是佛이니 是甚麼?
마음도 아니요 물건도 아니요 부처도 아니니 이 뭣고?

관세음보살 부르는 것이 이 뭣고?

萬法歸一 是甚麽?

만법이 하나로 돌아가는데 하나가 이 뭣고?

어째서 無라 했는고? (조주무자 화두)

이 밖에도 많은 화두들을 주었으나 그 중 대표적인 몇 가지를 뽑아보았다. '만법귀일 시심마萬法歸一 是甚麽' 같은 화두는 달마선원 내부에 휘호로 걸려있다. 논자를 비롯하여 사미계를 막 수계한 스님들에게 주로 주셨던 화두로 "萬法歸一 一歸何處"를 변형한 것이다. 이는 만공선사가 화두로 주었던 것을 계승한 것이다.52) '만법이 하나로 돌아가는데 그 하나는 어디로 돌아가는가?' 라고 화두를 들다 보면 하나로 돌아가는 것과 하나가 다시 돌아가는 것으로 두 가지 의심이 생길 수 있으므로 만법귀일의 하나로 돌아가는 것을 의심처로 삼아 이 뭣고 화두로 전환시켜 준 것이다. '관세음보살 부르는 것이 이 뭣고?'라는 화두는 중국에서도 많이 수행하는 '염불하는 사람이 누구인가(念佛者是誰)' 공안과 동일하게 평생 염불을 많이 해 온 보살님들에게 주었던 공안이다.

혜암은 화두 드는 방법에 대해서 그 누구보다 자세하게 방법을 알려주기로 소문이 났었다. 화두참구법에 대한 법문을 들어보자.

화두를 참구하는 근본 자세는 이렇습니다. 화두는 암호인데 이 암호 내용을 어떻게 해야 풀 수 있느냐 하면, 잠이 꽉 들어서도 일여한 데에서 깨쳐야만 풀 수 있는 것이지 그 전에는 못 푼다는 것, 이것이 근본적으로 딱 서야 합니다. 그리하여 마음의 눈을 확실히 뜨면 이것이 견성인 동시에 1천

---

52) "내가 처음 들던 화두는 곧 '만법이 귀일이라 하니 일은 어디로 돌아가는고?'를 의심하였는데, 이 화두는 이중적 의심이라 처음 배우는 사람은 만법이 하나로 돌아갔다고 하니 하나는 무엇인가? 하는 화두를 들게 하는 것이 가장 좋으리라. 하나는 무엇인고? 의심하여 가되 의심한다는 생각까지 끊어진 寂寂하고 惺惺한 무념처에 들어가야 나를 볼 수 있게 되나니라." 만공문도회(1982), 255. 이 밖에도 스님은 『만공법어』를 적극 활용했다. 만공선사 법훈에서 '공부에 도움이 될 경구(혜암문도회(2007), 249-257)', '불법에 대한 경구(혜암문도회(2007), 261- 263)', '나를 찾아야 할 필요와 나(혜암문도회(2007), 265-267)' 등의 법문을 대거 인용하여 상당법어에 활용했다.

7백 공안도 알 수 있는 것입니다. 불교란 것은 팔만대장경이 그토록 많고 많지만 똘똘 뭉치면 '마음심[心]' 한 글자에 있습니다. 가장 간단합니다. 마음의 문을 뜨면 일체 만법을 다 알 수 있는 것이고 삼세제불을 다 볼 수 있는 것이며 일체법을 다 성취하는 것입니다. 마음의 눈을 뜨는 것은 자성을 보는 것입니다. 곧 견성이라는 말입니다. 그러니 정진을 부지런히 하여 화두를 바로 아는 사람이 되어서 마음눈을 바로 뜨기를 바랍니다.53)

혜암은 화두를 의심하지 않는 것이 큰 병이며, 아는 것이 큰 병이며, 간절한 마음이 없는 것이 큰 병통이라고 했다.54) 그러므로 조주무자 화두를 들더라도 '無'를 대상으로 해서 의심하는 것이 아니라 나와 화두가 없이 화두의 의단과 한 덩어리가 되어 의심하는 것이 중요하다고 했다.55)

화두는 암호이며 달을 가리키는 손가락이니 집착하여 속지 말라는 말입니다. 화두는 의심이 생명이기에 알 수 없는 의심을 간단없이 파고 들어가야 합니다. 그리고 화두를 드는 것이 답답하고 재미도 없어서 마치 모기가 무쇠 소를 파고드는 것 같이 하면 부사의한 힘으로 몸뚱이까지 들어간다고 합니다. 화두는 암호인데 암호의 내용은 잠이 꽉 들어서도 一如한 데에서 깨쳐야만 풀 수 있는 것입니다.56)
화두 참선에서는 의단이 중요합니다. 뭐라고 할 수 없는 그 대목을 잡고 들어가지 않으면 깨달을 분이 없는 것입니다. 양귀비가 소옥이를 부르는 것은 뜻이 소옥이를 부르는 것에 있지 않습니다. 애인인 안록산을 부르기 위한 암호인 것입니다. 화두도 역시 암호와 같아서 화두라는 말에 뜻이 있는 것이 아니라 언어 이전의 소식으로 의심해서 들어가야 합니다.57)

화두는 그 말에 뜻이 있는 것이 아니므로 모르는 의심 한 생각을 밀고 나가야 한다고 했다.58) 이에 대한 비유로 위의 양귀비가 안록산을 부르기

---

53) 혜암문도회(2007)(1), 41-42.
54) 정찬주(2010)(1), 26.
55) 혜암문도회(2007)(2), 22.
56) 혜암문도회(2007)(2), 23-24.
57) 해인사 원당암, CD (6).
58) "丈夫將欲敵生死, 徑截疑團著意疑, 到此若生些子念, 轉頭鷓子過新羅." 혜암문도회(2007) (1), 31.

위해 소옥이를 부르는 것이라는 법문을 많이 했다. 화두의 말을 의심하는 것이 아니라 의심삼매에 드는 것이 중요하다는 뜻이다. 이를 설명하기 위해서 자주 설파했던 비유는 佛鑑慧懃 선사의 게송이다.

> 오색비단 구름 위에 신선이 나타나서 손에 든 빨간 부채로 얼굴을 가리었다. 누구나 빨리 신선의 얼굴을 볼 것이요 신선의 손에 든 부채는 보지 말아라. (彩雲影裏神仙現하야 手把紅羅扇遮面하면 急須着眼看仙人하야 莫看仙人手中扇하라)[59]

화두는 양귀비가 부르는 소옥이 같은 것이고 신선이 들고 있는 부채와 같은 것으로 그 落處는 안록산과 신선의 얼굴에 있으므로 화두라는 말에만 끄달려서는 안 된다는 것이다.

스님은 이 세상 온 누리가 금덩어리라도 나와는 아무 상관이 없는 일이라고 했다. 부모도 자식도 재산도 소중한 것은 하나도 없으므로 인정을 두어서는 안 된다는 것이다. 이 세상일이라는 것은 눈 깜짝하는 순간 아무것도 아니고, 세상일 가운데는 하나도 옳은 일이 없다고 했다. 오직 화두를 들고 참선하여 참나와 본고향을 바로 보는 이 공부를 해야 한다고 강조했다. 화두공부가 재미가 없고 아무것도 아닌 것 같지만 오직 이 공부만이 살길이고, 이 공부만이 자유와 행복이 보장되는 공부라고 했다.

> 몸에 힘주고 욕심으로 참선하면 안 됩니다. 용맹정진한다고 힘주고 욕심을 내면 안 됩니다. 이 공부는 묘하게, 자연스럽게, 정성스럽게 해야지 용맹이라 해서 급한 마음을 가지고 용을 쓰면 기운이 다 나가 버립니다. 참선을 많이 해 봐야 이것이 미묘법임을 알게 됩니다. 한 철을 공부하더라도 정성껏 화두를 들어야 합니다. (…) 나도 깨달을 수 있다는 것을 확실히 믿고 해야 합니다. (…) 이 공부는 배워서 아는 것이 아니고 깨달아서 아는 것입니다. 교리나 이론을 배우는 것이 아니므로 말을 따라다니지 말고 깨닫는 데에 목적을 두고 공부해야 합니다. 눈 깜짝할 사이에라도 이 뭣고 하고 화

---

59) 혜암문도회(2007)(2), 23.

두 드는 것이 그렇게 소중한 것입니다. 이 밖의 세상살이는 전부 지옥벌이
만 하고 있는 것입니다.[60]

혜암은 화두공부는 묘하게 해야 하며 용을 쓰면 안 되며, 조급해서도 안
되며, 사량분별로 따져서도 안 된다고 했다. 자연스럽게, 정성스럽게 미묘
법을 체득해야 한다고 했다. 화두를 해석하거나 분석하는 일본의 義理禪에
대해서도 일고의 가치가 없음을 아래와 같이 설파했다.

조동종의 동산양개선사는 답을 말해 주지 않은 스승 덕분에 견성을 했습
니다. 불법 한마디 안 가르쳐준 것을 귀하게 여긴다고 했습니다. 네 공부 네
가 하라고 자기가 스스로 깨달으라는 것이 중요합니다. 배우고, 가르치고,
믿고, 받들고, 따르고, 알려주고, 이러는 것은 불법이 아닙니다. 혼자 알아서
스스로 깨쳐야 되는 것이 불법입니다. 설명하지 않는 데에 그 생명력이 있는
것입니다. 일본은 꼼꼼하고 야무지지만 화두를 설명하고 있기 때문에 일본
불교는 벌써 죽었다고 자기네 학자들이 그렇게 말합니다. 불법에서는 한국
이 최고라고 할 수 있습니다. 미국이나 일본이 희망이 없는 것입니다. 미국
이나 일본이 돈만 아무리 많아봐야 아무소용이 없는 것입니다. 도인이 살아
있어야 산 나라입니다. 세상은 불법과 거꾸로 가는 것입니다.[61]

혜암은 출가 전 17세에서 26세까지 일본에 있었던 까닭에 일본어에 능
통했다. 선어록 가운데에서도 일본에서 나온 『正法眼藏』을 즐겨 보았는데
"이것 하나면 한국 책 백 권보다 낫다"고 칭찬했다고 한다. 일본인의 장점
이 정직한 것인데 이 책이 그러한 일본인 특유의 꼼꼼하고 섬세한 특징을
잘 반영하고 있어서 볼만하다는 것이었다.[62] 일본 조동종의 개조인 도오겐
(道元, 1200-1253) 선사의 『정법안장』뿐만이 아니라 스님의 염화실 2층
다락에는 일본에서 나온 많은 불교경론과 유명학자들의 연구서가 가득 구
비되어 있었다. 논자는 스님 입적 후 정리를 위해 염화실 다락에 올라갔다

---

60) 해인사 원당암, CD (6).
61) 해인사 원당암, CD (6).
62) 조계종 종정예경실장을 역임하며 최측근에서 스님의 시봉을 맡았던 상좌 대오스님의 증언이다.

가 1930년대에 타카쿠스 준지로(高楠順次郎, 1866-1945)가 빨리어 대장경을 일본어로 번역한 『南傳大藏經』의 全集이 구비되어 있는 것을 보고 놀랐던 기억이 있다. 팔만대장경은 어린아이 코나 닦아 주는 코닦개와 같은 것에 불과하다고 했던 일상의 법문과는 달리 밀행으로 일본에서 나온 많은 경론과 연구 성과들을 일일이 점검하고 계셨던 것이다. 일본이 불교연구의 선진국이라고 하지만 화두를 해석하고 있는 일본서적들을 보고는 일본 불교가 망했다고 선언한 것이다.

> 일본의 유명한 불교학자 가운데 중촌원(中村元)이라고 나까무라 겡이라는 사람이 있습니다. 『불교대사전』도 만들었고, 『동양인의 사유방법』이란 책도 썼습니다. 그런데 그 책을 보면 화두를 전부 해석해 놔서 불교를 죽여 버리고 있어요. 그래서 일본불교는 죽어버렸다고 합니다. 무엇이 부처냐는 질문에 대해서 동산수초 선사가 '마서근(麻三斤)'이라고 답을 했는데, 이 화두에 대해서 나까무라 겡은 대답을 해 놓고 있습니다. 자연현상이 절대적인 것이라 부처도 절대적인 것이므로 삼서근이라 했다고 설명해 두고 있어요. 이렇게 아무리 해 봐도 깨달음과는 아무 소용이 없는 것입니다.63)

이 법문을 보면 혜암이 일본에서 출판된 불교연구서들을 직접 구해서 보고 있었다는 것을 확인할 수 있다. 中村元(1912-1999)은 도쿄대학 명예교수로 일본을 대표하는 인도철학자이자 불교학자였다. 하지만 그의 이름의 발음은 나까무라 하지메(はじめ)이지 나까무라 겡(げん)이 아니다. '하지메'는 훈독이고 '갱'은 음독이다. 일본인 이름의 발음은 당사자가 읽는 법을 표기해 주어야 알 만큼 자국민 사이에도 혼동이 많다. 나까무라 하지메 저작의 한글 번역본을 읽었다면 스님이 이름을 잘못 발음하는 일은 없었을 것이다. 이는 일본어에 능통했던 스님이 불교와 관련된 많은 일본의 연구서 원문을 직접 통독하고 있었다는 사실의 방증이라 하겠다. 그러나 스님이 일본의 불교 관련 서적을 많이 읽었다고 해서 일본불교의 영향을 받았을 것이라고 오해해서는 안 된다. 위의 법문에서 보았듯이 혜암은 간화선

---

63) 해인사 원당암, CD (6).

방면에 있어서 일본이 완전히 잘못된 방법으로 공부하고 있음을 간파했다. 심지어 이러한 의리선의 방식으로 최고의 학자라는 이가 공안을 해석하고 있다는 것은 일본불교가 견성할 수 없는 형태로 이미 죽어버렸다는 증거라고 확신했다. 이와 같은 일본불교와의 비교를 통해서 한국불교의 간화선 수행이 가장 수승하다는 것을 주장하게 된 것이다. 이와 관련된 다음의 일화도 살펴보자.

> 한국스님들도 일본의 이런 방식을 배워 와서 화두를 하나하나 가르치고 있고, 문답에서 합격했다고들 그러고 있습니다. 한번은 한국의 한 국제선원에서 화두공부를 하고 있다는 대만스님들이 찾아왔습니다. 화두를 일일이 분석해서 답을 말하고 견성을 인가받았다고 그럽디다. 이런 것은 교리문답밖에 안 됩니다. 이런 것은 일본불교라고 합니다. 그것은 참선법이 아닙니다. 그것은 견성이 아닙니다. 간화선은 상대가 끊어져서 나고 죽는 것을 해결하는 것이지 이렇게 해서는 견성을 할 수가 없습니다. 이것은 엉터리없는 공부입니다. 이렇게 되면 불교는 영원히 망해버리고 맙니다.64)

혜암의 입장에서는 화두삼매를 통해 대무심을 증득하고 생사를 해탈하는 공부법인 간화선법을 이렇게 활용하면 불교는 결국 망해 버리고 만다고 엄격한 기준을 제시하였다. 이처럼 스님의 간화선 수행방법론은 추상과도 같아서 생사해탈과 관련이 없는 것이라면 인정하지 않는 특징이 있다. 문답을 좀 할 수 있다고 해서 어디에 써 먹겠느냐 하는 것이 스님의 선수행관의 핵심이다. 오직 생사해탈, 오직 활구참구를 위해서 간화선은 존재하는 것이다. 돈오돈수가 되어 바른 눈을 떠야지 그 전에는 맹인이 굿하는 식이 되어서 저도 죽게 되고, 남을 돕는다는 것이 오히려 사람을 죽이게 된다는 것이 그의 지론이었다.65) 향후 한국불교의 간화선 수행지침서와 교재를 만들고자 할 때엔 혜암의 음성법문을 정본화하여 참고자료로 활용해야 할 필요가 있다.

---

64) 해인사 원당암, CD (6).
65) 정찬주(2010)(1), 25.

2. 慧菴禪風의 특징과 독자성

혜암은 退翁性徹(1912-1993) 선사의 영향을 많이 받았다. 1946년 봉암사 결사 당시 스님은 27세의 나이로 자운·향곡·도우·우봉 선사 등과 함께 결사에 동참했다. 이 가운데 막내는 道林法傳(1925-2014) 선사였으며 그 바로 위가 혜암이었다. 이때부터 인연이 되어 스님은 평생 성철스님을 모시며 함께 정진했다. 논자는 18년 전 법어집 편찬 준비를 하던 차에 스님이 읽었던 성철스님의 저작들을 일람할 기회를 가졌다. 『선문정로』, 『백일법문』 등의 책에 빨간색의 밑줄이 빼곡하게 쳐져 있던 것을 분명히 보았다. 대부분 돈오돈수, 중도, 오매일여, 보조비판, 태고종조론 등과 관련된 내용들이었다. 스님은 돈점논쟁이 일어났을 때 성철선사의 저서를 꼼꼼히 읽고 나서 크게 공감했다고 한다. 스님 역시 보조국사의 解悟는 종문의 이단이며 돈오점수가 아닌 돈오돈수가 종문의 철칙이라고 강조했다.[66] 성철스님이 주장한 일련의 주장들에 대해서 거의 받아들였고, 법어집을 살펴보면 그 영향을 곳곳에서 발견하게 된다. 혜암 뿐만이 아니라 돈오점수를 비판하고 돈오돈수를 옹호했던 선사는 많다. 향곡선사, 서옹선사, 법전선사, 진제선사 등은 모두 보조국사의 돈오점수를 비판하고 성철스님의 돈오돈수를 수긍했던 선사들이다. 특히 스님은 성철스님이 中道의 관점으로 불교전체를 관통시킨 『백일법문』에 크게 공감했던 것으로 보인다. 스님의 법어집에는 양변을 여읜 중도사상에 대한 언급이 매우 많이 등장하고 있다. 스님은 『육조단경』에서 설해진 36對法을 일일이 설명하면서 양변을 여읜 雙遮雙照의 中道를 증득할 것을 누차 설파한 바 있다.[67]

> 卽離兩邊은 中道를 말한 것이니 불교의 근본 원리입니다. 석존은 초전법륜에서 녹야원의 다섯 비구들에게 '여래는 양변을 떠난 중도를 正等覺하였다'라고 하는 유명한 중도선언을 하였습니다. 용수도 그의 『大智度論』에서

---

66) 혜암문도회(2007)(1), 133.
67) 혜암문도회(2007)(2), 27-31.

'양변을 떠난 중도는 반야바라밀이다'라고 상세히 말하였으니 육조가 항상 高唱한 반야는 곧 중도를 말합니다.68)

그렇다고 해서 혜암이 성철의 선사상을 답습했다고 보아서는 안 된다. 전체적인 이론방면에서는 영향을 받기도 하고 공감을 하기도 했으나 수행방면과 지도방면에서는 많은 차이점이 나타나고 있다. '혜암선'이라는 명칭을 부여하기에 충분할만한 독창적인 선사상이 존재한다. 이에 논자는 혜암이 성철과 결정적으로 다른 선사상들에 주목하고자 한다.

혜암의 오매일여 사상의 성철의 돈오돈수 사상에서 영향을 받은 측면은 있다.69) 혜암의 오매일여 사상이 자나 깨나 화두가 일여해야 한다는 점에서는 성철의 주장과는 동일하다. 하지만 혜암의 경우 꿈을 꾸거나 숙면에 들지 않으려는 형태로 정진했기 때문에 성철이 말한 오매일여가 夢中一如와 熟眠一如 두 가지를 포함했던 것과는 달라졌던 것이다. 즉 혜암의 오매일여 사상은 夢中一如와 熟眠一如만이 아니라 애당초 잠을 자지 않아 꿈도 꾸지 않고 숙면도 취하지 않는 장좌불와 속에서도 선정삼매가 恒一하고 一如하게 지속되어야 한다는 오매일여였다고 볼 수 있다.

따라서 성철의 오매일여 이론에 대해서 일각에서 그것은 지나친 주장이고, 오매불망 화두를 들어야 한다는 언어적 표현을 과장한 것이며, 숙면 속에서도 깨어있을 때와 다름없이 화두를 놓치지 않고 참구해야 한다는 것은 생물학적으로 불가능하다는 비판70)은 혜암에게는 해당하지 않는다고 볼 수 있다. 실제로 혜암은 병환의 치료를 위해 마취를 했으나 마취에서 계속 깨어나서 결국 마취를 할 수 없었던 一如의 경지를 보여준 바 있다. 생물학적으로 불가사의해 보이는 정진력을 실제 보여준 것이다. 요컨대 일정한 시간 동안 잠을 자는 수행자들을 위해 몽중일여와 숙면일여가 전제된 것과는 달리 평생 장좌불와하는 가운데 일념삼매가 지속되는 오매일여를 설정했다는 점에서 혜암의 견해는 성철의 그것과는 결이 좀 달랐다고 볼 수 있다.

---

68) 혜암문도회(2007)(2), 31-32.
69) 퇴옹성철(2001), 108-119.
70) 윤창화(2008) 참조.

게다가 그가 아무리 성철을 존경한다 할지라도 자신의 신념에 맞지 않으면 단호히 따르지 않았던 모습을 보이기도 했다. 성철은 봉암사 결사 당시 방부를 들이려면 전 대중에게 능엄주를 외우라는 지침을 내렸다. 하지만 혜암은 능엄주를 외우지 않겠다고 했다고 한다. 성철이 왜 혼자만 외우지 않으려 하냐고 물었더니 '나는 잠을 자지 않기 때문에 마장을 제거하기 위한 주력은 하지 않을 것'이라는 대답을 했고 성철은 이를 허락했다고 한다. 봉암사 대중 가운데 능엄주를 외우지 않고 결사에 동참했던 이는 혜암 뿐이었다.71) 오직 용맹정진으로 참선만을 수행하는 이러한 방식은 평생토록 지속되었다. 이렇듯 혜암의 수행관은 선수행을 돕기 위한 助道方便을 따로 가지지 않는 특징이 있으니 이 부분이 바로 성철과 구별되는 독특한 선사상으로 볼 수 있다. 해인사 백련암에는 많은 불자들이 지금까지 성철이 지도한 아비라 기도를 수행하고 있다. 백팔 배와 삼천 배, 아비라 법신진언, 능엄주를 함께 수행하는 것으로 유명하다. 하지만 혜암의 입장은 업장을 녹인 뒤에 언제 다시 참선 정진을 할 것이냐는 것이다. 처음 절에 오는 신도라도 첫날 화두를 주어 바로 참선을 시키는 것이 혜암의 가풍이었다. 유일한 조도방편이라고 할 만한 것이 있다면 용맹정진 철야참선이 끝난 뒤에 새벽에 하는 108참회 정도일 것이다. 원당암의 달마선원은 조도방편을 닦기 위해 건립한 곳이 아니다. 곧바로 일초직입여래지(一超直入如來地)하는 즉입참선(卽入參禪)의 선불장이 달마선원이다. 조도방편을 닦아서 업장을 녹이고 마장을 제거한 뒤에 어느 세월에 다시 견성성불을 할 것인가. 지금 바로 용맹정진하다가 공부하다 죽으면 된다는 것이 혜암선사 수행관의 골자이다. 재가자가 불교에 입문하자마자 곧바로 선방에 방부를 들이고 화두를 들게 하여 참선을 지도한 것은 혜암 사상의 특징이다. 재가불자와 수좌스님을 구분하는 일말의 요소도 없었다. 선원에서 동일하게 석 달 동안 안거를 나고 용맹정진을 하게 만드는 것이다. 혜암이야말로 徹頭徹尾, 徹上徹下의 禪師인 것이

---

71) 혜암은 나중에 사람들이 능엄주 공덕이 탁월하다 하고 일만팔천 독을 하면 무상정에 들어간다고 해서 김용사 도솔암에서 외워 숨 한번 쉴 시간이면 능엄주 한 번을 외웠다고 한다. 그런데 다 외우고 나니까 망상이 생겨서 그 망상의 병통이 무엇인지 알기 위해서 『능엄경』을 보다가 부처님과 아난의 문답내용에서 눈이 밝아져 스승 인곡선사에게 법거량을 하러 갔다고 회고하고 있다. 월간 해인 편집실(1994).

다. 禪 이외에는 일체를 일삼지 않는 것이 慧菴禪風이다. 복잡한 이론체계나 조도방편 없이 오직 선수행을 실천하는 것, 이러한 그의 신념은 그 어떤 조사스님도 막지 못했다.

혜암은 서산대사가 제자인 明鑑·尙珠·彦和 등의 여러 문도들에게 주는 「示明鑑尙珠彦和諸門輩」라는 글을 법어에서 아래와 같이 인용한 바 있다.

출가한 수도대중은 재색을 가장 먼저 멀리 금하고 대중처소에서는 모름지기 입을 조심하며, 혼자 살면서는 번뇌망상의 도적을 막아야 합니다. 고명한 스승을 항상 모시고 섬기며 악한 벗은 같은 이불을 덮지 말 것이며, 말을 할 때는 마땅히 희론하여 웃지 말고, 잠자되 또한 마음 놓고 자지 말아야 합니다. 活句를 만나기는 바다에서 거북이가 나뭇조각에 오르는 것과 같고, 사람 몸 받기는 바다 속에서 바늘 찾는 것과 같이 어려운 일입니다. 회광반조하는 것이 참으로 즐거운 일이라, 모든 것을 참지 아니하고 어찌 좋은 세월을 헛되이 보내려고 합니까? 뜻과 원은 높은 산과 같이 세우고 넓은 바다와 같이 아량을 베풀어서 구경의 대각을 이루는 데 기어이 뛰어올라 갑시다. 스승을 가리고 벗을 가려서 자세하고 묘하고 밝은 법을 깨달을 것이며, 앉아서는 반드시 활구를 참구하고 행할 때는 모름지기 간단없이 공부지어 가야하며, 몸을 도와주는 데는 하루 한 때만 먹고, 잠은 열두시가 넘어서는 자지 말라 하였습니다. 경전을 여의지 말고 외도의 서적은 마음에 두지 말아야 합니다. 사람들이 세상의 낙을 비록 즐겁다고 하나 죽음이라는 마군이 문득 괴롭혀 놀라게 할 때가 있을 것이니, 우리 모두 본분사를 논할지언정 어찌 헛된 이름을 숭상하겠습니까.[72]

서산의 원문에는 "앉을 때에는 반드시 서쪽을 향해 앉고, 다닐 때에는 모름지기 땅을 보고 다녀야 한다(坐必向西坐, 行須視地行)"는 구절이 있었다. 그런데 혜암은 이 문장을 "앉아서는 반드시 활구를 참구하고 행할 때는 모름지기 간단없이 공부지어 가야 한다(坐必參活句, 行須不間斷)"로 바꾸고 있

---

72) "出家修道輩, 財色最先禁, 群居須愼口, 獨處要防心. 明師常陪席, 惡友勿同衾. 語當離虛笑, 睡亦莫昏沈. 法如龜上木, 身若海中藏, 回光眞樂事, 忍負好光陰. 志願如山海, 期超大覺醒. 擇師兼擇友, 精妙更精明. **坐必參活句, 行須不間斷**, 療身常一食, 許睡限三更. 金書不離手, 外典莫留情. 人世雖云樂, 死魔忽可驚. 吾儕論實事, 安得尙虛名." 혜암문도회(2007)(1), 19, 23-24.

다. 서산은 염불을 조도방편으로 매우 중시한 바 있다. 그리하여 일반적으로 선사들이 서방정토 극락세계를 唯心淨土로 보는 것과는 달리 서방정토를 현실로 인정하여 염불을 간화선과 함께 강조한 禪淨一致의 사상을 전개했다.[73] 제자들에게 앉을 때에는 반드시 서쪽을 향해 앉으라고 한 것은 서방정토를 현실로 인정하는 정토신앙에 입각한 것이다. 하지만 혜암은 이 구절만을 수정하여 앉을 때는 항상 활구를 참구하라고 하고 있는 것이다. 조도방편으로서 염불을 선택하기보다는 오직 참선을 강조했던 단면이 극명하게 드러나는 대목이라 하겠다. 다음의 법문에도 그 일단이 드러난다.

> 불교에는 성불하는 방법이 여러 가지가 있는데 관법, 독경, 염불, 주력 등이 있지만 그 중에 가장 확실하고 빠른 방법이 참선입니다. 절에 아무리 다녀 봐도 참선하지 않고 다니면 헛다니는 것입니다. 화두에서 깨치는 것 외에는 불법이 없습니다. 평생을 절에 다녀도 선방에 참선하러 한번 오는 것보다 못하다고 그럽니다. 내 마음을 깨닫는 것 외에는 불법이 없습니다. 참선하는 것만이 자기 마음을 밝히는 것입니다.[74]

혜암은 뼛골까지 선사였다. 오직 용맹정진으로 참선수행에 주력했다. 생시에 언어·문자로 된 법문집도 한 권 남기지 않았다. 참선 이외에는 어떤 조도방편도 설정하지 않았다. 오직 참선수행으로 일관한 혜암의 勇猛禪風은 매우 희유한 것으로 납승의 사표가 된다. 화두 하나만 가지고 百尺竿頭에서 更進一步한 수좌가 바로 혜암이었다.

Ⅳ. 맺음말

혜암은 불법은 이론이 아니고 실천이니 실천은 깨달음에 목적이 있다고 역설했다. 게다가 학문을 힘쓰는 것은 명경에 먼지를 자꾸 더 쌓은 것이어

---

73) 서산의 간화선과 염불의 조도방편에 대해서는 다음 논문을 참조. 전준모(2018).
74) 해인사 원당암, CD (6).

서 생사고를 더 깊게 한다고도 했다. 혜암의 선사상을 학문의 영역으로 들여와서 이론적으로 사량하고자 한다면 결단코 그의 本地風光을 바로 볼 수 없을 것이다. 깨달음을 목적에 두고 오직 실천만을 命根으로 삼았던 용맹가풍을 후학들이 따라 실천할 수 있도록 하는 것이 慧菴禪을 연구하는 근본목적이라 하겠다.

현재 한국불교의 위기는 과거에 비해 불교학이 빈약해져서 온 것이 아니다. 禪法이 있으나 禪修行者가 없고, 절 집안이 더욱 풍족해졌으나 마음은 더욱 빈곤해졌기 때문에 모든 불상사가 끊임없이 발생하고 있는 것이다. 발심과 발원 없이 분주하게 죽음을 향해 달려가고 있는 이 화택에서 스님의 사자후가 활구가 되어 모든 대중에게 되살아날 수 있게 하는 것은 후학들이 몫이다.

혜암은 생사를 해탈하는 것이 못 되는 것은 일삼을 것이 하나도 없다고 했다. 혜암의 선수행관을 廣大하게 제시하여 한국불교가 生死解脫을 위한 본래의 면모를 회복할 수 있게 할 시기가 도래했다. 현 조계종단의 개혁과 혁신을 위해서는 혜암의 自性三學의 勇猛精進의 정신이 절실하게 요청된다. 이미 스님이 그 前程의 이정표를 제시해 준 바가 있기 때문이다.

참고문헌

김상홍(2014), 『漢詩의 理論』, 서울 : 고려대 출판부.

남명법천 외, 철우 역주(2018), 『증도가 합주』, 서울 : 운주사.

만공문도회(1982), 『滿空法語』, 예산 : 덕숭산 수덕사 능인선원.

정찬주(2010), 『가야산의 정진불 (1·2)』, 서울 : 랜덤하우스.

정찬주(20130, 『공부하다 죽어라』, 서울 : 열림원, .

서산대사, 제월통광 강설,(2017), 『선가귀감』, 서울 : 나라연.

퇴옹성철(2005), 『돈황본 육조단경』, 합천 : 장경각.

퇴옹성철(1992), 『백일법문』, 합천 : 장경각.

퇴옹성철(2001), 『선문정로』, 합천 : 장경각.

혜암문도회(2007), 『慧菴大宗師法語集 (1-2), 上堂法語』, 서울 : 김영사.

혜암선사문화진흥회(2018), 『스승혜암』, 서울 : 김영사.

혜암선사문화진흥회(2014), 『혜암선사문화진흥회 제1회 학술대회 자료집』, 합천 : 해인사.

경성(2004), 「불교 수행의 두타행 연구」, 서울 : 동국대 불교학과 박사학위 논문.

월간 해인 편집실(1994), 「해인총림 방장 혜암 큰스님께 듣는다」, 『월간 해인』 143호.

윤창화(2008), 「오매일여는 과연 가능한가?」, 『불교평론』 36호, 서울 : 불교시대사.

전준모(2018), 「자력과 타력의 양립문제-淸虛休靜의 『禪家龜鑑』을 중심으로」, 『보조사상』 50호, 보조사상연구원.

해인사 원당암, 「용맹정진 대법회 혜암대선사 법문 CD (1-12)」, 대웅음반.

문광 (文光, Mun Kwang, 속명 權奇完 Kwon Kiwan) naksanbosal@hanmail.net

연세대 중어중문학과와 동국대 선학과·불교학과에서 학사를, 연세대 중어중문학과에서 중국 고전문학 전공으로 석사를, 한국학중앙연구원 철학과에서 한국불교사상을 전공으로 박사학위를 취득했다. 석사학위 논문인 「한중 선사들의 유가 중화설에 대한 담론 비교 연구–감산·지욱과 성철·탄허를 중심으로」로 제3회 원효학술상을 수상했고, 박사학위 논문인 「탄허택성의 사교회통사상 연구」로 제1회 탄허학술상을 수상했다. 제월통광 스님으로부터 전강을 받아 경허–한암–탄허–통광으로 이어진 전통강맥을 전수받았으며, 현재 대한불교 조계종 교육아사리, 동국대 불교학술원 외래교수, 한국불교학회 학술이사로 있다.

Abstract

A Study on Seon practice thought of self nature-three practices of Seon Master Hyeam Seonggwan

- Focused on vigorously applied to exertion and ascetic practices

Kwon, Ki-Wan(Mun-kwang)*

This study aims to analyze Hyeam Seonggwan(慧菴性觀, 1920-2001)'s Seon practice thought. To this end, I paid attention to his self nature-three practices(自性三學). Because he used morality, meditation and wisdom to devote himself to ascetic practices and vigorously applied to exertion. His most representative teaching is to 'die while studying', and 'Buddhism is not theoretical, but practical'.

Hyeam met Munsu Bodhisattva in person at Chilbulsa Temple on Mount Jiri, received a verse, and opened a Dharma meditation hall(達磨禪院) for lay believers at Haeinsa Temple. He became the 10th Patriarch of Jogye Order, playing a major role in reforming the Buddhist community and popularizing the Ganhwaseon. His greatest feature of Seon thought is that he'd never used skillful means for auxiliary way, only engrossing himself in the Hwaduseon. In other words, he was a thorough Seon master to the bone and was only interested in the liberation from birth and death. Hyeam Seon Style, therefore, was to focus on vigorously applied to exertion and Hwaduseon.

Finally, in this paper, I stressed the need to make a book out of many remaining voice files to properly study Hyeamseon(慧菴禪).

Key Words

Hyeam Seonggwan, self nature-three practices, Seon practice thought, vigorously applied to exertion, Hyeam Seon Style

* Educational Preceptor, the Jogye Order of Korean Buddhism.

혜암성관慧菴性觀 선사禪師의 자성삼학自性三學의 선수행관禪修行觀 고찰
-용맹정진勇猛精進과 두타고행頭陀苦行을 중심으로-를 읽고

권탄준 (금강대학교 불교인문학부 명예교수)

I.

　먼저 이 논문을 집필한 문광스님께 찬사를 보내고 싶다. 이번 혜암 대종사 탄신 100주년을 기념하는 학술대회에서 발표되는 여러 주제들은 학술 논문으로 작성하기에는 쉬운 것이 아니다. 왜냐 하면 학술 논문이란 어디까지나 전거에 바탕을 두고 주제와 관련된 내용들을 일관된 논지로 작성해야 하기 때문이다.

　그런데 혜암 대종사의 선 수행에 관해서 전거로 할 만한 선행 연구가 별로 없고, 대종사님의 친필 유고를 바탕으로 해서 정리한 법어집 2권만이 있다. 그러나 이 또한 이해하기가 어려울 뿐만 아니라 필자가 언급하고 있는 바와 같이 여기에는 대종사님의 선 수행의 진면목이 20% 정도만 담겨 있다.

　다행히 이 논문의 집필자는 대종사님의 손상좌로서, 은사스님과 함께 대종사님의 유품을 정리하던 중에 친필 유고를 처음으로 발견하고 정리하여 법어집 편찬 작업을 처음 시작한 당사자일 뿐만 아니라, 대종사님이 원적에 드시기 직전까지 일 년 가까이 대종사님을 최측근에서 시봉한 분이다. 또한 필자는 이 논문을 쓰기 위해 사숙스님들의 증언, 유발 상좌들로부터 수집한 대종사님에 관한 일화, 그리고 문자화되지 않은 많은 법문 테이프의 내용까지 참고로 하고 있다. 그렇기 때문에 대종사님의 선 수행에 대한 진면목을 누구보다도 여실하게 논할 수 있으리라 생각된다.

그렇지만 필자가 고백하고 있는 바와 같이, 필자는 법어집 편찬 작업을 처음 시작한 당사자이고, 대종사님을 생전에 직접 시봉했던 손상좌이기 때문에 객관적인 입장에서 학술적으로 정제된 논문을 작성하기가 어려웠을 수도 있었을 것이다. 그래서 필자는 대종사께서는 언제나 불교는 이론 위주가 아니라 실천 위주이어야 한다고 설파하셨던 것에 착안하여 오로지 선 수행으로 일관했던 종사님의 가르침과 행적을 사실감 있게 조명하고 있다.

오히려 이러한 면이 이론은 전혀 염두에 두지 않고 오직 실천만을 강조하셨던 대종사님의 선 수행관이 진솔하게 서술되어 있어서 수행 정신과 실제 모습을 여과 없이 보여주고 있기 때문에 慧菴禪의 본지풍광을 생생하게 엿볼 수 있게 하고 있다.

II.

주지하는 바와 같이 계·정·혜의 삼학은 불교 수행의 근본 수행체계이다. 필자가 논문 제목을 '慧菴禪師의 自性三學의 禪修行觀 考察'이라고 한 것은 혜암선사의 선 수행의 특징이 自性三學을 강조하는 데에 있었다는 것을 나타내기 위한 것으로 보인다. 자성삼학은 三學을 철저히 自性의 정진으로 강조하는 선 수행법이라 할 수 있는데, 필자는 혜암선의 한 특징은 용맹정진과 두타고행이 자성삼학과 다르지 않다고 하고 있다. 즉 몸을 이기고 용맹하게 화두를 참구하는 것이 선 수행에서의 근본 수행이라 할 수 있는 삼학 수행이라는 것이다. 이것은 바로 용맹정진과 두타고행이 正戒·正定·正慧를 갖추는 가장 올바른 수행법이라는 것을 말하는 것이라 할 수 있다.

혜암선사께서 '계율로써 스승을 삼으라'는 부처님의 유훈을 받들어 '持戒淸淨'을 강조하셨던 것은 물론 승단 내에서도 계율을 철저하게 지킨 분으로서도 유명하다. 혜암선사의 지계의식은 출가자로서 수계한 것이기 때문에 당연히 계를 지켜야 하는 것이 아니라, 계율을 엄수함으로써 육신을 조복 받을 수 있고, 또 그렇게 해야만 용맹정진을 잘 할 수 있을 것이라 생각했기 때문일 것이다. 혜암선사께서 평생 동안 일종식을 견지한 것도 올바르게 정진하기 위한 두타행의 수행방편이었던 것이다.

혜암선사의 55년간의 장좌불와는 누구도 흉내내기 어려운 것으로서, 2,600년간의 불교사에서도 흔하지 않은 일이라 할 수 있을 것이다. 55년간의 장좌불와는 실로 평생 동안 용맹정진을 한 셈이 되는 것이다. 사생결단의 자세가 아니고서는 결코 행하기 어려운 수행이라 하지 않을 수 없다.

Ⅲ.

이 논문에서 또 한 가지 주목되는 것은 선사께서 원당암에 달마선원을 창건하고, 지혜를 상징하는 문수보살을 주존불로 모시게 된 인연담을 소개하고 있는 점이다. 일찍부터 생사를 걸고 용맹정진하던 선사께서 57세 때에 지리산 칠불사의 운상선원에서 안거를 나고 있던 중에 노인으로 화현한 문수보살로부터 '수행력을 바탕으로 중생을 제도하라'는 神異한 부촉을 받고, 이를 실천하기 위해 재가불자의 선 수행을 위한 달마선원을 원당암에 개원했다는 것이다. 여기에서는 결재 기간 중에 재가불자에게도 7일간 용맹정진은 물론 매월 첫째, 셋째 주 토요일 저녁마다 철야 용맹정진을 하도록 하였다. 이리하여 해인사가 한국불교사에서도 획기적이라 할 수 있는 사부대중이 함께 안거를 나는 총림으로 새로운 모습을 갖추게 된 것이다.

IV.

이상으로 대강 살펴 본 내용만으로도 '공부하다 죽어라'로 대변되는 혜암 선사의 수행정신과 함께 중생을 위하는 불교본연의 자비 정신을 충분히 엿볼 수 있다. 선사께서는 오직 생사문제를 해결하는 것을 목표로 삼아 용맹 정진하는 것만을 가르치면서 중생들을 위한 자비행을 몸소 실천하신 분이셨다.

필자는 이러한 선사의 면모를 주위에서 가깝게 느끼고 접할 수 있었기 때문에 객관적인 입장에서 학술적으로 이러한 면을 서술하기 보다는 선사의 누구도 따라 할 수 없는 간화선 수행의 실제 모습을 소개하면서, 간화선 수행의 우수성을 피력하고 있다. 아무쪼록 필자가 염원하고 있는 대로 간화선 수행 선풍이 다소 위축되어 가고 있는 현금의 실정에서, 혜암선사께서 그토록 강조하시던 체계적인 간화선법 수행이 널리 홍포되기를 기대하면서, 몇 가지 의문점을 제시해 보고자 한다.

V.

1. 혜암선사께서 언급하는 '오매일여'가 성철스님의 돈오돈수사상에서 영향을 받은 것이라고 하는데, '오매일여'는 중국의 당·송시대의 간화선 수행자들이 흔히 사용하는 말이 아닌가?
2. 숭산 행원선사의 12가지 화두 타파의 관문을 비판하는 것은 좋지만, 선사의 실명을 굳이 밝힐 필요가 있는가?
3. 성철스님에 대한 언급이 다소 많을 뿐만 아니라, 선풍에 대해 비교하는 내용도 있다. 성철 큰스님과 혜암 큰스님은 두 분 모두 해인사는 물론 한국불교를 빛낸 분이시다. 성철선은 성철선이고, 혜암선은 혜암선으로서 각기 특색이 있는 것이기 때문에 비교하여 우열을 논하는 것

은 필요치 않을 것 같다. 禪宗 六祖慧能대사의 문하에서도 五家七宗의 禪風이 있었던 것이 아닌가?

4. '自性慧'에 대해 설명하는 부분에서, 문수보살이 주었다는 게송의 형식과 내용이 참으로 신비롭고 오묘하기는 하지만, 이에 대해서 지나치게 상세히 분석하고 있다고 생각된다. 이 논문의 전반적인 논지에 따라 실천적인 성격만을 관련시켜 서술하면 좋았을 터인데, 이와 달리 불필요하게 과도한 문자 해석을 하거나 이론적 설명을 가하고 있는 것은, 이 논문의 논지에서 벗어나는 것으로서, 이 논문의 옥의 티라고 할 수 있을 것이다.

끝으로 간화선풍의 본질과 혜암선사의 구체적인 간화선 수행법을 이해할 수 있게 해 준 필자에게 감사드리며, 논평문을 마무리한다.

권탄준 (權坦俊, Kwon, Tan-Jun) dongyak@ggu.ac.kr

동국대 불교학과와 동 대학원을 졸업하고 철학박사 학위를 받았다. 저서로는 〈화엄경의 이해〉〈불교의 이해(공저)〉 등이 있으며, 화엄혜암선사연구1경 연구에 전념하여 화엄경 관련 논문을 다수 발표하였다. 동국대불교문화연구원 전임연구원과 불교대학원 겸임교수, 일본 고마자와대학 불교학부 교환연구원, 금강대학교 불교문화대학 교수 및 불교문화연구소장, 대학원장, 한국불교학회장 등을 역임했다. 현재 금강대학교 명예교수, 한마음선원 부설 대행선연구원장으로 있다.

혜암성관慧菴性觀 선사禪師의 자성삼학自性三學의 선수행관禪修行觀 고찰

-용맹정진勇猛精進과 두타고행頭陀苦行을 중심으로-를 읽고

효신 (대한불교조계종 아사리)

Ⅰ.

흔히들 이 세상에서 가장 지중한 인연을 부모와 자식의 연緣이라고 한다. 그러나 불가에서는 사자師資의 인연을 그보다 더 지중한 인연으로 바라본다. 혈연을 넘어 법으로 맺어진 인연이기 때문이다. 문광 스님의 발표문은 바로 그러한 출발점에서 시작하고 있다.

발표자 문광 스님은 노스님으로서의 혜암 선사(이하 선사로 지칭함)를 회고하는 동시에 수행의 사표로서의 선사를 기술하고 있다. 노스님의 생신날 행자 생활의 시작, 그리고 노스님의 마지막을 시봉한 시자였던 점만 보더라도 숙업의 인연이 얼마나 깊은가는 두말할 필요가 없을 터이다. 발표문의 문장 행간행간에 흘러넘치는 노스님을 향한 그리움과 스승에 대한 자부심만 보더라도 더 이상의 부연설명은 무의미한 것 같다.

선사를 대표하는 키워드는, 달리 말해 스님들과 재가자 모든 대중에게 각인된 대표적인 말은, '장좌불와'와 '공부하다가 죽어라'에 압축되어 수 있을 것이다. 이 두 대목에 선사의 모든 요체가 함축되어 있다고 해도 과언이 아닐 것이다. 원당암의 달마선원에서 정진하고 온 수행자의 입에서 어김없이 나오는 공통어이기 때문이다.

발표자 문광 스님은 이러한 선사의 수행관을 용맹정진과 두타고행을 중심으로 하여 자성계自性戒·자성정自性定·자성혜自性慧의 자성삼학自性三學에 대입시켜 정립하였다. 이 자성삼학은 용맹정진을 통해 완성되며 용맹정진을 위해 존재한다고 보았고, 두타고행도 그대로 자성삼학과 다르지 않다고 강조한다. 선사의 삼학三學은 따로 존재하는 것이 아니라 오직 화두참선을 용맹스럽게 하는 데 귀결한다고 보고, 이것이 바로 혜암선의 특징이라고 정립하였다.

　자성계自性戒는 용맹정진을 순조롭게 하기 위한 방편으로, 정진을 위한 지계였고, 지계를 통한 정진이었다. 여기에 함께 한 일종식도 마찬가지의 목적이었다. 자성정自性定에서 중요한 것은 오매일여이다. 선사는 법거량보다도, 밤에 잘 때에 오매일여가 되는지의 여부를 먼저 확인했다고 하니, 선사의 자성정은 바로 오매일여로 귀결되는 특징을 지닌다. 자성혜自性慧는 선사가 달마선원을 창건하고 지혜를 상징하는 문수보살을 주존불로 모신 인연과 연계시켜 정립하고 있다. 지리산 칠불사의 운상선원에서 안거를 나던 중 문수보살에게 게송을 받아, '정진력을 바탕으로 중생들을 널리 제도하려'는 원력으로 원당암에 재가불자를 위한 달마선원을 지은 점을 들고 있다. 즉, 수행과 중생제도라는 두 가지 원력을 달성하기 위해 설립된 달마선원은 선사의 자성혜를 드러낸 것으로 보았다.

II.

　이와 같은 선사의 그 수행정진력과 깊이에 대해 논하는 논자의 행위 자체가 소금자로 바다의 깊이를 재는 어리석음의 행로이다. 하지만, 토론자의 기본적인 역할에 대한 의무감으로 선사의 수행관과 연계하여, 수행 방법 및 중생제도의 방안을 구축·보완하는 측면에서 질문을 제기하고자 한다.

　선사는 "불법은 이론이 아니고, 실천이니 실천은 깨달음에 목적이 있다"

고 역설하면서, 깨침을 위한 정진을 강조하였다. 그렇지만 선사가 강조한 그 깨침의 길에 동행하는 대상에 의구심이 생긴다.

성철 스님과 선사의 구체적 수행의 실천 방법론과 관련하여 언급된 내용을 보면, 선사 당신의 경험에 비추어 '오매일여'만을 설정한 것과 '참선 이외에는 어떤 조도방편도 설정하지 않은' 점은 무겁게 다가온다. 첫째, 일정한 시간동안 잠을 자는 수행자들을 위해 몽중일여와 숙면일여가 전제되는 성철 스님의 경우와 달리, 선사는 평생 장좌불와하는 가운데 일념삼매가 지속되는 오매일여를 설정하였다. 둘째, 선 수행을 돕기 위한 조도방편助道方便을 따로 가지지 않는 점을, 성철 스님의 그것과 구별되는 독특한 혜암선풍慧菴禪風으로 규정하였다. 이런 2가지 특징에서도 선사의 비범성을 엿볼 수 있다. 평범한 보통의 사람과는 결이 다른 상근기 중의 최상근기임을 알 수 있다.

성철 스님은 봉암사 결사 당시 방부를 들이려면 전 대중에게 능엄주를 외우라는 지침을 내렸지만, 스님은 '나는 잠을 자지 않기 때문에 마장을 제거하기 위한 주력은 하지 않겠다'는 뜻을 밝혀 성철 스님은 이를 허락하셨다고 한다.

예부터 '오랜 겁을 지나면서 수행을 방해하는 것은 잠보다 더한 것이 없다(曠劫障道 睡魔莫大)"고 하듯 수행 마장에서 잠은 무서운 것이다. 옛날 어느 암자의 상량문에는 "입에 혀 없는 사람만 와 살고(구무설자당주口無舌者當住), 밤에 꿈이 꾸이는 사람은 들어오지 말라(야유몽자불입夜有夢者不入)"고 적혀 있었다고 한다. 번뇌수면에서 벗어난 자만이 그 암자에서 살 자격을 갖추었다는 뜻이다. 잠의 마장과 수행의 정진력이 밀접한 연관성을 갖는다는 반증을 보여주는 예이기도 하다.

실제, 능엄주력을 할 때 가장 직접적으로 체험하는 부분은 "정신이 맑아져 잠이 오지 않는" 점이다. 그러니 선사처럼 잠을 자지 않는 사람은 "능엄주"를 할 필요가 없다. 때문에 성철 스님도 기꺼이 허락하신 것으로 보여진다.

서산 대사의 〈"앉을 때에는 반드시 서쪽을 향해 앉고, 다닐 때에는 모름지기 땅을 보고 다녀야 한다(坐必向西坐, 行須視地行)"〉는 말씀을, 선사는 "앉아서는 반드시 활구를 참구하고 행할 때는 모름지기 간단없이 공부지어 가야 한다(坐必參活句, 行須不間斷)"로 바꾸어 오직 참선을 강조한 부분도 혜암선의 특징으로 발표자는 무게를 두었다. 서산 대사가 서쪽으로 향하도록 한 점은, 자력으로 불과를 이루기 힘든 하근기 중생들에게 이행문易行門을 열어준 것이다.

> "수행하기 쉬운 길[易行門]이란, 단지 부처님을 믿는 인연[信佛因緣]으로 청정한 국토에 태어나기를 원하는 것이다. 부처님의 원력에 힘입어 문득 저 청정토에 능히 왕생하는 것이다. 부처님의 원력에 의지하여 곧 대승 불퇴전의 대중 속으로 들어가는 것이다. - 〈왕생론주〉"

조도방편助道方便은 힘에 부치는 일체 고뇌의 중생들을 제도하려는 방안이라고 할 수 있다. 본인의 힘이 부치더라도 부처님을 믿는 인연으로, 부처님의 등에 업혀 수행의 목적지에 이를 수 있다는 것이다. '숙업난제宿業難除 필차신력必借神力'의 문구에서도 알 수 있듯이, 조도방편은 포기하지 말고 함께 완주하기를 바라는 애민(자비)심이 깃든 영역으로 볼 수 있다. 성철 스님이나 서산 대사의 경우, 당신들이 위의 2가지를 결여한 근기였다기보다는 그 근기에 미치지 못하는 중생들을 위한 수행 방안으로 제시한 것으로 이해된다.

장좌불와하는 가운데 일념삼매가 지속되는 오매일여를 설정하고, 선 수행을 돕기 위한 조도방편助道方便을 별도로 가지지 않는 선사의 수행론은 선사 당신의 눈높이에서 상근기만을 대상으로 한 한정된 영역으로 보여, 실제 수행의 실천 방법론 곧 일체고뇌의 중생을 섭수하는 현실적 방안에서는 간격이 있어 보인다.

〈질문〉 선사가 "불법은 이론이 아니고 실천이니 실천은 깨달음에 목적이 있다"고 역설하셨듯이, 불교는 체험을 기반으로 하는 종교이다.

간화선의 입지가 약화되어 가는 현실에서 선사의 수행론이 요즘 근기의 중생들을 두루 섭수할 수 있는지 의문이 생긴다. 이 점에 대한 혜암선의 입장을 발표자에게 부탁드린다.

III.

'향후 한국불교의 간화선 수행지침서와 교재를 만들고자 할 때엔 선사의 음성 법문을 정본화하여 참고자료로 활용해야 할 필요가 있음'을 발표자는 명시하였다. 특히, 선사가 화두 드는 방법에 대해서 그 누구보다 자세하게 방법을 알려주셨음을 강조하고, 그 예로 아래의 법문을 들었다.

> 화두를 참구하는 근본 자세는 이렇습니다. 화두는 암호인데 이 암호 내용을 어떻게 해야 풀 수 있느냐 하면, 잠이 꽉 들어서도 일여한 데에서 깨쳐야만 풀 수 있는 것이지 그 전에는 못 푼다는 것, 이것이 근본적으로 딱서야 합니다. 그리하여 마음의 눈을 확실히 뜨면 이것이 견성인 동시에 1천 7백 공안도 알 수 있는 것입니다. 불교란 것은 팔만대장경이 그토록 많고 많지만 똘똘 뭉치면 '마음 심[心]' 한 글자에 있습니다. 가장 간단합니다. 마음의 문을 뜨면 일체 만법을 다 알 수 있는 것이고 삼세제불을 다 볼 수 있는 것이며 일체 법을 다 성취하는 것입니다. 마음의 눈을 뜨는 것은 자성을 보는 것입니다. 곧 견성이라는 말입니다. 그러니 정진을 부지런히 하여 화두를 바로 아는 사람이 되어서 마음눈을 바로 뜨기를 바랍니다.

위의 요지는 '화두의 말을 의심하는 게 아니라 의심삼매에 드는 것이 중요하다'는 뜻이고, 양귀비가 실제로는 소옥이가 아닌 안록산을 부르기 위해 소옥이를 불렀던 예를 비유로 많이 드셨다고 소개하였다.

하지만 발표자가 발표문에서 언급한 것과는 달리 선사가 밝힌 '화두 드는 방법'에서는 그 방법론의 구체성을 파악하기 어렵다. 논자의 대학 시절에 함께 한 불자들 -달마선원에서 용맹정진을 한 분들-의 말을 빌리면, 선사께서는 참선 시작 전 법문에서 "화두가 귀에 들려야 참선을 제대로 하는 것"이라고 강조하셨다고 한다. 그렇다면 화두는 어떻게 들어야 하는가?

〈질문〉 발표자의 견해처럼, '향후 한국불교의 간화선 수행지침서와 교재를 만들' 때 도움을 받기 위해 선사의 화두 참구 방법론에 관한 구체적인 설명을 부탁드린다.

IV.

"학문을 힘쓰는 것은, 명경에 먼지를 자꾸 더 쌓은 것이어서 생사고를 더 깊게 한다."고 경계한 선사의 말씀에 부합하는 것은, 깨달음을 목적에 두고 오직 실천만을 명근命根으로 삼았던 용맹가풍을 후학들이 따라 실천할 수 있도록 하는 데 있다고 하였다. 이것이 발표자 노스님의 혜암선慧菴禪을 선양하는 근본목적이라 하였다.

〈질문〉 발표자는 평소에도 최고의 수행방법은 참선임을 밝히며, 늘 참선을 강조해 왔고 '참선 제일'이라는 주장을 해왔다. 그렇다면 선사의 문도로서 향후 발표자가 계획하는 수행의 삶은 어떤 모습인가. 혜암선의 가풍을 진작시키기 위해서는 참선수행에 전념하는 수좌의 삶을 이어가는 발표자의 모습이 더 설득력이 있지 않겠는가? 앞으로 혜암 선사의 문도로서의 살아갈 발표자의 구체적인 수행자의 삶에 대한 견해를 밝혀 주기를 바란다.

V.

"사원을 헐고 불상을 없애고 이름난 스님네가 없다고 해도 불교는 망하지 않으며 불법은 없앨 수가 없다는 것이다. 사람의 마음이 부처이므로 자기의 마음을 멸망시킬 수 없듯이 불법도 영원하다."는 선사의 말씀을 깊이 새기는 것으로, 끝맺음 인사를 하고자 한다.

효신(曉新 Hyo Shin)

경남대 철학과 및 국어학 동대학원을 졸업하고, 국어학 박사학위를 받았다. 열아홉 봄부터 15여 년 동안 통도사 지안 스님으로부터 경전을 배우다가 출가를 하였다. 출가 후 저서로는 〈「천태학」, 학문명백과 : 인문학』〉 등이 있다.

논평에 대한 발표자의 답변

문광

권탄준 선생님과 효신스님의 토론문에 감사드립니다. 발표문을 자세히 읽어주시고 꼼꼼하게 논평해 주셔서 많은 도움이 되었습니다. 질문 사항들에 대해서 한 분씩 전체적으로 간략하게 답변드리는 것으로 마감하고자 합니다.

1. 먼저 권탄준 선생님께서 질문하신 1번과 3번의 질문과 관련된 성철스님의 영향 문제와 오매일여 문제에 대한 부분입니다. 선생님께서는 성철선은 성철선이고 혜암선은 혜암선인데 성철스님의 영향부분에 대해서 언급이 좀 많지 않은가, 그리고 오매일여가 성철스님뿐만 아니라 당송시대 선사들이 흔히 사용했던 부분이 아닌가 하는 질문에 대한 것입니다.

그렇습니다. 성철선은 성철선이고 혜암선은 혜암선이 맞습니다. 하지만 성철스님의 영향이 있었던 것 또한 엄연한 사실이었으며, 이를 자세히 언급함으로써 오히려 혜암선의 특징이 더 잘 드러나는 효과가 있기 때문에 언급한 것입니다. 조도방편을 전혀 사용하지 않고 곧장 화두선으로 들어가게 했던 부분과 용맹정진과 장좌불와를 통해 오매일여를 가장 강하게 실천했던 부분에서 혜암선의 가장 강한 특징이 나타나게 됩니다. 혜암선을 성철선과 비교함으로써 그 사상의 진면목이 더욱 잘 드러나는 측면이 있다는 점을 강조하고 싶었습니다. 겉으로만 보면 성철스님과 유사하다는 오해를 살 수 있는 부분이 있기 때문에 오히려 더욱 자세히 대비함으로써 혜암선의 특징이 도드라지게 드러날 수 있다고 판단했습니다.

그리고 4번 질문에서 문수보살에게 받은 게송에 대한 분석이 너무 세밀하고 과다한 해석이 있어서 좀 줄이면 어떻겠느냐 하셨습니다.

말씀에 충분히 동의하지만 이번 수정본에도 그대로 두었습니다. 저는 출가 때부터 20년가량을 혜암선사께서 문수보살에게 받은 이 게송을 마치 화두처럼 늘 마음에 품고 살았습니다. 하루 이틀 분석하고 공부해 온 것이 아니었습니다. 중국의 시문학(詩文學)의 역사에서 볼 때에도 매우 희유한 시였고 대단히 특별한 게송입니다. 독자나 불자님들 가운데에서도 분명히 이 게송에 대해 깊이 알고 싶은 분들이 있으리라 생각되고, 이 분야의 전공자로서 형식과 내용에 대한 분석을 자세히 문헌으로 남겨둘 필요가 있다고 생각되어 그대로 싣는 것도 나쁘지 않다고 생각했습니다.

2번의 숭산스님과 관련된 부분은 언급해 주신대로 최종논문에서 삭제했습니다.

2. 효신스님 역시 과분하게 논문의 요약과 함께 세부적인 부분까지 꼼꼼하게 코멘트해 주셨습니다. 스님답게 수행과 실천에 관련한 질문들을 주셨습니다. 여기에 대해서 저의 간단한 생각을 말씀드리겠습니다.

먼저 첫 번째 질문에서 간화선의 입지가 약해지고 있고 중생들의 근기는 과거에 비해 더욱 약해지는 측면이 있는데 과연 혜암선사의 용맹가풍과 수행론이 얼마나 실효성이 있을까 하는 우려가 있는데 혜암선의 측면에서 언급해 달라고 하셨습니다.

그렇습니다. 세상은 더욱 말법시대로 치닫고 있습니다. 발심과 수행은 점점 어려워지고 있는 것도 사실입니다. 하지만 혜암선사께서는 말세가 되어 설사 불교가 망한다 해도 불법은 영원하다고 하셨습니다. 어떤 시대가 오더라도 세상사람들은 마음법 하나를 가지고 살 수밖에 없다고 하셨지요. 그러니 어떤 세상이 오더라도 발심해서 참선해야 한다는 것, 이 마음닦는 법외에는 다른 길은 없다고 못박으셨습니다. 그러므로 발심해서 용맹심을 내는 것이 관건이지 중생들의 근기나 말세적 상황은 수행못하는 근본이유가 될 수 없다는 것이 스님의 일관된 주장이셨습니다.

그리고 마지막의 두 질문은 발표자인 저에게 주신 개인적인 수행과 관련된 질문이었습니다. 혜암선사의 문도로서 혜암선을 선양하고 참선을 강조하기 위해서는 수좌로 살면 어떠한가 하는 점과 앞으로의 수행은 어떻게 계획하고 있는가 하는 것이었습니다.

저는 노스님의 "공부하다 죽어라"라는 말씀을 어떻게 실천할까 하고 늘 고민해 왔습니다. 그리고 지금도 '공부'라는 두 글자를 항상 간직하고 삽니다. 그리고 선원에서 수좌로도 정진을 했고, 대학원에서 논문을 쓰고, 박사 이후에 강의를 하고 집필을 하면서도 매일 참선을 하루도 거르지 않고 해오고 있습니다. 스님께서는 공부하다 죽으라고 했지 선방수좌로만 살라고 한 일을 없었다는 것이 저의 변명아닌 변명입니다. 그리고 제가 수좌가 아니라고 생각하고 산 적도 없습니다. 교학을 공부하고 학문을 연구해도 선(禪)을 근본으로 해서 생활하고 있고 공부하다 죽겠다는 각오로 늘 참선정진하고 있습니다.

제가 만든 말이 하나 있는데 그것이 바로 "연공최귀(連功最貴)"라는 말입니다. 하루도 빠지지 않고 정진하는 '연공'이 이 세상에서 가장 귀하다는 말입니다. 그 어떤 일을 하고 있더라도 하루도 빠지지 않고 공부를 하다가 죽는 날 아침까지 그 날 공부를 하고 죽으면 '공부하다 죽어라'라는 노스님의 말씀에 부합하리라 생각하고 실천하고 있습니다. 저에게 있어서 공부는 좌선이고 화두참선입니다. 지금 만일(萬日) 연공을 목표로 매일 참선하고 있는데 5천일은 훨씬 넘었습니다. 만일이 끝나고 나면 죽는 날까지 이어갈 것입니다. 또한 제가 강의하거나 인연이 된 모든 분께 이 연공수행을 권유하는데 반드시 혜암선사의 '공부하다 죽어라'라는 가르침을 통해서 수행을 권하고 있습니다. 앞으로도 혜암선을 선양하기 위해서 학문과 수행 두 가지 길에서 모두 부족함이 없이 정진하고 공부하도록 하겠습니다.

두 분의 좋은 질문과 의견에 다시 한번 감사의 말씀을 드립니다.

혜암 성관慧菴性觀의
간화선에 대한 고찰*

오용석 (원광대학교 마음인문학연구소 HK연구교수)

2.
혜암
선사의
선사상과
선수행관

초록

혜암 성관慧菴性觀은 중도의 정견과 돈오의 사상을 중심으로 수행의 방법과 원리를 제시하였다. 그러나 간화의 사상과 방법을 제시할 때 자신 스스로가 증험한 방식을 중심으로 경전과 조사어祖師語를 인용하고 해석하였다.

선사는 화두 참구의 과정과 관련하여 대원大願, 신심, 분심, 의심을 강조하였다. 특히 대원을 통해 보살심을 다지고, 수행의 처음과 끝을 관통하는 원력을 통해 생사에서 벗어나 다른 이들을 도울 것을 강조하였다. 또한 화두 참구를 하게 되면 동정일여, 몽교일여, 숙면일여, 오매일여의 경계를 지나 깨치게 된다고 말하였다. 선사는 화두 공부의 근기는 따로 없기에 화두에 대한 의심을 통해서 공부만 하면 누구나 수행하여 깨달을 수 있다고 역설하였다. 선사가 제시한 화두 공부의 핵심은 한 생각 일어나기 이전 소식으로 의심해 들어가는 것이다. 선사의 이러한 화두 공부법은 출재가 공통의 수행 가풍을 이루게 하였고 재가자들을 간화선에 적극적으로 끌어들이게 한 원동력이 되었다.

* 본 논문은 『禪文化硏究』26(한국불교선리연구원, 2019, pp.119-158)에 게재되었음.

주제어

혜암 성관, 간화선, 대원大願, 오매일여, 의정, 화두

Ⅰ. 들어가는 말

중생의 삶은 고해苦海이다. 그래서 세상의 모든 것을 분절된 것으로 경험한다. 삶과 죽음, 고통과 쾌락, 선과 악 등의 모든 차별상이 존재한다고 확신한다. 그리고 이러한 확신을 영속시키기 위해 삶을 투쟁의 장소 혹은 기어이 잘 살아야 하는 곳으로 만들고자 한다. 물론 잘 산다는 것은 행복하기 위한 것이고 행복은 무엇인가를 성취하고 얻는 것을 통해 이루어진다고 착각하는 것이다. 그리고 이러한 욕동慾動에는 '나'와 '세계'라는 근원적 이원성이 전제되어 있다. 그러나 중생의 삶이야말로 바로 꿈 같이 허망한 것이라고 외치는 사람들이 있다. 바로, 선사들이다. 그들은 상식적인 삶의 방식에 반기를 들고 우리를 걷어찬다. 바로 꿈에서 깨어나게 하기 위해. 여느 불교 전통의 각자覺者들과 달리 선의 전통을 이어온 선사들은 타협과 양보보다 군더더기 없는 삶의 족적足跡과 일갈一喝로 아직 미망의 잠에 휩싸인 중생을 흔들어 깨운다. 그들은 자신을 속이지 않는 순수함과 다른 존재들을 도우려는 자비심으로 우리에게 다가온다. 마치 이성복 시인이 "진리는 진리를 말하는 입의 순수성을 전제로 한다. 괄호 속에 묶인 중립 불변의 진리란 존재하지 않는다. 진리는 궁지에 몰린 인간의 최후 자백이어야 한다"[1]라고 외쳤던 것처럼 그들의 진리에 대한 진술은 간절하고 순수하고 직접적이다. 그리고 이러한 '입의 순수성'을 통해 우리의 잠을 깨우기 위해 이 땅에 오셨던 선지식 중 한 분이 바로 혜암 성관(慧菴性觀, 1920~2001)이다.

그러나 선의 전통이 그러하듯이 혜암선사(이하 혜암, 선사, 스님 등으로 표기함)를 흔히 말하는 선사禪師의 범주에 넣어 괄호를 치고 이해해서는 안될 것이다. 모든 선사들이 그러하듯이 각자의 개성과 삶의 길이 있으며 독

---

1) 이성복, 『네 고통은 나뭇잎 하나 푸르게 하지 못한다』(서울 : 문학동네, 2014), 28면.

특한 외침이 있다. 그러므로 혜암을 단순히 선의 전통 속으로 편입시켜 이해하는 것은 혜암 자신의 본뜻과 어긋날 뿐 아니라 선의 전통과도 유리된다. 선불교는 불교의 전통 중에서 가장 독특한 방식으로 인간의 개성과 자유를 추구한다. 스즈키 다이세츠鈴木大拙가 말한 것처럼 선禪은 어떤 형태이든 반복이나 모방을 싫어하는데 그것은 알맹이를 빼 버린 껍데기에 불과하기 때문이다.2) 본 연구의 고민 역시 혜암 자신의 알맹이를 어떻게 이해하고 드러낼 것인가에 있다. 특히 그의 간화선이 가진 보편성과 특수성을 염두에 두면서 그가 제시한 간화선의 사상과 방법적 특징을 고찰해볼 것이다.

물론 혜암 자신의 간화선에 대한 이해는 온전히 자신만의 경험을 전제로 한 것은 아니다. 그는 사상과 수행적 측면에서 당시에 함께 수행했던 성철 선사의 영향을 직접적으로 받았다. 또한 몽산덕이蒙山德異, 고봉원묘高峰原妙, 서산휴정西山休靜, 만공월면滿空月面, 허운화상虛雲和尙 등의 영향도 무시하기 힘들다. 물론 간화선의 종장인 대혜종고大慧宗杲와의 관련성도 비껴갈 수 없다.

선사는 대체로 간화의 사상과 방법을 제시할 때 인용 출처를 밝히면서 공부법을 제시한 것이 아니라 자신 스스로가 증험한 방식을 중심으로 경전과 조사어祖師語를 인용하였다. 이러한 그의 태도는 경전과 조사어 자체를 절대시한 것이 아니라 본인의 체험과 맞는 부분을 주체적으로 취하여 사용한 측면을 보여준다. 간화선은 비록 대혜 종고를 필두로 하지만 구체적인 공부 방식에서 그것을 수용하고 체험한 선사들에 따라 조금씩 차이를 보이는데 혜암 역시 기존의 간화 선사와 조금 다른 공부 방식을 제시하고 있다. 물론 이 말은 핵심 내용 자체가 다르다는 것은 아니라 간화선의 본질에 도달하는 방법적 제시가 다르다는 것을 말한다. 그러면 혜암선사는 어떠한 방식으로 간화의 공부 방식을 제시하고 있을까. 본 연구에서는 크게 두 가지 측면에서 혜암선사의 간화선에 대하여 논의해볼 것이다. 첫째는 선사의 간화선이 근거하고 있는 사상적 측면이다. 선사는 기본적으로 중도의 정견과

---

2) 鈴木大拙 저, 심재룡 역, 『아홉 마당으로 풀어 쓴 禪』(서울 : 한국학술정보, 2001), 105면.

돈오를 근거로 간화의 방법을 제시하였다. 둘째는 선사가 제시한 간화선법의 특징에 대한 것이다. 선사가 제시한 간화선은 방법적 측면에서 어떠한 점을 특징으로 하는지 선사의 법어와 법문 등을 중심으로 살펴볼 것이다.

II. 중도의 정견과 돈오

선 수행은 발심發心에서 시작된다. 선사는 "선禪은 발심한 자의 소유물이니 고생하고 노력 없이는 성취할 수 없습니다. 어떠한 일이 있더라도 오직 이 공부를 성취하고 말겠다는 결심이 아니면 도저히 이 공부는 성취하지 못합니다. 발심은 불조의 어머니요 공덕의 탑이 되니 모든 성현이 이로부터 나오기 때문입니다. '생자필멸生者必滅이요 회자정리會者定離'라 하며 형체 있는 것은 파괴되나니, 일체 만법이 몽환포영夢幻泡影이기에 영생불멸의 실상을 구득하려는 마음이 곧 발심인 것입니다. 발보리심發菩提心하면 처처에 안락국安樂國이라, 발심은 철저한 신심을 낳게 하나니 신심은 불과佛果를 이루는 근본이 되는 것입니다"3)라고 말한다. 발심은 불생불멸不生不滅인 제법의 실상實相을 깨닫고자 하는 마음으로 이러한 마음이 있을 때에야 철저한 신심이 생겨나고, 이러한 신심은 불과佛果를 이루게 한다. 그러면 발심은 어떻게 생겨나는 것일까? 선사는 발심이란 일체 만법이 실체가 없음을 바로 보는 것에서 시작된다고 말한다. 즉 세간의 모든 것이 유위법有爲法이기에 영원한 것은 없으며 영원한 것이 없기에 일체 모든 법의 실체가 비어있다. 그래서 일체 모든 법이 실체가 없어서 공(空)하다는 것을 알기 위해서는 중도의 정견이 필요하다는 것이다. 이것을 다른 말로 하면 중도의 정견이 있어야만 발심할 수 있음을 말한 것이다. 그러면 다시 중도란 무엇일까? 스님은 「태평가, 중생에게 남기고 싶은 메시지」에서 다음과 같이 설하였다.

불교의 중도中道라 하는 것은 모순과 대립된 양변인 생멸生滅을 초월하고 생멸이

---

3) 혜암문도회, 『慧菴大宗師法語集-Ⅰ. 上堂法語』(서울 : 김영사, 2007), 72-73면.

융화하여 생(生)이 즉 멸이고 멸이 즉 생이 되어버리는 것을 말합니다. 그러니까 나는 일이 즉 죽음이란 것이고, 죽음이 즉 나는 것입니다. 그러니 삶과 죽음이 완전히 서로 통해버린 것입니다. 그러기에 불교의 근본은 『반야심경般若心經』의 불생불멸不生不滅에 있으니 그것을 중도라고 합니다. 이 세간이라는 것은 전부 자꾸 났다가 없어지고 났다가 없어지고 하는 것이지만 그 참 모습은 상주불멸常住不滅이요 불생불멸不生不滅인 것입니다. 이것을 확실히 알고 바로 깨치면 이 현상계에서의 앉은 자리와 선 자리 이대로가 절대세계입니다. 그러니 마음의 눈을 뜨면 불생불멸이고 절대의 세계이며, 마음의 눈을 뜨지 못하면 나고 죽은 세계, 상대의 세계이기 때문에 캄캄한 고해중생이라는 말입니다.4)

이와 같은 스님의 중도에 대한 해석은 성철스님이 「불생불멸不生不滅과 중도中道」를 주제로 한 대중법문 중에 "그런데 흔히 '중도'라 하면 '중도는 중간이다' 하는데 그것은 불교를 꿈에도 모르고 하는 말입니다. 중도는 중간이 아닙니다. 중도라 하는 것은, 모순 대립된 양변인 생멸을 초월하여 생멸이 서로 융화하여 생이 즉 멸이고, 멸이 즉 생이 되어 버리는 것을 말합니다. (…) 그러면 경계선은 어디 있느냐 하면 눈을 뜨면 불생불멸 절대의 세계이고, 눈을 뜨지 못하면 생멸의 세계, 상대의 세계이어서 캄캄한 밤중이다 이 말입니다"5)라고 한 법어의 내용과 다르지 않다. 그러나 혜암스님은 다른 법어에서 중도에 대하여 다음과 같이 말한다. "중도는 인도 부처님 당시에만 쓰던 것이 아니고, 고금을 막론하고 전체 불교의 근본 내용은 중도에 있습니다. 이러한 연고로 중도를 알면 불법을 알고 불법을 알면 조사선祖師禪을 아는 것입니다. 견성見性을 하면 중도를 성취하는 것입니다. 교가敎家에서는 중도의 이론체계요 선종禪宗에서는 중도의 실천 부문입니다. 실천을 위한 이론이지 이론을 위한 이론이 아닙니다"6) 이러한 내용 역시 성철스님의 사상과 차이가 없어 보이지만 혜암스님은 "중도를 알면 불법을 알고 불법을 알면 조사선祖師禪을 아는 것입니다"라고 하면서 중도를 조사선으로 바로 귀결시키고 있는 것에 미세한 차이가 있다. 성철스님은 철저한 선사이

4) 혜암문도회, 『慧菴大宗師法語集-Ⅱ. 大衆法語』(서울 : 김영사, 2007), 157면.
5) 퇴옹성철, 『자기를 바로 봅시다』, (합천 : 장경각, 2009). 99-100면.
6) 혜암문도회, 『慧菴大宗師法語集-Ⅰ. 上堂法語』(서울 : 김영사, 2007), 218면.

면서도 교가敎家의 설을 자유자재로 인용하고 선주교종禪主敎從의 입장에서 교와의 관계를 설정했다고 한다면, 혜암은 교와의 관계를 염두에 두기보다는 선 자체에 가치 부여를 했다고 볼 수 있다.

예를 들면 성철스님은 '불립문자不立文字 직지인심直指人心 견성성불見性成佛'에 대하여 "불립문자란 최상급에서 하는 소리입니다. 문자도 필요 없다, 부처님 법문도 필요 없다, 조사의 법문도 필요 없다는 소리로 알아서는 큰일입니다. 약이 필요 없다는 것은 병이 없는 사람에게 해당되는 소리이지 병자에게는 약이 꼭 필요합니다. 그러니 우리가 본래의 건강을 회복하기까지는 약을 곁에 두고 먹어야 합니다. 부처님이나 조사의 말씀을 의지하지 않는다면, 그럼 무엇을 의지하겠다는 것인가. 제멋대로 생각하고 산다면 그건 외도요 악인이 되기 쉽습니다"7)라고 말한다. 혜암스님 역시 "선禪은 부처님 마음이요 교敎는 부처님 말씀으로 결코 선과 교는 둘이 아니야. 다만 실천하기 위한 이론이 교일 뿐이지. 사실 마강법약魔强法弱한 말세에는 교가 살아야 선도 살 수 있는 것이야. 말세라서 글을 배워야 해. 왜냐하면 주위에 이끌어 줄 선지식이 없기 때문이야. 바로 가는 방법을 알기 위해서 글을 배우는 것이지. 그래서 나 역시 상좌가 강원에 가는 걸 주장하고 있지"8)라고 말한다. 위의 내용은 모두 같은 내용이다. 선과 교는 근원적으로 차이가 없으나 교는 바른 길을 가기 위한 방편이라는 것이다. 그러나 함의에서는 미묘한 차이가 있다. 성철스님에게 교란 조사의 말씀이 필요 없을 수준에 이르기까지 필요한 것으로 가치적 측면에서 본다면 여전히 중요한 것이다. 그러나 혜암스님에게 있어서 교의 가치란 바로 가는 방법을 알기 위해 필요한 것으로 정도의 측면에서 성철스님과 차이가 있다. 실제로 성철스님은 파계사 성전암에서 10년 동안 자신의 거처 주위에 철조망을 치고 일체 외부인의 출입을 금지시키고 동구불출하며 경전을 독파했다고 한다.9) 그러나 혜암스님에게 있어서 교는 철저히 선의 수행과 실천에 귀속되는 것처럼 보인다. 그리고 스님의 이러한 관점은 그의 출가 이후에도 한결같이 지속되었

---

7) 퇴옹성철, 앞의 책, 341면.
8) 혜암문도회, 『慧菴大宗師法語集-Ⅱ. 大衆法語』(서울 : 김영사, 2007), 209면.
9) 퇴옹성철, 앞의 책, 209면.

다. 스님은 다음과 같이 말한다.

나는 강원이나 글 공부를 해본 적이 없어요. 애당초 출가를 한 것도 한마음 깨쳐서 중생을 제도하기 위해서이지 글 공부를 하려고 한 것은 아니거든요. 불법이라는 것은 많이 배우는 데 있는 것은 아닙니다. 오직 한마음 깨치기 위해서이지요. 인곡스님께서도 내게 글을 가르치려고 무척 애를 쓰셨지만 내가 '아쉬운 대로 글을 배우면 밥을 먹지 않아도 되거나 병이 나지 않는다면 글 공부를 하고 나서 참선을 하겠습니다'라고 했지요. 인곡스님께서 한 달 후에 '그래도 글을 배울 생각이 없느냐'고 하실 때, '제가 공부하는 법을 안 잊어버리게 해주신다면 스님 말씀대로 따르겠습니다'라고 했어요. 얼마 후에 다시 '스님이 되어 글을 전혀 모르면 안 된다'고 하시어서 이렇게 간곡히 말씀드렸습니다. "고인의 말씀에 '내게 한 경이 있으되 종이와 먹으로 이루어진 것이 아니다. 헤쳐보면 한 글자도 없되 항상 대광명을 놓더라[我有一卷經하니 不因紙墨成이라 展開無一字호되 常放大光明이라]'라고 하는 말이 있는데, 글을 배워서 무슨 소용이 있겠습니까?"[10]

스님의 이러한 언어문자에 대한 일관된 견해는 평생 정진 일념의 삶으로 나타났다. 스님에게 있어서 교는 선과 대립된 개념이 아니라 반대로 선 속에 포함된 개념이었기에 반대로 선적 체험을 통해 교의 당위성을 확보하려고 한 것이다. 이와 같은 스님의 견해는 육조 혜능에 대한 평가와 맞물려 있다. 스님은 "오직 참선하여 먼지를 털게 되어 나중에는 생사고를 벗어나게 됩니다. 학문으로써 얻은 지혜는 한정이 있어서 배운 그 범위 밖에 모릅니다. 그러나 참선하여 마음을 깨치면 그 지혜는 한이 없어 그 지혜의 빛은 햇빛과 같고 학문으로 얻은 지혜의 빛은 반딧불과 같아서 도저히 비유도 되지 않습니다. 육조 스님께선 나무장사로서 글자는 한 자도 몰라도 도를 깨친 까닭에 그 법문은 부처님과 다름 없고 천하 없이 학문을 많이 한 사람도 절대로 따를 수 없었습니다"[11]라고 말하였는데 이러한 관점은 선을 하면 교는 저절로 이루어진다고 보는 것이다. 스님의 이러한 태도는 교리를 부정

---

10) 혜암문도회, 앞의 책, 214-215면.
11) 혜암문도회, 위의 책, 175면.

하면서도 경전을 연구했던 성철스님과 조금 다른 부분이라고 할 수 있다. 이런 맥락에서 평생 적게 먹는 것과 장좌불와를 통해 모든 것들 통섭했던 스님의 삶을 이해할 수 있을 것이다.

그러면 '중도를 알면 불법을 알고 불법을 알면 조사선을 아는 것'이라고 역설했던 스님은 깨달음에 대하여 어떠한 입장을 갖고 있을까? 기본적으로 조사선은 번뇌와 보리를 대립적으로 보아 보리로 번뇌를 없애가는 점수법이 아니다. 우리는 본래 부처이기에 번뇌와 보리를 나누고 보리로 번뇌를 제거해 나가는 것이 아니다. 번뇌의 성품이 따로 있고 보리의 성품이 따로 있지 않기 때문이다. 번뇌 즉 보리요, 중생 그대로가 부처이기에 선정禪定을 통해 해탈하는 것이 아니라 이미 해탈되어 있는 자신의 본래 모습을 바로 보는 것이다.12) 이런 의미에서 조사선에서 말하는 깨달음은 '돈오'일 수밖에 없다. 스님은 자성청정심을 얻은 연후에 얻었다는 생각도 없다는 것은 단계적인 것이 아니라고 말한다. 청정한 마음을 확실히 증득할 때 이미 청정한 마음을 증득하였다는 그 생각이 있을 수 없기에 있음과 없음의 양변을 떠나 중도를 이루기 때문이다. 그래서 이러한 깨달음은 무여열반이며, 돈오이며, 견성이며, 성불이다.13) 특히 화두를 참구해서 조사관을 뚫는 간화선은 조사선의 본질을 계승한 것이기에 돈오는 즉 증오證悟가 되어야 하는 것으로 해오解悟가 아니다. 스님은 대주혜해大珠慧海의 『돈오입도요문론頓悟入道要門論』에 나오는 돈오의 개념인 "돈이란 단박에 망념을 없앰이요, 오란 얻은 바 없음을 깨치는 것이다[頓者 頓除妄念 悟者 悟無所得]"의 구절을 인용하여 망념을 없앤다는 것은 제8아뢰야식의 미세망념까지도 포함해서 모든 망념을 다 없앤다는 것을 강조한다.14) 물론 이러한 스님의 견해는 성철스님과 다르지 않다.15) 이 부분과 관련해서는 성철스님의 견해를 그대로 확신하여 수용한 것으로 보인다. 스님은 다음과 같이 말하였다.

---

12) 대한불교조계종 불학연구소·전국선원수좌회, 『간화선』(서울 : 조계종출판사, 2008), 57면.
13) 혜암문도회, 『慧菴大宗師法語集-Ⅰ. 上堂法語』(서울 : 김영사, 2007), 149면.
14) 혜암문도회, 위의 책, 53면.
15) 퇴옹성철, 『백일법문·하』(합천 : 장경각, 1992), 315-321면.

오늘은 이번 용맹정진에서 확철대오하기 위하여 돈오頓悟와 점수漸修에 대하여 간단히 요지만 말하겠습니다. 보조普照스님이 선禪으로서 교教를 포섭하여 선풍을 진작하였다고 하지만, 보조스님은 선문禪門을 교종教宗으로 격하하여 전락시킨 큰 잘못을 범하고 있습니다. 왜냐하면 '선문의 돈오와 견성은 십지十地도 견성이 아니다'라는 종문철칙宗門鐵則이 있는데도 불구하고, 보조스님은 십신초위十信初位를 돈오견성頓悟見性이라고 격하시켰으며, 화엄華嚴의 삼현십지三賢十地의 차제수次第修를 선문에 끌어들여 화엄의 점수설로써 육조六祖스님의 돈수頓修를 파격하였으니 선문의 금탑을 교종의 철탑으로 변조한 장본인입니다. 때문에 순수한 선문에서 볼 때 이것은 금사金沙와 옥석玉石을 구분하지 못한 종문의 이단이라고 하지 않을 수 없습니다. 보조스님은 교종의 점수사상을 도입하여 점수를 육조스님의 정통 사상이라고 주장하여 크나큰 오류를 범한 것입니다.16)

이와 같은 견해는 성철스님의 '돈오점수사상 비판'을 그대로 수용한 것이다.17) 성철스님은 보조 지눌의 돈오는 해오解悟인 것으로 이것은 교학적 이해에 불과한 것이라고 보았다. 성철스님은 이와 관련하여 다음과 같이 말하였다. "이처럼 선禪과 교教를 통해서 어느 점에서 보든지 간에 견성이 바로 성불이며, 그것은 보살수행의 십지와 등각을 넘어서 구경각을 얻어야 하는 것이라고 말하고 있습니다. 그런데 십지는 고사하고 삼현三賢도 아닌 단계, 비유하자면 층층대의 맨 꼭대기가 견성인데 그 첫째 계단에도 올라가지 못하고 견성했다고, 도통道通했다고 합니다. 그렇게 견성해서 다시 성불한다고 하니 대체 그 견성은 어떤 것인지, 이것이 요새 불교 믿는 사람의 큰 병통病痛입니다. 그렇다면 이 병은 어디서 온 것인가 하면 보조普照스님이 지은 『수심결修心訣』에서 비롯됩니다. 거기에 돈오점수頓悟漸修라 하여 자성을 깨치는 것을 돈오라 하고, 돈오한 후에 오래 익힌 습기習氣를 없애는 점수漸修를 닦아야 한다고 하였고, 그 돈오한 위치가 보살의 수행 차제次第의 십신초十信初에 들어간다고 하였습니다"18) 이를 보면 혜암스님은 성철

---

16) 혜암문도회, 앞의 책, 133면.
17) 퇴옹성철, 앞의 책, 315-367면.
18) 퇴옹성철, 『자기를 바로 봅시다』(서울 : 장경각, 2009), 124-125면.

스님의 돈오점수에 대한 비판과 '돈오 즉 성불'이라는 개념을 그대로 수용하여 수행과 깨달음에 대한 사상적 기초로 삼았음을 알 수 있다. 그러나 혜암스님은 성철스님과 조금 다른 점을 보이는데 그것은 보조 어록의 인용과 관련된 것이다. 스님은 법문에서 아래와 같이 말하였다.

만일 이와 같이 스스로 판단하지 못하면 비록 만겁 동안 수행을 한다 할지라도 마침내 진정한 대도에 들어갈 수 없습니다. 이 때문에 모든 조사들께서 말씀하셨습니다. "만일 마음 밖에 부처가 있고 성품 밖에 법이 있다고 말하여 이러한 마음을 굳건히 고집하면서 불도를 구하고자 한다면 비록 진겁이 지나도록 소신연비燒身燃臂하며 뼈를 부수어 골수를 내고 피를 내어 경전을 베끼며, 장좌불와하고 사시巳時에 일중식一中食을 하며, 그리고 일대장경一大藏經을 모두 독송하며 갖가지 고행을 한다 할지라도 모래를 쪄서 밥을 짓는 격이기에 스스로 수고로움만 더할 뿐이다.19)

견성에 얽힌 사람이 또 하나 왔군요. 견성을 굳이 말하자면 '다만 알 수 없고 얻을 수 없는 것이 바로 견성[但知不會是即見性]'입니다.20)

첫 번째 인용문은 『수심결』의 앞부분에 나오는 내용으로 마음을 떠나 부처를 구하지 말라는 것이다.21) 혜암스님은 참선하는 사람은 맨 처음에 자신의 마음이 부처이며, 자신의 마음이 법이며, 구경에 다름이 없음을 믿어야 함22)을 강조하기 위해 인용한 것으로 인용문의 취지와 부합된다. 두 번째 인용문은 『수심결』의 "다만 스스로의 마음일 뿐인데 다시 무슨 방편을 쓰겠는가? 만약 방편을 써서 알려고 하는 것은 마치 어떤 사람이 스스로의 눈을 보지 못한다고 해서 눈이 없다고 말하는 것과 같다. 눈을 보려고 하지만 스스로의 눈인데 어찌 볼 수 있는가? 만약 눈을 잃지 않았다는 것을 알면 이

---

19) 혜암문도회, 앞의 책, 102-103면.
20) 혜암문도회, 『慧菴大宗師法語集-Ⅱ. 大衆法語』(서울 : 김영사, 2007), 196면.
21) 知訥, 『普照全書』「修心訣」(보조사상연구원, 1989), 31면. "若言心外有佛 性外有法 堅執此情 欲求佛道者 縱經塵劫 燒身煉臂 敲骨出髓 刺血寫經 長坐不臥 一食卯齊 乃至轉讀 一大藏敎 修種種苦行 如蒸沙作飯 只益自勞爾"
22) 혜암문도회, 『慧菴大宗師法語集-Ⅰ. 上堂法語』(서울 : 김영사, 2007), 102면.

것이 눈을 보는 것이라고 할 수 있다. 더군다나 눈을 보겠다는 마음이 없다면 어찌 보지 못한다는 생각이 있겠는가? 스스로의 신령스러운 알아차림 역시 이와 같다. 이미 자신의 마음인데 어찌 다시 알려고 하는가? 만약 알고자 하면 더욱 알 수 없을 것이다. 다만 알 수 없다는 것을 알면 이것이 바로 견성인 것이다."23)라는 부분의 마지막을 인용한 것이다. 혜암스님은 '단지불회시즉견성但知不會是卽見性'을 '다만 알 수 없고 얻을 수 없이 바로 견성이다'로 말하였는데 이러한 해석은 원문의 취지와는 맞지 않다. 원문에서는 우리 자신의 마음을 주객 이분의 법으로 나누어 파악할 수 없기에 견성은 자신의 마음을 알 수 없다는 것을 아는 것을 말하는 것이다. 이와 같은 내용을 보면 혜암스님은 성철스님의 설을 전적으로 수용하기는 했으나 스스로도 『수심결』을 보았다는 것을 알 수 있다. 또한 본인이 생각하기에 조사선의 취지와 맞는다고 생각하면 비판여부를 떠나 그 내용을 취하고 더 나아가 새로운 해석까지 시도하였음을 보여주는 것이다. 이러한 혜암스님의 태도에 대해서는 다양한 해석이 있을 수 있으나 스님 자신만의 독특한 안목과 개성 그리고 주체적인 입장에서 선학先學들의 가르침을 내면화시켰음을 알 수 있다.

혜암스님은 선의 사상과 수행적 측면에서 성철스님의 영향을 적지 않게 받았다. 그러나 스님은 그것을 내면화시키는 과정에서 스스로의 판단과 안목을 우선시하였다. 조사선의 정법과 부합되느냐의 여부, 중도의 이치와 실상에 적합한가의 여부가 스님의 길이었다. 이와 같은 점은 스님과 성철스님의 만남에서도 알 수 있다. 스님은 성철스님과의 인연을 다음과 같이 회고한다. "내가 인사를 하면서 '스님 가신 데 따라겠습니다'하고 말했습니다. 그때는 성철스님이 아주 젊었는데 무섭다고 소문이 나 있었습니다. 처음에 스님은 옆에도 못 오게 하고 안 된다고 그랬어요. 그런 거 나하고 아무 상관도 없었어요. 안 된다, 된다 하는 것은 나한테 달려 있기에 나는 혼자 결정하고 따라나섰습니다. 모든 일은 나한테 달려 있는 것이라고 스님 노릇하기

---

23) 知訥, 『普照全書』「修心訣」(보조사상연구원, 1989), 34-35면. "只汝自心 更作什麼方便 若作方便 更求解會 比如有人不見自眼 以謂無眼 更欲求見 旣是自眼 如何更見 若知不失 卽爲見眼 更無求見之心 豈有不見之想 自己靈知 亦復如是 旣是自心 何更求會 若欲求會 便會不得 但知不會 是卽見性"

전부터 알고 살았으니까요. 수도자는 내 일만 잘하면 되는 것입니다. 그래서 성철스님 따라가 나락을 찧어서 봉암사 살림하고, 또 안정사 토굴로 가 토굴 생활 함께하고, 마산 성주사로, 대구 팔공산 성전암으로 가 집도 짓고 창문도 달고 그랬습니다"24)

이와 같은 스님의 태도는 선 수행의 핵심이 어디에 있는지 잘 보여준다. 누군가의 인정을 바라는 것, 모방하는 것은 선의 길이 아니기 때문이다. 이런 의미에서 스님의 사상은 임제가 외친 "함께 도道를 닦는 여러 벗들이여! 그대들이 참다운 견해를 얻고자 한다면 오직 단 한 가지 속임수에 걸리는 미혹함을 입지 않아야 한다. 안으로나 밖으로나 만나는 것은 바로 죽여 버려라. 부처를 만나면 부처를 죽이고, 조사를 만나면 조사를 죽이며, 나한을 만나면 나한을 죽이고, 부모를 만나면 부모를 죽이고, 친척권속을 만나면 친척권속을 죽여야만 비로소 해탈하여 어떠한 경계에서도 투탈자재透脫自在하여 얽매이지 않고 인혹人惑과 물혹物惑을 꿰뚫어서 자유자재하게 된다"25)를 떠올리게 한다. 그러면 이어서 스님이 중도의 정견에 이르는 방법으로 제시한 간화선에 대하여 살펴보자.

III. 혜암선사의 간화선법

간화선은 화두에 대한 의정을 통해 우리 마음의 본성을 직관하는 방법이다. 이러한 간화선은 임제종 양기파 선자禪者들을 대표하는 오조법연五祖法演과 원오극근圓悟克勤 그리고 대혜 종고가 화두 참구의 방법을 제시하여 당시 사회와 선계禪界의 문제를 극복하는데 새로운 전기를 마련한 것에서 시작되었다. 특히 대혜의 성공적인 시도는 당시 임제종 양기파 선자들이 공유했던 공안公案에 대한 공통적 인식에서 시작되었다고 할 수 있는데 크게 세 가지로 나눌 수 있다. 첫째는 공안을 '일료일체료一了一切了'로 보는 것, 둘째

24) 정찬주, 『공부하다 죽어라』(서울 : 열림원, 2013), 36-37면.
25) 『鎭州臨濟慧照禪師語錄』卷1(T47, 500b), "道流 爾欲得如法見解 但莫受人惑 向裏向外逢著便殺 逢佛殺佛 逢祖殺祖 逢羅漢殺羅漢 逢父母殺父母 逢親眷殺親眷 始得解脫 不與物拘 透脫自在"

는 공안을 '고문와자鼓門瓦子'로 보는 것, 셋째는 참구의 방법으로 화두에 대한 '의정疑情'을 중시하는 것이다.[26] 이와 같은 세 가지 특징은 간화선을 이해하는데 중요한 단서를 제공한다. 첫째의 '일료일체료'는 오직 하나의 화두를 통해서 궁극의 깨달음을 얻을 수 있음을 의미하는 것이고, 둘째의 '고문와자'는 화두란 마음의 성품을 깨닫기 위해 제시된 하나의 방편으로 그 자체에 기특한 의미가 있다는 것이 아니라는 것이며, 셋째의 '의정'에 대한 중시는 참구의 방법으로 '의정'을 사용하여 마음을 더 이상 갈 데 없는 곳[心無所之]으로 밀어붙여 분별 망상을 끊게 하는 것을 말한다. 그리고 이러한 세 가지 특징이 함께 작용하여 나타날 때 비로소 '활구活句' 즉 '살아있는 화두'의 역할을 할 수 있게 된다. 이러한 활구의 수행법은 마음의 본래면목을 몰록 깨치게 하는 것으로 조사선의 정수가 담겨 있는 경절徑截의 방법이다. 그러나 화두 참구의 과정과 활구의 의정을 일으키는 방법을 철저히 알지 못하면 수행에 진전을 이루기가 쉽지 않다. 그러면 이와 같은 간화선에 대하여 혜암선사는 어떠한 가르침을 제시하였는지 논의하여 보자. 논자는 혜암선사의 간화선법을 크게 두 가지 관점에서 살펴볼 것이다. 첫째는 화두 참구의 과정과 관련된 것이고, 둘째는 화두 참구의 구체적 방법에 대한 것이다. 그러면 먼저 화두 참구의 과정과 관련하여 살펴보자.

1. 화두 참구의 과정

화두 참구는 다른 수행법과 달리 승속僧俗의 차별이나 고요함과 시끄러움의 차별을 모두 떠난 자리에서 시작된다. 심지어 만공스님은 장맛이 짠 줄을 아는 사람은 다 공부할 수 있다[27]고 하였다. 혜암스님 역시 화두 공부의 보편성과 가능성에 대하여 다음과 같이 말한다. "승속이 상관없습니다. 도는 앉은 자리와 선 자리를 모두 따라 다니기 때문입니다. 내 마음을 찾는 것이 도이니, 내 마음을 찾는 공부를 해야 합니다. 날마다 사람을 죽이더라도 공

---

26) 오용석, 「임제종 양기파 선자들의 공안 인식 : 법연, 원오, 대혜를 중심으로」, 『한국불교학』 65(서울 : 한국불교학회, 2013), 171-172면.
27) 만공선사 법어, 『나를 생각하는 자가 누구냐』(서울 : 비움과 소통, 2016), 232면.

부를 하면 성인이 될 수 있지만, 아무리 착한 일을 해도 공부를 하지 않으면 성인은 되지 못합니다. 화두가 바로 우리 주인을 보는 거울이니까 화두를 들고 공부하면 됩니다"28) 화두는 우리의 본래면목을 보는 거울이기 때문에 화두를 들고 공부하면 심지어 사람을 죽인 살인자일지라도 공부하여 성인이 될 수 있다는 것이다. 그러면 화두 공부를 어떻게 시작해야 하는가? 스님은 다음의 네 가지를 강조한다.

> 화두 참구에 있어서 나름대로 사족을 붙여본다면 네 가지로 요약할 수 있겠습니다. 첫째 고해중생을 제도하려는 대원이 있어야 하고, 둘째 '내 마음을 깨치면 곧 부처[卽心是佛]'라는 신심이 있어야 하며, 셋째 '저이는 장부丈夫인데 나는 어찌하여 무명으로 생사윤회하는가' 하는 분심이 있어야 하고, 넷째 화두는 의심이 생명이니 의심을 낼 일입니다. 의심이 있으면 활구요, 의심이 없으면 사구라는 것을 명심해야 합니다.29)

화두 공부는 크게 네 가지를 갖추어야 하는데 바로 대원大願, 신심, 분심, 의심이다. 뒤의 세 가지는 고봉원묘高峰元妙 선사가 『선요禪要』에서 설한 것과 같은 내용이다. 고봉은 이와 관련하여 "만일 착실히 참선함을 말하자면 반드시 세 가지 중요한 것을 구족해야 한다. 첫째 중요한 것은 큰 신근信根이 있어야 하니 이 일은 하나의 수미산을 의지함과 같은 줄을 분명히 하는 것이다. 둘째 중요한 것은 크게 분한 생각이 있어야 하니 마치 부모를 죽인 원수를 만났을 때에 당장 한 칼에 두 동강 내려는 것과 같은 것이다. 셋째 중요한 것은 큰 의정이 있어야 하니 마치 어두운 곳에서 한 가지 중대한 일을 하였는데 곧 드러나려 하면서 아직 드러나지 않은 때에 있는 것과 같은 것이다. 십이시 가운데 과연 이 세 가지 중요함을 갖출 수 있다면 한정된 시일에 공을 성취하여 마치 항아리 속에 갇혀 있는 자라가 달아날 것을 두려워할 필요가 없는 것과 같다. 만일 그 중에 하나라도 빠지면 마치 다리 부러진 솥이 마침내 못쓸 그릇이 되는 것과 같다"30)고 말하였다. 여기서 대

---

28) 혜암문도회, 『慧菴大宗師法語集-Ⅱ. 大衆法語』(서울 : 김영사, 2007), 224면.
29) 혜암문도회, 위의 책, 198면.

원大願은 다른 말로 '발심發心'을 의미한다. 스님은 발심에 대하여 다음과 같이 말한다.

> 중생은 자기를 위하여 발심하고 보살은 중생을 위하여 발심하니 타인의 권유에 의하여 발심을 하였다든지, 의식이 곤란하고 생활고에 의해 발심하였든지, 권속간의 불화로 발심하였든지, 내지 외도 선지식이라는 명리라도 듣고자 하여 발심하였든지 간에 영구히 불퇴하면 진발심眞發心으로 변하여 중생의 고통을 관찰하면 자연히 불쌍한 생각이 들고 제도할 마음이 생겨납니다. '강약強弱한 중생은 어떤 방편으로 속히 제도할까'하는 생각과 한 구절의 법문이라도 일러주었으면 하는 생각이 연속하여 끊어지지 않으면 이것은 불퇴전하는 참으로 발심한 사람이요 보살입니다.31)

어떠한 발심이라도 중요한 것은 일단 발심을 하면 진발심으로 이어질 수 있기 때문이다. 특히 중생은 자신을 위하여 발심을 하지만 보살은 중생을 위하여 발심을 한다. 보살과 중생은 무아적 삶을 지향하느냐 혹은 실체적 자아에 집착하느냐의 차이가 있다. 보살은 중생을 돕는 것을 서원하기 때문에 중생은 보살로 인하여 진발심으로 이어지고, 보살은 중생으로 인해 진발심을 낼 수 있기 때문에 중생의 도움이 없어서는 안 된다. 이런 의미에서 발심한 자의 수행은 자리적自利的 수행에만 머무를 수 없다. 이를 다른 말로 바꾸면 자리적 수행을 통해서는 견성하여 성불하기 어렵다는 것을 의미한다. 그래서 스님은 수좌들에게 다섯 가지 행을 강조하였는데 이 안에 '남을 도울 것'을 말하고 있다. 다섯 가지 행은 밥을 많이 먹지 말 것, 공부하다 죽으라는 것, 남을 도울 것, 주지 등의 감투를 맡지 말 것, 일의일발(一衣一鉢 : 옷 한 벌과 밥그릇 하나뿐인 무소유)이다. 스님은 이러한 다섯 가지 행은 '승려 본분에 맞는 안분수기安分守己의 삶을 살라'는 말이라고 한다. 그래서 스님은 "자기 분수를 알고 자신의 능력을 정확히 파악해 맡은 바 일을

---

30) 『高峰原妙禪師禪要』卷1(X70, 708b), "若謂著實參禪 決須具足三要 第一要 有大信根 明知此事 如靠一座 須彌山 第二要有大憤志 如遇殺父冤讐 直欲便與一刀兩段 第三要有大疑情 如暗地做了一件極事 正在欲露 未露之時 十二時中 果能具此三要 管取剋日功成 不怕甕中走鼈 苟闕其一 譬如折足之鼎 終成廢器"
31) 혜암문도회, 앞의 책, 162면.

성실히 하면 이것이 바로 자기를 지키는 일이요 도인의 삶이지요. 불교의 사회윤리는 남한테 사기치지 않는 것이예요. 수행이란 것도 창의력과 직관력을 길러 맡은 바 일에 능률을 발휘할 수 있게 하고 본래의 청정심으로 돌아가 거짓말을 하지 않는 것을 체득하는 것입니다"[32]라고 말하였는데 이러한 점을 통해 선 수행의 목적이 보살행의 실천에 있음을 알 수 있다. 성철스님의 수좌 오계가 잠을 적게 잘 것, 말하지 말 것, 문자를 보지 말 것, 과식하지 말고 간식하지 말 것, 돌아다니지 말 것의 다섯 가지로 불교의 계율을 통섭하는 청규의 의미를 갖는데[33] 비해 혜암스님의 다섯 가지 행은 대승적 특징과 불교적 사회윤리가 강조되고 있다.

간화선의 종장인 대혜 종고 역시 대서원大誓願을 강조하는데 그것은 다음과 같다. "다만 모든 부처님 앞에 큰 서원을 세워라/바라건대 이 마음 굳세어 영원토록 물러나지 않기를/모든 부처님의 가피력에 의해 선지식을 만나 뵙기를/선지식의 말 한마디 아래서 단숨에 나고죽음을 잊어버려/무상정등보리를 밝혀내기를/그리하여 부처님의 혜명을 이어서 모든 부처님의 막대한 은혜를 갚게 되기를 바랍니다"[34] 여기서 깨달음을 얻어서 부처님의 혜명을 이어 막대한 은혜를 갚는다는 것은 보살의 마음과 실천을 말하는 것이다. 왜냐하면 부처님의 은혜를 통해 생사에서 해탈하였고 다시 부처님의 혜명을 잇기 위해서는 보살의 원을 통해 다른 존재들을 생사의 속박에서 벗어날 수 있도록 도와야 하기 때문이다. 이런 의미에서 본다면 간화의 수행은 겉으로 보기에 단순해 보이지만 대서원과 원력 없이 실행하기 힘든 것이다. 혜암스님은 대혜 종고와 마찬가지로 대원을 통해 보살심을 다지고 수행의 처음과 끝을 관통하는 원력을 통해 생사에서 벗어나 다시 다른 이들을 도울 것을 강조한다. 물론 이러한 점은 모든 선사들에게서 보이는 공통점으로 혜암스님 역시 예외가 아니다. 그러면 이어서 화두 참구를 통해 나타나는 경계에 대하여 살펴보자.

---

32) 혜암문도회, 위의 책. 275면.
33) 오용석, 「성철 선사의 간화선법 일고」, 『선학』 51(서울 : 한국선학회, 2018), 40-41면.
34) 『大慧普覺禪師語錄』卷25(T47, 916c), "但於諸佛前 發大誓願願 此心堅固 永不退失 仗諸佛加被 遇善知識一言之下 頓亡生死 悟證無上正等菩提 續佛慧命 以報諸佛莫大之恩"

혜암스님은 화두 참구를 하게 되면 크게 동정일여動靜一如, 몽중일여夢中一如, 오매일여寤寐一如의 경계를 지나 깨치게 된다고 말한다. 이러한 공부의 삼단三段에 대한 이해는 기본적으로 성철스님의 견해를 그대로 수용한 것으로 보인다. 스님은 「계유년 동안거 반결제 법어」에서 다음과 같이 말하였다.

> 수좌들의 공부가 가나 오나 서나 앉으나 누우나 한결같이 쉬지 않고 물 흐르듯이 해야 합니다. 몽중일여夢中一如와 숙면일여熟眠一如가 되어서 잠이 꽉 들어서도 일여한 데서 깨쳐야만 해탈하는 것입니다. 그 전에는 견성할 수 없다는 것이 근본적으로 딱 서야 합니다. 동정일여動靜一如도 안되고 몽중일여도 안 되는 그런 깨우침은 깨친 것이 아니고 실제로 생사에는 아무 소용이 없습니다. 그러니 우리의 공부가 실제로 오매일여寤寐一如가 되어 영겁불망永劫不忘이 되도록 위법망구爲法忘軀하여 정진으로 부사의해탈경계不思議解脫境界를 성취하고 미래겁이 다하도록 고해중생의 다생부모를 제도합시다.35)

화두 공부를 통해 깨치는 단계는 동정일여, 몽중일여, 숙면일여, 오매일여를 거친다. 스님은 「능도能度에게」라는 서신에서는 "구경각究竟覺에 노정기路程記를 요약하자면 화두가 동정일여動靜一如를 지나서 몽교일여夢覺一如 - 숙면일여熟眠一如 - 오매일여寤寐一如가 되어 사중득활(死中得活 : 일체 분별 없는 경지)하여야 된다. 화두 오매일여시에 비로소 참선參禪하는 자이니 범인은 참선한다고 망상하는 것이지 참선이 아니다. 몽교일여夢覺一如가 되면 병중일여病中一如가 되고 귀신도 못 잡아간다"36)고 하면서 숙면일여와 오매일여를 구분하고 있다. 성철스님은 "오매일여를 설명하기 전에 우선 동정일여動靜一如를 거론해야 합니다. (…) 이 동정일여와 다음의 두 가지 오매일여를 합해서 내가 늘 이야기하는 '3단 수행', 또는 '3관關'이라고 합니다. 일상의 일여보다 더 깊은 단계가 자나 깨나 일여한 오매일여입니다. 오매일여에

---

35) 혜암문도회, 『慧菴大宗師法語集-I. 上堂法語』(서울 : 김영사, 2007), 37면.
36) 혜암문도회, 『慧菴大宗師法語集-II. 大衆法語』(서울 : 김영사, 2007), 281면.

는 꿈꿀 때에도 한결같은 몽중일여夢中一如와 잠이 깊이 든 때의 숙면일여熟眠一如의 두 종류가 있습니다. 꿈꿀 때의 오매일여는 제6식의 작용이 사라진 단계로서 교가敎家의 7지보살에 해당하고, 잠이 깊이 든 때의 오매일여는 제8아뢰야식에 머무는 8지 이상의 자재보살自在菩薩에 해당합니다"37)라고 하면서 오매일여의 개념 안에 몽중일여와 숙면일여를 포함시키고 있다. 그러나 중요한 것은 오매일여의 경지는 그 아래에 해당하는 단계를 포함하는 것이기 때문에 오매일여가 하나의 관문이 될 수 있는 것이다. 이 부분에서는 성철스님이나 혜암스님 모두 같은 견해이다. 그럼에도 혜암스님은 의식적으로 몽교일여와 숙면일여를 거친 최종의 단계를 오매일여로 말하고 있다. 이것을 어떻게 이해하면 좋을까? 이것은 스님에게 있어서 오매일여는 숙면일여보다도 더 깊은 단계로 경험되었기 때문일 것이다. 성철스님의 오매일여는 잠든 상태에서 화두 의정이 지속되느냐의 여부에 비중을 둔 것이지만, 혜암스님의 오매일여는 잠이 기준이 아니라 화두 의정이 24시간 지속되느냐에 방점을 두었기 때문이다. 두 분의 최종적인 견지는 같다고 하여도 중요하게 생각하는 부분에 미세한 차이가 있다. 따라서 혜암스님처럼 오매일여의 경지를 이해하게 되면 삶과 화두를 분리할 수 없게 된다. 즉 화두 의정의 경지는 삶 자체와 분리되어서는 안 된다는 점을 강조한 것이라고 할 수 있다. 그러면 이어서 구체적인 화두 참구에 대하여 살펴보자.

2. 활구와 의정

화두의 생명은 어디에 있을까? 바로 의정에 있다. 그래서 모든 화두 수행의 요결은 화두에 대한 의정을 일으키는 방식과 연관된다. 그러나 이때의 의정은 사량분별의 의정이 아니라 무분별의 의정이어야 한다. 그리고 무분별의 의정을 일으킬 때 비로소 화두는 '활구' 즉 살아있게 된다. 그리고 화두를 참구하는 수행자는 이러한 생명의 약동을 통해서만 조사의 관문을 통과할 수 있다.

화두는 참선 수행자에게 모든 사유의 길을 끊게 하고 몸과 마음을 의심의

---

37) 원택 엮음, 『성철스님 화두참선법』(서울 : 김영사, 2012), 78-79면.

열기로 가득 차게 하여 마침내 그 의심의 둑이 툭 터지는 경지로 이끌어 준다. 이쪽도 허용하지 않고 저쪽도 허용하지 않고 부정해서도 안 되고 긍정해서도 안 되는 것이 화두 수행의 일관된 흐름으로 이것을 배촉背觸이라고 하는데 그래서 조사관을 배촉관背觸關이라고도 한다. 헤아리고 분별하는 마음이 아닌 간절한 마음으로 화두에 몰입하고 나아가 그 화두와 하나가 되어 마침내 화두를 타파했을 때 활발발한 소식을 얻게 되는 것이다.38) 그러면 혜암스님은 화두 참구에 대하여 어떻게 말하고 있을까? 스님은 한 용맹정진 법문에서 다음과 같이 역설하였다.

> 삼세 제불께서 '일체 함령이 다 불성이 있다'고 하셨거늘 조주는 무엇을 인하여 '무'라 일렀습니까? 이것은 분별식으로 의심하지 않고 마음과 몸을 다 버리고 의단과 하나가 되어서 의심하는 것을 뜻합니다. 이 말은 '무'를 대상으로 해서 의심하는 것이 아니라, 나와 화두가 없이 화두의 의단과 한 덩어리가 되어 의심하는 것입니다. (…) 화두는 암호인데 암호의 내용은 잠이 꽉 들어서도 일여一如한 데에서 깨쳐야만 풀 수 있는 것입니다. 그 전에는 풀 수 없다는 것이 근본적으로 딱 서야 합니다. 이것이 화두를 참구하는 근본 자세입니다. 화두를 생각생각 들어야 합니다. 모든 시간에 화두를 매하지 아니해서 가고 서고 앉고 눕고 대소변을 할 때에도, 옷을 입고 밥을 먹을 때 화두를 항상 들어야 합니다. 고양이가 쥐를 잡듯 닭이 알을 품듯 천만 번 매하지 말고 화두만 들어 간단없이 참구해야 합니다.39)

이 내용은 언뜻 보기에 일반적인 화두 공부의 방법과 크게 다르지 않다. 심지어 성철스님의 법문과 흡사하다.40) 그러나 조금 다른 부분이 있는데 바로 "이 말은 '무'를 대상으로 해서 의심하는 것이 아니라, 나와 화두가 없이 화두의 의단과 한 덩어리가 되어 의심하는 것입니다"라는 부분이다. 일반적으로 참선은 화두에 대하여 의심을 일으킬 것을 강조한다. 그렇다면 조주무자趙州無字의 화두는 '무'를 대상으로 의심을 일으키는 것이 아닌가? 그러나

---

38) 대한불교조계종 불학연구소·전국선원수좌회, 『간화선』(서울 : 조계종출판사, 2008), 153-155면.
39) 혜암문도회, 앞의 책, 22-24면.
40) 퇴옹성철, 『자기를 바로 봅시다』,(합천 : 장경각, 2009), 134-135면.

스님은 화두 공부는 그렇게 들어가는 것이 아니라는 점을 강조한다. 스님의 다음과 같은 법문을 살펴보자.

> 그렇지만 활구선은 관법이나 독경, 염불 등과 달라서 의심이 생명이 되어 있단 말이지. '이 뭣고~?' 하는 모르는 것을 알려고 하는 의정이 근본 생명이 되어 있단 말이지. '이 뭣고~?' 하는 모르는 것을 알려고 하는 의정이 근본 생명이 되어 있어. 그런데 이 의정은 금방 익혀지는 것이 아니라서 금세 어디로 도망가 버리고 혼침이나 수면 아니면 갖가지 망상들만 떠오르고 해서 화두를 들기가 힘들어지거든. 이렇게 힘드니까, 자기 스스로가 자포자기하고, 누에가 고치집을 짓듯이 스스로 얽어매서 근기가 따로 없는데도 불구하고 나는 근기가 약한 사람이니 참선은 못할 사람인가보다 하고 퇴굴심退屈心을 내버리지. 그래서 나는 근기가 약하고 업장이 두터우니 차라리 업장이나 녹게 주력呪力이나 하고 염불·기도·참회나 할지언정 참선은 못할 사람인가보다 하고 자기가 아는대로 다 꾸며가지고 자기가 그 속에 빠져버려. 사실 이 공부는 원래 사량할 수 없는 곳으로 들어가서 사량하게끔 된 것이 화두란 말이야. 이 점을 먼저 알아서 이 공부는 원래 재미도 없고 알래야 알 수도 없고 도저히 어떻게 할래야 할 수도 없는 대목으로 들어가서 '이 뭣고~?' 하고, 의심을 놓치지만 않고 들어가면 이것이 묘법妙法이라. (…) 화두 공부하는 데는 설령 부처님 말씀이라도 털끝만한 것조차 방해만 될 따름이지, 다 필요가 없거든. '나는 이것밖에 할 일이 없다' 하는, '이 것을 하지 않으면 호랑이 밥이요 지옥밖에 갈 길이 없다'라고 알아버린 사람이라면, 다 필요가 없어. 이 대목에 신심을 가지고 3일도 좋고 5일만 해도 경계가 딱 나타나 버린단 말야. 기도나 염불, 관법을 몇십 년 하는 것보다 효력을 발휘할 수가 있고, 그런 힘을 가지고 있는 것이 이 간화선인데, 이것을 말세라서 중생들이 지혜가 적기 때문에 믿지를 않아.41)

스님은 우선 화두 공부의 근기는 따로 없기 때문에 화두에 대한 의심을 통해서 공부만 하면 누구나 수행하여 깨달을 수 있다고 말한다. 이러한 이유로 주력이나 기도·참회 등에 매달리는 것은 현명하지 못한 것이다. 그리

---

41) 혜암문도회, 앞의 책, 210-211면.

고 화두 공부는 사량할 수 없는 곳으로 들어가서 의심을 놓치지만 않고 수행하는 것이라고 말한다. 그러면 스님이 말하는 '사량할 수 없는 곳'은 무엇을 말하는 것일까? '무', '정전백수자', '이뭣고' 같은 것일까? 물론 이러한 것은 하나의 화두이기는 하지만 화두 자체는 아니다. 이것은 마치 스님이 법문에서 "오색비단 구름 위에 신선이 나타나서/손에 든 빨간 부채로 얼굴을 가리었다/누구나 빨리 신선의 얼굴을 볼 것이요/신선의 손에 든 부채는 보지 말아라"[42]는 불감혜근佛鑑慧懃 선사의 법어를 통해 화두의 개념을 설한 것과 같다. 화두가 가리키는 것은 신선이 든 부채가 아니라 신선의 얼굴이라는 것이다. 물론 이러한 해석 역시 성철스님의 화두에 대한 해석[43]을 수용한 것이다. 그런데 스님은 이러한 화두에 대하여 조금 더 자세히 설명한다. 스님은 육성 법문을 통해 다음과 같이 일갈하였다.

'이 뭣고'라든지 '정전백수자' '조주무자'라든지 아무것도 아니여, 비구들도 그런데 다 얽혀있어. 멍청해요. 약빠른 사람들은 벌써 도가 무엇이라는 것, 한 생각도 일어나기 이전이 도라는 것을 알고서. '무'라고 하면 어째서 모든 삼세제불이 준동함령이 개유불성이라, 그런데 있다고 했는데 어째서 조주는 없다고 했는가? '무'란 우리말로 없다는 말이거든. 그렇게 말하면 지혜있는 사람은 시킨대로 안하고 벌써 눈치 빠르게, 도의 기미를 알기 때문에, 도라는 것은 한 생각도 일어나기 전 소식이 도인데, 무슨 꿈속의 잠꼬대란 말이여. 무슨 준동함령 찾고, 무슨 불성이 있고 없는 것, 무슨 시시한 소리, 잔소리냐. 조주가 '무자'라고 하는 물건은 그 무슨 물건인고, '무자'라고 한 물건은 무슨 물건이 '무'라고 했는고 그렇게 파고 들어가요. 글자나 말에 따라가지 않고, 참 정법인 화두 공안이지만 그렇게 약빠르게 앞서 가버려. 어째서 무라고 했는가 하기 전 한 생각, 그 공부하려고 애쓰는 이전 소식으로 들어가서, 무라고 하는 그렇게 공부하기 이전의 물건은 무엇인고. 이렇게 엉뚱하게 공부합니다. 이치를 아는 사람은. '무자'도 망상인데 '무자'라고 공부하려고 애쓰는 이전 소식, '무'라고 하기 이전은 무슨 물건인고 이렇게 들어가버려요. 수좌들 멍청하거든. 그렇게 들어가면 한 생각도

---

42) 혜암문도회, 위의 책, 23면.
43) 퇴옹성철, 『자기를 바로 봅시다』(합천 : 장경각, 2009), 133-134면.

일으킬 수 없지. 분별로 하는 것이 아니기 때문에, 화두 이뭣고 하기 이전에, 화두 들라고 하기 이전에, 그 무슨 물건인고. 그런데 무슨 거기에 글이 붙을 수가 있고 말이 붙을 수가 있어. 아무것도 붙지도 못할 데 대고 막 들어가버려. 그런데 분별심으로 하는 공부가 아닌데, 어째서 조주가 그렇게 없다고 했는고, 또 다른 부처님들은 있다고 했는데 없다고, 전부 그 망상인 것인데, 아무리 부처님이 말하고 조사들이 말했지만 망상인 것이여. 분별심이여 그것이. 공부하는 데는 하나도 분별심으로 하는 것이 아니기 때문에 어떻게 할 도리도 없는 곳에 대고 파고 들어가야 되는데. 그래서 '이뭣고' 화두만 가지고 말하더라도. '이뭣고' 그것 아무것도 아니여. 바로 말하자면 화두도 아니여.44)

스님은 화두 공부의 핵심은 한 생각 일어나기 이전 소식으로 들어가는 것이라고 말한다. 예를 들면 '무자화두'를 들 때에도 '무자'에 의심을 일으키는 것이 아니다. 만약 '무자'를 대상으로 의심을 일으키면 사구死句가 된다. 왜냐하면 이것은 하나의 '개념'이기 때문이다. 만약 개념을 사용해 의심을 일으키면 분별망상이 생겨날 뿐 참의심이 생겨날 수 없다. 그러므로 '무자'를 들어서 의심을 일으키는 것이 아니라 '무'라고 하는 이전 소식 즉 화두를 들기 이전을 향해서 의심해 나가는 것이다. 그리고 이곳을 향해 의심을 일으키면 한 생각도 일으킬 수 없다. 왜냐하면 여기에는 어떤 말이나 글도 붙을 수 없고 이런저런 분별심을 일으킬 수 없는 곳이기 때문이다. 그러나 자칫 무자화두에서 의심을 일으키게 되면 마치 불감 혜근 선사가 말한 것과 같이 신선이 든 부채를 가지고 신선의 얼굴을 상상하려는 것과 같은 과오를 범할 수 있다. 화두의 당처는 '알 수 없는 것'이기 때문에 한 생각도 일으킬 수 없다. 그래서 스님은 "'무'를 대상으로 해서 의심하는 것이 아니라, 나와 화두가 없이 화두의 의단과 한 덩어리가 되어 의심하는 것"이라고 말하였다. 그러면 스님의 화두에 대한 이해를 조금 더 살펴보자. 스님은 또 다음과 같이 역설하였다.

---

44) 해인사 원당암, 〈용맹정진 대법회 혜암대선사 법문1〉[CD-ROM], 1998년 10월 3일(원당암 달마선원).

그래서 '화두話頭'라는 것은 '말씀 화(話)'자는 다 알다시피 '말' 아닙니까, 그리고 '두頭'는 '머리 두頭' 자인데 '두' 자라는 것은 '처음'을 지적한 것도 되고, '끝'을 말하는 뜻도 되고 여러 가지 풀이가 나옵니다만. 그래서 화두를 바로 새기면 어떻게 되느냐. 한 생각도 일어나기 전 소식을 화두라고 합니다. 그러니까 그것만 알더라도 망상을 안 필 수가 있는데. 화두 드는 사람이 '이뭣고'란 것이 망상인데, 따지는 것 아닙니까 '이뭣고'가. 그것에 걸려서 금년도 보내버리고 내년도 보내버리고 그래서 쓸 것이여. 화두라는 것은 암호고 달을 가리키는 손가락과 같아서 아무것도 아닌 것이여, 화두가 아닌 것이여 '이뭣고'는, '무'라든지 '정전백수자'라든지 그런 것은. 그것을 대상으로 삼으면 안 되는 것이여.45)

대부분의 참선자들은 '무', '정전백수자', '이뭣고' 등을 화두라고 생각하고 정진한다. 그러나 자칫하면 화두가 아닌 망상이 될 수 있다. 위의 언구들은 달을 가리키는 손가락이기 때문에 그것에 사로잡히면 달을 볼 수 없다. 그러므로 화두의 의심은 '나와 화두가 없이 화두의 의단과 한 덩어리가 되어 의심하는 것'이 되어야 한다. 화두를 드는 주체 의식과 화두 즉 한 생각 일어나기 이전을 지시하는 언구가 하나가 되는 것이 바로 의단이고 화두 의심의 상태이다. 이러한 잘못은 출가자나 재가자나 똑같이 범할 수 있는 문제이기 때문에 잘 새겨듣고 공부하여야 한다. 그래서 스님은 대중들이 말귀를 알아듣지 못할 것을 염려하여 고구정녕苦口丁寧 한 법문을 설한 것이다. 스님의 이와 같은 '화두'에 대한 해석은 허운화상虛雲和尙이 『참선요지參禪要旨』의 「선당개시禪堂開示」에서 설한 내용과 다르지 않다.46)

어느 것을 화두라고 하는가? 화話는 말이요, 두頭는 말하기 전이니, 저 아미타불을 염할 때에 '아미타불'하는 말은 화話이며, 이를 염하기 전이 화두입니다. 이른바 화두란 곧 '한 생각이 일어나지 않을 때(一念未生之際)'이니, 한 생각이라도 일어나면 화미話尾를 이루게 됩니다. 이 '한 생각 일어나

---

45) 해인사 원당암, 〈용맹정진 대법회 혜암대선사 법문1〉[CD-ROM], 1998년 10월 3일(원당암 달마선원).
46) 본 연구에서는 혜암스님의 '화두'에 대한 해석의 근거를 허운화상의 법어를 통하여 논의하였다. 그러나 혜암스님이 '화두'의 해석과 관련하여 어떠한 자료를 근거로 하고 있는지는 아직 명확하지 않다. 이러한 문제와 관련해서는 지속적인 연구가 필요하다고 본다.

지 않을 때'를 '나지 않음(不生)'이라고 하는데 이 상태는 들뜨지도 않고 혼침에 빠지지도 않으며 고요함에 탐착하지도 않고 공空에 떨어지지도 않습니다. 또 이를 '없어지지 않음(不滅)'이라고 부르는데, 시시각각 또렷또렷하게 일념으로 마음의 빛을 돌이켜 비춥니다(回光返照). 이 '나지도 않고 없어지지도 않음(不生不滅)'이 바로 '화두를 본다(看話頭)' 혹은 '화두를 비춘다(照顧話頭)'라고 하는 것입니다.[47]

허운스님은 '한 생각이 일어나지 않을 때'를 '화두'라고 말한다. 혜암스님 역시 화두란 '한 생각도 일어나기 전 소식'이라고 말하였다. '화두'는 한 생각 일어나기 전의 소식이기 때문에 생각을 통해서 알 수 없다는 것일 뿐 아니라 바로 한 생각 일어나기 전을 의심처로 삼아서 공부해야 하는 것을 말하는 것이다. 그러므로 '이뭣고'라든지, '무'라든지, '정전백수자'라는 등의 언구를 가지고 분석을 시도하거나 의미를 알아내려고 해서는 안 된다는 것이다. 혜암스님 역시 화두를 들 때 이러한 점을 중시하였다. 그래서 스님 자신은 다음과 같은 방식으로 화두 공부를 하였다.

'조주무자趙州無字' 화두를 들고 있는데 나는 '개가 어찌 불성이 없다고 했는고'하지 않고, '무자 화두를 들고 있는 이 물건이 무엇인고' 그렇게 공부를 했습니다. 무자 화두를 하다 보니 무자 화두가 떠나질 않아 '무라고 하는 이 물건이 무엇인고'라고 그렇게 공부했습니다.[48]

스님의 이와 같은 화두에 대한 접근 방식은 화두 방법의 변형이라기보다 화두 자체의 의미를 따라가는 방식이다. 화두를 들 때 중요한 것은 '알 수 없는 의심처' 즉 한 생각도 일으킬 수 없는 곳을 자각하여 의심해 들어가는 것이기 때문이다. 그러므로 흔히 말하는 공안의 언구에 얽혀서는 간화의 공부를 제대로 해 나갈 수 없다. 혜암스님처럼 화두를 변형시켜 알 수 없는

---

47) 허운화상(虛雲和尙), 대성 옮김, 『참선요지』(서울 : 탐구사, 2011), 42면. 인용된 원문은 다음과 같다. "甚麼叫話頭 話就是說話 頭就是說話之前 如念阿彌陀佛是句話 未念之前就是話頭 所謂話頭 卽是一念未生之際 一念才生 已成話尾 遮一念未生之際 叫做不生 不掉擧 不昏沈 不着靜 不落空 叫作不滅 時時刻刻單單寂寂 一念回光返照 不生不滅 就叫作看話頭 或照顧話頭"
48) 혜암문도회, 앞의 책, 226면.

당처를 화두 의심처로 삼아 공부한 선사가 있는데 바로 만공滿空스님이다. 스님은 「나를 찾는 법-참선법」에서 "참선법은 상래上來로 있는 것이지만, 중간에 선지식들이 화두話頭 드는 법으로 참선하는 법을 가르치기 시작하여 그 후로 무수도인無數道人이 출현하였나니, 화두는 1천7백 공안公案이나 있는데, 내가 처음 들던 화두는 곧 '만법萬法이 귀일歸—이라 하니 하나는 어디로 돌아갔는고?'를 의심하였는데, 이 화두는 이중적 의심이라 처음 배우는 사람은 '만법이 하나로 돌아갔다고 하니, 하나는 무엇인고?' 하는 화두를 들게 하는 것이 가장 좋으리라. 하나는 무엇인고? 의심하여 가되 의심한다는 생각까지 끊어진 적적寂寂하고 성성惺惺한 무념처에 들어가야 나를 볼 수 있게 되나니라"[49]고 하였다. 만공스님은 화두에 대한 의심이 흩어질 것을 염려하여 '하나는 어디로 돌아갔는고?'가 아닌 '하나는 무엇인고?'라고 하면서 화두의 내용을 살짝 바꾸었다. 이것은 화두 공부에서 가장 중요한 것은 의심을 돈발하는 것에 있다는 것을 보여주는 것이다.

그러므로 혜암스님은 화두라는 것은 삼팔선과 같다고 말한다. 그는 "도란 이 세상의 허망한 법하고 멀리 떨어져 있지 않습니다. 오히려 딱 붙어 있는데 그걸 모르고 있는 것입니다. 그러니 화두는 성불의 방으로 가는 문고리와 같은 것입니다. '화두 당처가 부처님 마음자리다' 그런 대목이 나오는데 한 생각만 뒤집어보면 바로 부처님이 되어버립니다. 도 자리하고 딱 붙어있는 삼팔선 자리이기 때문입니다"[50]라고 말하였다. 화두는 언구로서는 하나의 매개가 되고 그 자체로는 생각을 떠난 소식이다. 그러므로 한 생각을 깨쳐 성불할 수 있는 경절문徑截門이 될 수 있다. 따라서 이러한 스님의 간화선에 대한 태도는 철저한 실천주의의 수행 가풍으로 나타날 수밖에 없다. 승속이 없고, 번뇌와 보리가 없고, 중생과 부처가 없는 길, 바로 혜암스님의 간화선이다.

49) 만공선사 법어, 앞의 책. 235-236면.
50) 정찬주, 앞의 책, 233-234면.

Ⅳ. 나가는 말

본 연구에서는 혜암스님의 간화선을 그의 법어집과 육성 법문 등을 통하여 고찰하였다. 그러나 그동안 이와 관련된 선행 연구가 거의 진행되지 않았기 때문에 참고할 자료가 많지 않았다. 또한 스님은 당시 함께 활동하였던 성철스님을 존경하였을 뿐 아니라 직접적으로 교류하였기 많은 사람들이 스님의 선사상을 성철스님과 같은 것으로 오해하곤 한다. 그러나 본 연구를 통하여 혜암스님의 개성과 독자성을 살펴볼 수 있었다. 물론 성철스님과의 비교는 처음부터 염두에 둔 것이 아니라 스님의 자료를 살피는 과정에서 자연스럽게 도출되었음을 말해두고자 한다.

선사는 대체로 간화의 사상과 방법을 제시할 때 인용 출처를 밝히면서 공부법을 제시한 것이 아니라 자신 스스로가 증험한 방식을 중심으로 경전과 조사어祖師語를 인용하였다. 이러한 태도는 경전과 조사어 자체를 절대시한 것이 아니라 본인의 체험과 맞는 부분을 주체적으로 취하여 사용한 측면을 보여준다. 특히 성철스님은 철저한 선사이면서도 교가敎家의 설을 자유자재로 인용하고 선주교종禪主敎從의 입장에서 교와의 관계를 설정했다고 한다면, 혜암은 교와의 관계를 염두에 두기보다는 선 자체에 가치 부여를 했다고 볼 수 있다. 혜암스님에게 있어서 교는 철저히 선의 수행과 실천에 귀속되었으며 이러한 특징은 두타와 장좌불와를 특징으로 하는 정진 일념의 삶으로 나타났다. 본 논문에서는 혜암스님의 간화선과 관련하여 크게 네 가지로 나누어 살펴보았다.

첫째, 혜암스님은 성철스님의 돈오점수에 대한 비판과 '돈오 즉 성불'이라는 개념을 그대로 수용하여 수행과 깨달음에 대한 사상적 기초로 삼았다. 그러나 스님은 화두 공부에서 대원大願, 신심, 분심, 의심의 네 가지를 강조하였다. 스님은 간화선의 주창자인 대혜 종고와 마찬가지로 대원을 통해 보살심을 다지고 수행의 처음과 끝을 관통하는 원력을 통해 생사에서 벗어나 다시 다른 이들을 도울 것을 강조하였다. 스님이 수좌들에게 강조한 다섯 가지 행은 '밥을 많이 먹지 말 것', '공부하다 죽으라는 것', '남을 도울 것',

'주지 등의 감투를 맡지 말 것', '일의일발一衣一鉢'인 것으로 대승적 특징과 불교적 사회윤리가 강조되고 있다.

둘째, 혜암스님은 화두 참구를 통해 나타나는 경계에 대하여 동정일여動靜一如 - 몽교일여夢覺一如 - 숙면일여熟眠一如 - 오매일여寤寐一如로 말하였다. 스님은 몽교일여와 숙면일여를 거친 최종의 단계를 오매일여로 보았다. 성철스님의 오매일여는 몽중일여와 숙면일여를 포함시키는 것으로 잠든 상태에서 화두 의정이 지속되느냐의 여부에 비중을 둔 것이지만, 혜암스님의 오매일여는 잠이 기준이 아니라 화두 의정이 24시간 지속되느냐에 방점을 둔 것이라고 볼 수 있다.

셋째, 스님은 화두 공부의 근기는 따로 없기에 화두에 대한 의심을 통해서 공부만 하면 누구나 수행하여 깨달을 수 있다고 말하였다. 이러한 이유로 주력이나 기도·참회 등에 매달리는 것은 현명하지 못하다고 보았다.

넷째, 스님은 화두 공부의 핵심이란 '한 생각 일어나기 이전 소식으로 들어가는 것'이라고 강조하였다. 예를 들면 '무자화두'를 들 때에도 '무자'에 의심을 일으키는 것이 아니다. '무자'를 들어서 의심을 일으키는 것이 아니라, '무'라고 하는 이전 소식 즉 화두를 들기 이전을 향해서 의심해 나가는 것이다. 왜냐하면 여기에는 어떤 말이나 글도 붙을 수 없고 이런저런 분별심을 일으킬 수 없는 곳이기 때문이다.

선불교에서 언어문자는 알곡의 쭉정이와 같다고 본다. 선사들이 체득한 세계를 언어와 문자를 사용하여 있는 그대로 전달되기는 쉽지 않을 뿐 아니라 설사 전달된다고 해도 중생들은 각자의 견지에서 해석하기 때문이다. 그래서 그들은 언어와 문자 그리고 개념과 이론에 사로잡히는 것을 경계한다. 선사들의 노파심절老婆心切은 언어문자 자체를 부정하기 위한 것이 아니라 언어문자를 보배로 여기는 중생심의 미혹을 질타하기 위한 것이다. 그들의 언어는 아이처럼 직설적이고 순수하다. 혜암스님의 법문 역시 마찬가지이다. 스님은 궁지에 몰린 인간의 최후의 자백처럼 우리 스스로가 부처임을 확인하는 방법과 길을 설하였다. 특히 그의 육성 법문은 활자화된 문자보다도 알맹이에 근접해있다. 그러므로 스님의 마음에 다가가기 위해서는 마음의 문을 열고 스님의 법문에 귀를 기울여야 할 것이다.

혜암스님의 간화선은 화두에 끌리는 간화선이지 화두를 끄는 간화선이 아니다.[51] 그래서 스님은 "'무자'도 망상인데 '무자'라고 공부하려고 애쓰는 이전 소식, '무'라고 하기 이전은 무슨 물건인고 이렇게 들어가버려요"라고 말한 것이다. 한 생각 일으키기 이전 소식을 의심처로 삼아서 공부하기 때문에 '이뭣고', '무', '정전백수자' 등도 따라붙을 수 없고 전제全提, 단제單提 등의 개념도 붙을 수 없다. 그래서 스님은 "'무'를 대상으로 해서 의심하는 것이 아니라, 나와 화두가 없이 화두의 의단과 한 덩어리가 되어 의심하는 것"을 강조하였다.

간화선에서는 화두를 의심하는 자와 의심의 대상으로서의 화두를 나누지 않는다. 화두에 대한 의정은 의심의 주체와 대상을 구분하지 않기 때문이다. 따라서 화두를 통한 깨침은 실체적 자아가 발붙일 수 없다. 마치 자석의 같은 극이 서로 밀어내는 것처럼 화두를 드는 주체는 화두를 통해 생겨난 의정 속으로 사라진다. 고양이가 쥐를 잡고 그 고양이마저 사라지는 것처럼. 그리고 이러한 깨침을 통해 꿈에서 깨어나듯 모든 실체적인 언어와 고정분별의 주체가 해체되는 것이다.[52] 화두의 묘법은 혜암스님의 말처럼 한 생각도 일으킬 수 없는 의심처疑心處, 어떻게 할 도리가 없는 곳으로 파고들어가 의심하는 자와 의심의 대상으로서의 화두라는 경계를 무너뜨리는 것이다.

혜암스님의 이와 같은 간화선에 대한 이해는 삶으로 나타났다. 스님이 1981년(62세)부터 해인사 원당암에 달마선원이라는 재가 선방을 만들어 참선을 지도한 것은 간화선이야말로 모든 차별을 뛰어넘을 수 있는 미묘한 법문임을 확신하였기 때문이다. 그래서 스님은 달마선원에서 재가자들의

---

51) "화두에 끌리는", "화두를 끄는"이라는 말은 지허스님의 『선방일기(禪房日記)에 나온 것을 빌려온 것이다. 그 내용은 다음과 같다. "훌륭한 선객은 화두(話頭)에 끌려 다닌다. 절대로 끌어서는 안 된다. 처음 선방에 앉은 선객이 유식하면 유식할수록 화두(話頭)에 대해 분석적이다. 유무(有無)가 단절된 절대무(絶對無)의 관조(觀照)에서 견성이 가능하다는 선리(禪理)를 납득하려고 하면 할수록 현존재(現存在)인 육체의 유무(有無)에 얽매이게 되고 사유를 가능케 하는 정신의 유무에 얽매이게 되기 때문이다. (…) 선객의 우열은 화두(話頭)에 끌리느냐 끄느냐가 결정한다. 화두(話頭)에 끌린 선객은 한한(閑閑)하나 화두(話頭)를 끄는 선객은 간간(間間)하다."(지허스님, 『선방일기』(서울 : 불광출판사, 2016), 72-73면)
52) 오용석, 「간화선에서 '알 수없음'과 '알고자 함'에 대한 고찰」, 『선학』48(서울 : 한국선학회, 2018), 219면.

정진에 대하여 "복을 짓는 게 자랑이 아니라 더 잘했으면 잘했지 스님보다 못하지 않아요. 나는 어름하게 하려면 고생해가며 안 합니다. 나는 평생을 두고 대중살이만 하고 왔기 때문에 자신이 있습니다. 공부하는 정신이라든지 자세라든지 자신이 있기 때문에 어름하게 기도시키지 않고 스님 못지않게 정신상으로나 행동적으로나 조금치라도 뒤떨어지지 않게 가르칩니다"[53] 라고 역설하였다. 간화선은 출가수행자의 전유물이 아니라는 것, 누구나 이 법문을 통해 깨칠 수 있다는 가능성을 현실적으로 제고提高하여 출재가出在家 공통의 수행 위주 가풍을 일으킨 것이다. 그래서 스님은 "번뇌망상을 쉰 사람이 사는 곳은 바로 부처님 도량이고, 그렇지 못한 사람이 사는 곳은 아무리 법당이나 절이 거룩하고 스님이 백만명이 살고 있어도 속가집이라고 합니다"[54]고 역설하였다. 바로 불교의 근본정신을 회복하는 것, 대무심大無心을 배워 지금 여기에 청정국토를 건립하여 괴로움의 미망에서 벗어나자는 것이 스님의 대원력이며 바로 스님이 제시한 간화선 수행의 길이다.

53) 정찬주, 『공부하다 죽어라』(서울 : 열림원, 2013), 39면.
54) 혜암문도회, 앞의 책, 224면.

참고문헌

『大慧普覺禪師語錄』(CBETA, T47)

『鎭州臨濟慧照禪師語錄』(CBETA, T47)

『高峰原妙禪師禪要』(CBETA, X70)

대한불교조계종 불학연구소·전국선원수좌회, 『간화선』, 서울 : 조계종출판사, 2008.

만공선사 법어, 『나를 생각하는 자가 누구냐』, 서울 : 열림원, 2016.

보조사상연구원, 『普照全書』, 1989.

鈴木大拙, 심재룡 옮김, 『아홉 마당으로 풀어 쓴 禪』, 서울 : 한국학술정보, 2001.

이성복, 『네 고통은 나뭇잎 하나 푸르게 하지 못한다』, 서울 : 문학동네, 2014.

원택 엮음, 『성철스님 화두참선법』, 서울 : 김영사, 2012.

정찬주, 『공부하다 죽어라』, 서울 : 열림원, 2013.

지허스님, 『선방일기』, 서울 : 불광출판사, 2016.

퇴옹성철, 『백일법문·하』, 합천 : 장경각, 1992.

_____, 『자기를 바로 봅시다』, 합천 : 장경각, 2009.

혜암문도회, 『慧菴大宗師法語集-Ⅰ. 上堂法語』, 서울 : 김영사, 2007.

_____, 『慧菴大宗師法語集-Ⅱ. 大衆法語』, 서울 : 김영사, 2007.

허운화상(虛雲和尙), 대성 옮김, 『참선요지』, 서울 : 탐구사, 2011.

오용석, 「임제종 양기파 선자들의 공안 인식 : 법연, 원오, 대혜를 중심으로」, 『한국불교학』65, 서울 : 한국불교학회, 2013.

_____, 「간화선에서 '알 수없음'과 '알고자 함'에 대한 고찰」, 『선학』 48, 서울 : 한국선학회, 2018.

해인사 원당암, 〈용맹정진 대법회 혜암대선사 법문1〉[CD-ROM], 1998년 10월 3일, 원당암 달마선원.

오용석 (吳容錫, Oh Yong-Suk) barabogi1014@naver.com

동국대 및 동 대학원 선학과를 졸업하였다. 일본 구택(駒澤)대학에서 교환 유학을 하였고, 중국 남경대학에서『대혜종고 간화선의 의정(疑情) 연구』로 박사학위를 받았다. 서울불교대학원대학교 명상학 전공 박사과정을 수료하였다. 저역서로『깨달음의 실천』,『대혜종고 간화선 연구』,『선명상과 마음공부』,『현대사회의 마음병과 치유』(공저) 등이 있다. 주요 논문으로는 「간화선에서 '알 수 없음'과 '알고자 함'에 대한 고찰」, 「명상 수행은 모든 심리적 문제를 해결해 줄 수 있는가」, 「선불교의 수행·깨달음에 나타난 비선형적 특징에 대한 고찰」 등이 있다. 동국대학교 종학연구소 전임연구원 및 강사, 조계종 교육원 불학연구소 상임연구원 등을 역임하였다. 현재 원광대학교 마음인문학연구소 연구교수로 있으면서 선불교, 명상 등과 관련된 연구를 진행하고 있다.

A study on the Zen Master Hyeam(慧菴)'s Ganhwa Seon

Oh, Yong-Suk*

Hyeam presented the method and the principle of practice based on the Middle Way of Correct view and the Sudden enlightenment. But when presenting the ideas and methods of Ganhwa, he cited and interpreted the scriptures and the Dharma Discourse of zen Masters on the way of self-examination.

Hyeam emphasized that when practicing the Ganhwa Seon, we will break through the immutability of throughout movement and non-movement, the immutability of throughout dreaming, the immutability of throughout deep sleeping, the sameness of deep sleeping and then can become enlightened immediately beyond the gradual stages of practice.

The essence of the Zen master Hyeam's Ganhwa seon is that doubting the realm where no delusion rises. This is a way to follow the meaning of Hwadu, not the formal transformation of a way of practice Ganhwa. These Hyeam's style become a dynamic to make Buddhist practice Hwadu actively.

Key Words

Key words : Hyeam, Ganhwa Seon, the ability to desire happiness of others, the sameness of deep sleeping, great doubt, Hwadu.

* Research Professor, The Institute of Mind Humanities, Wonkwang Univ.

혜암 선사의 간화선에 대한 고찰을 읽고

윤원철 (서울대학교 종교학과 교수)

혜암 큰스님 탄신 100주년을 맞이하여 스님의 사상과 수행, 교화의 행장을 기리는 이 뜻깊은 행사에 참여하게 되어 크나큰 영광입니다. 더욱이 학덕 높은 선생님들과 자리를 함께 하여 깊은 통찰과 넓은 지혜를 나누어 받으니 행복하기 그지없습니다. 특히 제가 토론을 맡은 오용석 교수님의 발표 논문을 통하여 혜암 스님은 간화선을 어떻게 가르치고 행하셨는지 확실하게 배우고 이해할 수 있었습니다. 미천한 학문에 허우적거리는 저에게는 여러모로 행복한 자리가 아닐 수 없습니다.

더욱이 저와 함께 이 논문의 토론 소임을 맡으신 정도 스님께서 논문의 요지를 간명하게 정리하여 이정표를 세워주신 덕분에 저는 한결 한가롭습니다. 감사합니다. 오교수님의 논문을 따라가면서 드는 생각들과 여쭈어보고 싶은 사항 몇 가지를 말씀드리는 것으로 저의 소임을 갈음하고자 합니다.

I. 見過於師, 不全肯

법어집을 보아도 그렇고 오교수님의 설명을 보아도 그렇고, 혜암 스님은 철저하고 충실하게 조사선의 전통을 잇는 전형적인 간화선 종사임을 알 수 있습니다. 그러나 전통을 충실하게 잇는 데만 그친다면 선사로서는 생명이 없는 셈이나 마찬가지이겠습니다. 분별의 틀로 작용하는 것이라면 그게 무엇이든 깨침을 매개해주지 못할 뿐 아니라 오히려 장애가 된다고 하는 무소의無所依 사상이 선의 역동성을 자아내는 핵심 원천이며, 선의 "전통" 또한 예외가 되지 않습니다. 살불살조殺佛殺祖라는 섬뜩한 말도 그런 정신을 표명하는 한 예이겠습니다.

『전등록』 균주동산양개선사筠州洞山良价禪師조에 이런 대목이 있습니다.

> "화상께서는 선대의 스승을 위해 제사를 지내시는데, 그 선대 스승의 가르침을 긍정하십니까?"
> [동산]스님께서 대답하셨다. "반은 긍정하고 반은 긍정하지 않는다."
> 또 여쭈었다. "어째서 완전히 긍정하지 않으십니까?"
> 스님께서 대답하셨다. "만약 완전히 긍정한다면 스승을 저버리는 셈이다."[1]

스승의 가르침을 전적으로 받아들인다면 오히려 스승을 저버리는 셈이라는 얘기입니다. 백장회해百丈懷海선사도 다음과 같이 말했습니다.

> 견처見處가 스승과 같으면 도는 반쯤밖에 안되고, 견처가 스승을 능가해야만 전수傳授를 감당할 만하다.[2]

여기에서 전수傳授 즉 전해주는 것은 이를테면 "깨달음"이고, 깨달음의 전수傳授와 전수傳受가 이어지며 형성된 것이 선 전통이겠습니다. 그러니까 이 말씀은 선 전통을 이으려면 그것을 자신에게 전해준 스승을 능가해야 한다는 뜻입니다. 그렇다면 제자는 스승의 경지를 그대로 답습하는 데 그쳐서는 안 되고 그 이상을 성취해야 합니다. 자기의 스승을 넘어서는 그런 깨달음이 사제관계마다 대를 이어서 계속 일어날 수 있는가요?

깨달음이라는 것을 그것을 추구하고 성취하는 사람과 별도로 존재하는 어떤

---

1) 원문은 "和尙爲先師設齋. 還肯先師也無. 師曰. 半肯半不肯. 曰爲什麼不全肯. 師曰若全肯卽孤負先師也."
한글 번역은 김월운 옮김, 『전등록』 2 (개정판, 서울 : 동국역경원, 2008), p.297 참조.
2) 『四家語錄』 수록 『百丈語錄』. 원문은 "見與師齊 減師半德 見過於師 方堪傳授"(續藏經 119, p.818a).
한글번역은 백련선서간행회 옮김, 『馬祖錄·百丈錄』(서울 : 장경각, 1989), p.81.

실체적인 덩어리 같은 것으로 여기는 매우 비불교적인(즉 무아, 무상, 공의 도리에 반하는) 관념을 가지고 접근한다면 그건 현실적으로 불가능한 일이겠습니다. 현재의 선승들은 석가모니 이래 대대로 점점 높아져 까마득히 저 우주 끝에 떠있는 깨달음의 경지를 넘어서야 한다는 단순 산술적인 상상이 형성됩니다.

스승을, 내지는 전통을 넘어선다는 것은 굳이 뭔가 새롭고 더 훌륭한 깨달음을 이루고 새롭고 더 훌륭한 설법을 한다는 뜻이 아니라고 생각합니다. 스승을 통해 자신에까지 전해진 전통을 충실하게 체화하되, 그것을 자신이 처하여 살아가는 새로운 환경 속에서 자기 자신의 힘으로 구현하며 살아간다는 것 자체가 이미 스승과 전통을 넘어서는 일이라 하겠습니다.

이 논문 1장 말미의 구절들이 그런 시각을 드러내고 있어서 공감합니다. 혜암스님이 "경전과 조사어 자체를 절대시한 것이 아니라 본인의 체험과 맞는 부분을 주체적으로 취하여 사용한 측면을 보여준다"고 하였고, "간화선은 비록 대혜종고를 필두로 하지만 구체적인 공부 방식에서 그것을 수용하고 체험한 선사들에 따라 조금씩 차이를 보이는데 혜암 역시 기존의 간화선사와 조금 다른 공부 방식을 제시"하고 있되 "핵심 내용 자체가 다르다는 것은 아니라 간화선의 본질에 도달하는 방법적 제시가 다르다는 것을 말한다"고 하였습니다.

그런 의미에서 제 생각에는 선승의 행장을 기리는 일에서 가장 중요한 초점이 될 것은 구체적으로 어떤 상황, 어떤 곳에서 어떤 구도求道와 제도濟度의 살림살이를 꾸려왔는가를 살피는 일이겠다 싶습니다. 사상과 설법, 수행방법 등에서는 우선 전통을 충실히 체화하는 것이 중요한 일이지 당사자만의 독특한 무엇을 빚어내는 게 중요하지 않습니다. 뭔가 두드러지게 획기적으로 새로운 걸 내세웠다면 그게 오히려 수상한 일일 터입니다. 선 전통을 제 몸에 담아 깨달음의 삶을 살아내는 행리 그 자체만으로 이미 당사자만의 혜명慧命이 독자적이고 새롭게 실행되는 것이라고 생각합니다. 그러므로 혜암스님의 법어를 두고 전통에 충실한 대체적인 내용과 함께 미세하게 다른 독자적인 요소까지 읽어낸 이 논문의 대목들은 치밀한 탐구의 결과라고 생각됩니다.

II. 중도사상

혜암스님의 간화선의 바탕이 중도사상임을 적시한 2장 서두의 논술에 동의합니다. 다만 중도의 정견이 있어야 공도리空道理를 알고, 공을 알아야 발심이 가능하고, 발심이 신심을 낳고, 신심이 불과佛果를 낳는다는 식의 일방적 인과因果구도로만 서술된 점이 아쉽게 느껴집니다. 그러면 안 된다는 뜻이 결코 아니고, 시종始終이 별개가 아니라 하나라는 면도 살짝 부각시켜놓으면 좋겠다는 생각을 말씀드리는 것입니다.

III. 선/교

그 다음에는 선禪과 교敎의 관계에 대한 혜암스님과 성철스님의 미세한 입장 차이를 짚어냈는데, 의미가 있는 작업이었다고 생각됩니다. 제가 요즘도 학교강의나 대중강연에서 보여주곤 하는 동영상 중에 혜암스님께서 말씀하시는 장면이 생각납니다.

> 아 불법이 뭐 그게, 팔만대장경에 집착하니께 그렇게 어렵게 생각하제,
> 아 불법이 이 앉은 자리 선 자리 생활하는 것이 이대로 불법입니다. 아, 이
> 걸 떠나서 불법이 없어요. 팔만대장경 그거 저 아는 사람 코닦개나 똥닦개
> 나 같은 겨, 그거......3)

아무튼 이 대목에서는 논자가 스님의 기록된 법어와 평소의 행장을 연결해서 살펴봄으로써 말씀만으로는 집어내기 어려운 세밀한 특징을 간파할수 있었다고 생각합니다.

---

3) 〈나를 찾아가는 길 禪〉, MBC 다큐스페셜, 1998.

Ⅳ. 돈점

그 다음에 수증修證의 돈점 문제에 관한 대목에서는 제가 공부가 모자라서 잘 모르는 까닭에 여쭈어보고 싶은 것이 있습니다. 법어집에 보면 혜암스님께서 돈오와 관련해서는 많이 말씀하셨는데 돈수에 관해서는 말씀이 기록되지 않았더군요. 혹시 기록되지 않았지만 누구든 기억하시는 게 있으면 알려주시면 제가 공부가 되겠습니다. 또한 혹시 사실상 돈수에 관해서는 거의 언급 안 하셨다면 그것은 저희가 어떻게 이해하면 좋을지 인도해주실 의견을 청합니다.

(혜암스님께서 "돈수"만 따로 언급하시는 법문은 거의 없었다는 것이 논자와 청중의 답변이었습니다. 그리고 이는 혜암스님께는 "돈오" 개념에는 저절로 "돈수"가 함축되어 있으므로 굳이 "돈수"를 따로 떼어 언급하실 일이 없었기 때문이리라는 쪽으로 이해가 정리되었습니다.)

Ⅴ. 오매일여

이 주제와 관련해서도 논자는 혜암스님과 성철스님의 어휘에 미세한 차이가 있음을 짚어주었습니다. 어쨌든 두 분 모두 화두참구 즉 간화의 생명은 다른 것이 끼어들 틈새 없이 순일한 의단만으로 부단하고 간절하게 이어지는 데 있음을 이 오매일여 법문으로 강조하신 것이겠습니다.

오매일여를 깨달음의 잣대로 여기는 것은 잘못이라는 주장이 얼마 전에 제기되어 일련의 논쟁이 벌어졌습니다. 제가 이해하기로는 그런 주장에는 일리가 있는 부분도 있고 오해로 인한 부분도 있다고 생각됩니다.

우선, 성철스님이 오매일여를 역설한 취지를 돈오돈수 법문 자체의 맥락과 논리 밖에서 가늠하였기 때문에 오해가 생겼다고 생각합니다. 그 주장에 의하면, 원래 오매일여는 자나 깨나 한결같이 일심으로 화두를 참구해야 한다는 상징적인 뜻인데 이것을 실제 꿈속에서도, 또 숙면 속에서도 화두 참구가 되어야만 깨달은 것, 깨닫게 되는 것이라고 왜곡함으로써 그것을 깨달음의 잣대로 여기는 풍토가 생겼다고 합니다.

그런데, 끊임없이 간절하고 치열하게 정진하라고 다그치면서 오매일여를 거론하는 스승이, 오매일여는 실제 경지는 아니니까 그냥 상징적인 의미로 이해하라는 식으로 가르칠까요? 문제는 스승의 뜻을 제대로 간파하지 못하고 모든 개념을 자기 깜냥으로 물화物化시켜 받아들이는 제자에게 있는 것이지 스승에게 있는 게 아니라고 생각합니다. 그렇다고 해서 오매일여가 실제 경지여야 한다고 믿는 제자의 생각도 잘못된 것만은 아니라고 봅니다. 그런 믿음이 정진의 에너지가 되기 때문입니다. 오매일여를 실제 경지로 구현하고자 매진하는 가운데 삶과 화두가 하나가 되는 것이지, 오매일여는 그냥 상징적인 표현일 뿐이라고 받아들여서야 어디 정진의 에너지가 나오겠습니까?

저뿐만 아니라 많은 분들이 그 논쟁의 와중에서 저와 비슷한 뜻을 표명하였습니다. "오매일여는 화두 참구하는 수좌들의 자기 점검을 위한 최소한의 기준이며 제대로 깨닫지 못한 수행자가 깨달았다고 착각하는 일에 대한 경책"이라 하고 "성철스님의 목적은 오매일여에 있는 것이 아니라 깨달음의 세계에 바로 들어가게 하려는 데 있다고" 한 원충스님의 견해나 "성철선이 강조하는 오매일여는 제자들이 실질적인 노력을 통해 깨달음을 향해 가도록 요구하는 것"이며 "매우 교육적이고 따라서 일회적인 선의 정신에 부합되는 것"이라고 한 안성두 교수의 견해가 그 예입니다. 성철스님이든 혜암스님이든 돈오견성의 필요조건이나 충분조건으로, 즉 깨달음의 객관적인 잣대로 오매일여를 이야기했다고 해석해서는 곤란하다고 생각합니다.

월서스님의 법문을 인용합니다.

...... 요즘 일부 학자들의 견해는 오매일여나 몽중일여가 꿈속인데 어떻게 꿈속에서 조차 화두를 들 수 있는가?라고 의문을 제시하고 있습니다. 말하자면 잠자는데 어떻게 수승할 수 있는가라는 문제제기입니다. 그런데 사실상 그런 경지에 가보지 않고서는 이런 말도 언급을 할 수가 없다는 것을 알아야 합니다. 따라서 오매일여의 경지에 가야 '성불을 할 수 있다 없다'라는 말은 사실상 논쟁거리도 아니라는 말씀입니다......

이런 논쟁은 어떻게 보면 시간낭비에 지나지 않습니다. 성철 스님이 말씀하신 오매일여의 경지란 그만큼 열심히 수행하라는 말씀에 지나지 않습니다......

따라서 화두 수행을 하는 사람은 오매일여니 숙면일여니 몽중일여니 하는 말보다 더 우선시 되는 무조건적으로 신뢰하고 믿고 해야 한다는 겁니다.4)

성철 스님이 오매일여를 강조한 큰 뜻은 그저 제자의 수행을 강조하기 위한 것으로서 선수행의 참된 지침이 되기 위해서였습니다. 즉 의문을 가지지 말고 화두에 대한 신뢰를 가지고 큰 스님이 말한 것을 완전히 그대로 믿어 버려야만 합니다. 그래야 통할 수가 있습니다.5)

한편으로 오매일여 법문에 대한 비판적인 지적에 일리가 있다고 생각되는 부분도 있습니다. 실제로 오매일여를 선수행의 목적 또는 깨달음으로 착각하는 이들도 있다는 점, 또한 그것을 마치 신통력 같은 것으로 여기는 경우도 우려된다는 점이 바로 그것입니다. 실제로 그런 경우가 얼마나 많은지는 모르겠지만, 아무튼 그러한 착각은 돈오돈수 법문에 대한 이해의 부족과 곡해에서 비롯되었겠습니다. 하기는 모든 방편이 대기待機인지라 안 맞는 근기에는 안 맞는 부분이 있을 수밖에 없습니다.

덧붙여 이건 간단한 질문인데요, 夢覺一如를 읽을 때 저는 몽교일여라고만 배웠는데, 몽각일여라고 읽는 것도 일반적인지 가르침을 주시기 바랍니다. ("몽교일여"로 읽는 것이 일반적이라는 좌중의 답변이 있었습니다).

---

4) 「인간이 추구해야 할 최상의 도」, 고산 외 공저, 『마음공부』, 불교TV 무상사 큰스님 초청법회 법문집 2 (서울 : 휴먼앤북스, 2009), 137쪽.
5) 같은 글, 141쪽.

VI. 나가는 말

제프리 스타우트(Jeffrey Stout)라는 학자가 다음과 같은 말을 했습니다.

진정한 스승들은 훌륭함을 가늠하는 당대 최고의 기준까지도 넘어서며,
그들 덕분에 그 기준들이 확장된다. 스승으로서의 그들의 권위가 확립되는
것도 그 때문이며, 그 덕분에 후계자들이 추구하고 성취할 자량資糧이 더욱
풍부해진다.6)

추구할 자량이 더욱 풍부해지는 건 후계자들로서는 버거운 일로 느낄 수
도 있습니다. 하지만 스승의 자량을 따라잡고 나아가 넘어서는 것이 그리
장한 일이 아니며 제자로서 스승을 저버리지 않는 기본 요건이라는 기개가
없다면 납자로서의 존재의의를 확보할 수 없을 것입니다.
　그 자량을 실체적으로 가늠할 수 있는 무슨 업적이나 경지로만 생각한다
면 버겁고 어렵게 여길 수도 있겠습니다만, 저는 무엇을 닦느냐보다는 어떻
게 닦느냐가 불교수행에서 가장 중요한 사안이라고 생각합니다. 선사들이
아무리 돈오견성은 손바닥 뒤집는 것과 마찬가지라고 가르쳐도, 범부의 입
장에서 성불은 막막한 목표입니다. 그 막막한 목표를 향해 수행을 함에, 게
다가 그것이 돈오돈수 법문에 의하면 돈오견성과 인과관계가 없다고 함에
도 불구하고 어쨌든 하고자 할 때, 성실한 수행자가 취할 태도가 무엇이겠
습니까? 그것을 가리키는 개념이 바로 정진精進이라고 생각합니다. 더욱이
목표가 막막한 만큼, 무한한 정진입니다.
　그러고 보니까 고승대덕의 법문 중에 유난히 정진을 당부하는 대목들이
많으며, 심지어는 모든 고구정녕苦口丁寧 법문의 낙처落處가 바로 정진이라

---

6) Jeffrey Stout, *Ethics after Babel : The Language of Babel and Their Discontents* (Boston :
Beacon Press, 1988), p.268.

는 점을 알아차리게 되었습니다. 혜암스님 법문에서도 무수히 만나게 됩니다. "어떠한 일이 있더라도 오직 이 공부를 성취하고 말겠다는 결심이 아니면 도저히 이 공부는 성취하지 못합니다." 여기서 "어떠한 일이 있더라도"는 "죽어도"라고 들어도 괜찮겠습니다. 화두는 목숨을 걸고 들어야 한다는 말씀이겠습니다. 한편으로, 화두가 잘 안 들린다면 목숨을 걸지 않았기 때문이라는 말씀이겠습니다. 각자의 목숨은 각각 절대적이기 때문에, 목숨을 건 정진이라면 절대성이 있습니다.

이는 군이 불교에만 해당되는 것은 아닙니다. 초월적인, 출세간적인 이상을 추구하는 고전종교의 수행자들에게 모두 공통적으로 가장 중요한 것이 정진이겠습니다. 바야흐로 사람들이 갈수록 종교를 미덥잖게 여기는 척박한 세태에 종교인들이 그 불신을 불식시킬 가장 중요한 자량이 정진이라고 생각합니다.

미천하고 장황하기만 한 의견 내내 들어주셔서 감사합니다.

윤원철(Yun Woncheol) yunwc@snu.ac.kr

서울대학교에서 종교학 전공으로 학사와 석사 학위를 받았으며, 미국 롱아일랜드에 있는 스토니브룩 뉴욕주립대학교에서 박사학위를 받았다. 현재 서울대학교 종교학과 교수로 재직하고 있으며 한국종교학회 회장, 서울대학교 종교문제연구소 소장 등을 역임하였다. [불교사상의 이해], [똑똑똑 불교를 두드려보자], [종교와 과학], Religious Culture in Korea, Makers of Modern Korean Buddhism 등의 저술에 공저자로 참여하였고, 옮긴 책으로는 [종교학의 전개], [종교의 이해], [깨침과 깨달음], [종교의 세계] 등이 있다.

혜암 선사의 간화선에 대한 고찰을 읽고

정도 (동국대 불교대 교수)

이번 혜암대종사 탄신 100주년 기념 전문가 워크숍에 토론자로 참석하게 되어 좋은 인연이라 생각합니다. 그리고 오용석 교수님은 불교계에서 연구와 발표 등 활발하게 활동하고 계신 것으로 알고 있습니다. 이번 교수님의 논문을 통해 혜암대종사에 대하여 선명하게 알 수 있게 되었습니다. 논평자의 몫을 다하기 위해 교수님의 글 중 요점이 되는 부분을 정리해보고 몇 가지 궁금한 점을 질문 드리는 것으로 하겠습니다.

I. 들어가는 말

혜암선사의 간화선이 가진 보편성과 특수성을 염두에 두면서 혜암 선사가 제시한 간화선의 사상과 방법적 특징을 고찰해 볼 것이다.

그러면 혜암 선사는 어떠한 방식으로 간화의 공부 방식을 제시하고 있을까. 본 연구에서는 크게 두 가지 측면에서 혜암 선사의 간화선에 대하여 논의해 볼 것이다. 첫째는 선사의 간화선이 근거하고 있는 사상적 측면이다. 선사는 기본적으로 중도의 정견과 돈오를 근거로 간화의 방법을 제시한다.

둘째는 선사가 제시한 간화선법의 특징에 대한 것이다. 과연 선사가 제시한 간화선은 방법적 측면에서 어떠한 점을 특징으로 하는지 선사의 법어와 법문 등을 중심으로 살펴볼 것이다.

II. 중도의 정견과 돈오

선사는 발심이란 일체 만법이 실체가 없음을 바로 보는 것에서 시작된다고 말한다. 즉 세간의 모든 것이 유위법有爲法이기에 영원한 것은 없으며 영원한 것이 없기에 일체 모든 법의 실체가 비어있다. 그래서 일체 모든 법이 실체가 없어서 공空하다는 것을 알기 위해서는 중도의 정견이 필요하다는 것이다. 이것을 다른 말로 하면 중도의 정견이 있어야만 발심할 수 있음을 말한 것이다. 그러면 다시 중도란 무엇일까? 스님은 「태평가, 중생에게 남기고 싶은 메시지」에서 다음과 같이 설하였다.

> 불교의 중도中道라 하는 것은 모순과 대립된 양변인 생멸生滅을 초월하고
> 생멸이 융화하여 생生이 즉 멸이고 멸이 즉 생이 되어버리는 것을 말합니다.

교가敎家에서는 중도의 이론체계요 선종禪宗에서는 중도의 실천 부문입니다. 실천을 위한 이론이지 이론을 위한 이론이 아닙니다"1) 이러한 내용 역시 성철 스님의 사상과 차이가 없어 보이지만 혜암 스님은 "중도를 알면 불법을 알고 불법을 알면 조사선祖師禪을 아는 것입니다"고 하면서 중도를 조사선으로 바로 귀결시키고 있는 것에 미세한 차이가 있다. 성철 스님은 철저한 선사이면서도 교가敎家의 설을 자유자재로 인용하고 선주교종禪主敎從의 입장에서 교와의 관계를 설정했다고 한다면, 혜암은 교와의 관계를 염두에 두기보다는 선 자체에 가치 부여를 했다고 볼 수 있다.

선과 교는 근원적으로 차이가 없으나 교는 바른 길을 가기 위한 방편이라는 것이다. 그러나 함의에서는 미묘한 차이가 있다. 성철 스님에게 교란 조사의 말씀이 필요 없을 수준에 이르기까지 필요한 것으로 가치적 측면에서 본다면 여전히 중요한 것이다. 그러나 혜암 스님에게 있어서 교의 가치란 바로 가는 방법을 알기 위해 필요한 것으로 정도의 측면에서 성철 스님과 차이가 있다.

---

1) 혜암문도회, 『慧菴大宗師法語集-Ⅰ. 上堂法語』, 김영사, 2007, p.218.

육조 스님께선 나무장사로서 글자는 한 자도 몰라도 도를 깨친 까닭에 그 법문은 부처님과 다름 없고 천하 없이 학문을 많이 한 사람도 절대로 따를 수 없었습니다"2)라고 말하였는데 이러한 관점은 선을 하면 교는 저절로 이루어진다고 보는 것이다. 스님의 이러한 태도는 교리를 부정하면서도 경전을 연구했던 성철 스님과 조금 다른 부분이라고 할 수 있다. 이런 맥락에서 평생 적게 먹는 것과 장좌불와를 통해 모든 것들 통섭했던 스님의 삶을 이해할 수 있을 것이다.

혜암 스님은 '단지불회시즉견성但知不會是卽見性'을 '다만 알 수 없고 얻을 수 없이 바로 견성이다'로 말하였는데 이러한 해석은 원문의 취지와는 맞지 않다. 원문에서는 우리 자신의 마음을 주객 이분의 법으로 나누어 파악할 수 없기에 견성은 자신의 마음을 알 수 없다는 것을 아는 것을 말하는 것이다. 이와 같은 내용을 보면 혜암 스님은 성철 스님의 설을 전적으로 수용하기는 했으나 스스로도 『수심결』을 보았다는 것을 알 수 있다. 또한 본인이 생각하기에 조사선의 취지와 맞는다고 생각하면 비판여부를 떠나 그 내용을 취하고 더 나아가 새로운 해석까지 시도하였음을 보여주는 것이다. 이러한 혜암 스님의 태도에 대해서는 다양한 해석이 있을 수 있으나 스님 자신만의 독특한 안목과 개성 그리고 주체적인 입장에서 선학先學들의 가르침을 내면화시켰음을 알 수 있다.

수도자는 내 일만 잘하면 되는 것입니다. 그래서 성철 스님 따라가 나락을 찧어서 봉암사 살림하고, 또 안정사 토굴로 가 토굴 생활 함께하고, 마산 성주사로, 대구 팔공산 성전암으로 가 집도 짓고 창문도 달고 그랬습니다"3)

이와 같은 스님의 태도는 선 수행의 핵심이 어디에 있는지 잘 보여준다. 누군가의 인정을 바라는 것, 모방하는 것은 선의 길이 아니기 때문이다. 이런 의미에서 스님의 사상은 임제가 외친 "함께 도道를 닦는 여러 벗들이여! 그대들이 참다운 견해를 얻고자 한다면 오직 단 한 가지 속임수에 걸리는

2) 혜암문도회, 『慧菴大宗師法語集-II. 大衆法語』, 김영사, 2007, p.175.
3) 정찬주, 『공부하다 죽어라』, 열림원, 2013, pp.36-37.

미혹함을 입지 않아야 한다. 안으로나 밖으로나 만나는 것은 바로 죽여 버려라. 부처를 만나면 부처를 죽이고, 조사를 만나면 조사를 죽이며, 나한을 만나면 나한을 죽이고, 부모를 만나면 부모를 죽이고, 친척권속을 만나면 친척권속을 죽여야만 비로소 해탈하여 어떠한 경계에서도 투탈자재透脫自在하여 얽매이지 않고 인혹人惑과 물혹物惑을 꿰뚫어서 자유자재하게 된다"[4]를 떠올리게 한다.

Ⅲ. 혜암 선사의 간화선법

논자는 혜암 선사의 간화선법을 크게 두 가지 관점에서 살펴볼 것이다. 첫째는 화두 참구의 과정과 관련된 것이고, 둘째는 화두 참구의 구체적 방법에 대한 것이다. 그러면 먼저 화두 참구의 과정과 관련하여 살펴보자.

1. 화두 참구의 과정

혜암 스님 역시 화두 공부의 보편성과 가능성에 대하여 다음과 같이 말한다."승속이 상관없습니다. 도는 앉은 자리와 선 자리를 모두 따라 다니기 때문입니다. 내 마음을 찾는 것이 도이니, 내 마음을 찾는 공부를 해야 합니다. 날마다 사람을 죽이더라도 공부를 하면 성인이 될 수 있지만, 아무리 착한 일을 해도 공부를 하지 않으면 성인은 되지 못합니다. 화두가 바로 우리 주인을 보는 거울이니까 화두를 들고 공부하면 됩니다"[5] 화두는 우리의 본래면목을 보는 거울이기 때문에 화두를 들고 공부하면 누구라도 심지어 사람을 죽인 살인자일지라도 공부하여 성인이 될 수 있다는 것이다. 그러면 화두 공부를 어떻게 시작해야 하는가? 스님은 다음의 네 가지를 강조한다.

---

4) 『鎭州臨濟慧照禪師語錄』, CBETA, T47, p.500b. "道流 爾欲得如法見解 但莫受人惑 向裏向外逢著便殺 逢佛殺佛 逢祖殺祖 逢羅漢殺羅漢 逢父母殺父母 逢親眷殺親眷 始得解脫 不與物拘 透脫自在."
5) 혜암문도회, 『慧菴大宗師法語集-Ⅱ. 大衆法語』, 김영사, 2007, p.224.

화두 참구에 있어서 나름대로 사족을 붙여본다면 네 가지로 요약할 수 있겠습니다. 첫째 고해중생을 제도하려는 대원이 있어야 하고, 둘째 '내 마음을 깨치면 곧 부처[卽心是佛]'라는 신심이 있어야 하며, 셋째 '저이는 장부(丈夫)인데 나는 어찌하여 무명으로 생사윤회하는가'하는 분심이 있어야 하고, 넷째 화두는 의심이 생명이니 의심을 낼 일입니다. 의심이 있으면 활구요, 의심이 없으면 사구라는 것을 명심해야 합니다.6)

화두 공부는 크게 네 가지를 갖추어야 하는데 바로 대원大願, 신심, 분심, 의심이다.

화두 공부를 통해 깨치는 단계는 동정일여, 몽중일여, 숙면일여, 오매일여를 거친다. 스님은 「능도能度에게」라는 서신에서는 "구경각究竟覺에 노정기路程記를 요약하자면 화두가 동정일여動靜一如를 지나서 몽각일여夢覺一如 - 숙면일여熟眠一如 - 오매일여寤寐一如가 되어 사중득활(死中得活 : 일체 분별 없는 경지)하여야 된다.

성철 스님의 오매일여는 잠든 상태에서 화두 의정이 지속되느냐의 여부에 비중을 둔 것이지만, 혜암 스님의 오매일여는 잠이 기준이 아니라 화두 의정이 24시간 지속되느냐에 방점을 두었기 때문이다. 두 분의 최종적인 견지는 같다고 하여도 중요하게 생각하는 부분에 미세한 차이가 있다. 따라서 혜암 스님처럼 오매일여의 경지를 이해하게 되면 삶과 화두를 분리할 수 없게 된다.

2. 활구와 의정

스님은 한 용맹정진 법문에서 다음과 같이 역설하였다.

삼세 제불께서 '일체 함령이 다 불성이 있다'고 하셨거늘 조주는 무엇을

---

6) 혜암문도회, 『慧菴大宗師法語集-Ⅱ. 大衆法語』, 김영사, 2007, p.198.

인하여 '무'라 일렀습니까? 이것은 분별식으로 의심하지 않고 마음과 몸을 다 버리고 의단과 하나가 되어서 의심하는 것을 뜻합니다. 이 말은 '무'를 대상으로 해서 의심하는 것이 아니라, 나와 화두가 없이 화두의 의단과 한 덩어리가 되어 의심하는 것입니다. (…) 화두는 암호인데 암호의 내용은 잠이 꽉 들어서도 일여一如한 데에서 깨쳐야만 풀 수 있는 것입니다. 그 전에는 풀 수 없다는 것이 근본적으로 딱 서야 합니다. 이것이 화두를 참구하는 근본 자세입니다. 화두를 생각생각 들어야 합니다. 모든 시간에 화두를 매하지 아니해서 가고 서고 앉고 눕고 대소변을 할 때에도, 옷을 입고 밥을 먹을 때 화두를 항상 들어야 합니다. 고양이가 쥐를 잡듯 닭이 알을 품듯 천만 번 매하지 말고 화두만 들어 간단없이 참구해야 합니다.[7]

이 내용은 언뜻 보기에 일반적인 화두 공부의 방법과 크게 다르지 않다. 심지어 성철 스님의 법문과 흡사하다.[8] 그러나 조금 다른 부분이 있는데 바로 "이 말은 '무'를 대상으로 해서 의심하는 것이 아니라, 나와 화두가 없이 화두의 의단과 한 덩어리가 되어 의심하는 것입니다"라는 부분이다. 일반적으로 참선은 화두에 대하여 의심을 일으킬 것을 강조한다. 그렇다면 조주무자趙州無字의 화두는 '무'를 대상으로 의심을 일으키는 것이 아닌가? 그러나 스님은 화두 공부는 그렇게 들어가는 것이 아니라는 점을 강조한다.

스님은 화두 공부의 핵심은 한 생각 일어나기 이전 소식으로 들어가는 것이라고 말한다. 예를 들면 '무자화두'를 들 때에도 '무자'에 의심을 일으키는 것이 아니다. 만약 '무자'를 대상으로 의심을 일으키면 사구(死句)가 된다. 왜냐하면 이것은 하나의 '개념'이기 때문이다. 만약 개념을 사용해 의심을 일으키면 분별망상이 생겨날 뿐 참의심이 생겨날 수 없다. 그러므로 '무자'를 들어서 의심을 일으키는 것이 아니라 '무'라고 하는 이전 소식 즉 화두를 들기 이전을 향해서 의심해 나가는 것이다.

---

7) 혜암문도회, 『慧菴大宗師法語集-Ⅱ. 大衆法語』, 김영사, 2007, pp.22-24.
8) 퇴옹성철, 『자기를 바로 봅시다』, 장경각, 2009, pp.134-135.

Ⅳ. 나가는 말

간화선은 출가수행자의 전유물이 아니라는 것, 누구나 이 법문을 통해 깨칠 수 있다는 가능성을 현실적으로 제고提高하여 출재가 공통의 수행 위주 가풍을 일으킨 것이다. 그래서 스님은 "번뇌망상을 쉰 사람이 사는 곳은 바로 부처님 도량이고, 그렇지 못한 사람이 사는 곳은 아무리 법당이나 절이 거룩하고 스님이 백만명이 살고 있어도 속가집이라고 합니다"9)고 역설하였다.

〈질문1〉 "혜암 스님은 '단지불회시즉견성但知不會是卽見性'을 '다만 알 수 없고 얻을 수 없이 바로 견성이다'로 말하였는데 이러한 해석은 원문의 취지와는 맞지 않다. 원문에서는 우리 자신의 마음을 주객 이분의 법으로 나누어 파악할 수 없기에 견성은 자신의 마음을 알 수 없다는 것을 아는 것을 말하는 것이다."
이 부분에 대해 성철스님의 사상과 어떤 점이 같고 다른지요?

〈질문2〉 "스님은 성철스님과의 인연을 다음과 같이 회고한다. "내가 인사를 하면서 '스님 가신 데 따라겠습니다'하고 말했습니다. 성철스님 따라가 나락을 찧어서 봉암사 살림하고, 또 안정사 토굴로 가 토굴 생활 함께하고, 마산 성주사로, 대구 팔공산 성전암으로 가 집도 짓고 창문도 달고 그랬습니다"10)
이런 의미에서 스님의 사상은 임제가 외친 "부처를 만나면 부처를 죽이고, 조사를 만나면 조사를 죽이며, 나한을 만나면 나한을 죽이고,"
이 부분에서 혜암스님이 성철스님을 존경해서 따르는 것과 임제스님의 '살불살조'와 어떻게 연결되는지요?

---

9) 혜암문도회, 『慧菴大宗師法語集-Ⅱ. 大衆法語』, 김영사, 2007, p.224.
10) 정찬주, 『공부하다 죽어라』, 열림원, 2013, pp.36-37.

〈질문3〉 "화두 공부를 통해 깨치는 단계는 동정일여, 몽중일여, 숙면일여, 오매일여를 거친다...성철 스님의 오매일여는 잠든 상태에서 화두 의정이 지속되느냐의 여부에 비중을 둔 것이지만, 혜암 스님의 오매일여는 잠이 기준이 아니라 화두 의정이 24시간 지속되느냐에 방점을 두었기 때문이다. 두 분의 최종적인 견지는 같다고 하여도 중요하게 생각하는 부분에 미세한 차이가 있다." 이 부분에서 성철스님의 오매일여를 잠든 상태만의 화두 의정으로 볼 수 있을까요?

다시한번 큰 스님의 뜻을 기리는 좋은 인연에 감사드립니다.

정도스님(Jeong Do, 속명 서왕모 Seo Wang Mo) seojeongdo@hanmail.net

동국대 선학과 및 동대학원 선학과를 졸업, [경봉선사연구]로 박사학위를 취득했다. 저서로는 [경봉선사연구]운주사와 [석전영호대종사]조계종출판사 공저가 있다. 한국선 관련 논문등을 발표하였다. 통도사 교무국장, 포교국장, 조계사 포교국장역임. 대한불교조계종 교육원 교육부장역임, 통도사양산전법회관 정각사 주지 역임, 현재 동국대학교 불교학부 교수이다.

논평에 대한 발표자의 답변

오용석

　윤원철 교수님과 정도스님께서 본 논문을 읽고 깊이 있는 토론을 해주셨습니다. 토론문을 통해 고민해주신 부분들은 앞으로 혜암스님의 간화선을 연구하는 데 필요한 연구 주제가 될 것입니다. 본 논문은 혜암스님의 간화선에 대한 시작 단계의 논문이라고 할 수 있습니다. 그래서 구체적인 논의와 관련해서는 더 많은 연구가 필요할 것입니다. 지면 관계상 저는 두 분 토론문에서 공통적으로 나온 '오매일여(寤寐一如)'와 관련하여 소견을 말씀드리고자 합니다.

　먼저 '오매일여'를 상징적인 의미로 보느냐 아니면 체험 가능한 경지의 영역인가에 대한 논의가 있습니다. 본 연구자는 혜암스님의 정진은 오매일여를 실제로 체험하기 위한 과정 자체였다고 생각합니다. 스님에게 있어서 오매일여는 상징적 언구가 아닌 화두의 의정이 순숙해진 상태에서 발현되는 정신적 체험이었을 것입니다. 그래서 스님은 오매일여의 상태가 간화선 수행자의 수행 정도를 점검할 수 있는 기준으로 삼았다고 봅니다. 물론 이 부분과 관련하여 성철스님과 혜암스님의 견해 차이는 없었을 것입니다.

　다음으로 '오매일여'가 '잠'을 기준으로 한 것이냐에 대한 것입니다. 오매일여는 깊이 잠든 상태에서도 화두 의정이 지속되는 것입니다. 성철스님이 잠을 강조한 것은 잠이라는 의식 상태가 인간의 잠재적 번뇌에 해당한다고 보았기 때문일 것입니다. 그러나 혜암스님은 오매일여를 자나 깨나 24시간 화두 의정이 지속되는 경지라고 보았습니다. 중요한 것은 두 분 모두 화두 의정의 상태와 업식의 비중이 어느 정도 비례 관계에 있다고 보았던 점입니다. 다만 혜암스님은 진정한 오매일여라면 잠이라는 개념 자체를 설정할 수 없기에 24시간 화두 의정이 지속되는 것을 강조해서 말하고 있다고 생각합니다.

　혜암스님의 간화선과 관련하여 좋은 제언과 토론을 해 주셔서 다시 한번 감사드립니다.

혜암성관의 선사상과 한국불교에서의 위상

정영식 (성균관대학교 유교철학·문화콘텐츠연구소 수석연구원)

초록

慧菴性觀(1920~2001)선사는 조계종의 제 10대 宗正이며 大禪師이다. 먼저 그의 경전인용의 특징을 살피면, 圭峰宗密(780~841)이나 永明延壽(904~975)에 대한 언급이 거의 없다. 종밀이나 연수는 모두 선교겸수禪敎兼修를 주장한 인물들로서 조선시대 이래 많은 승려들이 인용해왔다. 하지만 혜암 선사는 종밀과 연수에 대해서 거의 인용하고 있지 않다. 그 이유는 혜암이 돈오돈수頓悟頓修를 주장했기 때문이다. 또 혜암은 唐代의 선어록을 주로 인용하고 宋代선사들의 어록은 별로 인용하고 있지 않다. 특히 大慧宗杲(1089~1163)에 대해 거의 언급하지 않는 것은 다른 승려들과 다른 특징이라고 할 수 있다. 그 이유는 혜암이 唐代禪을 모범으로 생각했기 때문이다.

혜암 선사상의 특징으로는 먼저 淨土往生을 설하고 있지 않다는 것이다. 조선시대의 승려들은 대부분 西方淨土를 인정하였고, 죽고나서 정토에 왕생할 것을 희구하였다. 하지만 혜암은 오직 唯心淨土만을 주장할 뿐이며, 靈駕法門에서도 정토왕생을 설한 적은 없었다. 이러한 점은 혜암이 선승의 본분에 충실했다는 증거이다. 또 혜암은 寤寐一如를 얻은 뒤에야 비로소 究竟覺을 획득할 수 있다고 하였는데, 오매일여의 개념은 楞嚴經과 깊은 관계에 있다. 楞嚴經은 고려시대 이후 많은 승려들이 영향을 받았는데 선승들이 능엄경을 통해서 무엇을 얻으려 했는지, 특히 해인사에서는 능엄경이 어떻게 받아들여졌는지 연구할 필요가 있다.

주제어

혜암성관, 유심정토, 오매일여, 능엄경, 해인사

I. 서론

혜암성관慧菴性觀 대종사(1920~2001)는 조계종 제10대 종정을 역임하신 대선사이다. 내년이면 혜암이 탄생한지 100년이 된다. 그럼에도 불구하고 혜암의 사상에 대한 연구는 아직 일천한 수준에 있다. 지금 현재 혜암성관에 대한 연구는 「가야산의 대쪽, 혜암성관 대종사의 생애와 사상」(여연, 혜암대종사 제 1회 학술대회 자료집, 2014), 「혜암선사의 선사상과 수행법」(종호, 혜암대종사 제 1회 학술대회 자료집, 2014), 「혜암선사의 수행리더십 형성과 하화중생」(조기룡, 혜암대종사 제 1회 학술대회 자료집, 2014)의 3편이 전부이다. 혜암에 대한 연구가 시급하다.

한 사람의 사상은 혼자서 독단적으로 형성될 수 없다. 혜암의 선사상이 형성되는 데 있어서는 가깝게는 스승이나 도반이 영향을 주었을 것이며, 멀게는 불교경전과 조사어록에서 자양분을 섭취하였을 것이다. 본 논문에서는 혜암에게 영향을 준 경전과 어록이 무엇이며, 또 영향을 준 인물에 대해서 밝힐 것이다. 또 혜암의 선사상 가운데에서 유심정토론唯心淨土論과 오매일여론寤寐一如論을 대상으로 하여 그 사상적 특징과 연원을 살펴보고자 한다.

텍스트는 『혜암대종사법어집』 I, II(2007, 혜암문도회 편)[이하 '법어집'

이라고 약칭한다)와 혜암의 법문 테이프 1~12(해인사 원당암, 대웅음반)을
대상으로 한다.

II. 본론

1. 혜암 선사상에 미친 경전과 조사어록

우리나라는 태고보우(太古普愚, 1301~1382)가 중국 임제종의 석옥청공
石屋淸珙을 사법한 이래로 법통으로서는 임제종을 잇고 있으며, 사상적으로
는 육조혜능의 남종선을 계승하고 있다. 조계종의 제 10대 종정을 역임한
혜암도 이에 해당된다. 혜암의 비명碑銘에서는 법맥을 다음과 같이 정리하
고 있다.

〈石屋淸珙 → 太古普愚→ .... → 西山休靜 → 鞭羊彦機→ 風潭義諶 →
月潭雪霽 → 喚醒志安 → 錦溪元宇 → 靑波慧苑 → 百忍泰榮 → 翫眞大安 →
枕虛處華 → 草愚永瑄 → 南湖幸準 → 龍城震鐘 → 麟谷昌洙 → 慧菴性觀〉[1]

이와 같이 혜암은 육조혜능의 사상을 계승한 남종선의 법계를 잇고 있다.
따라서 『법어집』에 인용된 경전이나 조사어록도 남종선에서 중요시한 것들
에서 크게 벗어나지 않는다.

우선 혜암은 1988년에 행해진 「수다라修多羅」 誌와의 인터뷰에서 '좋아
하는 조사어록'으로서 『육조단경』·『돈오요문』·『전심법요』·『임제록』을 들
고 있다.[2] 이 4개의 선어록은 남종선의 대표적인 어록으로서 성철스님도
중요시한 것이었다. 또 「해인海印」 1995년 1월호에 게재된 대담에서는 '평
소에 독송하는 경전'으로서 『신심명』과 『증도가』를 들고 있다. 『신심명信心
銘』은 중국 선종의 제 3조 승찬(僧璨, ?~606)이 지은 것으로 알려져 있으

---

1) 傳佛心燈扶宗樹敎曹溪宗正慧菴堂性觀大宗師舍利塔碑銘(법어집 II, 380.)
2) 『법어집』 II, 208.

며, 『증도가證道歌』는 영가현각(永嘉玄覺, 665~713)이 지은 것으로서 조선 시대 이래 많이 독송되어 왔던 것들이다. 위의 사실에서 보면 혜암에게 영향을 준 경전이나 어록 가운데 특이한 경향은 별로 없는 것 같기도 하다. 하지만 『법어집』을 꼼꼼히 읽어보면 다른 승려에게서 찾을 수 없는 특징을 많이 간취할 수 있다.

1) 경전류

『법어집』을 읽어보면 혜암은 경전에 대한 지식이 대단히 해박한 것을 알 수 있다. 혜암은 『아함경』을 비롯한 소승경전 뿐만 아니라, 『열반경』·『능가경』·『유마경』 등의 대승경전도 많이 인용하면서 설법하고 있다. 반면에 고려시대 이래로 많이 읽혀져 왔던 『화엄경』·『법화경』·『원각경』에 대한 인용이 적은 것이 눈에 띈다. 그 이유는 『화엄경』이나 『법화경』이 점수漸修를 주장하기 때문에 돈오돈수를 강조한 혜암의 안목에는 맞지 않았기 때문이라 생각된다(『법어집』에는 경전보다 조사어록에 대한 인용이 훨씬 많다. 여기에서 선승으로서의 혜암의 입장이 강하게 느껴진다.).

『법어집』에 인용되고 있는 경전 가운데서 특이한 점을 몇 가지 들어보면, 우선 아난阿難과 발기비구跋耆比丘의 고사를 인용한 개소가 많다는 점이다. 이 고사는 『오분율五分律』 등에 나오는데, 그것은 다음과 같다.

〈아난존자가 비사리에서 주야로 설법하니 대중의 내왕이 거의 부처님 계실 때와 같았습니다. 발기비구가 누각 위에서 좌선하는데, 요란하여 해탈삼매에 들 수가 없어서 게를 설하여 말하되 '고요한 나무아래 좌선하여 열반을 생각하며 정진에 방일하지 말라. 법문을 많이 해서 어디에 쓸 것인가'라고 하였습니다. 그때에 아난이 즉시 독처獨處에 가서 용맹정진하다가 몸이 몹시 피로하여 염언念言하되 '몹시 피로하니 잠깐 눕고자 한다'고 할 때 머리가 목침에 닿기 전에 확철대오하였습니다.〉[3]

---

3) 『법어집』 I, 병자년(1996) 하안거법어, 191.

이 고사는 『법어집』의 여러 곳에서 설해지고 있다. 이 고사는 석가모니가 멸하신 후 비사리성毘舍離城에서 행해진 소위 오백결집 때에 일어난 일이다. 발기비구는 발기국跋耆國 또는 발기족跋耆族의 비구를 가리키는데, 발기족은 중인도의 북부에 살았던 종족이다. 발기비구는 선정에 열심인 반면에, 아난은 다문제일多聞第一로서 교학을 대표하는 인물이다. 이 고사는 '아무리 설법을 많이 듣고 또 설법을 잘 한다 해도 선정을 열심히 하는 것만 못하다'는 것을 강조한 것이다. 혜암이 이 고사를 자주 설하는 이유는 교외별전敎外別傳을 주장하는 선승으로서 당연한 것이라고 할 수 있다.

다음으로 혜암이 설한 경전 가운데 특징적인 것은 『선문경禪門經』이다. 그 인용구절은 다음과 같다.

> 〈『선문경』에 이르기를 '바깥 모양에서 구한다면 비록 몇 겁을 지난다 해도 마침내 이루지 못할 것이요, 안으로 마음을 관조하여 깨치면 한 생각 사이에 보리를 증한다'.(禪門經云, 於外相求, 雖經劫數, 終不能成. 於內覺觀, 如一念頃, 即證菩提.)〉4)

> 〈『선문경』에 이르기를 '부처님의 성스러운 지혜인 일체종지를 구하려고 하면 선정이 요긴한 것이니, 만약 선정이 없으면 망상이 시끄럽게 일어나서 그 선근을 무너뜨린다고 하였느니라'.(禪門經云, 求佛聖智, 要即禪定. 若無禪定, 念想喧動, 壞其善根.)〉5)

이 부분은 『돈오입도요문론頓悟入道要門論』에도 나오는데, 혜암도 『돈오입도요문론』을 읽고 인용한 것이라 생각된다. 앞의 『오분율』과 마찬가지로 선정을 닦음이 중요함을 강조하고 있다.

『선문경』은 『불설선문경佛說禪門經』이라고도 하는데, 7세기 말경에 중국에서 만들어진 위경僞經이다. 그 이후 일실되어 소식이 없다가, 20세기 초에 돈황에서 사경寫經이 발견되었다. 저자는 혜광慧光으로서, 혜광은 법명을

4) 『법어집』 I, 갑술년(1994. 10.30) 동안거법어, 83.
5) 『법어집』 I, 갑술년(1994. 11.15) 동안거법어, 87.

대조大照라고 하고, 도안(道安, 582~709)과 하택신회(荷澤神會, ?~760)를 사사한 인물이다. 『선문경』은 『돈오입도요문론』등에 종종 인용되고 있으며, 때로는 『선요경禪要經』으로 불리기도 한다. 내용은 돈오를 강조한 것으로, 사선십이관문四禪十二觀門을 빌리지 않고 일념一念의 내관內觀에 의해 깨달음을 얻는다고 한다. 돈오를 강조하고 있기 때문에 『돈오입도요문론』에 인용되었고, 또 『돈오입도요문론』을 중요시한 혜암에 의해서 설법의 재료로 사용되었다고 생각된다.

2) 조사어록류

『법어집』에 인용되고 있는 어록은 주로 남종선계통의 어록이 많다. 그 특징으로서는 첫째. 당대唐代 선사들의 어록이 대부분이고 송대宋代 이후의 어록은 거의 없다는 사실이다. 그것은 선종사에 있어서 당대의 선이 모범이 되고, 당대를 선의 전성기로 보아왔기 때문이다. 둘째. 종래 우리나라에서 많이 읽혀져 왔던 규봉종밀(圭峰宗密, 780~841)이나 대혜종고(大慧宗杲, 1089~1163)의 어록이 거의 인용되고 있지 않다는 사실이다. 이 점은 한국선의 전통과는 다른 혜암의 독자성이라 할 수 있을 것이다.

종밀은 돈오점수를 주장했기 때문에 인용하지 않는 것은 이해할 수 있으나, 대혜를 거의 인용하지 않는 것은 특이하다 아니할 수 없다. 아시다시피 대혜종고의 『서장書狀』은 사집과四集科의 교과목으로서 지금도 많이 읽혀지고 있는 어록이며, 보조지눌 이후 많은 선승들이 공부해 왔다.

『법어집』에서는 『전심법요』·『임제록』·『위산영우선사어록』등 주로 당대 선사들의 어록을 많이 인용하고 있는데, 그 가운데서도 『돈오입도요문론』과 『육조단경』에 대한 인용이 많다. 『돈오입도요문론』을 인용한 대표적인 구절 몇 개를 들면 다음과 같다.

〈어떤 법을 닦아 곧 해탈을 얻을 수 있겠습니까? 오직 돈오의 한 문만이 해탈을 얻을 수 있느니라.(問, 欲修何法, 即得解脫. 答, 唯有頓悟一門, 即得解脫.)〉6)

〈어떤 것을 돈오라고 합니까? 돈頓이란 단박에 망념을 없앰이요, 오悟란 얻은 바 없음을 깨치는 것이다.(云何為頓悟. 答, 頓者頓除妄念, 悟者悟無所得.)〉7)

〈이 돈오문은 무엇으로서 종취를 삼고, 무엇으로서 참 뜻을 삼고, 무엇으로서 본체를 삼으며, 무엇으로서 활용을 삼는 것입니까?(問, 此頓悟門, 以何為宗, 以何為旨, 以何為體, 以何為用.)
무념을 종취로 삼고 망심이 일어나지 않음을 참 뜻으로 삼으며, 청정을 본체로 삼고, 지혜로서 활용을 삼느니라.(答, 無念為宗, 妄心不起為旨, 以清淨為體, 以智為用.)〉8)

『돈오입도요문론』은 성철스님도 대단히 강조한 문헌으로서, 마조도일의 제자인 대주혜해(大珠慧海, 생몰연대 미상)가 남긴 어록이다. 따라서 당대선의 주류였던 홍주종洪州宗의 사상이 잘 드러나 있다.

당대선의 중심사상은 본각문本覺門 즉 '모든 중생은 이미 깨달음을 갖추고 있다'고 하는 본각本覺을 중시한다. 홍주종은 그러한 사상을 대변하는 종파이며 홍주종의 사상을 보통 '작용즉성설作用卽性說'이라고 한다. 따라서 어떤 사람들은 '홍주종에서는 수행할 필요가 없다고 주장한다. 그 증거가 평상심시도平常心是道이다'고 말하기도 한다. 사실 마조도일의 주장을 보면 수행불요修行不要라고 느껴지기도 한다. 하지만 마조가 '평상심이 바로 도이다'고 할 때의 평상심이란 중생의 번뇌심을 가리키는 것이 아니라, 번뇌심의 밑바닥에 있는 자성청정심自性淸淨心을 가리키는 것이다. 이러한 홍주종의 핵심을 혜암은 정확하게 지적하고 있다.

〈여기에 평상심은 번뇌망상의 평상심이 아닙니다. 조작도 없고, 시비도 없고, 취사심도 없고, 무상하다는 단견斷見과 불변하다는 상견常見도 없고, 범부와 성인도 없는 청정무구한 평상심으로 알아야 합니다.〉9)

6) 『법어집』 I, 갑술년(1994) 하안거법어, 52.
7) 『법어집』 I, 갑술년(1994) 하안거법어, 53.
8) 『법어집』 I, 병자년1996) 하안거법어, 187-188.

그런데 혜암은 당대선사들의 어록을 많이 인용하면서도 취사선택을 하고 있다. 당대선사들의 어록에서 많이 보이는 구절 가운데 하나가, 스승이 이름을 부르면 제자가 '예!'하고 대답하는 순간 깨치는 것이다. 이것은 '예!'하고 대답하는 너 자신 밖에 진리는 없다고 하는, 홍주종의 주장을 바로 드러낸 문답이다. 예를 들면 다음과 같은 것이다.

〈분주(汾州)화상이 좌주로 있을 때 42본 경론을 강하고 마조에게 와서 물었다. '삼승십이분교三乘十二分教는 제가 대략 그 뜻을 압니다만 종문의 뜻은 어떠하옵니까?'. 그러자 마조선사가 좌우를 돌아보면서 말했다. '좌우에 사람이 많으니 일단 가거라'. 분주가 문을 나오는데 발을 문턱에 걸치자마자 선사가 '좌주야!'하고 불렀다. 이에 분주가 돌아보면서 '예!'하고 대답했다. 선사가 말했다. '이것이 무엇인가?'. 분주는 당장에 깨닫고 절을 하고 일어나면서 말했다. '제가 42본 경론을 강하면서 아무도 나를 이길 이가 없다고 여겼었는데, 오늘 화상을 만나지 않았더라면 일생을 헛되이 보낼 뻔하였습니다'.〉10)

마조의 주장은 '예!하고 대답하는 너 자신을 떠나서 도는 없다. 네가 예!하고 대답한 그 순간에 이미 도는 드러나 있는 것이다[作用卽性]'고 하는 것이다. 이것을 안다면 수행은 필요 없다.

위와 같이 부르면 대답하는 문답은 당대선의 특징을 잘 나타내는 것이며, 당대선사들의 어록에 대단히 많이 나온다. 그런데 혜암은 이러한 문답을 전혀 인용하지 않는다. 그 이유는 여러 가지가 있겠지만, 그러한 문답은 수행을 통해서 깨달을 것을 강조하는 간화선과는 맞지 않기 때문이다. '당대선이 돈오를 주장하지만 "수행불요"를 주장하는 것은 아니다. 이 점을 착각해서는 안된다. 간화선은 시각문始覺門에 서는 것이지 본각문本覺門이 아니다. 따라서 열심히 화두를 들어서 깨쳐야만 한다.'라고 혜암은 강조하고 있는 것이다.

9) 『법어집』Ⅰ, 갑술년(1994) 하안거 반결제법어, 57.
10) 『祖堂集』권14, 江西馬祖條. "汾州和尙爲座主時, 講四十二本經論, 來問師, 三乘十二分教, 某甲粗知, 未審宗門中意旨如何. 師乃顧視云, 左右人多. 且去. 汾州出門, 脚纔跨門, 師召座主. 汾州廻頭應喏. 師云, 是什摩. 汾州當時便省, 遂礼拜起來云, 某甲講四十二本經論, 將謂無人過得, 今日若不遇和尙, 泊合空過一生."

3) 우리나라의 선적

『법어집』에서 인용되는 어록은 주로 중국선사들의 어록이 많고 우리나라 선사들에 관한 언급은 상대적으로 적다. 『법어집』에 나오는 우리나라 선사들의 말씀은 도헌(道憲, 824~882)의 「봉암사지증대사적조탑비鳳巖寺智證大師寂照塔碑」, 나옹혜근(懶翁惠勤, 1320~1376)의 『나옹화상어록懶翁和尙語錄』, 청허휴정(淸虛休靜, 1520~1604)의 『선가귀감禪家龜鑑』, 만공월면(滿空月面, 1871~1946)의 『만공어록』 등이다.

우선 도헌(道憲, 824~882)은 구산선문의 하나인 희양산문曦陽山門의 개조로서 봉암사鳳巖寺를 개창한 인물이다. 그의 비문이 「봉암사지증대사적조탑비인데」, 혜암은 그 비문에 나오는 육이六異와 육시六是를 들고 있다. 육이와 육시는 도헌의 일생이 세속인과 다른 12가지를 든 것이다. 그것은 다음과 같다.

〈육이六異〉

강생지이降生之異 : 출생의 인연이 남과 다름.

숙습지이宿習之異 : 숙생의 인연이 남과 다름.

효감지이孝感之異 : 부모에 대한 효도가 남과 다름.

여심지이勵心之異 : 중생을 위하는 마음이 남과 다름.

율신지이律身之異 : 수행의 엄격함이 남과 다름.

수훈지이垂訓之異 : 가르침을 베품이 남과 다름.

〈육시六是〉

행장지시行藏之是 : 행동이 항상 올바름.

지보지시知報之是 : 은혜를 아는 올바름.

단사지시檀捨之是 : 보시를 아끼지 않는 올바름.

개발지시開發之是 : 봉암사를 개창한 것의 올바름.

출처지시出處之是 : 나가고 들어옴의 올바름.

용사지시用捨之是 : 쓰고 버림의 올바름.

혜암이 「봉암사지증대사적조탑비」를 인용하여 도헌의 육이와 육시를 설한 것은 법왕사에서 일반대중을 상대로 설법했을 때이나 구체적인 일시는 알 수 없다.11)

비문을 쓴 최치원(崔致遠, 857~?)이 한 인물의 일생을 육이와 육시로 나누어서 서술한 것이 특이하기는 하지만, 육이와 육시 내지는 이와 유사한 개념은 유가와 불가에서 이전부터 사용되고 있었던 것이다. 예를 들면 도교에서 「십이구미론十異九迷論」을 지어서 석가모니를 비난한 것에 대해서, 일찍이 법림(法琳, 571~639)은 「변정론辯正論」을 지어서 반박하였는데, 여기서 그는 석가모니의 생애가 노자의 생애와 다른 열가지[十異]에 대해 서술하고 있다.12) 또 육시의 개념도 이미 유가와 불가에서 널리 알려진 개념인 듯한데13), 불교에서는 일찍부터 육여시六如是라는 개념이 있었다.

또 혜암은 『법어집』 속에서 승려와 재가신자들을 위한 공부법에 대해 여러 가지를 들어 설하고 있다. 그런데 그것을 조사해 보면 휴정의 『선가귀감』이나 만공월면의 말을 인용한 것임을 알 수 있다. 우선 혜암은 을해년(1995) 하안거 해제법어에서 '전문수행자를 위한 공부점검법'을 설하고 있는데, 이는 『선가귀감』에서 나온 것임을 알 수 있다(괄호안은 『선가귀감』의 원문이다).

〈*참선하는 사람이 선지식의 은혜가 지중한 줄을 아는가?
  (大抵叅禪者, 還知四恩深厚麽.)
*이 몸은 오물을 담고 있는 가죽주머니로 시각을 두고 생각 생각에 썩어
  가는 줄을 아는가?(還知四大醜身, 念念衰朽麽.)
*인생 백년이 먼 것 같으나 숨 한 번 내쉬고 들이쉬는데 있는 줄을 아는가?
  (還知人命在呼吸麽)
*무상법문을 듣고 과거인연도 지중했으며 현세인연도 희유한 줄을 아는가?
  (生來値遇佛祖麽.   及聞無上法, 生希有心麽.)

---

11) 『법어집』 II, 186-188.
12) 『광홍명집』(대정장 52, 175c)
13) 박정희 전대통령이 5.16혁명을 일으키기 전날 종이쪽지에 썼다고 하는 것이 人生六是이다. 그것은 權力是 一時的, 財産是后人的, 健康是自己的, 知識是有用的, 情誼是珍貴的, 聲譽是長遠的의 여섯 가지이다.

*법문이 귀중하다면 자심을 망각하지 않고 수행인다운 지조를 지킬 줄 아는가?(不離僧堂守節麼)

*타인을 상대할 때에 잡담을 금하고 열심히 공부하고 있는가?
(不與鄰單雜話麼)

*남에 대한 시비를 일삼지 않고 마음을 안정하여 공부하고 있는가?
(切忌皷扇是非麼)

*남과 이야기할 때도 화두가 간단없이 연속되는가?
(對人接話時, 無間斷麼.)

*24시간 동안 화두가 명백하여 매하지 않는가?
(話頭十二時中, 明明不昧麼.)

*보고 듣고 모든 일을 분별할 때 화두와 한 덩어리가 되는가?
(見聞覺知時, 打成一片麼.)

*자기공부를 돌아보아 능히 부처와 조사를 붙잡을 만한가?
(返觀自己, 捉敗佛祖麼.)

*자기 자신을 돌이켜 볼 때 금생에 결정코 불조의 혜명을 계승할 수 있겠는가?(今生決定續佛慧命麼)

*이 몸이 건강할 때에 지옥고의 무서움을 생각하는가?
(起坐便宜時, 還思地獄苦麼.)

*몸은 업보로 태어남인데 결정코 생사윤회를 벗어나겠는가?
(此一報身定脫輪廻麼)

*팔풍(八風) 즉 이익 볼 때나 손해 볼 때나, 비난받을 때나 칭찬받을 때나, 추켜올리거나 희롱하거나, 기쁠 때나 슬플 때나 내 마음이 모든 경계에 사로잡혀 동하지 않겠는가?(當八風境, 心不動麼.))14)

그런데 이 공부법은 『만공어록滿空語錄』에도 나오는 것인데, 만공은 사홍서원을 발할 때에 휴정의 이 공부법으로 먼저 점검한 뒤에 사홍서원을 발하고 있는 것이다.15)

그런데 이 외에도 혜암은 만공의 공부법을 많이 참고하였고. 또 이를 수

---

14) 『법어집』 I, 을해년(1995) 하안거 해제법어. 136-137. 『선가귀감』(한불전 7, 637c.)
15) 『만공어록』(선학원, 1968년), 243-245.

행자들에게 권유하고 있는 경우가 많다. 『법어집』에는 이 공부법들이 만공의 말임을 지적하고 있지는 않지만, 『만공어록』을 읽어보면 거기에 나오는 것들이다. 먼저 설법일시가 불분명한 상당법어에서 혜암은 '공부에 도움이 될 경구' 25개조를 설하고 계신데, 이는 『만공어록』 「유어遺語」, 제8 경구警句에 나오는 말이다. 그 일부를 들면 다음과 같다.

〈*죄의 원천은 노는 것에 있습니다.
*자기면목을 찾는 정진은 하지 않고 재색에 눈부터 뜨게 되면 천불이 출세해도 제도할 수 없습니다....〉16)

또 다른 상당법어에서도 '공부에 도움이 될 경구' 40조를 설하고 있는데, 이는 『만공어록』 「유어遺語」, 제2 나를 찾는 법(참선법)의 일부분임을 알 수 있다. 『만공어록』의 '나를 찾는 법'은 전부 76조로 되어 있으나 이 가운데 35~76조만을 혜암은 인용하고 있다. 그 일부는 다음과 같다.

〈*오전悟前이나 오후悟後나 한 번씩 죽을 고비를 넘겨야 합니다.
*참선은 모든 업장과 습기를 녹이는 도가니입니다.....〉17)

이 뿐만이 아니다. 일시가 불분명한 상당법어에서는 '불법에 대한 경구'18)와 '불교에 대한 경구'19)를 말하고 있는데, 이것도 또한 『만공어록』에 나오는 내용들이다.

이상으로 혜암에게 영향을 준 경전과 조사어록을 조사해 보았는데, 그 특징을 정리하면 다음과 같다.

첫째. 혜암은 『법어집』에서 당대조사들의 어록을 많이 인용하고 있다. 이 것은 중국선에서 당대선을 모범으로 간주하고 있는 학계의 흐름과 같다. 그러나 수행론에 있어서는 송대에 발생한 간화선을 주장하고 있다. 여기에서

---

16) 『법어집』 I, 상당법어, 249-251.
17) 『법어집』 I, 상당법어, 254-257.
18) 『법어집』 I, pp.261~262. 『만공어록』, 「遺語」, 佛法, 220-223.
19) 『법어집』 I, pp.262~263. 『만공어록』, 「遺語」, 佛教, 223-225.

일종의 모순 내지 취사선택이 발생하고 있다. 당대선은 타고난 자기의 불성을 강조하는 본각문의 입장에 서고, 반면에 송대선은 수행의 필요성을 주장하는 시각문의 입장에 선다. 간화선을 주장하는 혜암은 당연히 화두참구를 통한 수행의 필요성을 강조하고 있고, 본인도 평생에 걸쳐서 장좌불와를 한 대선지식이다. 따라서 당대선을 많이 인용하면서도 부르면 '예!'하고 대답하는, 본각문을 강조하는 문답은 거의 인용하고 있지 않다.

둘째. 한국 선불교 전통의 한켠에는 선교겸수禪敎兼修의 경향이 엄존하고 있다. 아무리 조선시대 이후 사교입선捨敎入禪을 강조했다 하더라도, 선교겸수의 전통이 있는 것은 부정할 수 없다. 지눌은 종밀의 사상에 의거하였고, 혜심도 『종경록』을 대단히 많이 인용하고 있다. 그 후의 많은 선사들도 종밀과 연수의 사상을 많이 인용한다. 하지만 혜암의 『법어집』에는 종밀이나 연수에 대한 인용이 거의 없다. 여기서 혜암이 얼마나 돈오돈수를 강조했던가를 알 수 있다. 『화엄경』이나 『법화경』에 대한 인용이 적은 것도 이와 같은 맥락일 것이다. 『화엄경』에서는 보살52위를 말하고, 천태에서도 지관止觀수행이라는 점수법漸修法을 말하고 있기 때문이다.

2. 혜암 선사상의 특이성

1) 유심정토唯心淨土론

조선시대의 승려들은 삼문수업三門授業이라고 해서 참선과 경전공부, 염불을 모두 닦고 있었다. 선·교·염의 삼문은 조선시대선의 특징이라고 할 수 있다. 따라서 조계종의 선승들은 대부분 염불을 하고 있었다. 또한 그들은 정토왕생을 믿어서 평소에도 서방정토를 믿거나, 적어도 늙어서 입적할 때가 다가오면 대부분 염불을 닦았다. 이것이 조선시대 선의 흐름이었다고 할 수 있다.

예를 들어 휴정은 「아미타불탱발阿彌陀佛幀跋」에서

〈삼가 극락교주 아미타불의 존용尊容 1탱幀을 그리고, 향을 꽂고 예배하여 대서원을 발해서 말하기를 '원컨대 임종할 때에 죄업을 멸하여 서방아미타불을 뵙고, 금색광명 속에서 수기를 받고 미래제가 다하도록 중생을 제도하기를. 허공은 다함이 있어도 서원은 다함이 없어 시방의 제불諸佛이 증명하기를'>20)

라고 하여 서방정토의 존재를 긍정하고 있다. 또 부휴선수(浮休善修, 1543~1615)는 사명유정이 입적하자 「송운대사소상소松雲大師小祥疏」에서 다음과 같이 말하고 있다.

〈엎드려 생각건대 망사께서는 숨어서는 지혜와 자비를 늘리시고 움직이면 충서를 행하였습니다. 인因을 닦음이 이미 이러하니 과果를 증득함이 응당 높으실 것입니다. ....엎드려 바라건대 망사께서는 속히 오온의 환질을 벗어나 높이 구품연대에 올라 문수와 더불어 함께 노닐고 관음과 더불어 함께 유희하시길 빕니다.〉21)

부휴선수는 유정이 입적하자 정토에 올라 구품연대에서 왕생하기를 기원하고 있는 것이다. 이와 같이『부휴당대사집浮休堂大師集』권5에는 천도소薦度疏나 수륙소水陸疏가 많이 실려 있는데, 이 중 대부분에서 '엎드려 바라건대 망사는 속히 삼계화택을 벗어나 구품연대에 태어나기를 바랍니다'는 구절이 등장하고 있다. 이와 같이 조선시대에는 선승이라도 정토왕생을 희구하고, 염불을 닦는 것이 일반적이었다고 생각된다.

한편 근대 일본의 불교학자이며 고마자와(駒澤)대학의 학장이었던 누카리야 가이텐(忽滑谷快天, 1867~1934)은『조선선교사朝鮮禪教史』를 썼는데, 그 속에서 '조선의 승려들은 선승이면서도 정토왕생을 희구한다'고 비판하고 있다. 그는 조선시대의 승려들을 크게 두 가지 점에서 비판하고 있는데, 하나는 '조선의 승려들이 육체는 죽어도 마음은 불멸하다[心常身滅]고 생각하였다'는 것이고, 둘째는 '조선의 승려들이 선승이면서도 정토왕생을 희구

---

20) 「阿彌陀佛幀跋」"敬畵, 極樂教主阿彌陀佛, 尊容一幀, 焚香頂禮, 發大誓願云, 臨我臨終滅罪障, 往參西方大慈尊, 金色光中蒙授記, 盡未來際度衆生, 虛空有盡願不盡, 十方諸佛作證明."
21) 浮休善修,『浮休堂大師集』(『한불전』8책, 21a) "伏念亡師, 潛增智悲, 動爲忠恕. 修因旣爾, 證果應高......伏願亡師, 速離五蘊幻質, 高步九品蓮臺, 與文殊而同遊, 伴觀音而相戲."

한다'고 한 점이었다[22]. 누카리야는 조동종의 승려였기 때문에 임제종 중심이었던 한국의 조계종에 대해서 편협된 관점을 가졌던 것은 사실이지만, 조선시대의 많은 승려들이 정토왕생을 희구했던 것도 또한 부정할 수 없다. 그렇다면 정토왕생을 희구하는 것은 선승으로서 정당한가?

이들과 달리 혜암은 오로지 유심정토만을 주장할 뿐 서방정토의 실재를 인정하지 않는다(적어도 『법어집』을 보는 한). 이러한 측면은 선사로서의 혜암의 가치를 높이고 있으며, 또한 전통적인 한국선과 다른 독특한 것이라 할 수 있다. 혜암은 게송에서 다음과 같이 읊고 있다.

> 〈선 밖에 일찍이 정토를 말하지 않으니
> 정토 밖에 선 없음을 반드시 알라.
> 선정禪淨문화의 실천하는 행은
> 공안을 들어 다하면 불속에 연꽃이 피리.
> 무명번뇌는 능히 사람을 죽이고
> 보리지혜는 가히 사람을 살리니
> 정토와 선정이 공(空)한 곳이라야
> 비로소 정토와 선정을 보느니라.〉[23]

뿐만 아니라 『법어집』 Ⅱ의 제4부에는 〈영결식법어〉가 수록되어 있는데, 여기에는 경봉대종사추도문을 비롯하여 19개의 영가법문이 수록되어 있다. 그런데 여기 어느 한 곳에도 정토를 말한 곳은 없다. 예를 들어 기양스님 영결사에서는 다음과 같이 말하고 있다.

> 〈기양스님의 영혼이여! 밝고 신령한 그 한 점은 끝없는 과거로부터 오늘에 이르기까지 끊어야 할 번뇌도 없고, 구해야 할 보리도 없다. 가고 옴도 없고, 진실도 거짓도 없으며, 남도 죽음도 없다. 사대四大에 있을 때도 그러했고 사대四大를 떠난 때도 그러하다.〉[24]

---

22) 누카리야의 조선시대 선에 대한 인식에 대해서는 「『朝鮮禪敎史』에 나타난 忽滑谷快天의 한국선종 인식」(정영식, 한국선학 40, 2015)을 참조바란다.
23) 『법어집』 Ⅰ, 정축년(1997) 하안거 법어, 197.

그러나 인간에 있어서 생사문제는 크며, 죽음 이후에 어떻게 되는가는 누구나가 알고 싶어한다. 특히 중생들은 정토가 있다고 믿고, 승려들이 '당신은 죽어서 정토에 태어날 것이 틀림없습니다'고 말해주기를 바랄 것이다. '마음 밖에 따로 정토가 없다[唯心淨土]'고 생각하면서도 중생들의 이러한 바람을 저버리지 못해 '마음 밖에 정토가 따로 있다'고 설한다면 이는 바로 선승의 본분을 벗어나 '인정人情에 당當하는 것'이다. 하지만 혜암은 다음과 같이 말하고 있다.

〈화두가 바로 우리 주인을 보는 거울이니까 화두를 들고 공부를 하면 됩니다. 알아듣지 못해도 그 말만 해야지, 착한 일을 해 복을 지어 천상에 가는 비법非法을 가르칠 바에는 비상을 먹여 죽여버리라고 했습니다. 천상으로 가면 바로 지옥으로 가게 되어 있는데, 그 고통 받을 일을 무엇 때문에 가르칩니까. 하루를 도 닦다 죽더라도 그것만 가르치라는 것입니다.〉25)

천상이니 지옥이니 하는 구별은 원래 없고 모두 마음이 지은 것이라고 하는 것이 선의 주장이다. 그런데도 중생들이 원한다고 해서 '천상에 가는 비법非法'을 가르칠 바에야 차라리 비상을 먹여 죽여버리겠다는 극단적인 말까지 혜암은 하고 있다. 비록 화두드는 것이 어렵다 하더라도 정법正法만 가르쳐야지, 서방정토니 천상이니 하는 비법非法을 가르치면 안 된다고 한 것이다. 그런 의미에서 본다면 혜암은 참으로 선지식이었다고 할 수 있을 것이다26).

2) 오매일여(寤寐一如)론

(1) 오매일여의 의미

혜암의 『법어집』에는 오매일여에 대한 말이 여러 번 나온다. 예를 들면 다음과 같다.

---

24) 『법어집』 Ⅱ, 기양스님 영결사(1997년), 319.
25) 『법어집』 Ⅱ, 직선제 하면 망합니다(1995년). 224-225.
26) 혜암의 법문 테이프에는 영가법문이 많이 수록되어 있는데 거기서도 혜암은 '지옥과 천당은 전부 거짓말이다'고 분명히 말하고 있다.

〈수좌들의 공부가 가나 오나 서나 앉으나 누우나 한결같이 쉬지 않고 물 흐르듯이 해야 합니다. 몽중일여와 숙면일여가 되어서 잠이 꽉 들어서도 일여한 데서 깨쳐야만 해탈하는 것입니다. 그 전에는 견성할 수 없다는 것이 근본적으로 딱 서야 합니다.

동정일여도 안되고 몽중일여도 안되는 그런 깨우침은 깨친 것이 아니고 실제로 생사에는 아무 소용도 없습니다. 실제로 생사에 자재한 능력을 가질 수 있는 깨침이어야지 생각으로만 깨쳤다고 하는 것은 생사에 아무 이익도 없습니다. 그것은 깨침이 아니고 불교의 병이요 증상만인입니다.

그러니 우리의 공부가 실제로 오매일여가 되어 영겁불망이 되도록 위법망구爲法忘軀하여 정진으로 부사의해탈경계不思議解脫境界를 성취하고 미래겁이 다하도록 고해중생의 다생부모를 제도합시다.〉27)

여기서 혜암은 수행의 단계로서 동정일여動靜一如 → 몽중일여夢中一如 → 오매일여寤寐一如 → 구경각究竟覺의 단계를 세우고 있는데, 이러한 단계는 성철스님의 주장과 큰 차이가 없다.

그런데 오매일여에 대해서는 여러 가지 논의가 많다. 오매일여라는 용어의 유래는 무엇이며, 오매일여는 과연 어떤 경지를 가리키는지, 또 혜암이 말하는 오매일여는 어떤 상태를 가리키는 지 등이다.

오매일여가 경전에서 쓰인 최초의 사례는 『능엄경』이다. 『능엄경』 권10에서는 다음과 같이 말한다.

〈아난아. 선남자가 삼매를 닦아서 상음[想陰 : 생각]이 다한 사람은 평소에 꿈과 생각이 없어져서 깨어있을 때나 꿈꿀 때가 항상하다寤寐恒一. 또 깨달음은 밝고 텅 비어서 마치 맑은 하늘과 같아서, 다시 경계로 인한 거친 번뇌가 없다.〉28)

『능엄경』에서는 오매항일寤寐恒一이라고 표현하고 있으나 이는 오매일여

---

27) 『법어집』Ⅰ, 계유년1993) 동안거 반결제 법어, 37.
28) 阿難. 彼善男子修三摩提想陰盡者, 是人平常夢想銷滅, 寤寐恒一, 覺明虛靜猶如晴空, 無復麤重前塵影事.

혜암성관의 선사상과 한국불교에서의 위상 249

와 같은 의미이다. 이 때의 상태는 '낮에는 생각[想陰]이 없고 밤에는 꿈이 없는 상태(夢想銷滅)'를 가리킨다고 한다.

또 대혜종고는 다음과 같이 말하고 있다.

〈종고가 또 말하기를 '내가 깨어있을 때에 부처님이 칭찬하신 바는 그것을 행하고 부처님이 비방하신 바는 그것을 어기지 않았다. 종전에 스승에 의지하여 스스로 공부를 지어 조금 얻은 바가 있어 깨어있을 때는 완전히 수용하였으나, 침상에 올라 반쯤 잠이 들었을 때는 이미 주재할 수가 없었다. 꿈에서 금은보화를 보면 꿈속에서 기쁨이 한이 없고, 꿈에서 다른 사람에게 칼로 핍박을 받을 때와 악경계惡境界에서는 꿈속에서 두려웠다. 그래서 스스로 "이 몸이 아직 있는데도 잠잘 때 이미 주재할 수가 없는데, 하물며 사대四大가 무너지고 중고衆苦가 치연할 때는 어떻게 되돌릴 수 있겠는가?"고 생각하였다. 여기에 이르러서 비로소 마음이 급해졌다. 그러자 원오선사가 또 말하기를 "네가 말하는 많은 망상이 다 끊어질 때에 너는 저절로 오매항일처寤寐恒一處에 도달할 것이다"고 하셨다. 처음에는 그 말을 듣고 믿지 않고 매일 스스로 "깨어 있을 때와 잠잘 때가 분명히 두 가지인데 어떻게 크게 입을 열어 선禪을 말하겠는가?"고 생각하였다.〉[29]

여기서 대혜는 오매일여에 대해 이야기하고 있는데, 여기서 말하는 오매일여는 '깨어있을 때와 마찬가지로 잠잘 때에 경계로 인한 번뇌가 일어나지 않는 상태'를 가리킨다. 보통 유식불교에서는 꿈을 일으키는 것은 제 6식인 의식意識이라고 한다. 그래서 의식을 몽중의식夢中意識이라고 부르기도 한다. 대혜가 말하는 오매일여는 바로 이 의식意識이 제거된 상태를 가리킨다고 생각된다. 그렇다면 이 때의 오매일여는 혜암이 말하는 몽중일여夢中一如에 해당된다.

이에 반해 성철스님이나 혜암이 말하는 오매일여는 멸진정滅盡定을 가리

---

29) 『大慧普覺禪師語錄』(대정장 47, 935c) "宗杲復日, 如宗杲未睡著時, 佛所讚者依而行之, 佛所訶者不敢違犯. 從前依師, 及自做工夫, 零碎所得者, 惺惺時都得受用. 及乎上床半惺半覺時, 已作主宰不得. 夢見得金寶, 則夢中歡喜無限. 夢見被人以刀杖相逼, 及諸惡境界, 則夢中怕怖惶恐. 自念, 此身尚存, 只是睡著已作主宰不得, 況地水火風分散, 眾苦熾然, 如何得不被回換. 到這裏方始著忙. 先師又日, 待汝說底許多妄想絶時, 汝自到寤寐恒一處也. 初聞亦未之信, 每日我自顧, 寤與寐分明作兩段, 如何敢開大口說禪."

킨다.30) 멸진정이란 모든 심작용이 일어나지 않는 경지를 말하는데, 제 7말나식의 心王과 心所가 멸한 상태를 말한다. 하지만 유식학파에서는 멸진정의 단계에서도 아뢰야식은 없어지지 않는다고 한다. 따라서 오매일여 이후에 반드시 구경각을 얻어야 한다고 말한다. 혜암은 다음과 같이 말한다.

〈이와 같은 구경각인 중도中道를 정등각하려면 오매일여라는 관문이 있습니다. 몽중일여는 무상정無想定인 제 7지보살에 들어가고, 오매일여는 제 8아뢰야 멸진정 경계인 제 8지보살에 들어가는데, 역대조사가 동시에 말하기를 '여기가 비록 승묘경계勝妙境界나 대사저인大死底人이며 불의언구不疑言句가 대병大病이니 다시금 화두를 참구하야 대사각활大死覺活하야 확철대오를 증하여 구경각하여야만 출세하고 각覺이라 한 여정유리함보월如淨琉璃含寶月의 경계다'라고 하였습니다.〉31)

즉 혜암은 오매일여를 얻었어도 다시 화두를 참구하여 확철대오하여야 비로소 구경각을 얻는다고 한다. 이 때에 비로소 아뢰야식의 미세망념까지도 없어지는 것이다. 따라서 혜암의 이러한 견해는 유식학파의 관점에 서 있는 것이라고 할 수 있다. 이상 혜암이 말한 수행의 단계를 정리하면 다음과 같다.

3.
현대
한국불교
에서의
혜암
선사의
위상

동정일여(動靜一如) : 시끄러울 때나 조용할 때가 동일한 경지. 6地이하.
몽중일여(夢中一如) : 제 6 의식意識을 멸한 경지. 7地에 해당.
오매일여(寤寐一如=熟眠一如) : 제 7 말나식未那識을 멸한 경지. 8地 이상에 해당.
구경각(究竟覺) : 제 8 아뢰야식阿賴耶識마저 멸한 경지. 여래의 경지에 해당.

---

30) 성철스님은 華嚴七地에 대해서 '그러나 熟眠一如인 멸진정의 自在位는 아니어서 여기에 아직 一大重關이 있으니 노력하여 기필코 투과하여야 한다(『禪門正路』, 113.).'고 말씀하셨다. 여기서 熟眠一如(=寤寐一如)는 滅盡定의 상태임을 알 수 있다.
31) 『법어집』Ⅰ, 무인년(1998) 8월 18일 상당법어, 220.

(2) 『능엄경』과 오매일여(寤寐一如), 소소영영(昭昭靈靈)

『법어집』 II에는 혜암의 다음과 같은 법어가 실려 있다.

〈세간에서는 소소영영昭昭靈靈한 영대靈臺의 지성이 몸속에 있고 그것을
우리의 마음 또는 주인공이라고 부르고 있습니다. 그러나 그것은 생사의 근
본이며 망상의 기연이며 분별지의 대상입니다. 만일 주인공이 소소영영한
것이라면 깨어있을 때에도 잠들어 있을 때에도 그 소소영영함은 변함이 없
어야 할 것입니다.

이것은 도둑을 아들로 잘못 삼은 것입니다. 세간에서 소소영영하다고 생
각하는 것은 견문각지見聞覺知의 경계를 벗어나지 못한 것입니다. 우리의 눈
앞에 펼쳐진 현실적 경계가 없다면 그것은 토끼의 뿔, 거북이의 털과 마찬가
지로 헛된 명칭에 지나지 않습니다. 그것은 참된 주인공이 아닙니다.〉[32]

설법일시와 장소가 불분명한 이 법어에서 혜암은 '소소영영昭昭靈靈'에 대
해서 말하고 있다. 이 법어의 전반부는 모두 시詩이기 때문에 혜암이 어떠한
맥락에서 '소소영영'에 대해서 말하고 있는지는 알 수 없고, 또 소소영영에
대한 언급은 이 구절이 유일하다. 혜암은 '세간에서는 소소영영을 주인공이
라고 생각하지만, 사실 그것은 망상이며 견문각지의 경계이다'고 비판하고
있는 것이다.

그런데 이 소소영영이라고 하는 개념은 오매일여와 깊은 관계에 있다. 우
선 성철스님은 『선문정로』 「8. 오매일여」에서 다음과 같이 설명하고 있다.

〈'一般으로 昭昭靈靈한 靈臺의 智性이 있어서, 능히 보며 능히 듣고 五蘊
의 身田 속에서 主宰를 짓나니 이렇게 하여 善知識이라 한다면 크게 사람을
속임이다. 만약에 昭昭靈靈을 認得하여 너의 眞實을 삼는다면, 昏睡할 時에

32) 『법어집』 II, 죽은 뒤에 부질없이 천고의 한을 품으면서, 47-48. 이 구절은 『景德傳燈錄』 「玄沙從一大師
條」에 나오는 다음의 내용과 거의 같다. "更有一般便説, 昭昭靈靈, 靈臺智性能見能聞, 向五蘊身田裏作主
宰. 恁麼為善知識大賺人. 知麼. 我今問汝. 汝若認昭昭靈靈是汝真實, 為什麼昏睡時又不成昭昭靈靈. 若
昏睡時不是, 為什麼有昭昭時. 汝還會麼. 遮箇喚作認賊為子. 是生死根本, 妄想緣氣. 汝欲識此根由麼.
我向汝道. 汝昭昭靈靈, 只因前塵色聲香等法而有分別, 便道此是昭昭靈靈. 若無前塵, 汝此昭昭靈靈, 同於
龜毛兔角. 仁者真實在什麼處. 汝今欲得出他五蘊身田主宰, 但識取汝祕密金剛體." (대정장 51, 345a)

는 어째서 昭昭靈靈이 없어지는가. 만약 瞌睡할 때에 없으면 이것은 盜賊을 誤認하여 子息으로 삼는 것과 같으니, 이는 生死의 근본이며 妄想의 緣起이다.'Ⓐ

*(성철스님 말씀) 如何히 大悟하고 知見이 高明한 것 같아도, 實地境界에 있어서 熟眠時에 如前히 暗黑하면 이는 妄識의 變動이요 實悟는 아니다. 그러니 修道者는 반드시 寤寐一如의 實境을 透過하여야 正悟케 된다.)33)

Ⓐ는 현사사비玄沙師備의 말로서 요점은 '어떤 사람들은 견문각지의 주체인 소소영영을 진심이라고 착각하고 있다. 하지만 소소영영은 진심이 아니다. 왜냐하면 소소영영은 잠잘때는 작동하지 않기 때문이다.'고 하는 것이다.34) 즉 진심眞心은 상주불변해야 하므로, 잠잘 때나 깨어있을 때나 항상 작동해야 한다. 즉 오매일여해야 한다. 성철스님은 현사의 이 말에서부터 오매일여의 원리를 도출하지 않았을까 생각된다.

그런데 이 소소영영이라는 개념은 『능엄경』과 깊은 관계에 있다는 것을 알 수 있는데, 『능엄경』권1에서는 다음과 같이 말하고 있다.

〈佛이 아난阿難에게 고하기를 '아난이여. 네가 지금 사마타도奢摩他道를 알아서 생사를 벗어나고자 한다면 지금 너에게 묻겠다'. 그리고는 바로 금색金色의 팔을 들어 오륜지五輪指를 굽히고서는 아난에게 말했다. '너는 보이는가?' 아난 '보입니다'. 불 '너에게 무엇이 보이는가?'. 아난 '여래께서 팔을 들어 손가락을 굽혀서 광명권光明拳을 지어서 저의 마음과 눈에 비추는 것이 보입니다'. 불 '너는 무엇으로 보느냐?'. 아난 '저는 다른 사람들과 똑같이 눈으로 봅니다'. 불 '너는 나에게 "여래께서 손가락을 굽히어 광명권을 지어서 저의 마음과 눈을 비추었으며, 눈으로 보고 있다"고 답하였다. 그렇다면 무엇을 마음으로 삼아 광명권을 짓는 것을 보는 것인가?'. 아난 '여래께서는 지금 마음이 있는 곳을 묻고 계십니다. 그래서 저는 마음으로서 그곳을 찾고 있는데, "능히 찾는 이것"이 저의 마음입니다'. 그러자 불이 말하기를 '咄! 아난이여. 그것은 너의 마음이 아니다'. 아난이 놀라서 자리

33) 『선문정로』, 108-109.
34) 소소영영에 대해서는 「선종사에 있어서의 소소영영 비판의 전개」(정영식, 불교연구 41, 2014)를 참조할 것.

에서 일어나 합장하고 불에게 말씀드리기를 '이것이 저의 마음이 아니라면 무엇이라고 이름해야 합니까?'. 그러자 불이 아난에게 고하기를 '이것은 인식대상(前塵)에 의해 일어나는 허망한 相이며 너의 眞性을 미혹하는 것이다. 너는 무시이래로 지금까지 "도적을 자식이라고 착각해 왔다(認賊爲子)". 너의 본성을 잃고서 윤회를 되풀이해 온 것이다........만약 인식대상을 떠나서 분별하는 성품이 있다면 그것이 참으로 너의 마음이다. 만약 분별하는 성품이 인식대상을 떠나서 실체가 없다면, 그것은 인식대상에 의해 분별된 망상에 지나지 않는다. 왜냐하면 인식대상은 상주하지 않기 때문이다. 만약 인식대상이 없을 때는 이 마음은 토끼뿔이나 거북털과 같이 실체가 없다. 그렇다면 너의 法身은 斷滅하는 것이 되니, 누가 무생법인無生法忍을 깨닫겠는가?[35]

『능엄경』은 여래장계통의 경전으로서 성철스님과 혜암도 많이 읽고 있다. 『능엄경』에서는 인간의 마음에 3단계를 세우고 있는데 식심(識心) → 견문각지見聞覺知 → 진심眞心이 그것이다. 인간은 지각할 때 항상 대상에 의존한다. 이것을 『능엄경』에서는 유환[有還 : 돌아갈 곳이 있다]이라고 표현한다. 반면에 진심은 대상에 의존하지 않으므로, 무환[無還 : 돌아갈 곳이 없다]이라고 표현된다.

그런데 식심도 아니면서 진심도 아닌 견문각지見聞覺知가 문제이다. 견문각지는 소소영영하고도 연관되는 개념인데, 정확히 어떤 상태를 의미하는지 이해하기 어렵다[36]. 필자가 추측해보면, 인간이 사물을 보거나 들을 때 눈이나 귀라는 감각기관이 보는 것은 아니다. 그 밑바탕에는 '보는 성품[見性]' '듣는 성품[聞性]'이 있어서 그것이 보고 듣는 작용을 일으킨다. 그런데

---

35) 『楞嚴經』(대정장 19, 108c-109a), "阿難, 汝今欲知奢摩他路, 願出生死, 今復問汝. 即時如來擧金色臂屈五輪指, 語阿難言, 汝今見不. 阿難言見. 佛言, 汝何所見. 阿難言, 我見如來擧臂屈指, 爲光明拳曜我心目. 佛言, 汝將誰見. 阿難言, 我與大衆同將眼見. 佛告阿難, 汝今答我. 如來屈指爲光明拳, 耀汝心目. 汝目可見. 以何爲心, 當我拳耀. 阿難言, 如來現今徵心所在. 而我以此推窮尋逐, 即能推者, 我將爲心. 佛言, 咄阿難. 此非汝心. 阿難矍然避座, 合掌起立白佛. 此非我心, 當名何等. 佛告阿難, 此是前塵虛妄相想, 惑汝真性. 由汝無始至今生認賊爲子, 失汝元常故受輪轉......若離前塵有分別性, 即真汝心. 若分別性離塵無體, 斯則前塵分別影事. 塵非常住. 若變滅時, 此心則同龜毛兔角. 則汝法身同於斷滅, 其誰修證無生法忍."

36) 마해륜은 견문각지를 '六根이 어떠한 방해도 받지 않고 六境을 如實하게 인식할 수 있는 상태'라고 말하고 있다. 「선사상에서 지각의 위상에 관한 예비적 연구-능엄경의 見聞覺知와 識心의 함의-」(마해륜, 불교학연구 58, 2019)참조.

이 보고 듣는 성품은 식심처럼 대상에 의존해서 존재하는 것이 아니다. 그렇다고 해서 이것이 진심은 아니다. 왜냐하면 이 성품은 잠잘 때는 작용하지 않기 때문이다(이때 오매일여가 나온다). 이 견문각지는 깨어 있을 때는 식심과 달리 대상에 의존하지 않고 소소영영하지만, 잠잘 때는 대상이 없으므로 작용하지 않는다. 따라서 견문각지는 '항상 존재한다'고 할 수도 없고, 진심도 아니다. 하지만 종래 많은 수행자들이 견문각지[=소소영영]를 진심으로 착각해 왔다(認賊爲子).

소소영영이 수행이 익어진 어떤 단계에서 얻을 수 있는 것임은 종래 선문에서 많이 주장되어 왔다. 현사사비(玄沙師備, 835~908)는 '천하의 부대사傅大士도 단지 소소영영을 알 따름이다'[37]고 하였고, 주희(朱熹, 1130~1200)는 어릴 때 어떤 승려로부터 '너는 소소영영선昭昭靈靈禪을 알았다'[38]고 말해졌다고 한다. 여기서 보면 소소영영이란 수행의 과정에서 얻어지는 어떤 마음의 상태를 의미한다고 생각된다. 필자의 추측으로는 '수행을 통해 대상에 의존하는 식심에서는 벗어나, 보고 듣고 아는 지각작용이 맑아진 상태에 도달한다. 이 때는 보는 성품과 듣는 성품[見聞覺知]이 맑고 영명하게昭昭靈靈하게 작용한다. 하지만 이것이 진심은 아니다. 왜냐하면 이 견문각지는 잠잘 때는 작용하지 않고 소소영영하지도 않기 때문이다.'[39]

이러한 소소영영에 대한 비판적인 견해는 송대에도 계속 이어지고 있다. 간화선의 대성자인 원오극근(圓悟克勤, 1063~1125)과 대혜종고의 말을 들어보면 다음과 같다.

〈가장 처리하기 어려운 것은 모호하게 알아서 신기루와 같은 것을 인정하는 사람들이다. 그들은 소리를 듣고는 소리에 따라가지 않고 담연한 성품을

---

37) 『玄沙廣錄』(만속장경 X73, 20b), "因擧傅大士云, 欲知佛去處. 只者語聲是. 師云, 大小傅大士只認得箇昭昭靈靈."

38) 『朱子語類』권104, "某年十五六時, 亦嘗留心於此. 一日在病翁所會一僧, 與之語. 其僧只相應和了說, 也不說是不是. 却與劉說某也理會得箇昭昭靈靈底禪. 劉後說與某. 某遂疑此僧更有要妙處在, 遂去扣問他. 見他說得也殺好. 及去赴試時, 便用他意思去胡說. 是時文字不似而今細密, 由人粗說, 試官爲某說動了, 遂得擧."

39) 본 논문에서는 소소영영과 견문각지를 동일한 개념으로 설정해 보았다. 하지만 양자가 동일한 개념인지 어떤지는 보다 깊은 고찰을 요한다.

지켜서 곧 지보至寶로 삼는다. 그것을 가슴속에 품고서는 종일토록 소소영영 昭昭靈靈한다. 잡다한 지식과 잡다한 이해를 자부하여 '나는 견처가 있어서, 일찍이 종사의 인가를 받았다'고 하여 아견我見만 증장시킬 뿐이다.40)〉

〈사대부가 이 도를 배우는 데 있어서 총명하지 않음을 걱정하지 말고 너무 총명함을 걱정해야 한다. 또 지견이 없음을 걱정하지 말고 지견이 너무 많음을 걱정해야 한다. 그러므로 항상 의식 앞에서 행하여 자기 발밑의 쾌활자재한 소식에 미혹한다. 邪見 중에서 上等인 자는 見聞覺知를 이해해서는 自己로 삼고, 현량경계現量境界를 심지법문心地法門으로 삼는다.41)〉

소소영영이 마음의 어떤 상태를 가리키는지 이해하기는 쉽지 않다. 그러나 원오극근과 대혜종고는 둘다 '소소영영을 진심으로 착각하는 사람들이 있는데, 이는 사견邪見 중에서 상등上等인 자들이며 제일 처리하기가 곤란하다.'는 데 동의하고 있다.

Ⅲ. 결론

이상으로 혜암의 선사상에 대해서 살펴보았다. 그것을 요약하면 다음과 같다.

1. 혜암은 규봉종밀圭峰宗密이나 영명연수永明延壽에 대한 언급이 거의 없다. 종밀이나 연수는 모두 선교겸수禪教兼修를 주장한 인물들로서 조선시대 이래 많은 승려들이 인용해왔다. 조선시대에는 종밀의 『선원제전집도서禪源諸詮集都序』에 대한 수많은 주석서가 간행되었으며, 연수

---

40) 『圓悟佛果禪師語錄』(대정장47, 778a), "最難整理, 是半前落後, 認得瞻視光影. 聽聞不隨聲, 守寂湛之性, 便為至寶, 懷在胸中, 終日昭昭靈靈. 雜知雜解自擔負, 我亦有見處, 曾得宗師印證, 惟只增長我見."
41) 『大慧普覺禪師語錄』권29(대정장47, 935a), "士大夫學此道, 不患不聰明, 患太聰明耳. 不患無知見, 患知見太多耳. 故常行識前一步, 昧卻脚跟下快活自在底消息. 邪見之上者, 和會見聞覺知為自己, 以現量境界為心地法門."

의 『종경록宗鏡錄』도 많이 읽혔다. 이와 같이 선교겸수의 경향은 조선시대 이후에도 한국불교의 전통으로서 유지되어왔다. 하지만 혜암의 『법어집』에는 종밀과 연수에 대한 인용이 거의 없다.

2. 조선시대의 승려들은 대부분 정토왕생을 희구하였다. 비록 개인에 있어서 차이는 있었지만 서방정토를 희구하는 것이 일반적 경향이었다. 하지만 근대 이후의 승려들을 보면 그렇지 않고 정토왕생에 대한 이야기가 별로 없다(필자가 아는 한). 혜암도 마찬가지이다. 이러한 변화의 원인은 무엇일까?

이상의 두 점은 조선시대 이래의 한국불교의 전통과는 경향을 달리하는 것이며, '선승으로서의 본분에 충실'한 것이라 할 수 있을 것이다.

또 혜암은 당대선唐代禪을 모범으로 여기고 있으며, 동시에 송대에 발생한 간화선을 수행방법으로 하고 있다. 그런데 당대선은 본각문本覺門인데 반해 간화선은 시각문始覺門이다. 여기에서 일종의 모순 내지 취사선택이 발생하고 있다. 즉 혜암은 당대승려들의 문답을 많이 인용하면서도, 수행불요修行不要를 나타내는 부르면 '예!'하고 대답하는 류의 문답은 거의 인용하지 않는다. 그 이유는 간화선이 수행을 필요로 하기 때문이었다.

마지막으로 필자는 성철스님과 혜암이 강조한 오매일여寤寐一如의 개념을 『능엄경』과 관련해서 살펴보았다. 『능엄경』은 송대이후 즉 우리나라에서는 고려시대 이후에 유행한 경전으로서, 이자현(李資賢, 1061~1125)이후 우리나라에서도 많이 읽혀져왔다. 특히 『능엄경』은 『원각경』과 더불어 선계의 경전으로 인식되어 선승들이 많이 읽어온 경전이었다. 그렇다면 선승들은 『능엄경』에서 무엇을 받아들이고자 했던 것인가? 마해륜의 논문에서도 나오듯이 『능엄경』은 선에서의 지각이론과 관계가 있다. 『능엄경』에 나오는 지각이론이 선승들에 어떠한 영향을 미쳤으며, 특히 해인사를 중심으로 한 가풍에서 『능엄경』은 어떠한 역할을 했던가? 성철스님이 능엄주를 열심히 독송한 것은 익히 알려진 사실이다. 『능엄경』에 대해서 궁금한 것이 많다. 선배 제현들의 자문을 구한다.

참고문헌

『慧菴大宗師法語集』 I · II, 합천 : 혜암문도회, 2007.

『楞嚴經』, 大正藏 19.

西山休靜, 『禪家龜鑑』, 韓佛全 7.

滿空月面, 『滿空語錄』, 서울 : 선학원, 1968.

性徹, 『禪門正路』, 서울 : 장경각, 1993.

『혜암대종사 제 1회 학술대회 자료집』, 합천 : 혜암선사문화진흥회, 2014.

마해륜, 「선사상에서 지각의 위상에 관한 예비적 연구-『楞嚴經』의 見聞覺知와
    識心의 함의-」, 불교학연구 58, 2019.

방경일, 「성철스님의 '寤寐一如論 비판'에 대한 비판」, 불교평론 37, 2008.

정영식, 「선종사에 있어서의 昭昭靈靈 비판의 전개」, 불교연구 41, 2014.

_____, 「『朝鮮禪敎史』에 나타난 忽滑谷快天의 한국선종 인식」, 한국선학 40,
    2015.

주성옥(명법), 「『楞嚴經』에 나타난 마음의 논증분석」, 불교학연구 13, 200
    6.

윤창화, 「寤寐一如는 과연 가능한가?」, 불교평론 36, 2008.

정영식(鄭榮植, Jeong Young-Sik) salzini@dongguk.edu

부산대학교 철학과를 졸업한 후 일본에 유학하여 동경대학교에서 불교학으로 박사학위를 취
득하였다. 전공은 선학이며, 중국선과 한국선을 연구하고 있다. 저서로는 〈한국간화선의 원
류〉〈간추린 한국선사상사〉〈조당집 읽기〉 등이 있다. 동국대학교 불교문화연구원 연구교수
등을 역임하였고, 현재는 성균관대학교 유교철학·문화콘텐츠 연구소 수석연구원으로 재직 중
이다.

The Theoretical Background of Priest Hyeam's Zen Philosophy and Its Status in Korean Buddhism

Jeong, Young Sik*

A Buddhist priest, Hyeamseonggwan(慧菴性觀; 1920-2001) was the tenth generation of the Jogye Order's highest priest. As for his style of scripture quotations, he made little reference to Guifeng Zongmi(圭峰宗密; 780-841) or Yongming Yanshou(永明延壽; 904-975). Both advocated the idea of seongyogyeomsu(禪敎兼修), and have been widely referred by many Buddhist priests since the Joseon period. And yet, priest Hyeam hardly did so as he advocated the idea of donodonsu(頓悟頓修). He mostly referred to quotations from the Tang dynasty, while rarely referring to those from the Song dynasty. He is also set apart from other priests in that he rarely mentioned Dahui Zonggao(大慧宗杲; 1089-1163). It is because priest Hyeam believed that Zen buddhism of the Tang dynasty was superior.

As for philosophical characteristics of priest Hyeam, he did not preach the idea of jeongtowangsaeng(淨土往生). Most priests of the Joseon dynasty acknowledged the idea of seobangjeongto(西方淨土) and yearned to be born again in that pure land after death. However, priest Hyeam only advocated the idea of yushimjeongto(唯心淨土), and never preached about jeongtowangsaeng in younggabeopmun(靈駕法門). This is a proof that he was faithful to his duty as a Zen priest. He argued that one can attain gugyeonggak(究竟覺) only after acquiring omaeilyeo(寤寐一如), which is closely related to Śūraṃgama-sūtra(楞嚴經). Śūraṃgama-sūtra exerted

---

* Institute of Confucian Philosophy and Culture Contents

influence on many priests since the Goryeo dynasty, and it needs to be further examined how the scripture was accepted at the Haeinsa Temple.

Key Words

Hyeamseonggwan, yushimjeongto, omaeilyeo, Śūraṁgama— sūtra, Haeinsa Temple

정영식 박사의 "慧菴 禪思想의 경전적 배경과 위상"에 대한 토론

최유진 (경남대 문과대 명예교수)

정영식 박사의 논문 「혜암 선사상의 경전적 배경과 한국불교에서의 위상」
은 혜암 선사상의 경전적 배경을 살펴보고 혜암 선사상의 특색을 알아보고
있다. 그리하여 혜암 스님에게 영향을 준 경전과 어록 그리고 인물에 대해
서 밝힐 것을 목표로 한다. 또 선사상 가운데에서는 유심정토론과 오매일여
론에 대해서 사상적 특징과 연원을 살펴보고 있다. 혜암 선사상의 경전적
배경과 그 특색을 잘 드러내고 있다. 혜암대종사의 법어집과 법문 테이프를
면밀히 조사 연구하여 혜암 선사상에 대해 밝힌 필자의 노고에 경의를 표하
며 몇 가지 의문점에 대하여 질문을 하고 한두 가지 제안을 하는 것으로 토
론에 대신하고자 한다.

I.

먼저 혜암 선사상의 경전적 배경을 밝히려면 혜암 사상의 형성에 대해
서도 어느 정도 언급을 하는 것이 좋지 않을까 생각한다. 경전 공부를 어
떻게 하였고 선수행을 어떻게 하였는가에 대해서 간략하게라도 언급하는
것이 필요하리라고 본다. 혜암은 1946년에 출가하였고 1947년에 봉암사
결사에 참여하였다. 그의 사상 형성에서 봉암사 결사가 상당히 중요할 것

같다. 선을 중심으로 수행하는 것은 이미 그 때 시작된 것 같다. 왜 선이 가장 중요하다고 여기게 되었는지 간단하게라도 언급이 필요할 것 같다. 경전 공부는 언제 어떻게 한 것인지도 궁금하다. 당시만 해도 강원 교육이 체계적으로 이루어지지 않은 것 같은데 경전 공부는 혼자 독학을 한 것인 가 아니면 누구에게서 배운 것인가? 발표자는 『혜암대종사법어집』과 스 님의 법문 테이프를 중심으로 해서 탐구를 하고 있지만 법어집이나 법문 에 등장하지 않는다 하더라도 중요한 역할을 한 사람이나 경전은 있을 수 있을 것이다.

II.

발표자는 스님의 경전 인용 태도에 대해서 다음과 같이 말한다.

> "스님은 『아함경』을 비롯한 소승경전뿐만 아니라, 『열반경』, 『능가경』, 『유마경』 등의 대승경전도 많이 인용하면서 설법하고 계신다. 반면에 고려 시대 이래로 많이 읽혀져 왔던 『화엄경』, 『법화경』, 『원각경』에 대한 인용 이 적은 것이 눈에 띈다. 그 이유는 『화엄경』이나 『법화경』이 점수를 주장 하기 때문에 돈오돈수를 강조한 스님의 안목에는 맞지 않았기 때문이라 생 각된다."(3쪽)

그러나 이 말은 이해가 가지 않는 부분이 있다. 먼저 『화엄경』이나 『법 화경』이 점수를 주장한다고 보는 것이 잘 이해가 안 된다. 『법화경』은 몰 라도 『화엄경』은 부처의 원래의 깨달음의 경지를 그대로 드러낸 경전이라 는 것이 일반적인 평가 아닌가? 물론 경전은 모두 점수적인 측면을 가지 기는 한다. 그렇다면 다른 경전의 인용에 대해 설명하기가 어렵다. 이 경 전들이 점수를 주장하기 때문에 인용을 하지 않았다면 많이 인용하고 있는 『아함경』 『열반경』 『능가경』 『유마경』 등은 점수의 경전이 아니라는 말인가? 『화엄경』이나 『법화경』이 점수의 경전이라면 『아함경』은 말할 것도 없이 점수의 경전이고 『열반경』이나 『능가경』도 당연히 점수의 경전일 것이다. 따라서 『화엄경』이나 『법화경』 『원각경』 인용이 적은 것은 점수를 주장하기 때문이라고 하는 것은 문제가 있다. 좀 더 설명이 필요하다고 생각한다.

III.

시각문과 본각문에 대한 의문이다. 발표자는 다음과 같이 말한다.

"간화선은 시각문에 서는 것이지 본각문이 아니다. 따라서 열심히 화두를 들어서 깨쳐야만 한다.'라고 혜암스님은 강조하고 있는 것이다."(5쪽)

간화선이 시각문에 서는 것이고 본각문이 아니라는 것은 혜암스님의 말인가? 아니면 발표자의 해석인가? 혜암스님의 말이라면 어디에서 어떤 의미로 이렇게 말하고 있는지 설명을 부탁드린다. 발표자의 해석이라면 그에 대한 설명이 좀 더 필요할 것 같다. 당대의 선은 본각문이고 화두선은 시각문이라고 본각문과 시각문을 간단히 나누어서 말하기가 쉽지 않을 것으로 생각되기 때문이다. 본각과 시각은 떼어서 말할 수 없다. 시각이 바로 본각이라는 입장이 기본적인 선의 입장이 아닌가 생각하는데 이에 대한 발표자의 견해를 듣고 싶다.

IV.

오매일여론에 대한 의문이다. 발표자는 혜암 스님이 말하는 오매일여와 수행의 단계에 대해 다음과 같이 말하고 있다.

"즉 혜암스님은 오매일여를 얻었어도 다시 화두를 참구하여 확철대오하여야 비로소 구경각을 얻는다고 한다. 이 때에 비로소 아뢰야식의 미세말념까지도 없어지는 것이다. 따라서 혜암스님의 이러한 견해는 유식학파의 관점에 서 있는 것이라 할 수 있다. 이상 혜암스님이 말씀하신 수행의 단계를 정리하면 다음과 같다.

동정일여(動靜一如) : 시끄러울 때나 조용할 때가 동일한 경지. 6地 이하.
몽중일여(夢中一如) : 제6의식을 멸한 경지. 7地에 해당.
오매일여(寤寐一如=熟眠一如) : 제7말나식을 멸한 경지. 8地 이상에 해당.
구경각(究竟覺) : 제8 아뢰야식阿賴耶識마저 멸한 경지. 여래의 경지에 해당."(12쪽)

그러나 이 설명은 이해하기 어렵다. 6식, 7식, 8식은 유식에서 말하는 이론이다. 그런데 선의 경지를 이처럼 유식의 경지와 연결시켜 얘기할 수 있을지는 의문이다. 돈오라면 단번에 깨닫는 것인데 점진적인 도달한 계위를 말하는 것은 이상하지 않은가? 유식의 이론에 의하면 깨달음을 성취하는 것은 3아승기겁이 걸리는 일이라고 본다. 점진적인 수련을 강조하는 입장이다. 頓이 아니고 漸의 입장인 것이다.

그리고 오매일여의 경지에서 7식이 없어진다거나 몽중일여가 제6의식을 멸한 경지라는 것도 이해하기 어려운 말이다. 유식에서는 전식득지轉識得智를 말한다. 구경위에 도달하면 전오식이 성소작지(成所作智)로 제6의식이 묘관찰지妙觀察智로 제7말나식이 평등성지(平等性智)로 제8아뢰야식은 대원경지大圓鏡智로 바뀐다는 것이다. 6식, 7식, 8식이 멸한다는 것은 완전한 경지인 구경위究竟位에서 식이 지혜로 바뀌면서 멸한다고 표현할 수 있을 것이다.

물론 통달위에서 6식과 7식은 일부분 지혜로 바뀌지만 이 경우에도 6식 7식이 모두 완전히 바뀌는 것은 구경위에 도달하여서이다. 차례로 6식, 7식, 8식이 멸한다고 하는 것은 곤란하다. 그리고 6의식을 멸한 경지가 몽중일여라면 그때는 의식이 사라진다는 것인데 이해하기 어려운 말이다. 화두가 순일한 상태인데 의식이 사라졌다고 할 수 있을까? 제7말나식을 멸한 경지가 오매일여寤寐一如라는 것도 이해하기 어렵다. 제7식은 사람이 살아 있는 한 끊어질 수 없는 식이다. 지혜로 바뀌었을 때는 없어졌다고 표현할 수 있을 것이다. 그러나 화두를 드는 상태인 오매일여가 완전히 지혜로 바뀐 경지라고 할 수 있을까 의문이다. 이에 대한 설명을 부탁드린다.

V.

혜암스님에 대한 비판은 아니지만 성철스님의 오매일여론에 대해서는 비판(윤창화, 「寤寐一如는 과연 가능한가」(『불교평론』 36, 2008))과 비판에 대한 반론(방경일, 「성철스님의 '寤寐一如論 비판'(『불교평론』 37, 2008))이 있었다. 혜암스님의 오매일여론은 성철스님의 이론과 거의 같은 것으로 보이므로 혜암스님의 이론에 대한 비판과 그에 대한 반대로 보아도 크게 문제가 없을 것으로 보인다. 오매일여가 정말 가능한 것인지 그리고 그것이 문제가 있다면 어떤 문제가 있는 것인지 궁금하다. 이 논쟁에 대한 발표자의 견해를 알고 싶다.

VI.

혜암스님의 선사상은 성철스님의 견해와 비교해서 연구하면 훨씬 이해가 쉬울 것도 같다. 특히 혜암선사상의 한국불교에서의 위상에 대해서는 더욱 그러하다고 생각된다. 돈오를 강조하는 현대 한국선사상을 대표하는 것이 성철스님이고 그 사상의 영향을 많이 받고 통하는 것이 많은 것으로 보이는 것이 혜암의 선사상이기 때문이다. 두 분의 공통점과 차이점이 어디에 있을까 궁금하다. 이 문제에 대한 발표자의 의견을 듣고 싶다.

VII.

마지막으로 유심정토에 대한 문제이다. 발표자는 다음과 같이 말한다.

> "천상이니 지옥이니 하는 구별은 원래 없고 모두 마음이 지은 것이라고 하는 것이 선의 주장이다. 그런데도 중생들이 원한다고 해서 '천상에 가는 비법非法을 가르칠 바에야 차라리 비상을 먹여 죽여버리겠다는 극단적인 말까지 스님은 하고 계신다. 비록 화두 드는 것이 어렵다 하더라도 정법正法만 가르쳐야지, 서방정토니 천상이니 하는 비법非法을 가르치면 안 된다고 하신 것이다."

혜암스님은 오로지 선을 가르치면서 정토 신앙에 대해서는 크게 바람직한 것으로 생각하지 않은 것은 틀림없는 사실이다. 그러나 정토 자체를 부정한 것은 아니다. 유심정토를 말하여 정토가 결국은 마음의 문제임을 말한다. 혜암스님이 부정한 것은 "착한 일을 해 복을 지어 천상에 가는" 것이지 정토를 부정한 것은 아니다. "서방정토니 천상이니 하는 비법非法을 가르치면 안 된다고 하신 것이다"라는 표현은 좀 과한 표현인 것 같다. 당연히 천상은 바로 지옥으로 가는 길이라고 할 수도 있다. 그러나 정토는 그렇게 보기는 어렵고 비법이라는 말도 곤란하다. 물론 서방정토라 하여 실재하는 것으로 생각하는 믿음은 곤란하다고 보겠지만 천상에의 믿음과 동일선상에 놓고 말하는 것은 곤란하다고 생각한다. 혜암스님이 정토에 대해 비법이라는 표현은 하지 않고 있는 것도 그런 이유에서일 것이다.

발표자의 훌륭한 연구로 많은 것을 배웠다. 다시 한 번 노고를 치하하며 간단하게 토론을 마치고자 한다.

최유진(崔裕鎭, Choi You-Jin) choiyi@kyungnam.ac.kr

서울대학교 종교학과를 졸업하고 동 대학원 철학과에서 원효연구로 철학박사 학위를 받았다. 저서로는 〈원효사상연구-화쟁을 중심으로〉, 〈원효연구〉, 〈강좌 한국철학〉(공저), 〈마음과 철학-불교편〉(공저) 등이 있다.
일본 동경대학, 캐나다 브리티시컬럼비아 대학, 중국 청도대학 등에서 연구하였으며 경남대학교 문과대학 교수를 역임하였으며, 현재는 명예교수이다

정영식 박사의 "혜암 선사상의 경전적 배경과 한국불교에서의 위상"을 읽고

차차석 (동방문화대학원대학교 불교문예학과 교수)

I. 논문의 구조에 대해

논문의 서술 방식은 서론, 본론, 결론의 3단계로 군더더기 없이 전개하고 있다. 논문의 핵심이 본론이며, 본론은 크게 두 단계로 분류하고 있다. 먼저 '혜암 선사상에 미친 경전과 조사어록'에 대해 경전류, 조사어록, 우리나라의 선적禪籍으로 구분해 서술하고 있다. 그리고 혜암의 선사상의 특이성에 대해서는 유심정토론唯心淨土論과 오매일여론寤寐一如論으로 구분해 분석하고 있다.

발제자는 제목이나 전체 내용에서 알 수 있듯이 혜암 대종사의 법어나 어록에 나타난 서지학적 배경을, 경전이나 어록 등을 중심으로 살펴본 논문이다. 그런 만큼 기존에 발간된 유관 문집이나 녹음테이프 등을 중심으로 분석해 논문을 작성하고 있다. 발제자가 중국선사상이나 한국선사상의 대표적인 연구자 중의 한 분이란 점에서 매우 심도 있고 체계적으로 분석하고 있다고 볼 수 있다. 논평자의 안목을 넓혀주는 훌륭한 발제문이란 점에 대해서는 이견이 있을 수 없다고 고백한다.

그렇지만 논평자의 역할이 칭찬 보다는 이 발제문의 완성도를 제고시키기 위한 노력이며, 그것이 오늘 이 자리에 참석하게 된 이유의 하나라는 점에서 늘 고민이 아닐 수 없다. 발제자 보다 낮은 전문성을 가지고 있으며, 식견도 떨어지는 사람이 논평을 한다는 점에서 분명 어려운 일이다. 그런 점을 미리 고백하고 이 논문 전체에 나타난 논리적 부정합성이나 혹은 논평자의 시각에서 쉽게 이해가 되지 않는 몇 가지를 질문 형식으로 제기하려고 한다. 그런 점에서 논평이라기 보다는 발제자에게 궁금한 점을 질문하는 것으로 임무를 다하고자 한다.

II. 의문점에 대해

1. pp.2-3(경전류)의 "『법어집』을 읽어보면 스님께서는 경전에 대한 지식이 대단히 해박하신 것을 알 수 있다. 스님은 『아함경』을 비롯한 소승경전 뿐만 아니라, 『열반경』, 『능가경』, 『유마경』 등의 대승경전도 많이 인용하면서 설법하고 계신다. 반면에 고려시대 이래로 많이 읽혀져 왔던 <u>『화엄경』, 『법화경』, 『원각경』에 대한 인용이 적은 것이 눈에 띈다. 그 이유는 『화엄경』이나 『법화경』이 점수漸修를 주장하기 때문에 돈오돈수를 강조한 스님의 안목에는 맞지 않았기 때문이라 생각된다.</u>"는 구절에서 밑줄로 표시한 문장.

➡ 『화엄경』이나 『법화경』을 발제자는 점수를 주장하는 경전으로 인식하고 있는데, 본인 개인의 생각인지, 아니면 어디에 의거한 주장인지?

2. 각주3을 인용하고 이 내용에 대해 "<u>이 고사는 '아무리 설법을 많이 듣고 또 설법을 잘 한다 해도 선정을 열심히 하는 것만 못하다'는 것을 강조한 것이다. 혜암스님이 이 고사를 자주 설하는 이유는 교외별전敎外別傳을 주장하는 선승으로서 당연한 것이라고 할 수 있다.</u>"고 평하고 있다.

➡ 혜암스님이 선승이니까 발제자와 같이 평하는 것은 이해할 수 있지만, 그러한 평가가 학문적인가에 대해 발제자의 의견을 듣고자 한다. 너무

편의적이고 자의적인 해석이 역사적 사실을 호도할 수 있다는 생각을
지울 수 없다.

3. 조사어록류를 살펴보는 항목에서 "둘째. 종래 우리나라에서 많이 읽혀
져 왔던 규봉종밀(圭峰宗密, 780~841)이나 대혜종고(大慧宗杲, 1089
~1163)의 어록이 거의 인용되고 있지 않다는 사실이다. 이 점은 한국
선의 전통과는 다른 혜암스님의 독자성이라 할 수 있을 것이다."라 평
하고 있다.

➡ 활용한 저서를 통해 사상적 특징을 규정하는 것이 틀린 접근은 아니라
고 말할 수 있지만, 혜암스님의 사상적 특징을 그렇게 단순하게 평가
할 수 있는지 의문이다. 많은 저서를 읽고, 그것을 소화하고, 다시 그
것을 시대에 응용해 자기 독자적인 방식으로 적용할 때, 사상적 특징
을 가늠할 수 있는 것이 아닌가? 어떤 저서가 사상을 형성하는데 영향
을 미치는 것과 그것이 사상적 특징이라 평가하는 것과는 다른 것이
아닌지?

4. 혜암대종사의 선사상 형성에 미친 경전이나 조사어록에 관한 내용을
서술하고 끝부분에서 "첫째. 혜암스님은 『법어집』에서 당대조사들의
어록을 많이 인용하고 있다. 이것은 중국선에서 당대선을 모범으로 간
주하고 있는 학계의 흐름과 같다. 그러나 수행론에 있어서는 송대에
발생한 간화선을 주장하고 계신다. 여기에서 일종의 모순 내지 취사선
택이 발생하고 있다. 당대선은 타고난 자기의 불성을 강조하는 본각문
의 입장에 서고, 반면에 송대선은 수행의 필요성을 주장하는 시각문의
입장에 선다. 간화선을 주장하는 혜암스님은 당연히 화두참구를 통한
수행의 필요성을 강조하고 있고, 본인도 평생에 걸쳐서 장좌불와를 한
대선지식이시다. 따라서 당대선을 많이 인용하면서도 부르면 '예!'하

고 대답하는, 본각문을 강조하는 문답은 거의 인용하고 있지 않다. 둘째. 한국 선불교 전통의 한켠에는 선교겸수禪教兼修의 경향이 엄존하고 있다. 아무리 조선시대 이후 사교입선捨教入禪을 강조했다 하더라도, 선교겸수의 전통이 있는 것은 부정할 수 없다. 지눌은 종밀의 사상에 의거하였고, 혜심도『종경록』을 대단히 많이 인용하고 있다. 그후의 많은 선사들도 종밀과 연수의 사상을 많이 인용한다. 하지만 혜암스님의『법어집』에는 종밀이나 연수에 대한 인용이 거의 없다. 여기서 스님이 얼마나 돈오돈수를 강조했던 가를 알 수 있다.『화엄경』이나『법화경』에 대한 인용이 적은 것도 이와 같은 맥락일 것이다.『화엄경』에서는 보살52위를 말하고, 천태에서도 지관止觀수행이라는 점수법漸修法을 말하고 있기 때문이다."란 구절은 앞의 내용과 중복되는 내용이므로 압축 요약해서 정리하는 것이 좋겠다고 본다.

5. 혜암선사상의 특이성에서 유심정토론과 오매일여론을 거론하고 있다. 이러한 내용이 특이한 성격이란 의미로 읽혀진다. 그렇지만 선사상에 정토사상을 융합하면서 유심정토론은 여러 선사들에 의해 강조되어 왔다. 그 연원도 매우 오래되었다. 필자도 이미 언급하고 있듯이 약간의 차별성을 언급할 수 없는 것은 아니지만 그것이 혜암대종사만이 지니는 사상이라 강변할 수 있는지 의문이다.
또한 각주 30이 붙은 "이에 반해 성철스님이나 혜암스님이 말씀하시는 오매일여는 멸진정滅盡定을 가리킨다.1) 멸진정이란 모든 심작용이 일어나지 않는 경지를 말하는데, 제 7말나식의 心王과 心所가 멸한 상태를 말한다."라고 하고, 혜암대종사께서 강조하신 수행의 단계라 하면서 정리한 "동정일여動靜一如 : 시끄러울 때나 조용할 때가 동일한 경지. 6地이하.

---

1) 성철스님은 華嚴七地에 대해서 '그러나 熟眠一如인 멸진정의 自在位는 아니어서 여기에 아직 一大重關이 있으니 노력하여 기필코 투과하여야 한다(『禪門正路』, p.113.).'고 말씀하셨다. 여기서 熟眠一如(=寤寐一如)는 滅盡定의 상태임을 알 수 있다.

몽중일여夢中一如 : 제 6 의식意識을 멸한 경지. 7地에 해당.
오매일여(寤寐一如=熟眠一如) : 제 7 말나식末那識을 멸한 경지. 8地 이상에 해당.
구경각究竟覺 : 제 8 아뢰야식阿賴耶識마저 멸한 경지. 여래의 경지에 해당."고 밝히고 있다. 이러한 점은 매우 특징적이라 볼 수 있다.

➡ 그런데 논평자의 시각에서 말씀드리자면 이러한 정리가 頓悟를 중시하는 가풍에 어울리지 않는다는 생각이 들고 있다. 남북조시기에 돈오논쟁이 화엄 십지를 중심으로 전개될 때, 7지를 중심으로 돈오와 점오를 구분했는데 그 연장선상에서 이해할 수 있는 것이 아닌가 생각하며, 지나치게 작위적이 않은가 하는 점이다. 또한 유식과 대비해서 설명하는 것도 마찬가지로 읽혀진다. 제8아뢰야식은 존재의 현상과 지속을 설명하기 위한 방법이며, 궁극적으로는 空性을 특징으로 하고 있다. 그런데 깨달음과 연계해서 구분하는 것은 전의를 선종에 입각해 응용한 것이라 볼 수 있는데, 어떠한 의미가 있는 것으로 보는지?

6. 결론에서 ①과 ②로 제시한 내용도 중복감이 있으므로 다시 정리되었으면 한다. 동시에 발제자의 주장처럼 조선시대 불교의 특징 중의 하나가 三門修行이며, 조선 후기로 내려오면 그러한 경향이 더욱 분명해진다고 본다. 다만 혜암대종사께선 유심정토를 언급하고 서방정토를 언급하지 않았다는 점은 특징이라 볼 수 있지만, 반대의 시각에서 본다면 그 점이 오히려 다른 선승들과 다르지 않은 점은 아닌지 궁금하다.

7. 기타 본론의 도입부에서 각주 2가 붙은 문장은 책 표시가 생략되어 있다. 또한 삼문수행이 화엄사상과 관계가 있는데, 어록이나 법문에서 구체적인 인용문이나 경전의 이름을 찾을 수 없다고 해서, 그 사상적 영향을 부정해도 되는 것인지?

III. 나가면서

　좋은 논문을 읽을 수 있는 기회를 주셔서 감사드린다. 특히 존경했던 혜암대종사를 추모하는 학술대회에 참석할 수 있어서 더욱 영광이다. 최종 논문집을 발간할 때는 보다 정리된, 완성도가 높은 논문이 되리라 본다. 혜암 큰스님의 사상이 형성되는 궤적을 살펴볼 수 있는 매우 의미 깊은 논문이라는 점에 대해 감사를 드리면서 논평을 마치고자 한다.

차차석　　svhaha@hanmail.net

동국대학교 불교학과 (문학사) 와 동 대학원을 졸업하고 철학박사학위를 취득했다. 현재 동방문화대학원 대학교 불교문예학과 교수로 재직 중이다.

논평에 대한 발표자의 답변

정영식

1. 최유진교수님에 대한 답변

교수님의 질문에 대해서 2가지 사항에 대해서 간략히 답변하고자 합니다.

① '혜암스님이 화엄경, 법화경, 원각경 등에 대해서 별로 인용하지 않은 이유는 이들 경전이 점수(漸修)를 주장했기 때문이라고 한 필자의 주장에는 문제가 있다.'는 교수님의 반론에 대해서

〈답변〉교수님의 반론을 수용합니다. 저의 주장은 조금 과도한 측면이 있었습니다. 혜암스님이 우리나라에서 종래 많이 읽혀왔던 화엄경, 법화경, 원각경에 대해 별로 거론하지 않았던 것은 그 경전들이 점수를 주장했기 때문'만'은 아니겠지요. 스님이 그 경전들에 대해 많이 거론했지만 단지 법어집에 실리지 않았을 수도 있습니다.

다만 선종에 비해서 화엄경, 법화경, 원각경의 내용이 점수적인 것은 부인할 수 없을 것입니다. 특히 돈오돈수를 주장했던 스님의 입장에서 보면 화엄경 등의 내용은 한갈등(閑葛藤)일 수 있는 것입니다.

② 시각문과 본각문의 문제에 대해

〈답변〉 당대선은 인간의 타고난 불성을 그대로 긍정하여 본각이 그대로 부처이므로 깨달을 필요가 없다는 입장(본각문)이고, 반면에 송대의 간화선은 본각을 긍정하면서도 불각에 대한 인식을 통해 수행해서 깨달아야 한다는 입장(시각문)입니다. 당대선이 본각문이고 간화선이 시각문이라고 단정적으로 말할 수는 없을지 몰라도, 그러한 경향이 있는 것은 사실입니다.

따라서 제 주장은 '혜암스님이 당대의 선어록을 주로 인용하면서도 본각문을 나타내는 문장을 별로 인용하지 않는 이유는 스님이 간화선을 강조하기 때문이다'는 것입니다.

2. 차차석교수님의 논평에 대한 답변

교수님의 반론에 대해서도 2가지 사항에 대해 답변을 드리고자 합니다.

① '종래 한국에서 많이 읽혀져 왔던 규봉종밀과 대혜종고에 대한 인용이 적은 것은 혜암스님 선사상의 특징이라고 한 필자의 주장에는 문제가 있다.'는 반론에 대해

〈답변〉 교수님의 반론을 수용합니다. 규봉종밀과 대혜종고의 어록은 고려의 보조지눌 이후 우리나라의 많은 승려들이 읽어왔고 큰 영향을 끼쳤습니다. 하지만 혜암스님이 이를 별로 거론하지 않은 것은 하나의 특징이기는 합니다만, 그것을 '사상적 특징'이라고 한 것은 부적절했다고 생각합니다. 또 평소 혜암스님이 종밀과 종고의 사상을 중요시했지만 단지 법어집에 실리지 않았을 가능성도 있으니까요.

② '동정일여(動靜一如): 시끄러울 때나 조용할 때가 동일한 경지. 6地이하.
몽중일여(夢中一如): 제 6 의식(意識)을 멸한 경지. 7地에 해당.
오매일여(寤寐一如=熟眠一如): 제 7 말나식(末那識)을 멸한 경지. 8地 이상에 해당.
구경각(究竟覺): 제 8 아뢰야식(阿賴耶識)마저 멸한 경지. 여래의 경지에 해당.'에 대해

〈답변〉오매일여 등을 유식과 관련해서 해석한 것은 혜암스님뿐만 아니라 성철스님도 그렇게 했습니다. 따라서 이러한 해석은 필자의 해석이 아니라 성철스님과 혜암스님의 해석을 필자가 정리한 것입니다.

성인전聖人傳과 한국불교의 큰스님 만들기에 대한 고찰

박재현 (동명대학교 교수)

초록

성인전에서 나타나는 일반적인 특징은 신이神異 혹은 기적이다. 기적은 성인이 보통 사람과 다름을, 곧 성인의 성인됨을 증명하는 기제이다. 단순히 추모하는 행위는 심리적이고 의례적인 행위이지 학술적 행위는 아니다. "왜 추모해야 하는가"하는 물음에 덧붙여 "어떻게 추모해야 하는가" 하는 질문에 냉정하게 답을 찾아가는 과정이 바로 인물을 학술적 연구 대상으로 삼는 방식이 되어야 할 것이다.

불교계에서 가까운 시기에 위반을 통한 성인화의 사례는 경허선사의 경우가 대표적이다. 경허의 경우는 한국불교사에서 대표적인 성인화의 사례로 볼 수 있다. 하지만 혜암성관 등 한국 근현대불교의 다른 인물들의 경우에는 성인화 작업이 바람직하게 진행되었다고 보기 어렵다.

국내 불교학 분야에서는 인물연구 방법론에 대한 연구가 별로 진행되지 못

했다. 하지만 성인이 없는 종교를 상상하기 어렵듯이 성인전 같은 인물연구
방법론과 그 성과는 종교의 발전 과정에서 핵심적인 동력으로 작용한다.

주제어

성인전, 신이神異, 큰스님, 한국불교, 선불교

I. 연구배경

근현대 불교계의 각 문중에서는 선양사업회나 기념사업회를 중심으로 이
른바 '큰 스님 만들기' 작업이 진행되었다. 그 방법 가운데 하나로 학술대회
나 학술세미나가 이용되기도 한다. 그런데 '큰스님'이 연구주제로 부과될
때 철학을 전공한 연구자로서 곤혹스러운 지점이 있다. 귀감이 될 만한 훌
륭한 수행자라고 해서 반드시 좋은 철학적 연구 대상이 되리라는 보장이 없
기 때문이다.

저술이나 관련 문헌이 거의 없다시피 하거나 여러 정보의 사실관계를 확
인하는 것이 사실상 불가능한 경우, 평생 전법과 교화에만 치중하였거나 참
선 수행에만 전념한 경우 등은 그의 인격적 완성도나 사회적 공헌도 그리고
수행력과는 무관하게 철학적 연구 대상으로 삼기는 어렵기 때문이다. 이런
경우는 학술적 연구대상보다는 종교적 혹은 사회적 귀감으로 선양하는 것
이 적절할 것이다.

혜암 성관(慧菴 性觀, 1920-2001)에 대한 학술적 접근은 2014년 4월 16일
에 사단법인 혜암선사문화진흥회에서 제1회 학술대회를 개최하면서 시작되
었다. 여기서 발표된 기조 발제문을 보면, "우리는 왜 혜암성관 대종사를
추모해야만 하는가"하는 질문을 던지는 것으로 시작하고 있다.[1] 이 질문은
문맥상 추모의 의미를 담고 있는 것이 분명하지만, 학술적 관점에서도 생각

1) 여연, 「가야산의 대쪽, 혜암성관 대종사의 생애와 사상」, 『혜암선사문화진흥회 제1회 학술대회자료집』,
2014, 22쪽 참조.

해 봐야 할 매우 본질적이고도 핵심적인 질문이라고 할 수 있다. '왜'라는 질문에 학술적으로 타당한 대답을 어떤 방식으로 제출할 수 있는지 따져봐야 하겠기 때문이다.

기리고 추모하는 행위는 심리적이고 의례적인 행위이지 학술적 행위는 아니다. "왜 추모해야 하는가"하는 물음에 덧붙여 "어떻게 추모해야 하는가" 하는 질문에 냉정하게 답을 찾아가는 과정이 바로 인물을 학술적 연구 대상으로 삼는 방식이 되어야 할 것이다. 그리고 이러한 연구작업을 통해 혜암선사뿐만 아니라 근현대 불교계의 인물들을 추모의 대상을 넘어 한국불교의 인물상으로 자리매김할 수 있는 계기가 마련될 수 있으리라 생각한다.

II. 성인화 작업과 학술적 역할

1999년 1월 22일, 덕숭총림 수덕사는 한국 선불교의 중흥조인 경허 만공의 사상을 재조명하고 이를 실천시킬 수 있는 방안의 일환으로 덕숭총림 부설 한국불교선학연구원과 무불無佛선원을 1월 22일 서울 강남 신사동에 개설했다. 사찰과 연구원을 겸한 무불선원은 직관적 체험의 깨침을 이끄는 참선과 지성적 사유를 통한 선의 이해를 돕는 선학 강좌를 병행, 선의 대중화를 도모하겠다는 취지였다. 이와 함께 법당에는 불상을 모시지 않는 한편 예비과정 후 선리禪理문답 시험을 거쳐 선발된 신도들만을 수용, 회원제 공동체로 사찰을 운영하며, 모든 강좌는 무료로 한다는 등 파격적인 운영계획을 발표했다.

특히 선 수행을 현실 속에서 실천할 수 있는 이른바 '불법佛法의 육화肉化', '선의 대중화'를 위해 선불교의 선농일치禪農一致 사상을 실제로 체득할 수 있도록 수덕사 전답의 일부를 직접 경작하는 체험 실습도 병행할 계획도 세웠다. 그리고 또 '선'에 대한 단편적인 연구의 차원을 넘어 문학, 예술, 정치, 의학, 법학, 경제, 과학, 교육, 스포츠 등의 분야와도 선을 접목시키는 연구가 병행돼, '선'이 21세기를 이끌어갈 대체 문명으로써 정착시킬 계획이라고 밝혔다. 또한 선의 대중화, 생활화, 현대화, 세계화라는 목표아래 매년 1회 국제학술대회와 학술세미나를 비롯, 월례발표회, 『경허법어』, 『만공법어』 등 선어록 강독회, 정기답사를 실시한다. 또 덕숭선학 논집과 덕숭회보의 발간과 선서번역 및 출판 보급은 물론 덕숭학술상을 제정하여 매년 장학생을 선발해 학술연구비를 지원하겠다는 계획도 발표했다.

선학연구원 개원과 관련해서 이사장 법장 스님은, 흔히 21세기를 정보문화산업시대라고 하지만 엄밀히 말하면 정신 산업사회라고 해야 할 만큼 선의 이론화와 생활화는 필수적이라며 첫술에 배부를리 없지만 시작이 반이라는 말처럼 미흡한 점이 있더라도 연구원 운영과 발전도 하나씩 차근차근 개선해 나간다면 선학연구원은 한국불교에 있어서 중요한 위치를 차지하게 될 것이라고 표부를 밝혔다. 또 이 같은 연구원은 종단차원에서 진행되었어야 하겠지만 인재불사라는 참 불사佛事를 위해 덕숭총림이 나서게 되었으며 연구원 개원을 계기로 실추된 한국불교의 위상을 높이고 한국선의 우수성을 세계에 널리 보급하겠다고 천명했다.[2]

한국불교선학연구원은 2004년 5월 28일에 경허 선사 열반 87주기 추모 제1회 학술회의를 개최했다. 〈경허 스님의 선사상과 역사적 위치〉로 대주제를 정했다. 당시 발표된 논문을 보면 「경허선사 재고」(김지견), 「경허의 선정사상」(현각스님), 「근대 선종의 부흥과 경허의 수선결사」(최병헌), 「경허의 선적 계보와 화두의 시적 해석」(최동호), 「경허의 한국불교사적 위치」(김영태) 등 5편이었다. 그리고 이에 대한 논평으로 「경허선사를 또 다시 생각함」(심재룡), 「선정쌍수에 관한 몇 가지 질문」(윤원철), 「근대 선종의 부흥과 경허의 역사적 위치 논평」(정광호), 「경허의 선적계보와 시적해석 논평」(김재홍), 「경허의 한국불교사적 위치 논평」(이은윤) 등이 함께 발표되었으며, 이 학술대회에서 학술대회에 발표된 논문과 논평은 한국불교선학연구원에서 『덕숭선학』 창간호로 묶여 간행되었다.

이 자리에서 작고한 심재룡 박사는 논평을 통해 매우 의미심장한 이야기를 남겼는데, 그 핵심은 현재까지도 여전히 유효한 질문이다. 주요한 대목

---

2) 〈법보신문〉 2004.08.10일자.
  http://www.beopbo.com http://www.beopbo.com/news/articleView.html?idxno=20710.

을 따라가며 살펴보면 다음과 같다.

　　<u>추모와 평가는 큰스님 만들기의 일환이다.</u> 무슨 준거 틀로 그 분을 평가
해서 추모할 것인가? 이미 큰스님에 대한 여러 가지 평가를 통하여 우리들
은 경허 스님을 기억하고 숭모하고 있다. '근세의 고승', '현대 한국선불교
의 중흥조', '보살만행의 완성자', '참선 수행의 모범', 등등 여러 가지 평가
를 받는 경허 큰스님이시다. 그런 평가의 기준은 무엇일까? 시대적 구분,
종단의 흥망, 특이한 행동, 참선수행의 지침 내지 표준 등 여러 방면에서
스님을 평가하는 준거 틀이 제시되어있다. 경허 스님을 큰스님으로 모시는
한국 선불교 조계종 내에 다른 역사적 인물들은 어떻게 평가할 것인가? 다
른 분들과 비교, 평가하는 틀은 어떻게 만들어져 왔을까?[3]

　　추모와 평가는 큰스님 만들기의 일환이라는 점에 주목한다. 그립거나 애
달파서 추모하고 평가하는 게 아니다. 이러한 일련의 행위는 '큰스님 만들
기'라는 의도성을 가진 지극히 종교적이고, 의례적이고, 역학적이며, 어쩌
면 정치적이라고도 할 수 있는 행위인 것이다. 그렇다면 문제는 평가의 준
거 내지는 기준이다. 얼마나 설득력이고, 객관적이며, 공정하고, 납득될 수
있는 기준을 제시할 수 있느냐가 관건이 된다. 만약 설득력도 없고, 객관적
이지도 못하고, 공정하지도 않으며, 그래서 납득되지도 않는 평가 기준을
제시하고 그 기준에 따라 평가한 결과라면 아무에게도 받아들여지지 않을
것이기 때문이다.

　　그래서 이 준거를 올바로 잡는 일은 매우 어렵고도 복잡한 문제다. 논평
자의 이야기를 계속 되짚어보자.

　　인물평을 둘러싼 큰 줄기 질문에 곁들여 잔가지로 여러 가지 논의가 예
상된다. 지금 이 시대를 어떻게 구분하고 어떻게 보는가? 고승과 범승, 명
승 내지 권승을 가르는 기준은 다른 나라 중국이나 지금과 다른 시대 중세
에 비해서 어떻게 다를까? 혹시 시대를 뛰어넘어 언제 어디서나 절대로 적

---

3) 심재룡, 「경허선사를 또 다시 생각함」, 『덕숭선학』, 한국불교선학연구원·무불선원, 2000.

용하는 오직 한 가지 기준만이 존재할까? 시대마다 다른 기준이 적용되는 것은 아닐까? 그렇다면 불교 내지 선의 상대성을 주장하는 것은 아닐까? 그러나 도대체 역사의 마당을 뛰어 넘는 절대-순수선 내지 초역사적 불교는 어떤 의미를 지니는가? 혹시 상대성을 주장하지 않고도 현재에 충실한 불교, 또는 역사를 뛰어넘지 않고도 역사적 사명에 철저한 실존적 불교가 가능한가? 절대와 상대, 현재와 영원이라는 흑백 논리적 이분법적 분류에 휘둘리지 않는 중도적 불교를 주장할 수 있을까? ...... 이런 문제들이 학술적 논의에 포함되는 것이라 짐작한다. 이 자리에서 모두 논의하지는 못해도 문제들 사이의 연관성을 짚어 보고 따지는 것이 학자들의 일이다. 이런 문제를 한번 진지하게 따지고 싶다. 이는 큰스님 만들기에 동참하는 학자들의 몫이겠다.4)

여기서 심재룡 박사는 불교계 인물에 대한 추모나 평가와 관련해서 학계의 역할과 책임의 범위가 어디까지인지를 분명히 하고 있다. 추모하고 평가는 과정에서 학자가 할 일은 박수를 보태는 일도 눈치 없이 날을 세우는 일도 아니다. 이미 세워진 준거의 타당성을 따져보거나, 새로운 준거를 조심스레 제시하거나 하는 일이 인물평과 관련된 학자의 역할일 것이다.

III. 성인전에서 보이는 보편적 특징 : 신이성

성인전에서 나타나는 일반적인 특징은 신이神異 혹은 기적이다. 기적은 성인이 보통 사람과 다름을, 곧 성인의 성인됨을 증명하는 기제이다. 그래서 이적異蹟, 신이神異 등으로 약간의 용어상의 차이를 두지만, 성인전 구조에서 기적은 필수적이다. 한국 불교 성인전의 원형이라고 할 수 있는 『삼국유사』를 살펴봐도 이야기의 주제가 정치이든 종교이든 도덕이든 간에 모두 신이가 개입한다

---

4) 심재룡, 「경허선사를 또 다시 생각함」, 『덕숭선학』, 한국불교선학연구원·무불선원, 2000.

[그는] 죽백竹栢과 같이 [곧은] 자질을 드러내고 수경水鏡과 같이 [맑은] 뜻을 품었으며, 적선積善한 이의 증손으로서 조정의 중심爪牙으로 촉망되고, 성조聖朝의 충신으로 태평성대(河淸)의 시종이 되기를 바랐다. 그때 나이 스물두 살로 사인-신라 관작에 대사大舍, 소사小舍 등이 있었는데, 대개 하사下士의 등급이다-의 자리에 있었다.

용안龍顔을 우러러보고 [왕의] 뜻을 눈치 채고 아뢰기를, "신이 들으니 옛 사람은 비천한 사람蒭蕘에게도 계책을 물었다고 하니, 중죄를 피하지 않고 [대왕의 뜻을] 여쭙기를 원합니다"고 하였다. 왕이 말하기를, "네가 할 바가 아니다"고 하였다. 사인이 말하기를, "나라를 위하여 몸을 희생하는 것은 신하의 큰 절개이며, 임금을 위하여 목숨을 바치는 것은 백성의 바른 의리입니다. 사령을 그릇되게 전했다고 하여 신을 형벌하여 머리를 벤다면 만민이 모두 복종하여 감히 지시를 어기지 못할 것입니다"고 하였다.

왕이 말하기를, "살을 베어 저울에 달더라도 한 마리 새를 살리려고 했고, 피를 뿌리고 목숨을 끊어서라도 일곱 마리의 짐승을 스스로 불쌍히 여겼다. 나의 뜻은 사람을 이롭게 하려는 것인데, 어찌 죄 없는 사람을 죽이겠느냐? 네가 비록 공덕을 짓는다고 할지라도 죄를 피하는 것만 못할 것이다"고 하였다. 사인이 말하기를, "모든 것이 버리기 어렵지만 제 목숨보다 더한 것이 없습니다. 그러나 소신이 저녁에 죽어 아침에 대교가 행해진다면, 불일佛日이 다시 중천에 오르고 성주聖主께서는 길이 편안하실 것입니다"고 하였다. 왕이 말하기를, "난새와 봉새의 새끼는 어려서도 하늘을 뚫을 듯한 마음이 있고, 기러기와 따오기의 새끼는 나면서부터 바다를 건널 기세를 품었다고 하더니 네가 이와 같구나. 가히 대사(大士)의 행이라고 할 만하다"고 하였다.

이에 대왕은 일부러 위의를 갖춰 바람 같은 조두風刁를 동서로 늘이고 서릿발 같은 무기를 남북에 벌여 놓고 여러 신하들을 불러 묻기를, "그대들은 내가 정사精舍를 지으려고 하는데 고의로 지체시키는가?"-향전에 이르기를, "염촉이 왕명이라고 하면서 공사를 일으켜 절을 창건한다는 뜻을 전했더니 여러 신하들이 와서 간하였다. 왕은 이에 노하여 염촉을 책망하고, 왕명을 거짓으로 꾸며 전하였다고 하여 형벌을 가하였다"고 하였다.-라고 하였다.

이에 여러 신하들이 전전긍긍하며 황급히 맹서하고 손가락으로 동서를 가리켰다. 왕이 사인을 불러 힐문하니, 사인은 얼굴빛이 변하면서 대답할 말이 없었다. 대왕이 분노하여 그의 목을 베라고 명령하니 유사(有司)가 [그를] 묶어 관아로 끌고 왔다. 사인이 발원하고 옥리獄吏가 목을 베니 흰 젖이 한 길이나 솟아올랐다.-향전에는 사인이 맹세하기를, "대성법왕大聖法王께서 불교를 일으키려고 하므로 [저는] 신명을 돌보지 않고 인연을 모두 버리니 하늘에서는 상서를 내려 사람들에게 두루 보여주소서"라고 하니, 이에 그의 머리가 날아가서 금강산金剛山 꼭대기에 떨어졌다고 하였다.-

하늘은 사방이 침침해지고 사양斜陽이 빛을 감추고, 땅이 진동하면서 꽃비가 내렸다. 성왕聖人은 슬퍼하여 눈물이 곤룡포를 적시고, 재상은 근심하여 조관蟬冕에까지 땀이 흘렀다. 샘물이 갑자기 마르매 고기와 자라가 다투어 뛰고, 곧은 나무가 먼저 부러지니 원숭이가 떼를 지어 울었다. 춘궁春宮에서 말고삐를 나란히 했던 친구들은 피눈물을 흘리며 서로 돌아보고, 월정月庭에서 소매를 맞잡던 친구들은 창자가 끊어지듯 이별을 애석해 하였다. 상여를 바라보며 장송곡을 듣는 이들은 마치 부모를 잃은 듯하였다. 모두들 말하기를, "개자추子推가 다리 살을 벤 것도 이 고절苦節에 비할 수 없고, 홍연弘演이 배를 가른 일인들 어찌 이 장렬함에 견주랴. 이는 임금님(丹지)의 신앙력을 붙들어 아도阿道의 불심을 이룬 성자聖者다"고 하였다.

드디어 북산의 서쪽 고개 -즉, 금강산이다. 전傳에서는 머리가 날아가 떨어진 곳에 장사지냈다고 하였는데, 여기에 밝히지 않은 것은 무슨 까닭인지?-에 장사지냈다. 나인內人 들은 이를 슬퍼하여 좋은 터를 잡아서 난야蘭若를 짓고, 이름을 자추사刺楸寺라고 하였다. 이에 집집마다 예를 하면 반드시 대대로 영화를 얻고, 사람마다 도를 닦으면 마땅히 불법의 이익을 깨닫게 되었다.[5]

앞의 이야기는 널리 알려져 있는 이차돈의 순교 장면을 담고 있는 『삼국유사』의 내용이다. 흰 피로 상징되는 신이성神異性은 불교를 포함한 대부분의 성인전에서 핵심적 장치로 작동되었다. 고구려와 신라에 불교를 전한 아도화상의 경우에도 치료를 내용으로 하는 신이성이 확인된다.

아도기라阿道基羅 - 혹은 아도我道 또는 아두阿頭라고도 한다.- 신라본기新

---

5) 『삼국유사』 卷3, 제3흥법(興法第三), 원종흥법 염촉멸신(原宗興法 厭髑滅身). 국사편찬위원회 한국사데이터베이스 http://www.history.go.kr, sy_003r_0010_0040_0020, 2018. 12. 31).

羅本記 제4에 다음과 같은 기록이 있다. 제19대 눌지왕訥祇王 때 사문沙門 묵호자墨胡子가 고려高麗[고구려]로부터 일선군一善郡에 이르렀다. [그] 군사람인 모례毛禮- 혹은 모록毛祿이라고도 한다.-가 [자기] 집 안에 굴을 파서 [그를] 편히 있게 하였다. 그때 양梁나라에서 사신을 보내 의복과 향을 전해왔다. -고득상高得相의 영사시詠史詩에는 양나라에서 원표元表라는 사승使僧을 시켜 명단향(溟檀)과 불경·불상을 보내왔다고 한다.-군신君臣은 그 향의 이름과 용도를 몰라서 사람을 시켜 향을 싸들고 전국을 다니면서 묻게 하였다. 묵호자가 그것을 보고 말하기를, "이것은 향이라고 하는데, 이를 사르면 향기가 매우 강하여 신성神聖에게 정성을 통하게 하는데 쓰인다. 신성은 3보三寶보다 나은 것이 없으니, 만약 이것을 사르며 발원하면 반드시 영험이 있을 것이다"고 하였다.-눌지왕은 진송晉宋시대에 해당되니 양나라에서 사신을 보냈다고 한 것은 잘못인 듯하다.- 이때 왕녀王女가 몹시 위독했는데, 묵호자를 불러들여 향을 사르며 소원을 표하게 하니 왕녀의 병이 곧 나았다. 왕이 기뻐하며 예물을 후하게 주었는데, 얼마 후에 [그의] 간 곳을 알 수 없었다.6)

신이성은 효험과 같은 긍정적 방식과 반대로 일종의 위협이라고도 볼 수 있는 부정적 방식으로도 작동한다. 보장왕의 경우에서 발견되는데, 불교를 소홀히 대하는 것을 나라의 멸망과 결부지어 경고한 내용이다.

왕이 기뻐하여 절을 도관道館으로 삼고, 도사를 높여 유사儒士 위에 앉게 하였다. 도사들은 국내의 유명한 산천을 다니면서 진압하였다. 옛 평양성平壤城의 지세는 신월성新月城이었는데, 도사들은 주문으로 남하南河의 용에게 명하여 [성을] 더 쌓게 하여 만월성滿月城으로 만들었다. 이로 인하여 이름을 용언성龍堰城이라고 하고, 참서[讖]를 지어 용언도龍堰堵라고 하고, 또 천년보장도千年寶藏堵라고도 하였으며, 혹은 영석靈石을 파서 깨뜨리기도 하였다.- 속설에 도제암都帝嵓이라고 하고, 또는 조천석朝天石이라고도 하는데, 대개 옛날에 성제聖帝가 이 돌을 타고 상제上帝에게 조회하였기 때문이다.- 개금이 또 아뢰어 동북 서남에 장성長城을 쌓게 했는데, 이때 남자들은

---

6) 『삼국유사』 卷3, 제3흥법(興法第三), 아도기라(阿道基羅) (국사편찬위원회 한국사데이터베이스 http://db.history.go.kr/id/sy_003r_0010_0030_0010, 2018. 12. 31)

부역에 나가고 여자들은 농사를 지었다. 공사는 16년만에야 끝났다.

보장왕시대에 이르러 당나라 태종이 친히 6군을 거느리고 와서 치다가 또 이기지 못하고 돌아갔다. 고종高宗 총장總章 원년 무진戊辰에 우상右相 유인궤劉仁軌와 대장군大將軍 이적李勣과 신라 김인문金仁問 등이 침공하여 나라를 멸망시키고 왕을 사로잡아 당나라로 돌아가니 보장왕의 서자庶子는 4천여 가家를 거느리고 신라에 항복하였다. -≪국사≫와 조금 다르므로 아울러 기록한다.-

대안大安8년 신미辛未(1091)에 우세승통祐世僧統이 고대산 경복사 비래방장에 이르러 보덕 성사의 진영을 뵙고 시를 남겼는데, "열반방등涅槃方等의 교는 우리 스님으로부터 전수하였다"고 운운하다가 "애석하구나, 방장(房)을 날려온 후에는 동명왕(東明)의 옛나라 위태로와졌네"[라는 구절에] 와서 발문(跋)에 다음과 같이 말하였다.

고구려의 보장왕이 도교에 혹하여 불법을 믿지 않으므로 스님은 방을 날려 남쪽으로 이 산에까지 왔다. 후에 신인神人이 고구려마령馬嶺에 나타나서 사람들에게 "너희 나라가 망할 날이 며칠 남지 않았다"고 고告하였다.[7]

Ⅳ. 대승불교 성인전에서 나타나는 두 가지 특징

대승불교의 성인전에서는 신이성 이외에도 또 다른 두 가지 특징이 나타난다.

1. 세속적 가치의 불교적 수용 :『삼국유사』, 원광서학圓光西學조

또한 ≪삼국사三國史≫ 열전에 다음과 같이 기록되어 있다. "어진 선비 귀산貴山이라는 자는 사량부沙梁部 사람이다. 같은 마을 추항箒項과 벗이 되었는데 두 사람이 서로 일러 말하기를 "우리들은 사군자士君子와 더불어 교유하고자 기약하였으나 먼저 마음을 바로 하고 몸을 지키지 않으면 곧 모욕당함을 면치 못할 것이다. 현자賢者의 곁에서 도를 묻지 않겠는가?"하였다. 이

---

7)『삼국유사』卷3, 제3흥법(興法第三), 보장봉로 보덕이암(寶藏奉老 普德移庵) (국사편찬위원회 한국사데이터베이스 http://db.history.go.kr/id/ sy_003r_0010_0060_0050, 2018. 12. 31)

때 원광법사가 수나라에 갔다 돌아와 가슬갑嘉瑟岬에 머문다는 것을 들었다.-혹은 가서加西 또는 가서嘉栖라고도 하는데 모두 방언이다. 갑岬은 세상에서 말하기를 고시占尸라고 하므로 혹은 고시사占尸寺라고도 하는데 갑사岬寺와 같은 말이다. 지금 운문사雲門寺 동쪽 9천 보 가량에 가서현加西峴이 있는데 혹은 가슬현嘉瑟峴이라고도 한다. 현의 북쪽 골짜기에 그 절터가 있으니 바로 이것이다. 두 사람은 문에 나아가 고하여 말하였다. - "俗士는 몽매하여 아는 바가 없습니다. 원컨대 한 말씀 내리셔서 평생 동안의 교훈으로 삼게 해주십시오."

원광이 말하였다. "불교에는 보살계菩薩戒가 있으니 그것은 10가지로 구별되어 있다. 너희들은 다른 이들의 신하와 자식 된 자이니 능히 감당할 수 없을 것이다. 지금 세속의 5개의 계율이 있으니 첫 번째는 충성으로 임금을 섬긴다, 두 번째는 효로 부모를 섬긴다, 세 번째는 친구와 사귐에 믿음이 있게 한다, 네 번째는 전투에 임하여 물러섬이 없다, 다섯 번째는 살생을 함에 가림이 있게 한다 이다. 너희들은 그것을 행함에 소홀함이 없게 하라." 귀산 등이 말하였다. "다른 것은 곧 이미 명을 받아들였습니다. 이른바 살생을 함에 가림이 있게 하라는 것은 특히 알아듣지 못하겠습니다." 원광이 말하였다. "육재일六齋日과 봄과 여름에는 살생을 하지 않으니 이것이 때를 가리는 것이다. 가축을 죽이지 않는다는 것은 말, 소, 닭, 개를 말하는 것이다. 세물細物을 죽이지 않는다는 것은 고기가 한 점도 족하지 않다는 것이니 이것이 생물을 가린다는 것이다. 이 또한 오직 그 쓰이는 바만 하고 많이 죽이는 것을 추구하지 않는다. 이는 세속의 좋은 경계이다." 귀산 등이 말하였다. "지금 이후로 받들어 잘 펼치고 감히 어기지 않겠습니다." 후에 두 사람이 군사軍事를 따랐는데 모두 국가에 큰 공이 있었다. 또한 건복년 계유 곧 진평왕 재위 35년이다. 가을에 수나라 사신 왕세의王世儀가 이르니 황룡사皇龍寺에 백좌도량百座道場을 설하고 여러 고승에게 청하여 경전을 강설하였는데 원광이 가장 윗자리에 위치하였다."[8]

원광의 입을 빌어 피력되고 있는 보살계는 흔히 세속오계로 알려져 있는 것으로 내용상 불교보다는 유교적 가치에 더 가까워보인다. 그런데 이러한

---

[8] 『삼국유사』 卷5, 제5의해(義解第五), 원광서학(圓光西學). (국사편찬위원회 한국사데이터베이스 http://db.history.go.kr/id/sy_004r_0010_0010_0060, 2018. 12. 31)

가치가 「원광서학」조를 통해 불교적 가치체계로 자연스럽게 편입되고 있다. 출세간에서 볼 때, 세간으로의 귀향은 엄연히 위반이고 일탈이다. 불살생不殺生을 기준으로 할 때 살생유택殺生有擇은 변명의 여지가 없는 파계 행위이다. 살생유택의 선택권이 피살자에게 주어지지 않은 선택은 자기변명에 지나지 않기 때문이다. 살해하는 자가 선택권을 틀어쥐고 살해 여부를 판단한다면 살생은 그냥 살생일 뿐이다. 그럼에도 살생유택이 용인되는 이유는 불살생의 순결성만으로는 해결되지 않는 문제가 분명 있기 때문이다. 그래서 기꺼이 살생유택이라는 자발적 위반을 택했던 것이다.9)

2. 위반(違反, transgression)을 통한 초월

3년이 채 못된 경룡景龍 3년 기유己酉 4월 8일, 즉 성덕왕聖德王 즉위 8년이었다. 날이 저물 무렵에 나이 스무 살쯤 된 아름다운 자태를 한 낭자가 난초의 향기와 사향을 풍기면서 뜻 밖에 북암北庵 에 와서 묵기를 청하면서 글을 지어 바쳤다. …… 박박이 말하기를, "난야蘭若는 청정을 지키는 것을 의무로 삼으니, 그대가 가까이 할 곳이 아니오. 이곳에 지체하지 마시오"라고 하고는 문을 닫고 들어가 버렸다. 낭자가 남암으로 돌아가서 다시 앞서와 같이 청하자, 부득이 말하기를, "그대는 어디로부터 이 밤에 왔소?"라고 하니, 낭자가 대답하기를, "담연湛然하기가 태허太虛와 같은데, 어찌 오고감이 있겠습니까? 다만 현사賢士께서 바라는 뜻이 깊고 덕행이 높고 굳다는 것을 듣고 장차 도와서 보리菩提를 이루어 드리려 할 뿐입니다."고 하였다. …… 부득스님이 게를 듣고 놀라면서 말하기를, "이곳은 부녀자가 더럽힐 곳이 아니오. 그러나 중생을 수순隨順함도 역시 보살행菩薩行의 하나인데, 하물며 궁벽한 산골에 밤이 어두우니 어찌 홀대할 수야 있겠소?"라고 하고, 이에 그를 맞아 읍하고 암자 안에 있도록 하였다. …… 밤이 이슥하여 낭자가 [부득을] 불러 말하기를, "제가 불행히도 마침 해산기가 있으니 화상께서는 짚자리를 좀 깔아주십시오"라고 하였다. 부득은 불쌍히 여겨 거절하지 못하고 촛불을 은은히 밝히니 낭자는 벌써 해산하고 또 다시 목욕할 것을

---

9) 박재현, 『한국근대불교의 타자들』, 푸른역사, 2009, 188.

청하였다. 노힐의 마음에는 부끄러움과 두려움이 교차하였다. 그러나 불쌍한 생각이 더욱 더해서 또 통을 준비하여 [그] 속에 낭자를 앉히고 물을 데워 목욕을 시켰다. 조금 있다가 통 속의 물에서 향기가 강렬하게 서고 물이 금빛으로 변하였다. 노힐이 깜짝 놀라자, 낭자가 말하기를, "우리 스님께서도 여기에서 목욕하십시오."라고 하였다. 노힐이 마지못해 그 말대로 좇았더니, 홀연히 정신이 상쾌해지는 것을 깨닫고 살갗이 금빛으로 변하였다. 그 옆을 보니 문득 하나의 연화대蓮臺가 생겼다. 낭자는 그에게 앉기를 권가 통 말하기를, "나는 관음보살觀音菩薩인데 [이곳에] 와서 대사大師가 대보리大菩提를 성취하도록 도운 것입니다"고 말을 마치자 보이지 않았다.

박박은 노힐이 오늘밤에 틀림없이 계를 더렵혔을 것이니, 그를 비웃어 주어야겠다고 생각하였다. 이르러 보니 노힐은 연화대에 앉아 미륵존상彌勒尊像이 되어 광명을 발하고 [그] 몸은 금빛으로 단장되어 있어 자신도 모르게 머리를 조아려 예를 드리면서 말하기를, "어째서 이렇게 되었는가?"라고 하니, 노힐이 그 연유를 자세히 말하였다. 박박이 탄식하면서 말하기를, "나는 업장障이 무거워서 다행히 대성을 만나고도 도리어 만나지 못한 것이 되었습니다. 대덕은 지극히 인자하여 나보다 먼저 뜻을 이루었으니, 원컨대 옛날의 약속을 잊지 마시고 일을 모름지기 함께 했으면 합니다"고 하였다. 노힐이 말하기를, "통에 남은 물이 있으니 목욕할 수 있습니다"고 하였다. 박박이 또 목욕했더니 역시 앞서처럼 무량수無量壽를 이루어 두 존상이 엄연이 상대하였다. 산 아래 마을 사람들이 이 소식을 듣고 다투어 와서 우러러보고 감탄하면서 말하기를, "드물고 드문 일이다"고 하니, 두 성인이 [그들을] 위하여 법요法要를 설해주고 온 몸으로 구름을 타고 가버렸다.[10]

만일 여성 억압적인 맥락을 타고 있다면 박박이 주연으로 등장해야 옳다. 하지만 여기서는 박박은 조연이고 부득이 주연이다. 그리고 아낙은 대승의 지존인 보살의 화신으로 등장한다. 아낙은 수행자가 출가자와 세간인, 남자와 여자, 깨끗함과 더러움이라는 이원적인 구도를 넘어섰는지를 확인하는

---

10) 『삼국유사』 卷3, 「南白月二聖 努肹夫得 怛怛朴朴」 (국사편찬위원회 한국사데이터베이스 http://db.history.go.kr/id/sy_003r_0020_0170_0030, 2018. 12. 31)

게이트키퍼의 역할을 담당하는 존재이다. 여기서 여성은 자신의 진리됨을 강조하기 위해서가 아니라 진리와 반진리, 깨침과 미망迷妄, 그리고 남자와 여자가 결코 그렇게 확연히 구분될 수 없다는 새로운 진리의 장을 열어주는 역할을 하고 있다.11)

대승에서 계율의 궁극적 목적은 철저히 준수하는 데 있지 않았다. 계율은 그 자체가 무의미해져서 스스로 효력을 상실하기 위해 존재한다. 이 사실을 간과하면 윤리적 엄숙주의나 율법주의로 빠지게 된다. 대승은 이 사실을 수시로 환기하기 위해 위반을 일삼았다. 대승의 깨침은 번뇌를 떨쳐버리고 윤회에서 벗어나는 것이 아니다. 떨쳐버려야 할 번뇌이고 벗어나야 할 굴레라면, 이미 떨쳐버릴 수도 벗어날 수도 없기 때문이다. 모든 금기는 파괴되기 위해 존재한다. 그것은 구원의 현실화를 위한 일종의 문화적 장치이다.12)

V. 성인전의 관점에서 본 혜암 성관에 대한 기억과 기록

『혜암대종사법어집Ⅱ : 대중법어』의 「발간사」는 불기2551년(2007) 정해년 12월에 혜암문도회에서 작성한 것으로 되어 있다. 발간사는 그 게재 위치나 문도회 공동명의로 올라 있는 것으로 볼 때, 혜암선사에 대한 기억과 기록을 대표하는 문건이라고 할 수 있다. 발간사에 실린 기록을 핵심만 정리해 보면 다음과 같은 두 가지로 정리할 수 있다.

① 참선수행을 정진의 제일로 삼음(제방선원에서 정진, 봉암사 결사 참여, 20여년간 수행납자 지도)
② 총림의 방장으로 대중을 지도하고 宗正에 추대되어 종단의 제도를 일신, 안정적 종단운영

---

11) 박재현, 『깨달음의 신화』, 푸른역사, 2002, 328.
12) 박재현, 『한국근대불교의 타자들』, 푸른역사, 2009, 186-7.

발간사의 기록을 통해 볼 때 문도회에서는 혜암선사가 참선수행 제일이자 종단 체제에서도 최정점에 있었다는 즉 理•事에 모두 정통했다는 점에 기억과 기록의 초점을 맞추고 있는 것으로 보인다. 이러한 기조는 행장과 연보 그리고 비명을 통해서도 확인된다. 행장과 연보는 단순히 생애를 나이별로 쭉 나열해서 보여주는 것처럼 보이지만, 그 또한 선택적 기억과 기록일 수밖에 없다. 여기에 실린 정보들은 기억된 것들인 동시에 또한 기억하고 싶은 것들이다. 남기기 위한 기록인 동시에 또한 알리고 싶은 것들이다. 먼저 행장에서 나타나는 특징을 살펴보자.

60세 이전까지의 행장 내용을 보면 게송과 선문답이 여러 차례에 걸쳐 등장한다는 점이 눈에 띈다. 행장 전체의 분량에 비해 과해보일 정도로 많은 지면을 차지하고 있다. 그 이유는 60세 기록의 뒷부분에 다음과 같은 소결론 같은 글이 실려 있는 것을 보면 짐작할 수 있다.

> 특히 스님께서는 출가 이후, 가야산 해인사 선원, 희양산 봉암사 선원, 오대산 상원사 선원, 금정산 범어사 선원, 영축산 극락암 선원, 지리산 상무주암, 조계산 송광사 선원 등 제방 선원에서 당대 선지식인 한암·효봉·동산·경봉·전강 선사를 모시고 45년 동안 일일불식一日不食과 오후불식午後不食, 장좌불와 용맹정진을 하며 오로지 참선수행으로 초지일관初志一貫하셨으니 그 위법망구爲法忘軀의 두타고행頭陀苦行은 가히 본분납자本分衲子의 귀감龜鑑이요 계율이 청정함은 인천人天의 사표師表라 아니할 수 없습니다.13)

60세 이후부터 행장의 내용은 눈에 뛰게 달라진다. 1987년(68세)에 조계종 원로의원으로 선임, 1994년(75세)에는 원로회의 의장으로 추대, 1993년(74세)에는 해인총림 제6대 방장에 추대, 1999년(80세) 4월에는 조계종 제10대 종정에 추대되었다는 내용이 주조를 이룬다. 이렇게 68세부터 입적할 때까지 행장에 실린 내용은 모두 종단에서 중량감 있는 소임인 종정, 방장, 원로회의의장 등을 맡은 기록이 중심을 이루고 있다. 이러한 행장의 기조는 연보14)와 비명15)에서도 그대로 유지되고 있다.

---

13) 「혜암대종사행장」, 『혜암대종사법어집 II : 대중법어』, 해인사 원당암, 2007, 373.

결국 법어집 발간사와 행장, 연보, 비명 등을 검토해 보았을 때, 혜암선사
와 관련된 기억과 기록은 이판적 중량감과 종단 지도자로서의 사판적 능력
을 겸비한 인물이라는 점에 초점을 맞췄다는 것을 알 수 있다. 적어도 문도
회에서는 혜암선사의 인물상을 이렇게 공식적으로 정립하려 했던 것으로
보면 되겠다.16)

그렇다면 개인적 차원에서 기억되고 기록된 혜암선사의 모습은 어디에
있을까. 법어집에는 부록형식으로 추모담이 실려 있는데17) 원융(해인총림
수좌), 혜국(전국수좌회대표), 원각(해인총림유나, 해인사원당암감원), 여연
(대흥사일지암), 도각(해인사), 대오(흥국사주지) 등 6인의 기억을 기록한
것이다. 이들이 기억하고 있거나 기록하고 싶은 혜암선사의 모습이 구체적
으로 어떠한 것이었는지 중요시한 대목을 중심으로 간략히 도식화 해 보면
다음과 같다.

14) 「혜암대종사연보」, 『혜암대종사법어집Ⅱ : 대중법어』, 해인사 원당암, 2007, 375-377.
15) 「傳佛心燈扶宗樹敎曹溪宗正慧菴堂性觀大宗師舍利塔碑銘」, 혜암대종사법어집Ⅱ : 대중법어」, 해인사 원
    당암, 2007, 378-387.
16) 2014년 4월 16일 사단법인 혜암선사문화진흥회에서 개최한 제1회 학술대회에서 발표된 기조발제의 결론
    부에서도 "혜암성관 대종사는 우리시대 인천의 사표였다"는 부제를 붙여 마무리 하면서, "우리는 본분종사
    를 이사에 능소능대하고 원융무애한 스승을 말한다. 혜암성관 대종사는 원융무애의 경지를 직접 실천했던
    우리시대 인천의 사표였다."고 설명하고 있다. 여연, 「가야산의 대쪽, 혜암성관 대종사의 생애와 사상」,
    『혜암선사문화진흥회 제1회 학술대회자료집』, 2014, 33쪽 참조. 또 조기룡 역시 혜암선사의 인물상을
    다음과 같이 정리한 바 있다. "간화선 수행자로서 혜암 선사의 일생은 산문 안에서 순일하게 수행 자체에
    정진한 삶과 종단의 누란지위(累卵之危)를 구하고자 산문 밖을 나선 삶, 그리고 재가불자선원과 달마선원을
    개원하여 재가신도들에게 간화선을 지도한 삶으로 요약할 수 있다. 이러한 선사의 삶은 간화선을 생활선(生
    活禪)이자 사중선(四衆禪)으로 인식하고 실천한 것이라 할 수 있다." 조기룡, 「혜암 선사(慧菴 禪師)의
    수행 리더십 형성과 하화중생(下化衆生)」, 『혜암선사문화진흥회 제1회 학술대회자료집』, 2014, 22-33
    참조.
17) 『혜암대종사법어집Ⅱ : 대중법어』, 해인사 원당암, 2007, 342-367.

연번	기억자	제목과 기억내용	특징
1	원융	[두타행이 끊어지면 정법안장이 끊어진다] 두타행으로 일관, 오후불식과 장좌불와, 갑자기 나타났다 사라진 노인으로부터 게송 적힌 쪽지를 받은 일.	법통 강조
2	혜국	[당신 색깔이 분명하셨던 어른] 장좌불와 난행고행, 용맹정진하다가 죽는 놈 못 봤다, 때밀이 제자, 제주 남국선원 염려.	수행자는 분명한 자기 색깔이 필요하다는 의견 피력.
3	원각	[스님, 은사스님!] 공부, 중노릇, 밥하고 빗자루질 하는 법 등에 대해서까지 자세히 일러줌, 문수암 창건과 재개자 선원 개설 등 불사에 적극적, 어디서든 대중을 모아 같이 정진,	
4	여연	[홀로 서있는 그 가눌 길 없는 적막 앞에] 2차례 귀뺨 맞은 기억, 법명을 함부로 바꿔 꾸지람 들음, 상무주암에서 삼동결제	
5	도각	[은사스님 영전에 바치는 참회록] 장좌불와 일일일식, 승려의 위의를 강조, 입원한 제자를 보고 눈물, 연민 많은 아버지와 엄한 스승으로서의 모습.	
6	대오	[용맹심으로 퇴전하지 않으시니] 용맹정진, 일일일식 장좌불와, 인곡스님과의 법거량, 구참납자 보다 더한 공부, 화두일념으로 종鐘을 제대로 치지 못함, 겨울 오대산에서 호랑이를 물리침.	"이와 같이 나는 들었다."로 회고를 시작.

몇몇 기억 속에서 나타나는 혜암선사의 인물상은 위와 같다. 기억자는 이러한 모습의 선사를 기록으로 남기고 싶었을 것이다. 앞의 6편 추모담을 살펴보면 먼저 원융, 혜국스님의 경우는 추모담을 통해 혜암선사를 불교사적으로 자리매김하고 기억자가 하고 싶은 말이나 의지를 피력하는데 중점을 두고 있다. 이에 비해 원각, 여연, 도각 스님의 경우에는 혜암선사에 대한 개인적 사무침과 애틋함에 치중하여 기록하고 있다. 그리고 6편 전체에서 공통적으로 나타나는 인물상은 장좌불와 일일일식의 두타행에 투철했던 수행자의 모습이다.

혜암 선사에 대한 이와 같은 기억과 기록에서 앞서 정리했던 성인전에서 확인했던 여러 기준에 부합하는 내용은 찾기 어렵다. 그의 행적 속에서 대승불교 성인전의 특징인 위반이나 일탈은 보이지 않는다. 세속적 가치에 부합하고 충실한 모습도 목격되지 않는다. 다만, 성인전의 관점에서 봤을 때, 어느 해 겨울 폭설이 내린 오대산에서 포행을 나갔다가 두 눈에 시퍼런 불을 켜고 쏘아보고 있는 호랑이를 만났는데, 생사를 돌아보지 않고 용맹정진해온 납자답게 두 눈을 부릅떴더니 잠시 후 호랑이가 고개를 한 번 끄덕이고 조용히 사라졌다는 이야기만 신이성이라는 성인전에서 보이는 일반적 특징을 잠시 보여주고 있다는 점에서 주목을 끌고 있을 뿐이다.18)

전통덕인 성인전의 기준에 부합하는 이런 짧은 일화가 보이기는 하지만, 기억과 기록 속에서 혜암 선사는 모범적인 도반이거나 스승이었지만, 한국 근현대 불교에서 성인으로 자리매김 되지는 못했다. 그를 기리고 추모하기는 했지만 그것이 성인화 작업으로까지 이어지지 못한 것이다. 이러한 사례는 근현대 불교계에서 성인화 작업이 불교가 지향하는 가치를 상징적으로 구현하고 불교의 발전을 기하는데 얼마나 요긴하고 필요한 일인지 알아채고 있지 못한 때문일 것이다.

혜암선사에 대한 자리매김 작업 역시 한국불교 전체를 염두에 두고 좀더 치밀하고 거시적으로 진행되어야 하지 않을까 싶다. 이러한 고민은 비단 혜암선사에만 한정되지 않는다. 그와 동시대를 살았던 근현대 시기의 대표적 고승들 모두에 해당되는 문제이다. 이들에 대한 성인화 작업이 진행되지 않고 단순히 추모하고 기리는데서 그친다면, 도인도 없고 깨달은 자도 없는 한국불교사의 암흑기만 기약 없이 연장될 것이다.

VI. 맺음말

일찍이 중세 중국의 고승전기 작가들 그리고 이를 따른 전근대 한국의 전기 작가들은 네 가지 기준을 만들었다. ①깨침의 완성, ②금욕의 모범, ③학문의 성취 ④신이한 행적을 보임 등 네 가지로 정리할 수 있을 것 같다. 심재룡 박사는 이 네 가지 기준에 대해 다음과 같이 하나하나 되물었다.

---

18) 『혜암대종사법어집 II : 대중법어』, 해인사 원당암, 2007, 366-367.

부처님의 필요조건 가운데 여섯 가지 신통력이 있다. 부처님으로 하여금 영원히 점술사 내지 주술사를 겸비하도록 할 것인가? 다시 생각해 볼 일이다. 학문적 성취? 선불교에서 소위 교학 배움을 무시하고 문자 그대로 불립문자를 내내 고집하게 할 것인가? 우리가 선택할 일이다. 금욕의 불교를 원형 내지 모범으로 볼 것인가? 이미 금욕은 불교 내부에서 역사적으로 폭넓은 스펙트럼을 보이며 양극적 평가를 받아 오고 있다. 불교 밖에서도 욕망은 양극적 평가의 대상이다. 욕망 없는 인생은 무엇일까? 깨침의 완성은 욕망의 죽임인가? 아니면 욕망의 활발발한 창조적 표현인가?[19]

국내 불교학 분야에서는 인물연구 방법론에 대한 연구가 별로 진행되지 못했다. 하지만 성인이 없는 종교를 상상하기 어렵듯이 성인전 같은 인물연구방법론과 그 성과는 종교의 발전 과정에서 핵심적인 동력으로 작용한다. 혜암 선사를 "공부하다 죽어라!"고 외쳤던 모범적인 전문 선수행자의 모습으로 자리매김하는데서 그칠 것인지 아니면 만세의 사표, 고승의 새로운 표준, 깨친 수행자의 모델로 제시할 것인지도 한국불교가 추구하고자 하는 가치와 이념이라는 거시적인 문제의식 속에서 그 방향을 결정해야 할 것이다.

---

19) 심재룡, 「경허선사를 또 다시 생각함」, 『덕숭선학』, 한국불교선학연구원·무불선원, 2000.

참고문헌

一然, 『三國遺事』, 국사편찬위원회 한국사데이터베이스(http://www.history.go.kr).

慧菴門徒會 編, 『慧菴大宗師法語集Ⅱ : 大衆法語』, 海印寺 願堂庵, 2007.

박재현, 『깨달음의 신화』, 푸른역사, 2002.

박재현, 『한국근대불교의 타자들』, 푸른역사, 2009.

심재룡, 「경허선사를 또 다시 생각함」, 『덕숭선학』, 한국불교선학연구원·무불선원, 2000.

여연, 「가야산의 대쪽, 혜암성관 대종사의 생애와 사상」, 『공부하다죽어라 : 혜암선사문화진흥회 제1회 학술대회자료집』, 혜암선사문화진흥회, 2014.

조기룡, 「혜암 선사의 수행 리더십 형성과 하화중생」, 『혜암선사문화진흥회 제1회 학술대회자료집』, 2014.

〈법보신문〉 2004.08.10일자.

http://www.beopbo.com/news/articleView.html?idxno=20710.

박재현 (朴在顯, Park Jae-Hyeon) upaya2013@gmail.com

경희대학교를 졸업하고 서울대학교대학원 철학과에서 동양철학을 연구하여 철학박사(PhD) 학위를 취득했다. 저서로는 〈화두, 나를 부르는 소리〉, 〈만해, 그날들: 한용운평전〉, 〈깨달음의 신화〉 등이 있으며 동양철학과 불교학 분야의 연구논문을 다수 발표하였다. 서울대학교 강사. 성균관대학교 초빙교수, 서울불교대학원대학교 교수 등을 역임했으며 현재 동명대학교에서 연구와 교육에 힘쓰고 있다.

Abstract

Buddhist Hagiography and Great Monks in Korean Buddhism

Park, Jae-hyeon*

A common characteristic that appears in saint warfare is god or miracle. A miracle is a mechanism to prove that a saint is different from an ordinary person, that is, the saint is saint. Simply mourning is a psychological and ritual act, not an academic act. In addition to the question, "Why should we memorialize," the process of seeking a cold answer to the question of "How should we remember?" Should be the method of making a character academic research subject.

The case of hagiographic work through violation in the near period of Buddhism is the case of ven Gyeongheo (鏡虛, 1849~1912). In the case of Gyeongheo, it can be seen as a representative example of hagiographic work in Korean Buddhist history. However, in the case of other modern Buddhist characters such as Chan Master Hyeam (慧菴, 1920~2001), it is difficult to say that the hagiographic work has progressed favorably.

In the field of Buddhism in Korea, research on character research methodology has not progressed much. However, as it is hard to imagine a religion without hagiographic work, the methodology of personality research and its achievements serve as a key force in the development of religion.

Key Words

Hagiography, strangeness, Great Monks, Korean Buddhism, Chan Buddhism

* Professor, Tongmyong University

「聖人傳과 한국불교의 큰스님 만들기에 대한 고찰」을 읽고

김용표 (동국대학교 불교학부 명예교수)

I. 문제 제기와 접근 방법

박재현 교수의 제4주제 발제문, 「聖人傳과 한국불교의 큰스님 만들기에 대한 고찰」은 '이 시대의 큰 스님 성인화 작업'이라는 예민한 문제를 다시 논의케 해준 시의적절한 글이었다. 박 교수는 이미 한용운 평전인 『만해, 그날들』(푸른역사, 2015)의 출판을 통하여 현대 불교 인물전 연구에 기여하고 있는 학자이다. 그러므로 인물 연구에서 사실판단과 가치판단 사이에는 많은 딜레마와 난제가 있다는 점도 잘 인식하고 있는 것으로 보인다. 이 분야의 선행연구가 별로 없는 상황에서 어려운 주제를 발표해준 박 교수에게 경의를 표하며, 본 평자는 발제문을 요약하면서 그 논지와 내용에 대해 몇 가지 의견을 덧붙여 보고자 한다.

논문의 서두에서 발제자는 먼저 큰스님을 추모하는 종교 의례적 행사와 학술적 행위는 다른 차원에 있다는 점을 환기시키고 있다. 즉, "왜 추모해야 하는가"하는 물음과 아울러 "어떻게 추모해야 하는가" 하는 질문에 대한 객관적인 답을 찾아가는 학술적 작업을 통해 한국불교의 인물상으로 적절하게 자리매김할 수 있다는 것이다. 본 논문의 의도는 큰스님의 덕행과 가르침을 선양하고자 하는 문중과 이에 동참하는 학자들의 적절한 역할을 검토하여, 바람직한 성인화의 작업 방향과 이에 대한 보편적인 평가지표를 개발하자는 것이다.

불교의 큰스님은 인위적으로 만들어지는가? 아니면 이미 성취된 인간상에 대한 재탐색인가? 여기에 동참하는 학자들의 역할은 최대한 모든 자료와 사실을 수집하고 체계적으로 정리하면서, 재해석하여 객관화시키는 일일 것이다. 발제자는 학자의 역할을 '이미 세워진 준거의 타당성을 따져보거나 새로운 준거를 조심스럽게 제시하는 일'이라고 보고 있다.

그런데 논문의 주제어인 '큰스님 만들기'라는 용어는 다소 인위적인 뉘앙스를 풍기고 있다. 이 말에는 '선양'의 의미보다는 본래의 모습보다 더 위대하게 보이도록 하겠다는 '신격화 작업'의 뜻도 보이기 때문이다. 그러므로 '큰스님 만들기'와 '성인화 작업'에 대한 개념 정리가 필요하고, 누가 처음 사용한 용어인지는 알 수 없으나, 다소 불경스럽기까지 한 '큰스님 만들기'라는 용어는 좀 더 긍정적인 표현으로 바꾸는 것이 좋다고 본다.

최근 한국의 불교계에서는 그 문중이 배출한 이른바 '큰스님'에 대한 기념사업이 유행처럼 일어나고 있다. 경허, 만해, 용성, 탄허, 경허, 효봉, 청담, 성철, 대행, 상월, 청화 등의 고승들에 대한 추모 사업과 전기 출판, 그리고 이를 이론적으로 뒷받침할 학술 세미나도 열리고 있다. 여기에 동참하는 학자들은 주제에 대한 학술적 객관성보다는 주최 측의 의도와 유사한 해석과 논지를 전개하기도 한다. 그 결과 이러한 성격의 논문들은 그 학문적 객관성을 다시 검증해야 하는 또 다른 문제도 야기하고 있다.

내부 문도의 입장과 외부 학자들의 해석은 다를 수 있다. 즉 신앙과 학문 간에는 접근 방법상의 차이가 있는 것이다. 문중에서 시도하는 추모와 선양 사업은 그 고승에 대한 절대적인 존경과 신앙에 바탕을 두고 스승의 삶과 사상을 재탐색하고자 하는 작업이며, 또한 그 가르침을 체계적으로 정리하여 널리 홍포하고자 하는 포교적 활동이기도 하다. 그러나 어떤 사람을 존경하고 숭배하는 것이 지나쳐 신격화하기 시작하면 그 인물의 참된 면모를 알 수 없게 된다. 그러므로 비판 없는 찬양보다는 역사적 사실의 객관화와 가르침의 비판적 해석을 통해야 더 정확하게 고승의 진면목을 드러내 보일 수 있을 것이다.

종교적 신앙을 바탕으로 특정 성인을 연구하는 일과 객관적 학문적 방법에는 차이가 있다. 신앙을 바탕으로 한 태도로 특정 종파적 주제를 연구 대상으로 삼는 이른바 宗學的(神學的) 연구는 종파주의적 獨斷論(dogmatism)의 시각으로 해석하고자 하는 規範的(normative) 태도를 보인다. 여기에는 특정 공동체의 전통이 인정하고 있는 해석에 대해 비판을 제기할 여지가 축소되며, 객관적 비판도 존재하기 어렵다. 이러한 접근법을 종교학에서는 독단론의 오류에 빠질 수 있다고 보는 것이다.

이에 반하여, '신조, 교리, 의례, 경전, 윤리, 신화, 경험, 문화, 공동체' 등의 종교현상에 대한 가치 중립적이고 객관적인 연구를 시도하는 종교현상학적 접근방법이 있다. 이 경우 연구대상은 철학이나 사상뿐만 아니라 종교 현상 전반이 된다. 그러므로 연구대상이 되는 고승의 철학적 저서나 사상적 자료가 없다고 하여 종교적 연구가 어려운 것은 아니다. 모든 종교적 체험과 종교 현상은 종교학의 연구대상이 된다. 또한 한 고승의 내면세계를 심층적으로 탐색해보는 현상학적 접근방법도 있다. 종교현상학은 '있는 그대로의 종교현상'을 선입견이 없이 기술하려는 것이다. 그러기 위해서는 객관적 자료와 주관적인 체험 사이의 문제를 균형 있게 기술하는 입장을 견지해야 한다. 한 고승을 연구함에 있어서는 이러한 두 가지 접근 방법의 상이점을 먼저 잘 이해할 필요가 있을 것이다.

II. 논문의 구성과 논지의 전개에 대해

본 논문은 구성 비중으로 볼 때 불교의 聖人傳 이론에 치중하고 있고 慧菴禪師(1920-2001, 이하 慧菴으로 칭함)에 관한 논의는 상대적으로 소략하다. 이 논문의 선행이론으로 제시된 성인전 이론은 慧菴이라는 특수한 인물의 성격과는 잘 연결되지 않는다. 선행이론으로는 무엇보다도 '큰스님', '성인', '명승', '고승'에 대한 개념 설정이 필요하며, 큰스님의 덕목에 대한 일반적 요소를 제시하고 고승으로서의 慧菴의 특성을 분석하는 순으로 구성하는 것이 논리적일 것이다. 또한 성인전 이론이란 무엇이며 불교의 전통적 성인전의 특징과 구성, 또는 僧傳文學 이론이나 일반적인 전기문학의 이론을 소개했으면 한다.

논자는 불교 성인전의 예로『삼국유사』를 들고 있으나, 정통적인 불교『高僧傳』(慧皎의『梁高僧傳』, 道宣의『續高僧傳』, 贊寧의『宋高僧傳』, 如惺의『明高僧傳』등)을 예로 하는 것이 더 적절할 것으로 본다. 慧皎의『高僧傳』(T.50)에는 고승들의 공적이나 덕목의 특징에 따라 '譯經, 義解, 神異, 習禪, 明律, 亡身, 誦經, 興福, 經師, 唱導' 등 10가지 주제로 구분하고 있다. 이러한 구분은 고승의 특징을 분류하는 좋은 모델이 될 수 있다.

발제자는 큰스님에 대한 평가이론에 대해 심재룡 교수의 논평문을 많이 인용하고 있으나 이 외에도 다양한 관점의 소개와 비평이 있었으면 한다. 그리고 '慧菴의 聖者性' 문제에 집중하면 논문의 초점이 더 명확해질 수 있을 것이다. 결론 부분에서는 발제자가 보는 慧菴의 인물상에 대한 주관적 의견이 구체적으로 피력되었으면 한다.

Ⅲ. 名僧과 高僧의 차이

과연 보편적 성인의 인격적 특징은 무엇이며 어떠한 덕목을 지닌 인간상인가? 성인의 개념은 종교별로 판연히 다르고, 불교 내에서도 여러 차원의 성인이 등장한다. 초기불교에는 須陀洹, 斯多含, 阿那含, 阿羅漢 등의 성인이 있으며, 대승경전에는 聲聞, 緣覺, 菩薩, 佛 등의 성인들이 등장한다. 성인의 범주에 큰 스님을 넣을 경우, '큰스님'과 '성인'의 차이는 무엇인가도 명확하게 해야 할 것이다.

불교 성인전을 대표하는『高僧傳』의 작가인 梁나라의 慧皎(497-554)는

'名僧'과 '高僧'은 분명히 구분되어야 한다고 주장한다.

> "만약 실질에 기인하여 빛남을 감추어 숨긴다면 높아도 이름나지 않는다. 덕이 부족하여도 시류를 타면 이름이 나도 높지 않다. 이름이 나도 높지 않으면 본디 본서에 적을 것이 못 되지만, 높은데 이름이 나지 않으면 지금이 기록으로 갖추어졌으므로 '名'이란 음을 생략하고 '高'자로 대신하였다."[1]
>
> (慧皎의 『高僧傳』 序錄)

혜교의 이러한 승전 편찬 기준은 귀중한 비판의식을 담고 있다. 이전에는 名僧으로 회자되는 인물을 수록하는 名僧傳이었지만, 자신은 명성이 있더라도 그 德과 行이 부족하면 수록하지 않는다는 것이다. 이는 혜교 이전에 나온 寶唱의 『名僧傳』에 대한 강한 비판의식에서 나온 것이다. 비록 無名의 승려일지라도 지혜와 덕행이 수승하면 수록하는 것이 高僧傳이라는 것이다. 이러한 승전의 편찬 기준은 오늘에도 유효하다 할 것이다. 명승 가운데 고승이 아닌 이도 분명 존재한다. 그러므로 名僧과 高僧, 權僧과 名利僧을 구분하여 참된 큰스님을 분별하는 기준을 세우는 일이 불교의 인물상을 정립하는 중요한 작업이 될 것이다.

불교의 고승(큰스님)이나 선지식이라는 말은 부처님 법에 따라 수행·교화하는 삶을 산 부처님을 닮은 스님이라는 의미이다. 혜암도 28세 때 문경 봉암사에서 성철, 우봉, 자운, 보문, 도우, 법전, 일도 스님 등 20여 납자와 더불어 '부처님 법대로 살자'는 목표로 '봉암사 결사'에 참여한 이력이 있다. 고승은 부처님을 이상적인 모델로 하여 그 인격과 행동을 닮으려고 노력하는 수행자일 것이다.

고승들의 이상적 모델인 부처님의 인격적 특징은 "智慧人·慈悲人·自由人·主體人" 등으로 표현될 수 있다. 석가모니불의 덕상은 흔히 '如來 10호'로

---

1) 《高僧傳》卷14 : 「若實行潛光則高而不名 寡德適時則名而不高 名而不高本非所紀 高而不名則備今錄 故省名音代以高字」(CBETA, T50, no. 2059, p.419, a23-26)

표현된다. 이에 더하여 3明·6通을 지닌 초능력자, 또는 '18不共法'을 갖춘 스승으로도 표현되고 있다. 『方廣大莊嚴經』(T.3)에는 붓다의 위덕을 찬양하는 칭호가 무려 272가지나 나오고 있다. 『大智度論』(T.25)이나 『瑜伽師地論』(T.30) 등에도 붓다의 덕을 상징하는 별칭이 무수히 소개되고 있다. 그 별칭의 내용을 요약하면, 붓다는 지혜와 자비와 복덕을 구족하여 중생을 교화할 교육방편과 능력을 다 갖춘 平等心을 지닌 救世大悲者, 無上의 聖人이라는 것이라는 것이다. 예를 들면, 『瑜伽師地論』(T.30, 755c)에는 붓다의 聖者性을 '略讚佛五種相'으로 제시하고 있다.

(1) 妙色 : 신체의 단정, 엄숙, 미묘, 조화, 유연함.
(2) 靜寂 : 貪瞋痴와 번뇌로부터 해방. 적멸, 안정, 청정, 조화로운 마음.
(3) 勝智 : 一切智者로서의 밝은 지혜. 늘 깨어있는 明澄한 정신.
(4) 正行 : 自利利他行의 조화, 八正道, 六波羅蜜, 四攝法의 실천자.
(5) 威德 : 神異한 능력, 설법과 교화 능력을 갖춘 威德의 성자.

붓다를 닮은 고승의 첫째 요소는 正覺의 體得者이어야 한다. 禪家 전통에는 明眼宗師로부터 認可를 받았느냐가 중요하다. 둘째는 戒定慧 삼학의 완성자야 한다. 혜암은 自性三學의 실천을 강조하여 가르쳤다. 셋째는 교화를 위한 선교방편을 구족한 善知識(kalyāna-mitra)이다. 선지식은 일체 有情을 평등하게 佛緣을 맺어 주고 해탈케 해주는 스승이다. 선지식은 카리스마형 지도자가 아닌 친구와 같은 스승상이다. 이러한 의미에서 天台 智顗는 선지식의 조건으로 外護, 同行, 敎授의 덕을 들고 있다. 현대의 고승상은 이에 더하여 종단을 지도하는 행정 능력이나 불사 능력, 그리고 사회참여 능력도 필요하게 되었다.

Ⅳ. 대승불교에서 성인의 요소

본 논문에서는 神異性을 성인의 중요한 특징으로 보고 있다. 실제로 모든 고승전에는 神異篇(또는 感通)이 있다. 그러나 불교에서는 전통적으로 신통력에 대해 교화방편 이상의 큰 의미를 부여하지 않는다. 그러므로 불교 성인의 중요한 특징으로 神異性을 강조하는 것은 적절치 않으며, 慧菴의 경우에도 神異性은 그의 성자성의 중요한 요소가 아니다.

발제자가 대승 성인전의 특징으로 '세속적 가치의 수용'이나 '위반을 통한 초월'을 들고 있는 것은 대승의 眞俗不二 사상에 입각한 진보적인 이론이다. 이러한 방향설정은 충분히 음미할 가치가 있으며, '不二的 二元論 (non-dualistic dualism)'이라는 空觀의 논리와 부합하는 심오한 의미가 담겨있다고 본다.

그러나 독신 출가 승단이 중심인 조계종의 전통에서 볼 때는 불교 세속화를 합리화 하거나 破戒를 美化하는 것으로 誤讀될 수도 있다. 대승의 고승들은 律師나 禪 根本主義者가 아니라도 세속적 가치를 승단에 수용하는 것을 엄하게 금하고 있다. 鏡虛의 無碍行도 戒定慧 三學의 일치를 가르치는 붓다의 가르침을 기준으로 판단해야 할 것이다. 발제자가 예시한 대승 성인전의 두 요소는 흥미를 중심으로 하는 문학적 성인전의 구성에는 크게 유용할 것이다. 그러나 모든 고승들에게 해당되지 않으며, 대승 사상에 입각한다고 해도 삿된 無碍行과 正法行은 분명히 구분해야 하는 것이 아닐까?

Ⅴ. 慧菴의 聖者性 탐색

성자들의 정신적 특징을 연구한 학자로 종교심리학자 윌리엄 제임스 (William James, 1842-1910)는 『종교경험의 다양성(The Varieties of

Religious experience)』(1902)이라는 저서에서 '聖者性(Saintliness)'의 의미에 대해 논하고 있다. 성자성은 종교성이 무르익은 결실을 지칭하는 공동의 이름이며, 영적 정서가 인격적 에너지의 중심이 되는 것이라고 한다.

제임스가 제시한 성자성의 특징을 요약해보면, 첫째, 이기적인 삶에서 벗어난 삶, 넓은 우주적 관계 안에서 존재한다는 느낌, 이상적인 힘의 존재에 대한 확신이 있다. 둘째로, 이상적인 힘이 자신의 삶과 늘 친근하게 관계를 맺는다는 느낌, 그리고 기꺼이 그 진리와 늘 하나가 되어 살아가는 사람이다. 셋째로, 한정적인 자아의 테두리가 용해되는 느낌, 즉 엄청난 용기와 자유이다. 넷째로, 정서의 중심이 사랑과 조화, 그리고 긍정의 감정으로 진행된다. 이러한 내면 상태는 금욕주의, 영혼의 강건함, 정화, 사랑과 같은 실천적인 귀결들을 갖는다고 한다.

이러한 윌리엄 제임스의 성자성 이론은 비록 서구적 용어로 설명되고 있지만, 慧菴의 경우에도 부합되는 요소가 많다. 慧菴의 성격과 선풍, 청빈과 금욕적 삶, 고행과 두타행, 강렬한 수행정신, 제자들에 대한 지극한 사랑, 자애로운 자비행 등은 이러한 네 가지 성자성의 특징과 잘 조화되고 있다. 성인의 정신적 삶은 궁극적인 實際와의 끊임없는 교류에 바탕을 둔다. 혜암의 경우 화두 일념으로 사는 無時禪의 삶이다. 신심과 고행의 산물인 평안, 꿋꿋함, 인내, 마음의 평온, 이러한 삶은 금욕주의와 청정한 계율의 실천으로 나타났다. 성자의 또 다른 덕목은 청빈과 가난이다. 청빈은 어느 시대나 고귀한 성자의 덕목이었다. 인간의 본성에는 소유의 욕망이 상존한다. 그러므로 수행자는 먼저 애욕과 소유욕을 버려야 한다. 그리하여 성자의 마음은 이웃과 세계에 베푸는 자비로 회향되는 것이다. 혜암의 삶은 이러한 청빈과 자비행으로 채워져 있다.

慧菴을 어떠한 인물상으로 자리매김 할 것인가 하는 문제는 한국의 불교도들이 점진적으로 그 해답을 줄 것이다. 문중에서는 慧菴을 이미 '전생의 원력으로 태어난 보살'로 선언하고 있다. "多劫의 수행으로 無上의 道理를 깨닫고 이 땅의 衆生을 濟度코자 願力을 타고 出現하신 明眼宗師가 있으니

휘는 性觀이요 호는 慧菴"이라는 행장·비문과 같이 고승으로서의 혜암의 비범한 종교적 인격성은 長座不臥, 勇猛精進의 모델, 금욕적 頭陀僧, 제자에 대한 외호와 자상한 지도력, 재가자에 대한 참선교육, 종단의 혁신을 위한 참여 등에서 잘 드러나고 있다. 또한 혜암의 禪風에는 다른 선지식과 다른 독특한 방편이 있다. 이를 일반적인 고승 선지식의 덕목과 비교한다면 그 특징이 더 잘 드러나게 될 것이다.

VI. 慧菴傳의 완성

僧傳文學의 성립과정을 보면, 그 인물의 역사적 상황, 영향받은 사람이나 사상, 출가의 동기, 스승과 구도의 과정, 종교체험의 양상, 성도, 교화방법, 교단의 성립, 열반, 그리고 입적후의 영향 등으로 기술된다. 인물에 따라서는 탄생 설화와 신이적 사건 등도 기술된다. 석가모니불의 경우, 흔히 8상으로 그 생애를 기술하고 있다.

일반적으로 성인 또는 偉人의 전기문학을 집필하기 위해서는 그 관련 자료의 수집이 선행되어야 한다. 僧傳의 경우, 行狀이나 碑文이 기본 자료가 되고 있다. 당시대의 고승일 경우에는 생존한 직제자들의 기록이나 증언이 중요하다. 발표문에서 소개한 '원융, 혜국, 원각, 여연, 도각, 대오' 등 중요한 문도 제자들의 기억과 기술과 같은 자료는 더 많이 확보해야 할 것이다. 그러한 후에 그의 생애에 미친 여러 요소와 종교적 사회상과의 상호관계도 탐색해야 한다. 무엇보다도 실증주의에 입각하여 정확한 사실의 확인, 혜암에게 미친 여러 고승들의 영향, 혜암의 역사관이나 당시의 불교계와 사회적 상황 등에 대한 요소를 검토해야 할 것이다.

혜암의 전기는 2013년도에 발간된 정찬주의 『공부하다 죽어라』(열림원, 2013)가 있으나 이에 대한 재검토와 아울러 새로운 慧菴傳의 완성이 요구된다. 이에 대한 예비적 작업으로는 혜암의 성자성을 정확하게 추출하는 일이다. 기존의 이미지나 선입견을 벗어나 다양한 혜암의 본면목을 찾아내야 한다. 발제자가 결론에서 제안했듯이, 이에 대한 문중의 방향 설정이 중요하며, 이에 더하여 학계의 객관적 연구 성과를 종합한 새로운 인간상을 정립해야 할 것이다.

선사, 수행자, 설법자, 교육가, 종단행정가 등의 다양한 면모를 집약한 새로운 혜암 전기의 완성은 곧 혜암의 성자성과 본면목을 재발견하는 불사가 될 것이다. 큰스님이란 새로 만들어지는 것이 아니라, 있는 그대로의 본래 면목을 새롭게 빛나도록 하는 데 있을 것이다.

김용표 (金容彪, Kim Yong-pyo) paramartha@naver.com

동국대 불교학과를 졸업하고 미국 Temple University 대학원 종교학과에서 문학석사(M.A) 및 종교학박사 (Ph.D in Religion)학위를 받았다. 시인. 동국대학교 불교학과 교수, Brain Korea21 세계화시대불교학교육연구단장, 국가교육과정심의위원, 한국종교교육학회장, (사)한국불교학회장, (사)한국교수불자연합회장, International Journal of Buddhist Thought & Culture (IJBTC) Editor 등을 역임하였고, 현재 동국대 명예교수로 있다. 저서로는『불교와 종교철학』,『포스트모던시대의 불교와 종교교육』,『경전으로 본 세계종교(불교)』,『보리행경』,『시집 해조음』등이 있다.

박재현 교수의 "聖人傳 이론을 통해 본 한국불교의 큰 스님 만들기에 대한 고찰"을 읽고

김방룡 (충남대학교 철학과 교수)

오늘 이 자리는 "혜암선사의 생애와 선사상"이란 주제로 혜암대종사 탄신 100주년을 기념하여 마련한 전문가 워크숍입니다. 이틀에 걸쳐 기조발표와 5개의 주제를 합하여 총 6분의 발표가 이루어지고 있습니다. 우선 이러한 뜻깊은 자리에서 논평을 하게 된 것을 큰 영광으로 생각하며, 오늘의 이 자리가 있기까지 노고를 아끼지 않은 주최 측에 감사드립니다.

박재현 교수님은 선사상에 대한 뛰어난 식견뿐만 아니라 불교의 (사회적) 실천에도 남다른 안목을 지닌 분으로서 좋은 글을 꾸준히 발표해오고 있습니다. "聖人傳 이론을 통해 본 한국불교의 큰 스님 만들기에 대한 고찰"이라는 제목에서 볼 수 있듯이, 이번 발표문은 혜암선사의 선사상을 직접 다루고 있는 다른 발표와는 달리 '진정한 고승의 기준은 무엇인가?' 하는 물음을 우리에게 제기하고, 또 '이러한 워크숍이 가지는 유의미성이 무엇인가?' 하는 진지한 물음을 던져주고 있다는 점에 있어서 의미 있는 글이라 생각합니다.

논평자로서의 소임을 다하기 위하여 오늘 학술대회의 취지에 맞추어 발표자의 글 전체에 대한 소감과 함께 논자의 주장에 대한 평자의 견해를 밝히고, 몇 가지 질의를 드리고자 합니다.

I. 논자의 문제제기와 글 전체에 대한 소감

"혜암선사의 생애와 선사상"이란 오늘의 대 주제에 비추어 볼 때, 논자의 문제의식과 글 전체의 내용은 선명하다고 생각한다. 이를 평자의 입장에서 좀 쉽게 요약해보면 다음과 같다.

1. 오늘 워크숍은 혜암선사에 대한 '큰 스님 만들기' 작업의 일환이다. 여기에서 학자가 할 일은 무엇인가? 그것은 이미 세워진 준거의 타당성을 따져보거나, 새로운 준거를 제시하여 평가하는 것이다.

2. 이미 세워진 준거는 기존의 '성인전'을 통하여 살펴볼 수 있다. 성인전에 나타나는 일반적인 특징은 '신이성'이다. 또 대승불교의 성인전에 나타나는 특징은 신이성 이외에 또 다른 두 가지의 특징이 있다. 첫째는 '세속적 가치의 불교적 수용'이고, 둘째는 '위반을 통한 초월'이다. 한국불교에서 성인화의 한 사례는 '무애행'이다.

3. 위에서 제시한 '성인전'에 나타난 성인의 특징을 기준으로 혜암선사를 평가해 보면 "전통적인 성인전의 기준에 부합하는 일화가 보이기는 하지만, 기억과 기록 속에서 혜암 선사는 모범적인 도반이거나 스승이었지만, 한국 근현대 불교에서 성인으로 자리매김 되지는 못했다."

4. 기타 : "일찍이 중세 중국의 고승전기 작가들 그리고 이를 따른 전근대 한국의 전기 작가들은 네 가지 기준을 만들었다. ① 깨침의 완성, ② 금욕의 모범, ③ 학문의 성취 ④ 신이한 행적을 보임 등 네 가지로 정리할 수 있을 것 같다."

논자의 글은 위와 같이 정리할 수 있을 것 같다. 평자의 입장은 논자가 문제제기한 1.의 취지에 대해서는 전적으로 공감하며, 그 내용 또한 대체적으로 동의한다. 다만 혜암선사에 대한 평가 기준으로 제시한 2.의 내용에 대해서는 동의하기가 어려운 부분이 있고, 따라서 3.의 결론 또한 그대로 받아들이기는 어렵다.

논자의 글은 어쩌면 미완의 글이 아닌가 생각된다. 왜냐하면 본론에서 위의 1., 2., 3.의 내용을 밝히고 있지만, 정작 맺음말에서는 4.에서 보이듯이 평가 기준을 '① 깨침의 완성, ② 금욕의 모범, ③ 학문의 성취 ④ 신이한 행적을 보임' 등 다른 기준을 제시하고 있기 때문이다.

평자는 오히려 '4)에서 제시한 기준에 대하여 그 타당성을 논증하고, 이에 의거하여 혜암선사에 대한 엄밀한 평가가 이루어졌다면 오히려 좋지 않았을까?' 하는 생각을 했다.

II. 몇 가지 의문점

1. 혜암 대종사의 정체성에 대하여

'혜암 성관'이란 한 인물을 평가하는 작업에서 전제되어야 할 것은 '혜암 대종사가 무엇을 한 분인가?'하는 정체성의 문제이다. 논자가 '성인전'에 나타난 특징을 통하여 평가하고자 한 것은 혜암 대종사의 정체성을 '승려(고승)'로서 파악했기 때문이라고 생각된다. 그런데 혜암 대종사의 삶을 살펴보면 '철저한 (간화)선승'이었다. 만약 혜암 대종사를 '선승'으로서 파악했다면, 그 평가의 기준은 『단경』이나 선사들의 어록 그리고 『전등록』 등을 통하여 도출하는 것이 더 타당하지 않았을까 생각된다. 그렇다면 '깨침의 여부'가 가장 중요한 기준으로 떠올라 이에 대한 직접적인 논의가 이루어졌을 것이다.

2. '신이성'에 대하여

논자는 "성인전에서 나타나는 일반적인 특징은 신이(神異) 혹은 기적이다. 기적은 성인이 보통 사람과 다름을, 곧 성인의 성인됨을 증명하는 기제이다."라고 밝히고 있습니다. 그런데 지눌이 "신통은 깨달은 사람의 경지에서는 오히려 요망하고 괴이한 일이며 또한 성인의 하찮은 일에 지나지 않기에, 비록 혹 드러낸다 할지라도 긴요하게 쓰지는 않는다.(況事上神通 於達人分上 猶爲妖怪之事 亦是聖末邊事 雖或現之 不可要用)"고 말한 바와 같이, 선사들의 입장에서는 신통을 중시하지 않았다. 아니 오히려 배격했다고 해야할 것이다.

혜암 대종사를 '선사(禪師)'로 인식한다면, '신이성의 여부'를 가지고 혜암을 평가하고자 한 시도는 정곡을 찌르지는 못했다고 보여 진다. 또 선사로서의 신이성을 굳이 찾는다면 논자가 제시한 '눈을 부릅떠 호랑이를 사라지게한' 일화 보다는 오히려 '장좌불와'에서 찾았어야 하지 않았을까 생각된다.

3. 세속적 가치의 불교적 수용에 대하여

이에 대해 논자는 원광의 세속오계를 들고 있다. 원광의 성인됨의 근거가 속인인 화랑을 위해 불교의 계에서 변용된 오계를 제시해주어 불법의 생활화 대중화를 실현했다는 점을 들고 있다. 이는 방편과 교화에 대한 능력이라 생각한다. 또 원광의 세속오계의 내용을 살펴보면 국가와 국왕의 입장을 반영한 측면이 짙다. 국가주의 입장에서는 크게 장려될 내용이지만, 불교적 입장에서 성인됨의 근거로 타당한 것인가 하는 점은 생각해볼 여지가 있다.

그런데 논자는 "혜암선사와 관련된 기억과 기록은 이판적 중량감과 종단지도자로서의 사판적 능력을 겸비한 인물이라는 점에 초점을 맞췄다는 것을 알 수 있다."라고 기술하고 있고, "(혜암선사에게는) 세속적 가치에 부합하고 충실한 모습도 목격되지 않는다."라고 기술하고 있다.

원광과 혜암에 대해서 논자는 서로 다른 평가를 하고 있다고 생각한다.

평자의 생각으로는 원광이 세속오계를 제시한 것과 '이판적 중량감과 종단 지도자로서의 사판적 능력을 겸비한 인물'로 평가된 혜암의 행위는, '세속적 가치의 불교적 수용'이란 측면에서는 같은 입장이라고 생각한다.

참고로 1999년 10월에 발표된 혜암의 '종정교시'를 보면 다음과 같다. (전략) 종단발전이 국가발전이니 종도들은 일심동체하여 법통수호와 호국불교의 사명감으로 불광증휘하고 국태민안토록 하라.

> 텅빈 하늘은 아득하여 끝이 없는데
> 지구는 작고 작아 찾아볼 수 없네
> 성인군자들이 내 잘났다 서로 뽐내니
> 현미경 속의 티끌만한 그림자로다

혜암선사가 사회 일반인을 향한 법어를 살펴보면, 어느 하나 선사로서 본래면목을 강조하지 않은 것이 없다. 이판과 사판을 둘로 보지 않는 것이야 말로 진정한 선사라 생각되며, 따라서 '혜암선사에게서 세속적 가치에 부합하고 충실한 모습을 찾아보기 힘들다'는 논자의 평가는 동의하기가 어렵다.

4. 위반을 통한 초월과 무애행에 대하여

논자는 성인의 또 다른 기준으로『삼국유사』에 나타난 '노힐부득과 달달박박의 일화'를 통해 '위반을 통한 초월'을 말하고, 경허의 '무애행'을 말하고 있다. 이 두 경우는 계율과 윤리와 욕망의 문제가 복합적이고 중층적으로 포함되어 있어서 대중의 관심과 이목을 집중시킨다. 논자는 "그의 행적 속에서 대승불교 성인전의 특징인 위반이나 일탈은 보이지 않는다."고 평가하고 있다. 그런데 이러한 평가는 다소 성급해 보인다.

주지하다시피『유마경』「불도품」에는 "보살은 비도를 행한다.(菩薩行於非道)"고 말하고 있고,『법보단경』에서는 "마음이 대상에 머물지 않으면 도는 통하여 흐르고, 마음이 대상에 머무르면 스스로 얽매이게 된다.(心不住法

道卽通流. 心若住法 名爲自縛)”고 말하고 있다. 이는 '초월'과 '무애행'이 대
승의 불이중도(不二中道)에 부합됨을 밝힌 근거들이다. 그런데 초월과 무애
행이란 계율을 파괴하는 것이 아닌 철저히 계율을 지키고 있는 또 다른 모
습이다. 중생들이 상(相)에 얽매여 초월과 무애행으로 볼 뿐 행하는 자는 법
을 철저히 따르고 있는 것이다.

논자가 언급하고 있듯이 한암과 혜암은 철저하게 계율을 지켰고, 또 대중
들에게 그것을 강조했다. 그런데 이러한 행위가 '무애행'에 어긋나고, 성인
이 아니라고 판단할 근거가 될 수 있을까? 혜암에게서 일탈이나 무애행이
보이지 않기 때문에 '성인'으로 볼 수 없다는 평가야 말로 '무애행'이란 상
(相)에 얽매인 것은 아닌가 생각된다.

5. 맺음말의 네 가지 기준에 대하여

논자는 맺음말에서 본문에서 구체적으로 다루지 않은 네 가지 기준을 제
시하고 있다. 즉 “①깨침의 완성, ②금욕의 모범, ③학문의 성취 ④신이한
행적을 보임 등 네 가지로 정리할 수 있을 것 같다.”고 말하고 있다. 그런데
이어 심재룡 교수가 이에 대해 비판한 내용을 인용하고 있다.

논자가 제시한 네 가지 기준의 근거가 어디에서 온 지가 궁금하고, 또 논
자의 입장이 이 네 가지 기준에 근거하여 '성인됨'을 평가해야 한다는 이야
기인지, 아니면 이러한 기준에 문제가 있다는 것인지가 궁금하다.

논자의 분명한 입장이 드러나지 않아서 논자의 주장이 무엇인지가 불분
명한 점이 아쉽다.

Ⅲ. 질의

논자의 오늘 발표는 굉장히 솔직하고도 용기 있는 결단이 있었기에 가능

했다고 보여 진다. 특히 '이른바 큰스님 만들기에 있어서 학자들의 역할은 무엇이어야 하는가'하는 물음을 제기한 점에서 개인적으로 큰 울림을 받았다. 특히 학자들이 '평가의 준거를 마련하고, 그에 입각해서 평가해야 한다.'는 문제제기는 중요한 지적이라 생각한다.

몇 가지 질의로서 임무를 마무리하고 한다.

첫째, 선사들의 경우에도 평가의 준거 내지 기준을 제시할 수 있는 것인가? 어떠한 기준을 정해 놓고 그것을 근거로 평가해보자는 발상이야말로 선(禪)의 정신과 배치되는 것은 아닌가? 이에 대한 논자의 견해는 어떠한가?

둘째, 기존의 성인전에 나타난 기준 말고, 현재 한국불교에 있어서 논자가 생각하는 '성인의 준거 내지 기준'은 무엇인가? 말을 돌리지 말고 세 가지만 제시해 주었으면 한다.

셋째, 둘째의 (새로운) 기준에 맞추어 볼 때 혜암선사는 어떻게 평가할 수 있는 것인가?

넷째, 논자는 경허와 한암에 대한 언급에서 다음과 같이 말하고 있다.

"한암은 경허의 깨달음과 그의 행리(行履), 이 둘 사이의 연속성을 끝내 읽어 내거나 설득하려고 애쓰지 않았다. 그는 둘 가운데 하나를 접어두는 방식으로 그를 자리매김했다. 경허의 행리를 대놓고 부당하다고 할 수는 없었을 테지만, 사표(師表)가 되기에는 부적당하다고 한암은 판단했다. 그런데 이와 같은 판단이 이후 한국불교가 간화선 본래의 실존적 문제의식에서 비롯한 치열한 분심(憤心)보다는, 외형적이고 형식적인 면에 치중하는 결과를 가져오는 데에 적지 영향을 끼쳤다고 할 수 있다."

위에서 볼 수 있듯이 논자는 한암의 경허에 대한 평가가 결과적으로 부정적 결과를 도출했다고 말하고 있는데, 이에 대한 보충 설명을 부탁한다. 아울러 이러한 맥락에서 혜암선사는 어떻게 이해할 수 있는지 설명을 부탁드린다.

다섯째, 혜암선사는 성철선사와 같이 여러 곳에서 "선종 정통에서 주장하는 돈오라는 것은 철두철미하게 제8아뢰야 근본 무명까지 완전히 끊어진 무념 무심을 말하는 것이지 객진번뇌가 여전히 무수한 해오를 돈오라 하지 않는다"고 하여 돈오돈수를 강조하고 있으며, 또 "구경각인 중도를 정등각 하려면 오매일여라는 관문이 있다. 몽중일여는 무상정인 제7보살에 들어가고, 오매일여는 제8아뢰야 멸진정의 경계인 제8지 보살에 들어가는데, 역대 조사가 동시에 말하기를 여기에서 다시 화두를 참구하여 대사각활하야 확철대오를 증하여 구경각하여야만 출세하고 각이라는 경계가 된다."라고 말하고 있다.

이는 혜암선사가 제시한 '성인(명안종사)의 기준'이라 할 수 있다. 논자는 이러한 혜암선사가 제시한 기준에 대하여 어떻게 생각하는가? 또 성철선사와 혜암선사 등이 깨달았다고 하는 것은 바로 제8아뢰야의 근본 무명까지 완전히 끊어졌음을 의미하는 것인데, 학자들이 이렇게 깨달은 명안종사들을 간별해 낼 수 있는 방법으로 어떠한 것이 있을 수 있다고 생각하는가?

감사합니다.

김방룡(金邦龍, Kim Bang-Ryong) brkim108@hanmail.net

전북대 및 동 대학원에서 석사과정을 마치고 원광대에서 철학박사 학위를 받았다. 저서로는 〈보조 지눌의 사상과 영향〉〈불교수행법〉 등 30여 편이 있으며, 논문으로 〈지눌 선사상 형성에 미친 중국불교의 영향〉〈보조 지눌과 태고 보우의 선사상 비교〉 등 불교와 민족종교 및 사회문제에 대한 100여 편의 논문을 발표하였다. 중국 북경대, 절강대, 연변대 등에서 연구교수로 있었으며, 보조사상연구원 연구이사, 한국불교학회 감사 등을 역임했다. 현재 충남대 철학과 교수, 한국선학회 회장, 국제고려학회 서울지부 부회장으로 있다.

논평에 대한 발표자의 답변

박재현

큰스님 만들기라는 말이 듣기에 따라서는 거북할 수 있습니다. 하지만 자연인으로서의 성인(聖人)은 존재하지 않습니다. 성인은 성인이라고 칭해짐으로써 비로소 성인이 됩니다. 선포되지 않으면, 어떤 성인도 있을 수 없습니다. 성인은 선포됨으로써 비로소 성인이 되는 것입니다. 어떤 방식으로 선포하고, 어떻게 선포해야 성인은 가장 성인다워질 수 있는지, 그것을 연구한 역사가 서구 신학(神學)의 역사라고 해도 과언이 아닐 것입니다.

한국 가톨릭교회의 상징적 인물인 김대건(金大建, 1821~1846, 세례명: 안드레아)은 스물여섯의 나이에 순교했습니다. 1846년 9월에 그는 반역죄로 사형을 선고받고 다음 날 새남터에서 군문 효수형으로 참수되었습니다. 국사범으로 형을 받은 죄수는 통상 사흘 뒤에 연고자가 그 시신을 찾아가는 것이 관례였으나, 조선 정부는 김대건의 시신을 파묻고 장례를 치르지 못하게 했다고 합니다.

김대건은 죽고 나서 10년이 지나 가경자(可敬者, venerable)로 선포되었습니다. 이로써 그는 '존엄한 사람' 혹은 '모범이 될 만한 사람'으로 인정받게 되었습니다. 하지만 겨우 시복 후보자가 되었을 뿐입니다. 그가 성인으로 인정받아 선포되기까지는 한참이나 더 지나야 했습니다. 1984년 4월 내한한 교황 요한 바오로 2세에 의해 그는 시성(諡聖)되어 마침내 성인위(聖人位)에 올랐습니다. 세상을 떠난 지 138년 만에 마침내 성인으로 선포된 것입니다.

큰스님 만들기는 성인화(聖人化)에 해당하는 불교적 표현이고 우리말 표현입니다. 가톨릭교회는 성인화를 위한 신학적 작업에 전력을 기울여왔습니다. 우리 불교계는 큰스님 만들기에 그만한 공을 들였는지 되돌아보게 됩니다. 어떤 방식으로 선포하고, 어떻게 선포해야 가장 큰스님다울 수 있을지를 학술적으로 진지하게 되돌아봐야 할 시점이 아닌가 싶습니다. 논문「성인전(聖人傳)과 한국불교의 큰스님 만들기에 대한 고찰」은 이런 고심 끝의 작은 결과물입니다.

한국 현대불교의 동향과
혜암 성관의 수행과 교화

오경후(동국대 불교학술원 조교수)

3.
현대
한국
불교에서의
혜암
선사의
위상

초록

혜암선사는 성철선사와 함께 한국 현대불교사의 상징적 존재이다. 혜암의 출가는 깨달음과 불법佛法을 위한 것이었다. 그가 평생 동안 지속했던 장좌불와와 오후불식의 수행은 그의 상징이 되었다. 그가 참여했던 1947년 봉암사결사는 그의 수행정신을 더욱 확고하게 해주었던 계기가 되었다. 또한 일제강점기 식민지불교의 잔재를 청산하고, 한국불교의 정통성을 다시 세우는 일이기도 하였다. 그는 1994년과 1998년 조계종의 혼란과 모순을 청산하는데 앞장섰다. 혜암은 '개혁'은 부처님 말씀대로 안했기 때문에 나온 말이라고 하였다. 결국 혜암의 삶은 철저한 수행과 함께 부처님의 가르침대로 살기위한 것이었다.

주제어

성철, 혜암, 한국현대불교, 선수행, 봉암사결사, 불교개혁

Ⅰ.머리말

慧菴 性觀(1920~2002)은 한국근현대사의 격동기를 살다갔다. 일제강점기와 해방, 한국전쟁, 그리고 독재와 민주주의를 경험했다. 우리 불교 역시한국불교의 정통성과 전통성이 왜곡된 왜색불교의 그늘 속에 있었고, 해방이후 일본불교의 잔재를 청산하고 우리불교의 정체성과 독자성을 확립하고자 진력했던 시기였다. 그런가 하면 80년대와 90년대를 거치면서 불교자주화의 진통을 겪기도 하였다.

혜암은 한국 근현대불교의 질곡과 변화의 과정을 거치면서 산중과 저자거리를 오가면서 부처님법대로 살기를 염원했고, 頭陀行을 통해 正法眼藏을지키고자 한평생을 보냈다. 한국 현대불교계는 '가야산의 정진불' '공부하다 죽어라' '장좌불와'로 혜암을 기억하고 있다.

구속됨이 원래 나의 뜻이 아니기에	拘束元來非我意
인연 따라 곳곳이 나의 집이었네	隨緣處處是吾家
세상사를 이미 뜬구름 밖에 보냈지만	世事已送浮雲外
피하기 어려운 사정에는 어쩔 수 없네	難避事情正若何[1]

혜암이 1999년 종정추대식에서 읊은 게송의 한 구절이다. 인연따라 수행하는 자유인으로 살았지만, 피할 수 없는 격동의 세간사 역시 피하지 않았다. 혜암이 출가 후 장좌불와의 용맹정진 속에서 살았던 인생을 가장 짧고선명하게 묘사한 게송이라고 할만하다.

혜암에 관한 연구는 그동안 이루어지지 않았다. 2014년 혜암선사문화진흥회가 그의 생애와 사상을 규명하는 학술회의를 한 차례 개최했을 뿐이다.[2] 그러나 혜암의 입적 후 그의 법어집이 간행되었고[3] 생애와 수행의 흔적을 정리했으며[4] 최근에는 혜암의 문도와 인연 25인이 그의 수행력을 기

---

1) 혜암문도회, 『혜암대종사법어집』Ⅰ, 해인사원당암, 2007, 270쪽.
2) (사) 혜암선사문화진흥회, 『혜암선사문화진흥회 제1회학술대회』, 2014.
3) 혜암문도회, 『혜암대종사법어집』Ⅰ·Ⅱ, 김영사, 2007.

리며 추모하였다.[5] 이밖에 불교계는 그의 생애와[6] 1994년과 1998년 종단 개혁 당시 혜암이 보여준 爲法忘軀의 행적을 기리기도 하였다.[7]

이 글은 한국근현대불교의 혼란과 변화, 그리고 안정의 흔적 속에서 혜암의 생애와 行化를 살피고자 한다. 혜암은 식민지불교의 잔재청산과 불교자주화가 이루어지기까지 그 한복판에서 정법안장을 지키기 위해 진력한 인물이다. 현재 불교학계는 근대불교에 대한 체계화뿐만 아니라 현대불교의 객관적 이해의 기회조차도 마련하지 못하고 있다. 그러므로 이 글은 혜암이 보여준 위법망구의 수행이 궁극적으로 어디로 귀결되었는지 제시할 것이고, 개인적인 측면을 넘어 한국현대불교에서 그의 행적이 불교사적으로 어떤 의미가 있는지 자리매김하는데 기여할 것이다.

---

4) 정찬주, 『가야산의 정진불』1·2, 랜덤하우스, 2010.; 정찬주, 『공부하다죽어라』, 열림원, 2013.
5) 혜암선사문화진흥회, 『스승혜암』, 김영사, 2018.
6) 원각스님, 「나의 스승 혜암 큰스님」, 『海印』3 22, 해인사, 2008.12, 17~21쪽.; 혜암 스님, 「공부 위해텅 비워야」, 『禪苑』144, 선학원, 2007.7/8, 32~33쪽.; 佛光會, 「혜암(惠庵) 스님 : 전생에 지은 복을알지 못하고 하늘과 땅을 원망하며 부질없이 허덕이네」, 『佛光』374, 佛光會, 2005.12, 53~57쪽.;혜암선사(慧庵禪師), 「화두(話頭)를 참구(參究)하는 법」 : 다시 듣는 禪窓夜話), 『禪文化』통권50호, 선문화사, 2004. 9, 46~48쪽.; 여연, 「은사스님께 바치는 차 한 잔의 시 : 혜암 대종사 열반 2주기를 기리며」, 『海印』262, 해인사, 2003.12, 26~27쪽.;김재경, 「혜암스님」, 『禪苑』98, 禪學苑, 2003, 30~31쪽.; 편집부, 「한국정통 산맥을 계승한 혜암 스님」, 『설법』142, 설법연구원, 2002.4, 22~23쪽.; 혜암, 「臨終偈-혜암 대종사열반송 친필」, 『海印』240호, 해인사, 2002.2, 13쪽.; 지관, 「종정 혜암 대종사 행장(行狀)」, 『海印』240호, 해인사, 2002.2, 10~12쪽.;「마음 또한 머물 바 없다 : 조계종 종정 혜암스님 열반」, 『禪文化』18호, 선문화사, 2002. 1, 134~135쪽.;편집부, 「혜암 큰스님 가시던 날」, 『불광』328, 佛光會, 2002.02, 10~12쪽.; 병진, 「열반에서 다비까지」 : 혜암 큰스님 다비장 참관기, 문이재, 2002.; 탁마병안, 「혜암선사, 다시 듣는 법문」, 『佛入』38, 대한불교불입종 세간불교사, 1998.6, 15~18쪽.;「혜암스님을 찾아서」, 『고경』2호, 백련불교문화재단, 1996.; 원융, 「두타행이 끊어지면 정법안장이 끊어진다」, 『해인』240, 해인사, 2002.
7) 성철, 「성철스님 법문을 통해서 본 1947년 봉암사 결사」, 『수다라』10, 1995, 115쪽.;박재현, 「조계종종단개혁불사」, 『선우도량』6, 조계종선우도량, 1994.; 박재현, 「개혁회의 평가와 종단의 방향모색」, 『선우도량』7, 조계종선우도량, 1995.7.; 편집부, 「종단개혁, 그 장엄한 진행과정」, 『선우도량』6, 조계종선우도량, 1994, 5.; 불교인권위원회, 『화합을 위한 이해와 용서』, 90년대 종단사태의 회고와 반성 조담회 및토론자료집, 불교인권위원회·조계종승려사면복권추진위, 2001.; 박재현, 「1994년 종단개혁 이후의 변화와 성과」, 『참여불교』3·4월호, 참여불교재가연대, 2004. : 김광식, 「봉암사결사의 재조명」, 『봉암사결사와 현대 한국불교』, 조계종출판사, 2008.

II. 혜암 성관의 수행과 교화

혜암은 출가 이후 가야산 해인사 선원, 희양산 봉암산 선원, 오대산 상원사 선원, 금정산 범어사 선원, 영축산 극락암 선원, 지리산 상무주암, 조계산 송광사 선원 등 제방선원에서 당대 선지식인 한암·효봉·동산·경봉·전강 선사를 모시고 45년 동안 일종식一種食, 오후불식午後不食, 장좌불와 용맹정진을 하며 참선수행으로 초지일관했다.

> 큰스님의 두타행은 말로 설명하지 못할 정도입니다. 지리산은 물론이고 전국의 많은 토굴에서 쉼 없는 정진을 하셨습니다. 추위와 더위에 아랑곳하지 않고 비만 가려주는 지붕이 있으면 그곳을 도량삼아 정진하셨습니다. 잠을 이기기 위해 안 해보신 일이 없다고 합니다. 설악산 오세암에서는 서서 대변을 보셨어요. 또 목에 줄을 감아놓고 화두를 참구하셨어요. 졸면 바로 목이 조이기 때문에 그렇게라도 해야 한다고 하셨어요. 가야산 중봉암에 계실 때는 일부러 밤에 시장에 나가셨습니다. 깜깜한 밤중에 지게를 지고 가야산을 다니셨어요. 그렇게 해서라도 잠을 물리치려고 하셨던 것입니다. 진각 스님은 혜암 스님의 유일한 집착을 폭로하기도 했다. "큰스님의 유일한 집착이 바로 공부와 깨달음입니다. 너무 애착이 강하셨어요. 그랬기 때문에 큰스님께서는 결국 도를 이루셨다고 생각합니다."[8]

제자 진각이 기억하는 혜암의 모습이다. 스승은 공부와 깨달음이 유일한 집착이었으며, 공부를 위해서라면 서서 대변을 보았고, 목에 줄을 감았으며, 잠을 물리치기 위해 밤에 지게를 지고 다녔다는 것이다.

혜암은 1920년 전남 장성에서 태어났다. 보통학교를 졸업하면서부터는 불교경전과 위인전을 즐겨 읽었다고 한다.

> 나는 이제 사바세계 인연이 다하여
> 無爲의 부처님나라로 돌아가려 한다.

---

8) 진각, 「휴식의 시간과 공간이 없었던 위대한 수행자」, 『스승혜암』, 김영사, 2018, 277쪽.

바라건대 너는 속히 출가승이 되어
너의 佛性을 밝게 깨닫도록 하라.
장차 내가 지옥으로 떨어졌는지
아니면 영원히 너와 함께 있는지 알게 되리라.
네가 진정 대장부라면 佛祖가 모두
너의 심부름꾼임을 알게 될 것이다.
그때 책을 내려놓고 나가 사람들을 위해 일하라.
부처님께서는 49년 동안 설법하고서
단 한 번도 설한 적이 없다고 말씀하셨다.
왜 그렇게 말씀하셨는지 너는 응당 알아야 한다.
만약 네가 알아야 할 것을 마땅히 안다면
무익한 망상은 하지 않을 것이다.

혜암의 인생을 송두리째 바꿔놓은 글이다. 혜암은 17세에 일본으로 유학하여 동서양의 종교와 철학을 공부하던 중 크게 발심하였다. 그의 마음을 격동시킨 것은 일본 임제종의 고승 一休禪師 어머니가 남긴 유언이었다. 혜암은 일본 고승전집 속에서 '一休禪師 慈母遺言文'을 보고 눈물을 흘렸으며, 감격에 겨워 며칠 동안 밥을 굶었다고 한다.[9] 뿐만 아니라 운서 주굉의 『禪關策進』을 읽던 중 마음을 '종이와 먹으로 만들지 않은 經'에 비유한 게송을 보고서 입산하여 마음공부를 해야겠다고 출가의지를 불태웠다. 마침내 혜암은 1946년(27세)에 해인사에 입산 출가하여 麟谷을 은사로, 曉峰을 계사로 하여 受戒得度하였으며, '性觀'이라는 법명을 받았다. 그리고 가야총림 선원에서 효봉 스님을 모시고 一日一食과 長坐不臥를 하며 첫 안거를 마쳤다.

장좌불와를 하게 된 동기는 누가 시켜서 한 것이 아니고 일본에서 『선관책진』이란 책을 읽다가 장좌불와하는 내용을 보았습니다. 그때 나도 장좌불와 해야겠다고 다짐했고, 절에 들어오는 날부터 시작했습니다. 거기에 3일, 5일, 7일이면 견성한다고 기록해놓았기 때문에 여유 있게 일주일이면 깨치지 못할 것 있겠나하고 뜻을 세웠습니다. 어떤 사람은 3일, 5일 만에도

9) 정찬주, 『공부하다죽어라』, 열림원, 2013, 67~69쪽.

깨친다고 하니까 나는 넉넉하게 일주일을 잡아서 견성성불 해야겠다. 하고 아주 결심을 했습니다. 화두는 효봉스님한테 탔지요10)

혜암의 장좌불와 의지는 스승 인곡의 경책도 한몫했다. 인곡은 혜암에게 "지금 당장 죽는 것이 겁나는 것이 아니라 가사 장삼 잊어버리는 것이 두려운 일이고, 또 세상의 보물은 전답이 보물이 아니고 화두가 보물이다."라고 했으며11) '淸淨戒를 수호하여 정진, 不退轉하면 究竟成佛하리라. 머리를 만져보고 法衣를 돌아보고 大衆處를 떠나지 마라. 지옥의 고통은 고통이 아니라 袈裟밑에서 人身을 잃어버릴 일이 고통이니 이 몸을 이 세상에 건지지 못하면 언제 건지리오.'라고 하면서 경책했다고12) 한다. 스승의 이와 같은 경책은 평생의 指南이 되기도 하였다. 1951년 스승 인곡은 제자의 공부를 점검하고 '慧菴'이라는 법호를 내렸다.

이후 혜암은 이듬해 성철을 따라 봉암사결사에 동참하면서 일제강점기 이후 한국불교가 직면한 여러 모순과 한계에 직면하고 '부처님법대로 살자'를 실천하면서 청정가풍과 정법안장의 의미를 되새겼다. 혜암은 그 후에도 통영 안정사 闡提窟, 설악산 五歲庵, 오대산 西臺, 태백산 東庵 등지에서 목숨을 돌보지 않고 더욱 고행 정진했다.13) 혜암의 수행과 관련한 수많은 행적 가운데 오늘날까지 제자들의 머릿속에 남아있는 일화가 있다. 한국전쟁 직후 혜암이 범어사 동산의 회상에서 하안거 결제때의 일이다. 당시 사중의 강사가 보제루에서 선어록을 강의한다하여 선원에서 정진하고 있던 다른 대중스님들은 선어록 강의를 들으려고 정진시간에 좌복을 비운일이 있었는데, 혜암만 큰방에 혼자 남아 정진했다고 한다. 마침 동산이 선원대중을 경책해주기 위해 큰방에 왔을 때 혼자 정진하고 있던 혜암을 보았다고 한다. 해제날, 동산은 법상에 올라 '이번 결제 동안에 제대로 공부한 수좌는 혜암이 뿐이다' 하며 혜암에게 만 안거증을 수여하였다고 한다.14) 수행만큼은 원칙을

---

10) 정찬주, 『공부하다죽어라』, 열림원, 2013, 32쪽.
11) 정찬주, 위의 글, 35쪽.
12) 혜암문도회, 『혜암대종사법어집』Ⅰ, 해인사원당암, 2007, 228~230쪽.
13) 혜암문도회, 『혜암대종사법어집』Ⅱ, 김영사, 2007, 370쪽.
14) 대오, 「큰스님은 진정한 부처님제자」, 『스승혜암』, 김영사, 2018, 252~253쪽.

고수했던 혜암의 성품을 이해할 만한 대목이다. 공부와 깨달음이 유일한 혜암의 집착이었다는 제자 진각의 회고를 다시한번 확인하는 순간이다.

38세 되던 1957년, 혜암은 오대산 영감사 토굴에서 밤낮으로 용맹정진하던 중 홀연히 心眼이 열려 悟道했으며[15] 1976년 지리산 칠불암 운상선원에서는 청색 사자를 탄 문수보살을 친견하고 게송을[16] 수기받기도 하였다.

> 이理와 사事의 경계를 허물고 1981년부터 원당암에 選佛堂이라는 재가불자선원을 개원해 함께 수행을 하며 직접 지도를 했다. 선불당은 스님들과 마찬가지로 재가불자들이 하안거 동안거 수행을 하는 곳이었다. 대종사는 평소대로 장좌불와로 철야정진을 하며 신도들과 함께 오전 3시와 오후 7시에 죽비로 예불을 올렸고, 오후에는 도량청소와 울력을 함께했다. 대종사는 신도들과 함께 참선을 하는 것만큼 확실한 대중교화가 없다는 것을 직접 실천했다. 대종사가 함께 했던 선불당 재가선원은 몇 년을 기다려야 할 만큼 많은 대중들이 참여를 했다. 대종사의 재가불자선원은 지금 템플스테이와 각 사찰 출가수행의 원천이 되었다.[17]

흔히들 수행자의 완전한 깨달음은 자신의 悟道에서 멈추지 않고 入廛垂手의 대중교화라고들 한다. 혜암 역시 대중교화와 그 사상은 수행을 통한 사부대중 공동체의 건설이었다. 선수행과 불교적 사유를 통한 생활철학은 개인과 국가를 행복한 삶으로 이끌게 할 수 있다는 것을 實參과 法門을 통해 보여주었다. 1981년 원당암에 주석한 혜암은 재가불자들이 수행할 수 있는 선원을 만들어 한국불교 최대의 재가불자 선원이 되었다.

대종사께서는 우리시대 수행자들이 가져야할 5가지 요체를 남겼다. 첫

3.
현대
한국
불교에서의
혜암
선사의
위상

---

15) 오도송은 다음과 같다.
　미혹할 땐 나고 죽더니 迷則生滅心 깨달으니 청정법신이네. 悟來眞如性
　미혹과 깨달음 모두 쳐부수니 迷悟俱打了 해가 돋아 하늘과 땅이 밝도다.日出乾坤明
16) 때 묻은 뾰족한 마음을 금강검으로 베어내서　　　　　塵凸心金剛劂
　연꽃을 비춰보아 자비로써 중생을 섭화하여 보살피라.　照見蓮譜顧悲
17) 여연, 「가야산의 대쪽, 혜암 성관대종사의 생애와 사상」, 『혜암선사문화진흥회 제1회 학술대회』, 혜암선사문화진흥회, 2014, 25~26쪽.

째는 밥을 많이 먹지 말라는 것이고, 둘째는 공부하다 죽으라는 것이다. 셋째로는 안으로 공부하고 남을 도와줄 것, 넷째로 주지 등의 소임을 맡지 말 것, 다섯째로는 一衣一鉢로 청빈하게 살아야 한다는 것이다.18)

혜암은 돈오돈수가 반야삼매고, 證悟고, 성불이고 구경각임을 확고하게 믿었으며, 수행자들이 그것을 증득하기 위해 필요한 다섯 가지를 구체적으로 당부하였다. 그는 '공부하다 죽으면 수지맞는다. 좌복에서 죽는 수좌가 제일 복이 많은 수좌다. 공부하다 죽어라'라고 말할 정도로 참선공부를 강조하였다. '안으로는 정진하고 밖으로는 남을 도와야 한다. 인과가 역연한데 수좌들은 너무 이기적'이라는 말도 빼놓지 않았다. 그러나 좌복 위에 있지 않을 때는 늘 호미를 들고 다닐 정도로 너무도 철저하게 살았다고19) 한다.

70대 중반에 선방의 평상 위에서 정진하다 바닥으로 떨어졌지만, "끈을 가져와서 나를 평상에 묶어라."고 하여 용맹정진을 마쳤던 혜암은 다음과 같은 임종게를 남기고 2001년 82세를 일기로 떠났다. 임종 순간에도 그는 후학들에게 "인과가 역연하니 참선 잘해라."라고 당부했다.

나의 몸은 원래부터 없는 것이요	我身本非有
마음 또한 머무는 바가 없도다	心亦無所住
쇠로 된 소는 달을 머금고 달리고	鐵牛含月走
돌로 만든 사자는 소리 높여 울부짖네.	石獅大哮吼

Ⅲ. 1947년 봉암사 결사와 혜암

1945년 광복을 맞이한 불교계는 일제침략, 일본불교의 침투와 식민지불교, 한국불교의 일본화 등에 대한 여러 모순과 직면하고 있었다. 교단 혁신, 식민지불교의 청산, 불교개혁 등의 당면과제는 동시대 불교인들의 화두였

---

18) 원각, 「지혜와 자비를 겸비한 원력 보살 큰스승」, 『스승혜암』, 2018, 62~63쪽.
19) 대오, 「큰스님은 진정한 부처님제자」, 『스승 혜암』, 김영사, 2018, 248~251쪽.

다. 당시 교단과 「불교혁신총연맹」과 같은 재야 혁신단체 역시 이에 대한 고민과 실행이 있었지만, 근본적인 청산과 재건에는 분명한 한계가 있었다. 때문에 1947년 봉암사결사는 해방공간의 한국불교가 지닌 역사적 과제를 자생적으로 해소하려는 움직이었다.

봉암사결사는 우선 '부처님 법대로 살아보자'가 結社의 목표였다. 일제강점기와 해방공간의 우리 불교가 부처님 법대로 지켜지지 않은 현실을 바로잡기 위해 결사를 계획한 것이다.

> 봉암사에 들어가게 된 근본 동기는 죽은 청담스님하고 자운스님하고, 또
> 죽은 우봉스님하고, 그리고 내하고 넷인데, 우리가 어떻게 근본 방침을 세
> 웠느냐 하면, 전체적으로나 개인적으로나 임시적인 이익관계를 떠나서 오
> 직 부처님법대로만 한번 살아보자. 무엇이든지 잘못된 것은 고치고 해서
> '부처님법대로만 살아보자.' 이것이 願이었습니다. 즉 근본 목표다 이 말입
> 니다.[20]

3.
현대
한국
불교에서의
혜암
선사의
위상

당시 불교계는 禪學院 계열 수좌들이 중앙교단에 교무회의(종회)에 대의원 3인 청구, 모범총림을 佛祖淸規에 의하여 건설, 中央禪院 자치제, 지방선원 자치제, 도제를 양성하여 선원에 3년 안거 뒤에 출신케 하도록 건의했지만, 대부분 수용되지 않았다.[21] 더욱이 가야총림과 고불총림 역시 古佛 古祖의 遺則을 철저히 지키고자 했던 근본주의적인 사고와는 일정한 거리가 있었다. 결국 봉암사결사는 일제강점기와 해방공간에서 佛祖敎法이 사라지고 퇴색되고 변질되는 것을 좌시할 수 없었던 일단의 首座들의 고뇌가 봉암사결사를 잉태하게 했던 것이다.

봉암사결사는 1947년 10월경에 시작되어 1950년 3월까지 약 2년 6개월 동안 행해졌다.[22] 장소는 김법룡 처사가 기증하기로 했던 대장경을 비롯한 佛書를 보관하는 곳으로 적합한 鳳巖寺가 수좌들 또한 수행하기 적합하

---

20) 성철, 「성철스님 법문을 통해서 본 1947년 봉암사 결사」, 『수다라』 10, 1995, 115쪽.
21) 김광식, 「봉암사결사의 재조명」, 『봉암사결사와 현대 한국불교』, 조계종출판사, 2008, 44쪽.
22) 봉암사결사는 당시 빨치산이 출몰하여 식량을 약탈하는 사례 등 정치적 사정이 급변하자 고성의 옥천사와 그 말사인 문수암으로 이전하기로 했다.

다는 청담의 뜻에 따른 것이다. 결사에 처음 참여한 사람은 성철·우봉·보문·자운이었다. 그 후로 향곡·월산·종수, 도우·보경·법전·성수·혜암·의현 등 그 구성원이 약 20명정도 되었지만[23] 그 수는 점차 증가하였다. 이에 대한 혜암의 기억은 구체적이다.

> 오히려 방부를 못 들여서 야단이었지요. 아무나 방부를 받지 않았거든요. 처음 해인사에서 장경을 싣고 가서 얼마 동안은 한 7, 8명밖에 안 살았어요. 점점 그 수가 늘어나 20명이 30명되고 나중에는 많이 살았습니다. 처음에는 청안스님, 보문스님, 우봉스님, 일도스님, 자운스님 등이 계셨지요. 보문스님도 돌아가셨고, 일도스님도 돌아가셨는데, 모두 훌륭한 스님들이셨습니다. 그리고 중간에 향곡스님, 청담스님 등이 들어오셨습니다. 뒤에 월산스님, 성수 스님, 법전스님 등이 오셨지요.[24]

1946년 27세의 나이로 출가한 혜암이 성철을 만난 것은 이듬해인 1947년이었다. 혜암이 공양주 소임을 하고 있을 당시 성철이 큰 삿갓을 쓰고 지팡이에 둥근 고리가 여섯 개 달린 육환장을 짚고 해인사에 나타났다. 혜암은 성철이 長坐不臥 한다는 말을 듣고 그를 따라가고 싶어졌다. 당시 성철은 단순히 동안거 한 철을 나기 위해 봉암사로 간 것이 아니고 뜻이 맞는 전국의 도반을 모아 결사를 하기 위해서였다.[25]

> 봉암사 결사를 하면서 발우와 옷을 바꾸고, 능엄주를 하고, 절에서 산신각과 칠성각을 없애고, 보살계를 시설해서 신도들이 스님에게 삼배를 하게 하니까 봉암사 산중에 외도들이 모여 산다고 하는 분도 있었지요. 사실 신도들한테 스님들이 삼배를 받은 것이 아니라 삼배를 시킨 것인데, 어떤 스님은 있지도 않은 법을 자기식대로 만들어서 귀찮게 한다고 비난했습니다. 그렇지만 그때부터 이 삼배라는 것이 참 성황했어요. 알고 보면 봉암사에서 실천한 행동 하나하나가 다 正法이었는데, 그것을 모르고 그런 말을 하니까

23) 성철, 「성철스님 법문을 통해서 본 1947년 봉암사 결사」, 『수다라』 10, 1995, 115쪽.
24) 「혜암스님을 찾아서」, 『고경』 2호, 백련불교문화재단, 1996, 19쪽.
25) 정찬주, 『공부하다 죽어라』, 열림원, 2013, 175~180쪽.

그냥 웃을 수밖에 없었어요.26)

혜암의 증언에 의하면 봉암사 결사는 당시 불교계의 관행을 변화시켰다. 예컨대 나무발우를 鐵발우로 바꾸고, 가사와 장삼을 비단으로 쓰지 않고 색깔도 붉은 색이 아닌 먹물가사 즉, 壞色으로 바꾸었다고 한다. 혜암은 "(봉암사에)들어가자마자 바로 지금 우리가 입고 있는 보조 국사 장삼을 60벌 맞췄습니다. 그때만 해도 두루마기에 소매만 넓은 마치 도포자락 같은 장삼을 입고 있었는데, 그 옷을 지금 입고 있는 옷으로 바꾸었지요."라고 했다.27) 성철 역시 비단가사와 장삼, 목바릿대를 부수고 불질렀고, 공양주와 부목소임을 없앴으며, 신도가 스님들에게 공경의 의미로 삼배를 하게 했다.28) 아울러 성철이 작성한 共住規約에 의거하여 물 긷는 일부터 땔감마련, 탁발 등 모든 것을 스스로 하였다. 아울러 신도의 시주는 일체 청산하였다. 이와 같은 엄격한 淸規 때문에 결사에 동참하기 위해 왔지만, 그냥 가버린 경우도 있었고, 몰래 도주하는 경우도 발생했다고 한다. 결국 봉암사결사는 해방이후 청산되지 않은 한국불교계의 일본불교의 잔재 등 불교계의 오랜 非法을 개혁하고자 했던 혁명이었다.

봉암사의 가풍은 다른 것이 있을 수 없었습니다. 청정가풍을 정해놓고, 이 규칙을 지킬 사람은 여기서 살고, 지키지 않을 사람은 살고 있는 사람도 나가라는 것이었습니다. 적게 살아도 좋으니까 부처님 법대로 살겠다는 것이 규칙이었어요.29)

이와 같은 1947년 봉암사결사는 젊은 수행자 혜암에게 佛法의 본질과 수행정신의 전형을 익히고 체계화시키는 계기가 되었다.

혜암당 성관 종정스님께서는 한마디로 두타행으로써 평생을 일관하신

---

26) 정찬주, 위의 책, 87쪽.
27) 정찬주, 위의 책, 85쪽.
28) 성철, 위의 글, 116~118쪽.
29) 정찬주, 위의 글, 87쪽.

분이다. 스님께서는 기회 있을 때마다 "두타행이 끊어지면 정법안장이 끊어진다."고 했다고 말씀하셨다.····두타행은 열두 가지의 법으로써 이루어졌는데, 그 가운데 대표적인 것이 日中一食, 次第乞食, 但坐不臥, 著糞掃衣가 그것이다. 일중일식을 줄여서 '일종식'이라고 발음하나 '일중일식'이며, 잠은 앉아서만 잘 뿐 눕지는 않는 것이다. 이를 포함한 열두 가지 법들이 難行苦行을 위주로 한 피나는 수행을 내용으로 하며, 오로지 밥을 얻어야만 쉴 뿐 그렇지 않고서는 서원코 편안히 쉬지 않겠다는 커다란 원력을 바탕으로 한다.30)

인용문은 1976년 겨울 지리산 七佛 雲上院 선원에서 혜암을 모시고 수행했던 원융의 회고담이다. 원융은 "두타행을 내용으로 한 참선수행법은 正法眼藏이 살아 숨 쉬는 불교의 바른 법이요 핵심이 됨을 말해주며, 불교를 걸머지고 이끌어가는 所以"라고 하였다. 원융은 당시 혜암이 밤늦게 오더라도 당신의 일과대로 저녁도 잡숫지 않고 밤이면 정진을 함께 하면서 午後不食과 長坐不臥를 계속했다는 것이다. 혜암은 두타행을 통해 "마음의 법을 宗趣로 삼고 마음을 궁구하여 자성을 깨치므로써 대지혜를 이루어 생사해탈법을 성취하여 영원한 대자유인이 되는 공부"인31) 정법안장이 끊어지지 않게끔 하였다.

Ⅳ. 1994·1998년 개혁불사와 혜암

1. 1994년의 종단사태와 개혁불사

1994년 서의현 총무원장 3선저지투쟁은 거시적 측면에서 불교자주화운동이었다. 서의현 체제는 일제강점기부터 시작하여 이승만·박정희 정권에 이르기까지 정치사회적 측면뿐만 아니라 불교계에도 뿌리깊이 남았었던 식

---

30) 원융, 「두타행이 끊어지면 정법안장이 끊어진다」, 『해인』240, 해인사, 2002, 14쪽.
31) 원융, 앞의 글, 15쪽.

민지 잔재와 독재의 영향이었다. 더욱이 당시 정부는 불교계의 개혁주장을 외면하기까지 하였다. 그것은 순수한 종단개혁의 노력을 종단의 분규 또는 종권을 향한 폭력배의 모습으로 규정하려 했고, 단식 정진하는 양심적인 개혁주체들을 무차별 구타, 연행하는가 하면 경찰력의 옹호로 全 宗徒가 불신하는 서원장의 3선을 관철케 했기 때문이다.[32]

불교의 권위를 추락시킨 서의현 체제는 불교도의 公敵이 되었다. 3선저지투쟁에서 개혁세력에게 언론과 국민이 지지를 보낸 것은 서의현의 도덕적 결함보다는 그가 반민주적정권의 하수인이었기 때문이다. 따라서 개혁세력과 서의현 체제가 갖는 성격은 불교내의 개혁 대 반개혁이 아니라 불교 자주화 세력과 반자주화의 대립구도이다.[33] 결국 서의현 3선저지투쟁은 곧 불교자주화 투쟁이며, 이 자주화 투쟁은 곧 종단개혁운동으로 이어진다. 예컨대 총무원장 선출을 위한 임시중앙종회의 소집이 16일 공고되자 종단개혁과 승풍진작을 위해 논의해 왔던 8개 단체는 1994년 3월 23일 중앙승가대 정진관에서 〈범승가종단개혁추진회〉(이하 범종추)를 공식 출범시킨다. 이후 26일 범종추가 조계사에서 시작한 구종법회부터 4월 13일까지의 장엄한 진행과정은 불교자주화운동을 토대로 하는 종단개혁을 위한 3선 저지투쟁이었다.

1994년 4월 5일 대각사에서 개최된 원로회의에서는 3월 30일 종회 무효 및 4월 10일 승려대회를 결정하였고, 범종추 지지를 공식적으로 천명하였다. 그러나 서의현 체제의 교묘한 방해공작은 끝내 4월 9일 서암 전 종정스님의 읍소문 발표와 원로중진회의 개최를 통해 승려대회개최 반대를 표명하였다. 그러나 개혁의지는 꺾이지 않았고, 마침내 4월 10일 승려대회는 강행되었고, 4·13 범불교도대회를 통해 서의현 체제는 막을 내렸다. 이와 같은 범종추의 성과는 불교자주세력의 확산과 대중의식의 변모에 있었으며, 종단개혁을 염원하는 종도들의 지속적인 참여가 계기가 되었다.[34] 특히 1994년 4월 5일 원로회의의 결정은 종단개혁불사의 성공에 커다란 계기를 마련해 주었다.[35]

---

32) 도법, 「단식정진을 계속할 수밖에 없는 종단의 현실」, 『선우도량』 6, 조계종선우도량, 1994.5, 34쪽.
33) 박재현, 「개혁회의 평가와 종단의 방향모색」, 『선우도량』 7, 조계종선우도량, 1995.7, 80쪽.
34) 박재현, 위의 글, 82쪽.

1994년 개혁은 당시 총무원장 서의현 스님의 3선 강행으로 촉발되었습니다. 이에 맞서 혜암 큰스님을 필두로 한 원로스님 열한 분은 3선 개헌 무효와 총무원장의 즉각 퇴진을 주장하셨습니다. 이와 함께 전국승려대회 소집을 의결했습니다. 의현 스님은 원로스님들의 결의는 무효이고 승려대회 개최도 금지하라는 종정 서암 스님의 교시로 맞섰습니다. 결국 4월 10일에 조계사 앞에서 2,500여 명이 참여하는 전국승려대회가 열려 종정 불신임과 총무원장의 멸빈, 개혁회의 출범을 결의했습니다. 승려대회에서 거침없는 사자후를 토하며 구습의 척결을 통한 종단의 쇄신을 천명하고 대중의 폭넓은 지지를 끌어내시던 혜암 큰스님의 모습이 생생합니다.

개혁 과정에서 혜암 큰스님의 역할은 지대했습니다. 온갖 회유와 협박에 절대 굴하지 않으셨어요. 큰스님을 비롯해 종단개혁에 동참한 스님들이 단식 정진을 하던 어느 날, 어떤 스님이 '종정을 하실 분이 여기서 이러시면 안 된다'고 했다가 큰스님께 호된 경책을 들었습니다. 종정이라는 자리로 큰스님을 회유하려 했던 것이죠. 큰스님께서는 '단식도 힘든데 자네의 그런 말이 나를 더 괴롭게 하네'라며 혼내셨습니다. 전에도 그랬지만 큰스님은 수좌로서의 강단과 기개가 대단하셨습니다. 큰스님이 안 계셨다면 아마 1994년 개혁은 물거품이 됐을 것입니다. 그해 11월 21일에 열린 선거에서 저는 제28대 총무원장에 당선됐습니다. 23일에 원로회의가 열렸는데 그때도 혜암 큰스님께 인준하지 말라는 엄청난 압력이 있었다고 합니다. 큰스님께서는 절차를 통해 당선된 총무원장을 인준해야 한다고 하셨습니다.[36]

혜암은 종단이 위기에 빠지자 일신의 안일을 접은 채 산중을 나섰다. 1994년 개혁 당시 원로회의 부의장 혜암은 4월 4일 비룡·도천·원담스님과 함께 대각사에서 범종추의 개혁의지를 지지한다고 표명하였으며, 4월 5일 서암 종정을 제쳐두고 원로회의를 소집하여[37] 서의현 총무원장의 즉각 퇴진과 승려대회 개최 결의를 이끌어냈다. 서의현은 원로스님들의 결의가

---

35) 박재현, 「조계종 종단개혁불사」, 『선우도량』 6, 조계종선우도량, 1994.5, 49쪽.
36) 월주, 「두 번이나 종단을 구한 호법신장」, 『스승 혜암』, 김영사, 2018, 28~29쪽.
37) 당시 참석한 원로의원은 혜암·비룡·도천·응담·도견·원담·지종·고송·청하(월하 위임)·운경·승찬(전권위임)이었다.

330 혜암선사의 삶과 사상

무효이며, 승려대회 개최도 금지하라는 종정의 교시로 맞섰다고 한다. 4월 8일에는 총무원측이 원로 중진회의를 소집했지만, 혜암은 이를 거부하였다. 그러나 4월 10일 조계사에서는 2,500여 명이 참여하는 전국승려대회가 열려 종정 불신임과 총무원장의 멸빈, 그리고 개혁회의 출범을 결의하였다. 아울러 대통령 공개사과와 내무부장관 해임요구를 결의하기도 하였다. 혜암은 승려대회에서도 거침없는 사자후를 토하며 구습의 척결을 통한 종단의 쇄신을 천명하고 폭넓은 지지를 끌어냈다고 한다. 특히 혜암은 원로스님들과 함께 총무원 1층에서 3일 동안 공권력에 감금당한 채 단식으로 저항하면서 스님들을 이끌어 주었다. 그는 4월 11일에는 조계종 비상사태를 선포하고 경찰의 폭력사태 해결 때까지 조계사에서 무기한 규탄집회 개최를 선언하기도 하였다.38) 당시 혜암과 동고동락했던 월주는 혜암이 단식정진 때 종정자리로 회유하던 스님을 혼내던 일 등 온갖 회유와 협박에 절대 굴하지 않았다고 한다. 또한 그는 강단과 기개가 남달라 혜암이 없었다면 1994년 개혁은 물거품이 되었을 것이라고 회고하였다.

> 부처님 말씀대로만 해왔다면 개혁이라는 말은 필요 없는 것입니다. 부처님 말씀대로 안 하니까 개혁이라는 말이 나왔던 겁니다. 부처님말씀대로만 하면 천하를 다 통일해버릴 수 있습니다. 부처님 말씀대로 안 하고 종단의 모습이 엉터리로 엉망으로 변했기 때문에 개혁이란 말이 나오게 된 것입니다. 부끄러운 일이지만 부처님 말씀을 실천하지 못하고 있으니까 개혁이라는 말이 붙은 것입니다. 그걸 알아야 합니다. 부처님이 시키는 대로만 하면 인간 천상을 다 청정하게 맑힐 수 있습니다. 그런데 우리 종단 모습이 부처님 말씀과 달리 흐릿해지고 망가진 것 아닙니까. 그 흐릿해진 부분을 개혁하는 것이지 부처님 법을 개혁하자는 말이 결코 아닙니다. 부처님 법은 개혁할 필요가 없습니다. 알아듣겠습니까. 그래서 나는 잘못된 부문을 개혁할 수밖에 없다는 뜻을 가지고 발을 들여놨던 것입니다. 희생이 되는 한이 있어도 이번에는 물러나지 않겠다는 결심을 가지고 발을 들여 놨던 것입니다.39)

인용문은 혜암이 종단의 종단개혁 이후 개혁에 대해 정의한 것이다. 부처

---

38) 편집부, 「종단개혁, 그 장엄한 진행과정」, 『선우도량』6, 조계종선우도량, 1994, 5, 64쪽.
39) 정찬주, 『공부하다 죽어라』, 열림원, 2013, 42~43쪽.

님법대로 살고자 했던 혜암에게 개혁은 거추장스러운 군더더기에 불과한 것이었다. 즉 부처님 법대로만 살고자 한다면 인간 천상을 청정히 할 수 있고, 천하를 모두 통일시킬 수 있다는 것이다. 탄압과 수탈과 착취가 지속되었던 조선시대를 거쳐 일제강점기의 우리 불교계는 한국불교가 지닌 정통성이 소멸되고, 유구한 전통성 역시 불조의 혜명을 훼손시키는 결과를 초래하였다. 더욱이 해방이후 봉암사결사를 통해 正法의 기치를 확인하고자 했지만, 뿌리 깊은 식민지불교의 잔재는 여전했고, 부조리한 정권의 영향은 한국불교의 정체성과 독자성을 수립하기에 많은 한계를 지니고 있었다. 결국 혜암은 정법을 실천하면 非法은 자연스럽게 소멸한다고 믿었다.

혜암은 1995년 종단개혁 1주년 기념사에서 다음과 같이 읊었다.

석가가 세상에 나오지 않고	釋迦不出世
달마가 세상에 나오지 않더라도	達磨不西來
부처님의 법은 온 천하에 두루하여	佛法遍天下
봄바람에 저 꽃은 활짝 핀다.	春風花滿開40)

기념사의 副題는 "본래로 텅 비어 너와 내가 비었는데 많이 모인 대중은 무엇이며 기념사는 무슨 일입니까?"이다. 혜암에게 1994년 개혁불사는 어떤 의미가 있었을까. 어쩌면 이런 물음이, 기념식이 쓸데없이 일을 일으킨다고 생각했을 것이다. 때문에 모든 것이 본래 제자리로 돌아갔거늘 대중들이 애써 일을 만든다고 생각했을 것이다. 혜암은 "선악 시비가 본래 空하고 마군과 제불이 원래 동체이며, 생사열반은 몽중의 꿈이요 이해득실은 거품 위에 거품"인 도리를 알고 있었다. 때문에 게송처럼 석가나 달마가 세상에 나오지 않았더라도 佛法은 온 천하에 두루 하며, 봄바람에 활짝 핀 꽃인 것이다. 결국 혜암은 삼세의 모든 부처와 역대 조사가 바람 없는 파도를 일으키고, 살을 긁어 종기를 냈다고 타박하고 있다. 그러나 2주년 기념사에서는 "법난 당시 공권력과 폭력주의의 猛火가운데 愛宗團을 위하여 사부대중이 百折不屈하고 대동단결하여 대작불사를 한 결과에 개혁종단이 꽃이 피고 활

---

40) 혜암문도회, 『혜암대종사법어집』I, 해인사원당암, 2007, 320~323쪽.

기를 띠게 되었습니다."라고 평가하였고, 혜암은 다음과 같이 한국불교의 발전을 위해 대중들에게 당부하고 있다.

종단개혁정신을 되살려 계승 발전시키며 지속적인 불사를 위하는 것은 오직 불교 자주화를 구현하기 위하여 불교발전의 방향 모색에 있다고 생각하는 바입니다. 타당성 모색이 여러모로 있겠지만 근본 문제는 밖으로 해결하기 전에 첫째는 자신을 우선적으로 정화할 일이며, 둘째는 부처님께서 말씀하신 '戒로 스승을 삼으라'는 계율을 엄수할 일이며, 셋째는 利益衆生하는 일을 실천한다면 자연히 종단발전과 자주화가 구현되지 않을 수 없습니다. 고인이 말씀하시되, '범의 굴속에 들어가지 아니하면 어떻게 범의 새끼를 잡겠는가'하였으며, 내일 망하더라도 오늘 과실나무를 심으라고 하였습니다. 위법망구하여 청백가풍과 정법수호와 홍익중생하는 원력을 실천합시다.[41]

3.
현대
한국
불교에서의
혜암
선사의
위상

혜암이 대중을 향한 당부는 非法을 개혁하기 위한 조치에 국한되지 않는다. 자신을 정화시키고, 持戒, 衆生을 이롭게 하는 것은 개인의 수행뿐만 아니라 정법수호와 홍익중생의 원력을 실현하는 일이기도 했다.

마지막으로 1994년 개혁의 결과 법과 제도의 개선이라는 두드러진 변화가 있었다. 첫째, 총무원 1원 체제에서 교육원과 포교원이 분리되었다. 종무행정의 안정화가 이루어진 것이다. 종단 개혁 후 가장 먼저 추진된 것은 총무원장 권한의 분산과 종정기관에 대한 중앙종회의 견제 및 비판기능 강화, 그리고 민주적 정당성과 절차적 정당성 확보를 위한 선거제도의 개선이었다.[42] 둘째, 비전과 긍지를 가지고 교단을 생각할 수 있는 새로운 출발점을 사부대중에게 만들어 주었다.[43] 개혁의 주체세력들이 지속적으로 중앙종무기관의 부·국장등 주요소임과 중앙종회의원 등으로 제도권 내로 진출하여 개혁초기 신선한 바람을 유지하고 새로운 종단 운영의 기틀을 마련하였다.[44]

---

41) 혜암문도회, 「宗團改革二週年記念辭」, 『혜암대종사법어집』Ⅰ, 해인사원당암, 2007, 324~327쪽.
42) 박재현, 「1994년 종단개혁 이후의 변화와 성과」, 『참여불교』3·4월호, 참여불교재가연대, 2004, 6~7쪽.
43) 「94년 조계종 종단개혁, 그 이후」, 『참여불교』11·12월호, 참여불교재가연대, 2002, 108쪽.

2. 1998년의 종단사태와 개혁불사

1998년의 종단사태는 1994년 상황의 연장선상에서 일어났다. 당시 월하 종정은 대사면을 통해 94년 종단사태와 관련하여 징계 받은 스님들을 포함하여 정화 이래 징계 받은 모든 스님들의 사면을 교시하였다. 그러나 월주 총무원장은 이에 불응하였다. 급기야 1998년 10월, 월주 총무원장의 제29대 총무원장 후보 출마가 3선에 해당되는지 여부를 놓고 종단은 또 다시 격렬한 분란에 휩싸였다. 이에 11월 6일 종정 명의로 종단 원로 중진회의를 소집하고자 하였다.[45] 그러나 11월 8일 원로회의 의장 혜암은 해인사에서 원로 8명과 간담회를 개최하여 '종헌종법대로 선거를 치르고 모든 사항은 선거가 끝난 후 원로회의에서 결정하겠다'고 발표하였다. 그러나 3선 출마를 반대하는 측은 11일 승려대회를 개최하여 조계종 총무원 청사를 점거 후 '정화개혁회의'를 출범하였다. 당시 '정화개혁회의' 측에 섰던 주축인물들은 1994년 종단개혁을 진척시켰던 인물들이기도 하였다.[46]

총무원장 선거를 둘러싼 종단의 혼란은 조계종의 최고의결기구인 원로회의마저 양분되게 만들었다. 정원 22명인 원로회의 의원 중 7명은 月下 종정이 임석한 가운데 다른 원로의원 8명의 위임장을 받아 14일 오후 서울 양재동 구룡사에서 회의를 열고 '宋月珠 총무원장의 해임과 중앙종회의 해산 그리고 정화개혁회의 추인'등을 결의했다. 또한 원로회의 소집을 거부한 의장 혜암을 제명하고 碧岩 원로회의 부의장을 새 의장으로 선출했다. 이에 대해 혜암은 서울 종로구 대각사에서 기자회견을 갖고 '14일 원로의원들의 모임은 종헌 종법 상 효력을 갖는 정식 원로회의가 아니다' 그리고 '정화개혁회의는 종헌종법을 무너뜨리는 불법적 폭거이므로 인정할 수 없다. 조속한 시일 내에 원로회의를 개최하여 입장을 밝히겠다'는 요지의 입장문을 발표하였다. 이런 혼란과 갈등 속에서 정화개혁회의 측은 26일 총무원 청사에 현판식을 거행하였다. 이에 30일 기존 총무원 측은 전국승려대회를 개

---

44) 박재현, 「1994년 종단개혁 이후의 변화와 성과」, 『참여불교』3·4월호, 참여불교재가연대, 2004, 8쪽.
45) 불교인권위원회, 『화합을 위한 이해와 용서』, 90년대 종단사태의 회고와 반성 조담회 및 토론자료집, 불교인권위원회·조계종승려사면복권추진위, 2001, 27~29쪽.
46) 여태동, 「종단개혁, 10년이 남긴 과제」, 『참여불교』3·4월호, 참여불교재가연대, 2004, 20쪽.

최하고 총무원 청사의 接收를 시도하였으나 정화개혁회의 측과의 물리적 충돌로 부상자가 속출하는 상황에서 공권력(경찰)의 도움을 받아 12월 23일 청사를 되찾을 수 있었다.

이후 양측이 각기 상대방의 주요 인사들을 각각 징계하는 등 종단은 혼미한 양상을 보였다. 1999년 3월 29일 월하 종정은 종정의 명의로 '조속히 총무원에 진출해 제2정화의 깃발을 드높이라'는 교시를 내렸으며, 月誕 정화개혁회의 상임위원장도 3월 31일 기자회견을 갖고 '월하 종정의 권위를 회복하고 청정승가를 복원하겠다'고 밝혔다. 그러나 4월 2일 혜암이 조계종 제10대 종정에 추대됨으로써 심각한 사회적 파장을 야기했던 1998년의 종단분규는 일단락되었다.47)

> 4년 뒤 이른바 정화개혁회의의 총무원 불법 점거에서 비롯된 '98년 사태'때에도 종회의원들과 함께 우정로 승려 대회에 참석하여 종단의 큰 어른으로서 중심을 지키고 윗 어른이라도 이치에 맞지 않는 주장을 내세우고 지시를 내리더라도 이를 거부하고 背師自立의 정신을 견지하면서 종헌수호와 종단의 정통성을 지키는 데 몸을 던졌습니다.48)

인용문은 당시 총무원장이었던 월주의 회고담이다. 혜암은 1998년 종단사태 당시에도 '정화개혁회의는 종헌종법을 무너뜨리는 불법적 폭거이므로 인정할 수 없다.'고 규정하고는 종헌수호와 종단의 정통성을 지키는데 진력하였다. 종헌종법은 부처님법을 근간으로 제정된 것이다. 때문에 혜암은 개혁의 내용을 담은 종헌종법은 밥이라고49) 하였다. 스승이라도 非法이라면 따를 수 없다는 것은 종헌종법을 따르지 않는다면 한국불교의 생명을 지탱할 수 없다는 것이다.

47) 조기룡, 「혜암선사의 수행리더십 형성과 하화중생」, 『혜암선사문화진흥회 제1회 학술대회』, 혜암선사문화진흥회, 2014, 65~67쪽.
48) 송월주, 「공부하다 죽어라! 수행자의 표본 성관당 혜암대종사」, 『혜암선사문화진흥회 제1회 학술대회』, 혜암선사문화진흥회, 2014, 16쪽.
49) 월주, 「두 번이나 종단을 구한 호법신장」, 『스승 혜암』, 김영사, 2018, 30쪽.

"1994년 종단개혁을 이끌어내고 1998년 분규를 해결할 때 큰스님의 단호한 역할이 없었다면 오늘날의 종단은 다른 모습이었을 것입니다. 큰스님께서는 고비 때마다 문제를 명쾌하게 풀어주셨습니다. 저 역시 개혁과정에 동참하면서 큰스님의 의지와 결정에 큰 박수를 보냈던 기억입니다. 이것저것 계산하지 않고 간단명료하게 정리해 주셨던 큰스님은 당시 동참대중에게 큰 힘이었습니다."[50]

1998년 종단의 분규 당시 혜암을 모셨던 지환은 혜암의 역할은 단호했고, 당면문제를 명쾌하게 풀어주었다고 하였다. 그가 간단명료하게 결정을 내릴 수 있었던 것은 그의 성정과 함께 부처님법대로 살자는 봉암사결사 때의 청정가풍과 두타행을 근간으로 정법안장을 수호하고자 했던 그의 결연한 의지의 결과였다.

V. 맺음말

혜암 성관은 한국 근현대불교사의 상징적 존재가운데 1인이다. 한국근현대사와 함께 얽혀있는 불교계의 뿌리 깊은 한계와 모순을 극복하고 정법안장을 지키기 위해 평생을 진력했던 인물이다. 때문에 혜암은 성철과 함께 한국근현대불교사를 이해하는 키워드다.

혜암의 출가는 온전히 깨달음을 위한 것이었고, 佛法을 위한 것이었다. "가사장삼 잊어버리는 것이 두려운 일이고, 袈裟 밑에서 人身을 잃어버릴 일이 고통"이라고 했던 스승 인곡 역시 혜암에게는 수행의 指南이 되었다. 아울러 성철과 함께 했던 1947년 봉암사결사는 그의 수행정신을 더욱 확고하게 해주었던 계기가 되었다. 발우와 옷을 바꾸고 산신각과 칠성각을 없앴던 결사는 일제강점기 식민지불교의 잔재를 청산하고, 정법을 확립하여 잃어버린 한국불교의 정통성을 다시 세우는 일이었다. 이후 한암·동산·경봉

---

50) 지환, 「큰스님의 수좌정신이 그립습니다.」, 『스승혜암』, 2018, 158쪽.

등 선지식을 모시고 해인사 선원 등 제방선원에서 수행한 혜암의 여정은 공부와 깨달음이라는 유일한 집착의 결과였다. 정법안장을 지키기 위한 그의 두타행은 장좌불와와 오후불식을 넘어 서서 대변을 보고, 목에 줄을 걸기까지 하였다.

이와 같은 혜암의 위법망구의 수행은 격동의 한국현대불교가 안고 있는 문제를 극복하고 대안을 마련하는 기초가 되었다. 1994년과 1998년 종단의 非法을 초래한 사태에 대한 개혁불사 당시 혜암은 온갖 회유와 협박이 통하지 않았다. 젊은 날 "청정계를 수호하여 정진하라."는 스승 인곡의 경책과 정법안장을 지키기 위한 신념을 지켰다. 그는 '개혁'은 부처님 말씀대로 안했기 때문에 나온 말이라고 하였다. 이와 같이 그의 개혁논리는 단순했다. 때문에 석가나 달마가 세상에 나오지 않았더라도 佛法은 온 천하에 두루하다고 했다. '공부하다 죽으라.'고 평생을 외쳤던 혜암은 임종할 때도 후학들에게 참선 잘하라고 당부했다.

후학들과 한국현대불교계는 한국불교의 頭陀第一 혜암의 수행과 가르침을 기억하고 있다.

참고문헌

정찬주, 『가야산의 정진불』 1·2, 랜덤하우스, 2010.

정찬주, 『공부하다죽어라』, 열림원, 2013.

혜암문도회, 『혜암대종사법어집』 I·II, 김영사, 2007.

(사)혜암선사문화진흥회, 『혜암선사문화진흥회 제1회학술대회』자료집, 2014.

혜암선사문화진흥회, 『스승혜암』, 김영사, 2018.

원각스님, 「나의 스승 혜암 큰스님」, 『海印』 322, 해인사, 2008.12, 17~21쪽.

혜암 스님, 「공부 위해 텅 비워야」, 『禪苑』 144, 선학원, 2007.7/8, 32~33쪽.

佛光會, 「혜암(惠庵) 스님 : 전생에 지은 복을 알지 못하고 하늘과 땅을 원망하며 부질없이 허덕이네」, 『佛光』 374, 佛光會, 2005.12, 53~57쪽.

혜암선사(慧庵禪師), 「화두(話頭)를 참구(參究)하는 법」 : 다시 듣는 禪窓夜話), 『禪文化』 통권50호, 선문화사, 2004.9, 46~48쪽.

여연, 「은사스님께 바치는 차 한 잔의 시 : 혜암 대종사 열반 2주기를 기리며」, 『海印』 262, 해인사, 2003.12, 26~27쪽.

김재경, 「혜암스님」, 『禪苑』 98, 禪學苑, 2003, 30~31쪽.

편집부, 「한국 정통 산맥을 계승한 혜암 스님」, 『설법』 142, 설법연구원, 2002.4, 22~23쪽.

혜암, 「臨終偈-혜암 대종사 열반송 친필」, 『海印』 240호, 해인사, 2002.2, 13쪽.

지관, 「종정 혜암 대종사 행장(行狀)」, 『海印』 240호, 해인사, 2002.2, 10~12쪽.

「마음 또한 머물 바 없다 : 조계종 종정 혜암스님 열반」, 『禪文化』 18호, 선문화사, 2002. 1, 134~135쪽.

편집부, 「혜암 큰스님 가시던 날」, 『불광』 328, 佛光會, 2002.02, 10~12쪽.

병진, 『열반에서 다비까지』 : 혜암 큰스님 다비장 참관기, 문이재, 2002.

탁마병안, 「혜암선사, 다시 듣는 법문」, 『佛入』 38, 대한불교불입종 세간불교사, 1998.6, 15~18쪽.

「혜암스님을 찾아서」, 『고경』 2호, 백련불교문화재단, 1996.

원융, 「두타행이 끊어지면 정법안장이 끊어진다」, 『해인』 240, 해인사, 2002.

성철, 「성철스님 법문을 통해서 본 1947년 봉암사 결사」, 『수다라』 10, 1995, 115쪽.

박재현, 「조계종 종단개혁불사」, 『선우도량』 6, 조계종선우도량, 1994.

박재현, 「개혁회의 평가와 종단의 방향모색」, 『선우도량』 7, 조계종선우도량, 1995.7.

편집부, 「종단개혁, 그 장엄한 진행과정」, 『선우도량』 6, 조계종선우도량, 1994, 5.

불교인권위원회, 『화합을 위한 이해와 용서』, 90년대 종단사태의 회고와 반성 조담회 및 토론자료집, 불교인권위원회·조계종승려사면복권추진위, 2001.

박재현, 「1994년 종단개혁 이후의 변화와 성과」, 『참여불교』 3·4월호, 참여 불교재가연대, 2004.

김광식, 「봉암사결사의 재조명」, 『봉암사결사와 현대 한국불교』, 조계종출판 사, 2008.

오경후 (吳京厚, OH Kyeong-Hwo) sosimsimgo@hanmail.net

동국대 및 동 대학원 사학과에서 공부하고 〈조선후기 사지(寺誌)편찬과 승전(僧傳)연구〉로 박사학위를 취득하였다. 저서로는 〈조선후기 불교동향사〉〈사지와 승전을 통해 본 조선후기 불교사학사〉〈한국근대불교사론〉(근간)〈석전영호대종사〉(공저)〈신흥사〉(공저)등이 있으며, 조선시대를 중심으로 한 한국불교사에 대한 논문을 다수 발표하였다. 동국대학교 불교문화연구원과 불교학술원에서 연구교수와 전임연구원으로 일한 바 있다. 현재 동국대 불교학술원 조교수로 있다.

Abstract

Trends in Korean contemporary Buddhism and Hyeam-Sunggwan's pratice and edification

OH kyeong-hwo*

Zen master Hyeam is the symbolic presence of modern Korean Buddhist history together with Zen master Seong-cheol. His lifelong banquet and the practice such as "sitting, not lying throughout his life(長座不臥)," and "afternoon abstinence(午後不食)" became his symbol. In 1947, when he participated, the Bongamsa Association became the occasion to strengthen his spirit of execution. In addition, the remnants of colonial Buddhism during the Japanese colonial period were dissolved and the legitimacy of Korean Buddhism was reestablished. He took the lead in clearing the confusion and contradictions of the Jogye Order in 1994 and 1998. Hyeam said that 'reform' was a word that came because he did not follow the Buddha's word. In the end, Hyeam's life was to carry out Buddha's teachings with thorough performance.

Key Words

Seong-cheol. Hyeam. Korean modern Buddhism, Seon practice, Bongamsa Association, Buddhist reform

* DONGGUK UNIVERSITY

「한국 현대불교의 동향과 혜암 성관의 수행과 교화」에 대한 논평

김광식 (동국대 특임교수)

I. 전제

오경후 선생님(이하 발제자로 약칭)의 논고, 「한국 현대불교의 동향과 혜암 성관의 수행과 교화」를 잘 읽었습니다. 발제자는 조선후기사에서부터 근대사에 이르는 폭 넓은 연구를 하시는 학자로 알고 있습니다. 평소 발제자의 연구 성과를 주목하고, 참고하고 있던 차에 이번에 나온 귀한 논고를 접하고, 그에 대하여 논평이라는 형식을 통해 의견 개진을 하게 되었습니다.

저도 근현대기의 한국불교를 공부하면서, 특히 해인사의 고승(용성, 고암, 성철, 자운, 일타 등)에 대해서는 남다른 관심을 갖고 연구를 한 이력이 있습니다. 그것은 해인사가 갖고 있는 역사적 위상 및 행보가 한국불교에 큰 영향을 미쳤기 때문입니다. 그래서 근현대기 해인사의 역사, 고승에 대한 연구를 지면으로 발표한 적도 있습니다.

그런데 혜암큰스님에 대해서는 인연의 부족, 공부의 게으름으로 인하여 구체적인 연구를 하지는 못하였습니다. 그러다 보니 발제자의 글을 비평할 입장은 부족합니다. 그러나 평소 해인사에 대한 관심을 갖고 있었다는 입장에서 저의 소견을 개진하고자 합니다.

II. 수행에 대하여

1. 발제자의 이 글의 주제는 혜암스님의 '수행과 교화'로 이해됩니다. 일반적으로 '생애와 사상'이라는 관점하의 고승에 대한 연구라 하겠습니다. 그런데 오늘의 발제는 혜암스님의 생애 그 중에서도 봉암사 결사와 개혁불사(94, 98년)에 대한 부분이 중심적인 소재입니다.

   그러나 비평자는 일반적인 고승의 삶의 기본 줄거리를 연대기적인 순서로 천착을 해서 연구, 서술을 하는 것이 좋지 않을까 합니다. 발제자가 봉암사 결사, 개혁불사가 혜암스님의 생애에서 가장 중요하다고 본 연유가 있겠지만 저는 제가 큰스님들을 연구한 관행대로 의견을 개진하고자 합니다.

2. 혜암스님은 입산 사찰은 해인사입니다. 입산 시절의 그 당시 해인사는 가야총림 시절입니다. 해방공간 당시의 해인사는 종단이 설립한 가야총림이 출범하여 운영되던 시절입니다. 발제자도 이런 정황은 소개는 하였지만, 혜암스님이 목격하고 영향받았던 가야총림에 대한 배경, 흐름하에서 승려생활 초창기를 겪었다고 봅니다. 즉 가야총림에[1] 대한 풍성한 이야기와 혜암스님 삶과의 상관성을 강조하시기를 바랍니다. 비평자가 보기에 가야총림 시절 혜암스님은 은사를 만나고, 성철스님을 만나고, 그런 인연으로 그 이후에 해인총림 방장도 하시고, 종정도 하신 것이 아닌가 합니다. 그래서 혜암스님의 생애사에서 주목할 것은 혜암스님은 해인총림에[2] 대한 애정, 소신이 어떠 하였는가를 조명하는 것이 중요하지 않을까 합니다.

3. 혜암스님의 수행의 가장 큰 특징은 두타행입니다. 고행이라고 간단하게 말할 수 있지만 두타행의 수행은 연원도 깊고, 고행의 내용도 다양한 것으로 알고 있습니다. 그렇다면 한국 근현대 불교사에서 두타행이

---

1) 김광식, 「가야총림의 설립과 운영」, 『한국 현대선의 지성사 탐구』, 도피안사, 2010.
2) 김광식, 「해인총림의 어제와 오늘」, 『한국 현대불교사 연구』, 불교시대사, 2006.

라는 수행의 흐름은 어떠 하였는가에 대한 이해가 있어야 하겠습니다.3)혹시 혜암스님은 당신의 수행이 두타행이라고 인식을 하셨는지가 궁금합니다. 이에 대한 근거가 있는지요. 그리고 두타행은 경허스님의 법제자로 만주에 가서 활동한 수월스님도 두타행을 한 고승입니다. 하였튼, 혜암스님의 두타행 행보는 아주 특별한 성격입니다. 최근 혜암스님의 두타행이 당신의 카리스마적인 리더쉽 형성에 기여하였다는 연구도 있습니다.4) 하여간 제가 보기에 두타행의 흐름, 성격, 여타 고승5) 등에 대한 폭넓은 탐구에서 혜암스님의 연구에 접근하는 것이 좋지 않을까 생각됩니다.

4. 혜암스님은 45년 간 여러 곳의 선원, 토굴 등지에서 수행을 하셨습니다. 그런 과정 속에서 깨달음도 얻고, 후학 및 재가자들을 경책하셨습니다. 혜암스님의 연구가 초창기이기에 선원에서 정진을 하시고, 혹은 선배 고승을 만나서 수행한 과정 및 순서를 년대기적으로 정리하는 것도 필요하다고 봅니다. 참고하시기 바랍니다. 그리고 혜암스님은 38세 되던 해인 1957년에 오대산 토굴에서 오도를 하셨다고 서술하였습니다. 그렇다면 이때의 견처를 당시의 고승에게 인가를 받은 적은 없었는지 궁금합니다. 또한 이 깨달음 이후 2차의 추가적, 구경각적인 깨달음은 있었는지도 궁금합니다.

Ⅲ. 교화에 대하여

1. 교화는 수행자가 공부한 견처, 깨달음, 수행력 등으로 중생, 세속, 후학 등을 지도하고 이끌어 주는 것입니다. 교화의 장소는 사찰, 교단,

---

3) 경　성,『불교수행의 두타행 연구』, 장경각, 2005.
4) 조기룡,「혜암선사의 수행 리더쉽 형성과 하화중생」,『대각사상』22집, 2014.
5) 치열한 수행(장좌불와 등)을 한 성철스님에 대해서는 두타행을 했다고는 하지 않는다.

세속 등 다양하겠지요. 이런 입론에 의하면 혜암스님이 주관한 재가불자에 대한 참선의 지도는 적지 않은 의의가 있다고 보겠습니다.

그런데 혜암스님의 행적을 정리한 이 글에서는 94년, 98년 종단 개혁 불사를 강조하면서 은근히 그것을 혜암스님의 교화행으로 이해한 것이 아닌가 합니다. 그렇지만 혜암스님이 수행자들에게 강조한 5가지 요체에서는 수행의 이야기가 대부분이고 교화에 대해서는 "주지 등의 소임을 맡지 말라"고 하셨습니다. 이것은 "공부하다 죽어라"에서 대되하는 참선수행, 공부의 중요성을 강조한 것에서 나온 것이라고 이해됩니다. 그러나 혜암 큰스님, 당신께서는 해인총림의 방장도 하시고 종단의 원로의원 및 의장, 그리고 종정도 하셨으면서 후학들에게는 주지 소임도 하지 말라는 것은 큰 모순이 아닌가 합니다. 불교 발전을 기하기 위해서는 주지, 종단 간부, 종회의원 등도 맡아야 합니다. 불교는 '理事'가 함께 움직여야 발전됩니다. 이런 말씀(소임 금지)을 상좌 스님들은 어떻게 받아들일지가 궁금합니다. 이 가르침을 접하는 후배 스님들과 학자들은 어떻게 이해를 해야 합니까?[6]

2. 혜암스님은 94년, 98년 '개혁불사'라고 불리우는 조계종단 사태에서 주역으로 활동하셨습니다. 그래서 종정으로 추대되었다고 볼 수 있습니다. 그런데 혜암스님의 이력, 행보에는 성철스님과의 인연, 유대, 인과관계 등이 많이 놓여 있었습니다. 여기에서 비평자는 혜암스님과 성철스님과의 상관성도 추후에는 연구할 과제라고 보고 싶습니다. 발제자는 이런 문제를 이 분야 연구가들에게 환기하고자 합니다.

1984년 이른바 비상종단 등장 시에 성철스님은 소장파 중심의 개혁은 불교 근본 및 정통에서 어긋난다고 강한 비판, 반대를 하셨습니다. 그때 성철스님은 당신의 입장을 대변할 7인의 중견 스님(제도 개

---

6) 욕쟁이 도인으로 지칭된 춘성스님은 상좌들에게 총무원에 가지 말 것, 주지를 하지 말 것, 독방을 쓰지 말 것, 새끼 갖지 말 것 등으로 강조하였다. 그리고 당신은 망월사(선원)만 30년간 지켰다. 김광식, 『춘성 – 만해제자 · 무애도인』, 중도, 2014, p.142.

혁위원)을 지명하셨고, 그 7인의 스님은 성철스님 논리를 대변하셨습니다. 혜암스님은 바로 7인의 1인이었습니다.[7] 그래서 비상종단은 좌초하였고, 성철스님은 종정 자리에 다시 앉으셨습니다. 요컨대 1984년에는 성철스님과 혜암스님은 일심동체적인 노선이었습니다. 그렇다면 가정하여 성철스님의 입론에서 혜암스님이 추진한 94년 및 98년 개혁불사(종단사태)를 바라본다면 어떤 입장이 피력될지 궁금합니다.

오늘 발제자께서는 94년과 98년의 개혁불사를 기본적인 개요, 과정을 설명하면서 대체적으로는 긍정적, 우호적 설명을 하셨습니다. 그러면서 그런 우호적 역사를 만든 혜암스님을 긍정적, 높은 평가를 하였다고 이해됩니다. 그런데 역사는 30년이 지나야 객관적인 평가를 할 수 있다는 지적이 있습니다. 종단개혁에 대한 연구는 아직 본격화가 되지도 않았습니다.[8] 그러나 2018년 종단 사태가 일어나면서 조계종단의 개혁적인 흐름(역사)은 적지 않은 비판에 직면하였고, 개혁불사가 남긴 역사적 산물에 대한 성찰 의식도 강력하게 노정되었습니다. 그 비판과 성찰은 종단개혁이 세속화(선거 도입, 종단정치, 物量의 문화, 계파 모임, 종권 추구, 유사 정치화, 각자도생, 집단 이기주의 등)의 가속화, 불교 전통(수행풍토, 계율 존중, 원융살림, 어른 존경, 대중공의 등)의 상실 등을 나오게 하였다는 지적이 있었습니다.[9] 부연하면 종단개혁(개혁불사, 종단사태 등)에 대한 인식과 부산물에 대한 비판성이 제기되면 혜암스님의 功過도 변화될 개연성이 있을 것이라 보여집니다. 최근 개혁 주체(지선, 법안, 현응, 청화, 설정 등)들도 개혁의 문제점을 자인한 증언을 하기 시작했습니다. 즉 혜암스님이 의도한 종단개혁과 종단개혁의 부산물 간의 간격을 어떻

---

7) 김광식, 「이성철의 불교개혁론」, 『한국 현대불교사 연구』, 불교시대사, 2006, p.399.
8) 김광식, 「90년대 조계종단 '개혁' 연구, 회고와 전망」, 『조계종단의 개혁과 정화의 제문제』, 중도, 2018.
9) 김광식, 「한국 현대불교의 종단사와 이념」, 『한국교수불자연합회지』 24권 2호, 2018, pp.41~47.

게 이해하여야 할까요? 요컨대 역사적 평가, 냉철한 객관적인 이해를 고려할 때 개혁불사에 대한 서술은 유연성을 가져야 한다고 하겠습니다.

3. 한편 혜암스님은 94년 종단개혁에서 특이한 행적을 남기셨습니다. 즉 1994년 종단개혁이 추진되던 초창기인 1994년 8월 19일 해인사에서 열린 전국 선원의 수좌대회에 관여하셨습니다(자문 대덕).10) 그 수좌대회(봉행위원장; 적명, 휴암)는 종단 집행부가 종헌 전문 개정을 통해 종단의 체질을 전환시키려는 계획이 있다고 보고, 그를 저지하는 수좌대회를 개최하였던 것입니다. 그때, 수좌들은 「전국 선원 스님들께」를 배포하였고, 수좌인 휴암스님은 「조계종 종헌의 宗旨 宗統이 밀실조작에 의해 바뀌게 된 배경 설명과 우리의 기본 입장」이라는 문건을 작성, 배포하였습니다. 이 대회는 성사되었고, 대회에서 결의한 대로 종단 주체가 의도한 종헌 개정은 원로회의(의장, 혜암스님)가 의도한 대로 중지, 조율되었습니다.11) 이처럼 혜암스님은 종단개혁, 변화에 대한 결단적인 행보를 가셨습니다. 이런 행적(종단정체성 수호, 전국선원수좌회 결성)은 기억, 기록되어야 할 것입니다.

Ⅳ. 마무리

오늘, 오경후 선생님 논고, 「한국 현대불교의 동향과 혜암 성관의 수행과 교화」를 읽은 소감을 피력해 보았습니다. 미진한 점과 지나친 점이 있다면 이해하여 주시길 바랍니다. 부족한 점은 공부를 더해서 보완하도록 하겠습니다.

---

10) 당시 『불교신문』(1994.8.19)도 이 대회를 보도하였다.
11) 김광식, 「94년 종단개혁의 재인식」, 『조계종단의 개혁과 정화의 제문제』, 중도, 2018, pp.152~158. 『해동불교』 1994.8.31, 「종헌, 원로회의 제동에 '멈춤' – 원로회의 8개 수정안 제시, 결의문 채택」.

김광식 (金光植, Kim Gwang-sik) jiher77@hanmail.net

건국대 사학과를 졸업하고 동 대학원에서 박사학위를 받았다. 저서로는 『한국근대불교사연구』, 『한국현대불교사연구』, 『불교근대화의 이상과 현실』 『한용운 연구』 등이 있으며 근현대 불교에 대한 논문을 다수 발표하였다. 독립기념관 책임연구원, 부천대 교수, 만해마을 연구실장, 만해학회 회장, 한국정토학회 회장 등을 역임했다. 현재 동국대 특임교수, 대각사상연구원 연구부장으로 있다.

'한국 現代佛敎의 動向과 慧菴 性觀의 修行과 敎化'에 대한 논평

김경집 (진각대 교수)

I. 한국 현대불교와 혜암 성관

1. 한국 현대불교의 이해

한국 현대불교는 시기적으로 1945년 이후 현재까지로 볼 수 있다. 이 기간으로 편의상 전, 후기로 나누어 볼 수 있다.

전기는 1945년 광복 이후 불교계가 조계종과 태고종으로 분종하는 1970년까지로 상정할 수 있다. 이 기간은 일제의 통치에서 벗어난 교단을 세우고 무너진 수행풍토를 회복하려 하였다. 전쟁 후 시작된 정화운동을 통해 한국불교의 정체성을 정립하려던 시기이다.

1945년 8월 15일 광복이 되자 일제하에서 독립운동을 하였던 불교인들은 교정혁신을 위해 '조선불교혁신준비위원회'를 조직하였다.[1] 위원장 김법린은 1945년 9월 22일에서 23일까지 태고사에서 교단의 혁신을 위해 '전국승려대회'를 개최하고 종명을 '조선불교'로 바꿨다. 이어 조선불교조계종총본사태고사법과 31본말사법을 폐지하고 13개도에 교구를 두고 교무원을 신설하였다. 일제의 잔재를 청산하기 위해 1946년 모범총림을 시설하여 도제 양성을 도모하였다.[2] 그러나 1950년 6.25 전쟁이 발발하면서 중

---

1) 강석주·박경훈, 『불교근세백년』, 중앙일보사 1984, p.233.
2) 김법린, 「교정진로에 대한 관견」 『新生』 7월호(1946년 8월 1일), p.7.

단되었다.

1952년 봄 수좌 대의의 수행 사찰 요구, 1953년 10월 선학원 조실 금오의 수행 사찰 요구,[3] 그리고 1954년 5월 20일 이승만 대통령의 1차 유시가 발표되면서 정화운동이 시작되었다.

지난한 과정을 겪은 정화운동은 1962년 3월 새로운 종헌이 확정되고, 4월 1일 중앙종회에서 종정에 비구 측의 李曉峰, 총무원장에는 대처 측 林錫珍을 선출함으로써 통합종단이 출범하였다.

그러나 8월 20일 종회의원 50명을 선출하는데 비구 측 32명, 대처 측 18명이 선출되면서 대처 측이 반발하였다. 9월 20일 총무원장 임석진이 사임함으로써 통합종단은 분열되었다.

1967년 2월에 이르러 양측은 화동추진위원회를 구성하여 중앙종회 의원 수, 본사와 말사의 주지를 인정하는데 합의하였다. 이를 반대하는 대처 측은 화동조인식을 인정하지 않았다. 그리고 2월 27일 시민회관에서 제7차 전국불교신도 대의원대회를 열고 비구 측과 분종을 선언하였다.

1969년 10월 대법원에서 62년 3월 제7차 대한불교비상종회에서 제정한 대한불교조계종 종헌과 효봉을 종정으로 선임한 결과가 유효하다고 판결하였다. 그 후 대처 측은 1970년 5월 한국불교태고종으로 등록하였다.

1970년 이후 시작된 한국 현대불교 후기는 조계종의 이름으로 내적 갈등 속에서 외부의 도전에 응전하며 한국사회 속에서 불교가 가져야 할 시대적 과제를 실천하려던 시기이다.

1970년대 조계종은 내적 갈등에서 벗어나지 못했다. 총무원장은 강력한 종권을 유지하려고 종정과 자주 부딪쳤으며, 양자 구도를 넘어 종회와 원로회의 등 다자간 갈등 양상을 띠었다. 그런 과정을 반복하면서 종헌은 총무원장 중심제와 종정중심제로 번갈아 가면서 개정되었다. 종정과 종회의 갈등으로 야기된 종단의 분열은 1978년 3월 조계사와 개운사에 각각의 총무원이 세워졌다.

---

3) 금오선수행연구원 편, 「금오스님과 불교정화운동」 1, 금오선수행연구원 2008, p.86.

1979년 10월 12일 양측은 문공부 중재로 대립을 멈추고 합의하면서 1980년 4월 17일 69명의 종회의원이 선출되었고, 이어 4월 27일 중앙종회에서 제6대 총무원장으로 월주를 선출하였다. 총무원장은 불교의 교리를 현실에 맞게 개혁하고, 민족과 민중을 이끌어 갈 수 있도록 불교계에 새바람을 불어넣고 종단을 자주적이고 자율적으로 운영하겠다고 밝혔다.[4] 그러나 신군부는 1980년 10월 27일 총무원과 전국 주요 사찰에 난입하여 불교계에 지울 수 없는 상처를 주었다.

종단은 11월 정화중흥회의를 구성하고 법난의 후유증을 최소화 하려고 노력하였다. 민주적인 제도를 도입하여 종단의 청정성을 추구하였다. 그러나 1년 동안 총무원장이 4번이나 바뀌는 등 종단의 갈등은 깊어갔고, 1983년 8월 신흥사 사건은 종단의 위상을 추락시켰다. 8월 17일 불교단체들은 종단 지도층의 퇴진과 개혁이 요구하면서 총무원장과 종회의장의 사임을 결의하였다.[5] 이런 과정에서 생겨난 비상종단은 파격적인 방안을 제시하면서 어려움을 타개하려 했지만 기존의 높은 벽을 넘지 못하고 말았다.[6]

1986년 9월 '해인사승려대회'로 계기로 불교계의 수행자와 신도들은 많은 단체를 조직하며 사회적 실천에 대해 고민하였다. 점점 높아진 불교민주화 의식은 80년대 중반 다양한 승가 모임이 출현하는 계기가 되었다. 이런 참여의식은 1994년과 1998년 종단개혁에 적극적으로 나타났다.

2. 한국 현대불교와 혜암 성관의 수행과 교화

오경후 선생의 논문 '한국 現代佛敎의 動向과 慧菴 性觀의 修行과 敎化'는 한국 현대불교 속에 큰 족적을 남긴 혜암 성관의 수행과 교화에 대한 내용이다. 혜암의 수행생활은 한국 현대불교사와 매우 밀접하다. 1946년 출가에서 2001년 입적 때까지 56년의 삶은 곧 한국의 현대불교였다.

---

4) 「10.27법난의 배경과 불교 내적 상황」 『월간법회』 1987년 10월호, p.83.
5) 대한불교조계종 중앙종회, 『제7대 중앙종회의록』, 조계종출판부 2001, p.914.
6) 동국대학교 석림회, 『한국불교현대사』, 시공사 1997, p.608.

논자는 그런 혜암의 생애와 수행에 대해 첫째 혜암 성관의 수행과 교화, 둘째 1947년 봉암사결사와 혜암, 그리고 셋째 1994·1998년 개혁불사와 혜암으로 나누어 서술하였다.

첫 번째 장에서는 1920년 출생과 출가 동기 그리고 출가 후 수행과 오도와 관련한 이력에 대해 서술하였다. 두 번째와 세 번째는 수행이력 가운데 특별한 의미가 있는 봉암사 결사 참여와 1994년과 1998년 종단의 어려움을 헤쳐 나가며 종단 어른으로서의 면모를 부각시켰다.

대체적으로 혜암 성관의 중요한 수행과 교화 이력에 대해 서술했다는 점에서 큰 이견은 없다. 다만 평자가 살펴볼 때 혜암의 수행과 교화는 1981년 원당암 주석을 계기로 전기와 후기로 나누어 살펴보는 것이 적절할 것 같다. 그런 구분에 의하면 논자가 독립적인 장으로 서술한 봉암사 결사 참여는 수행과정의 하나가 된다.

이런 구도가 되면 앞서 평자가 假說的으로 한국 현대불교를 전기와 후기로 구분한 것처럼 혜암의 삶은 전기 수행과 오도의 삶이었고, 후기는 한국 현대불교의 어려움을 직면하며 해결하였던 큰스님의 역할로 구분할 수 있기 때문이다.

II. 혜암 성관의 수행과 교화에 있어 논의가 필요한 문제

1. 혜암의 일본 유학

2018년 4월 혜암선사문화진흥회가 발간한 『스승 혜암』에 게재된 혜암성관대종사행장을 보면 14세에 장성읍 성산보통학교를 졸업하고 동리에서 사서삼경을 수학한 후 제자백가를 열람하였으며 특히 불교경전과 위인전을 즐겨 읽었다. 그 후 17세에 일본으로 유학하였다고 한다.[7]

---

7) 혜암선사문화진흥회, 『스승 혜암』, 김영사 2018, p.12.

논자 역시 논문에서 17세에 일본으로 유학하여 동서양의 종교와 철학을 공부하던 중 크게 발심하였다고 서술하였다.

당시 학제로 볼 때[8] 1936년[9] 무렵 보통학교를 졸업 후 일본으로 유학할 수 있는 여건이었는지, 일본 어디로 유학하였는지 구체적인 설명이 필요한 부분이다. 그리고 傳佛心燈扶宗樹教曹溪宗正慧菴堂性觀大宗師舍利塔碑銘에는 신구학문을 두루 섭렵하였다고 적고 있는데[10] 그 기간 역시 불분명하다. 좀 더 명확한 보충설명과 고증이 필요하다.

2. 한암과의 수행

논자는 1. 혜암 성관의 수행과 교화에서 당대 선지식인 한암·효봉·동산·경봉·전강 선사를 모시고 45년 동안 일종식(一種食), 오후불식(午後不食), 장좌불와 용맹정진 하였다고 적고 있다.

혜암의 수행과정을 볼 때 다른 선사와의 교류는 시간적으로 볼 때 별 무리가 없다. 그러나 한암과의 수행은 논의가 필요하다. 혜암의 생애에서 1948년에 관한 기록을 보면 2006년 지관이 쓴 傳佛心燈扶宗樹教曹溪宗正慧菴堂性觀大宗師舍利塔碑銘에는 1948년 3월 10일 해인사 금강계단에서 霜月印煥 율사로부터 비구계를 받았다고 적고 있다.[11]

2007년 발간된 『혜암스님 법어집』 2권의 행장에는 1948년(29세)에 해인사에서 상월스님을 계사로 비구계를 수지하셨으며, 오대산 상원사 선원에서 안거를 하였다고 적고 있다.[12] 같은 책의 혜암대종사 연보 역시 1948

---

8) 일제는 한일합방 이후 1911년 조선교육령을 제정 발표하여 한국인의 경우 보통학교(3-4년), 고등보통학교(4년), 여자고등보통학교(3년), 실업학교(2-3년), 간이 실업학교, 전문학교(3-4년) 등으로 구분하였다. 그 후 1922년 2차 교육령을 통해 보통학교(4-6년), 고등보통학교(5년), 여자고등보통학교(3-5년), 실업교육기관(3-5년), 전문학교 3년 이상으로 확대하여 일본의 학제와 동일한 수준으로 맞추었다. 이후 1938년 3차 조선교육령, 1941년 4월에는 심상소학교를 국민학교로 개칭하고, 1943년 10월 4차로 개정된 교육령에 따라 교육체제를 전쟁수행을 위한 군사목적에 부합되도록 하였다.
9) 혜암문도회 편, 『혜암스님법어집』 2권, 김영사 2007, p.378. 비명에서는 일본 유학시기를 1937년으로 적고 있다.
10) 혜암문도회 편, 위의 책, p.378.
11) 혜암문도회 편, 앞의 책, p.379.

년 오대산 상원사 선원에서 안거를 하였다고 적고 있다.13)

2018년 발간된 『스승 혜암』에서도 1948년(29세)에 해인사에서 상월을 계사로 비구계를 수지하였으며, 오대산 상원사 선원에서 안거를 하였다고 적고 있다.14) 그리고 출가 이후 당대 선지식인 한암, 효봉, 동산, 경봉, 전강 선사를 모시고 45년 동안 일일일식과 오후불식, 장좌불와 용맹정진을 하며 오로지 참선수행으로 초지일관 하였다고 적고 있다.15)

이런 내용으로 볼 때 혜암의 오대산 상원사 안거는 2006년 비명을 조성할 때 없었던 내용이 2007년에 추가되었고, 그 후 그대로 쓰인 것을 알 수 있다.

혜암은 1946년 해인사 출가, 1947년 해인사에서 성철과 만남, 1948년 모범총림에 있던 청담을 비롯하여 향곡, 월산, 혜암, 법전, 성수 등과 봉암사 결사에 참여하였다.16) 결사의 참여는 1950년 3월까지 지속한 것으로 보인다. 그리고 6.25 전쟁으로 인해 범어사로 가서 동산의 회상에서 하안거 결제을 하였고, 그 해 해인사에서 스승 인곡으로부터 '慧菴'이라는 법호를 받았다.

이런 일련의 행적을 볼 때 행장과 연보에 나오는 1948년 오대산 상원사 선원 수행과 1951년 3월 입적한 한암과의 수행은 좀 더 확실한 자료가 제시될 필요가 있다.

3. 도봉산 천축사 선원에서의 수행

이 문제는 논자의 논문에는 서술되지 않았으나 혜암의 행장에 기록되어 있어 논의가 필요한 문제이다.

혜암의 傳佛心燈扶宗樹教曹溪宗正慧菴堂性觀大宗師舍利塔碑銘에는 1961년에서 1966년까지 오대산 상원사 동화사 금당선원 통도사 극락암 월내 묘

---

12) 혜암문도회 편, 위의 책, p. 369.
13) 혜암문도회 편, 위의 책, p. 375.
14) 혜암선사문화진흥회, 『스승 혜암』, 김영사 2018, p. 13.
15) 혜암선사문화진흥회, 위의 책, p. 17.
16) 『고경』 제2호, p.19.

관음사 도봉산 천축사 선원 등에서 후학을 제접하였다. 그리고 1967년 이후 해인사에 주석한 것으로 적고 있다[17]

행장은 1957년 오도 후 오대산 오대, 동화사 금당선원, 통도사 극락암 선원, 묘관음사 선원, 천축사 무문관 등 제방선원에 나아가 더욱 탁마장양(琢磨長養)하였다고 적고 있다.[18]

혜암대종사 연보에서는 좀 더 구체적으로 나누어 1964년에 妙觀音寺 선원, 천축사 無門關, 통도사 극락암, 해인사 中峰庵土窟 등에서 3년 안거하였다고 적고 있다.[19]

『스승 혜암』에서도 천축사 무문관 등 제방선원에 나아가 더욱 탁마장양(琢磨長養)하였다고 적고 있다.[20]

도봉산 천축사 무문관은 1964년 건립을 위한 화주가 시작되었고, 다음해 12월 27일 낙성되었다. 1966년 4월 22명의 납자가 입방하여 1972년 4월 28일 6년 결사를 마쳤을 때 회향한 수행자는 5명이었다.

이런 상황으로 볼 때 혜암의 무문관 수행은 좀 더 자료의 보완이 필요하다고 생각된다.

4. 봉암사 결사의 주체자인가 참여자인가?

논자는 2. 1947년 봉암사 결사와 혜암에서 봉암사 결사가 갖는 의의를 서술하였다.

결사의 시작과 규약은 성철과 청담에 의해 세워졌다.

봉암사에 들어가게 된 근본 동기는 죽은 청담스님하고 자운스님하고, 또 죽은 우봉스님 하고, 그리고 내하고 넷인데 전체적으로나 개인적으로나 임시적인 이익관계를 떠나서 오직 부처님법대로만 한번 살아보자. 무엇이든

---

17) 혜암문도회 편, 앞의 책, p.380.
18) 혜암문도회 편, 위의 책, p.371.
19) 혜암문도회 편, 위의 책, p.375.
20) 혜암선사문화진흥회, 『스승 혜암』, 김영사 2018, p.15.

지 잘못된 것은 고치고 해서 '부처님법대로만 살아보자.' 이것이 願이었습니다. 즉 근본 목표다 이 말입니다.

인용구에서 알 수 있듯이 1947년 봉암사 결사는 성철, 청담, 자운, 그리고 우봉에 의해 시작되었다.

논자는 논문에서 혜암의 봉암사 참여를 다음과 같이 표현하였다.

"혜암은 1947년 해인사에서 공양주 소임을 하고 있을 때 성철을 만났다. 그가 長坐不臥 한다는 말을 듣고 그를 따라가고 싶어졌다."

이런 논자의 견해라면 혜암은 봉암사 결사의 동참자이다. 당시의 수행풍토에서 볼 때 결사에 동참한 것만으로도 큰 의미가 있다. 그러나 혜암은 대다수의 동참자에 속하므로 봉암사 결사가 갖고 있는 시대적 의의를 제시하는 위치로 보는 것은 다소 비약된 논지로 보인다.

5. 보조국사 장삼과 괴색가사의 시작은 언제인가?

논자는 한국불교 조계종의 괴색 가사가 봉암사 결사에서 시작되었다고 보고 있다.

혜암의 증언에 의하면 봉암사 결사는 당시 불교계의 관행을 변화시켰다. 예컨대 나무발우를 鐵발우로 바꾸고, 가사와 장삼을 비단으로 쓰지 않고 색깔도 붉은 색이 아닌 먹물가사 즉, 壞色으로 바꾸었다고 한다. 혜암은 "(봉암사에)들어가자마자 바로 지금 우리가 입고 있는 보조 국사 장삼을 60벌 맞췄습니다. 그때만 해도 두루마기에 소매만 넓은 마치 도포자락 같은 장삼을 입고 있었는데, 그 옷을 지금 입고 있는 옷으로 바꾸었지요."라고 했다.

그런데 1946년 11월 6일 한국불교 교정 朴漢永은 송광사에 있던 효봉을 가야총림 조실로 위촉하였다. 총림 대중들은 50일간의 習儀山林을 봉행하며, 大徽가 중국불교 승풍, 石虎가 일본승단의 위의, 그리고 淳浩가 한국 재래의 것을 참고하여 삼국의 승풍에 맞추어 調和酌定하였다. 이때 비단의 가사장삼을 폐하고 보조 장삼 100벌과 괴색의 布綿으로 가사불사를 해서 대중의 위의를 통일하였다.[21]

그렇다면 현재 한국불교 조계종의 괴색가사와 보조 장삼의 시작은 모범총림부터 시작된 것으로 보아야 되지 않는가?

III. 혜암 성관의 수행과 교화에 있어 의문점

1. 혜암의 발심과 출가 사이의 10년

논자는 논문에서, 혜암은 17세에 일본으로 유학하여 동서양의 종교와 철학을 공부하던 중 크게 발심하였다. 그의 마음을 격동시킨 것은 일본 임제종의 고승 一休禪師 어머니가 남긴 유언이었다. 혜암은 일본 고승전집 속에서 '一休禪師 慈母遺言文'을 보고 눈물을 흘렸으며, 감격에 겨워 며칠 동안 밥을 굶었다고 한다. 뿐만 아니라 운서 주굉의『禪關策進』을 읽던 중 마음을 '종이와 먹으로 만들지 않은 經'에 비유한 게송을 보고서 입산하여 마음공부를 해야겠다고 출가의지를 불태웠다. 마침내 혜암은 1946년(27세)에 해인사에 입산 출가하여 麟谷을 은사로, 曉峰을 계사로 하여 受戒得度하였으며, '性觀'이라는 법명을 받았다.

이 내용으로 볼 때 혜암이 발심한 것은 1936년 17세이고, 출가한 것은 1946년 27세이다. 10년 동안의 활동이 보이지 않는다. 이때 어떤 생활을 하였는지 그리고 발심을 증진시키는 계기가 있었는지 궁금하다.

2. 혜암과 정화운동 관련

---

21) 정광호 편,『한국불교최근백년사편년』, 인하대출판부 1999, p.257-258.

혜암의 행장에는 정화운동에 관한 서술이 없다. 그와 함께 수행한 대부분의 선사는 정화에 동참한 이력을 갖고 있다. 그 가운에 성철과 같이 정화방식에 문제를 제기하며 동참하지 않은 분도 있다.

혜암의 행장에는 정화가 진행되는 기간에 수행에 전념한 것으로 적고 있다. 논자 역시 다음과 같이 서술하여 그런 경향을 반영하고 있다.

결사 이후 통영 안정사 闡提窟, 설악산 五歲庵, 오대산 西臺, 태백산 東庵 등지에서 목숨을 돌보지 않고 더욱 고행 정진했다.

1957년, 혜암은 오대산 영감사 토굴에서 밤낮으로 용맹정진 하던 중 홀연히 心眼이 열려 悟道하였다.

이런 내용으로 볼 때 혜암은 정화운동에 직접적으로 참여하지 않은 것으로 보인다. 그 이유가 무엇인가?

김경집(金敬執, Kim Kyung-jib) kyungjib21@hanmail.net

동국대 불교학과를 졸업하고 동 대학원 불교학과에서 철학박사(Dr. Ph.) 학위를 받았다. 동국대, 중앙승가대 외래교수를 거쳐 위덕대학교 불교학부 겸임교수를 역임하였다. 현재 진각대 교수와 한국불교학회 이사, 보조사상연구원 연구위원으로 있다. 저서로는 『한국근대불교사』와 『한국불교 개혁론 연구』 그리고 『역사로 읽는 한국불교사』 10여 권의 한국불교와 관련된 전공서적을 저술하였으며, 한국 근, 현대불교를 주제로 80여 편의 논문을 발표하였다.

논평에 대한 발표자의 답변

오경후

1. 혜암 큰스님의 생애와 사상을 공부하는 계기가 발표자에게는 한국현대불교에 대한 학문의 폭과 깊이를 넓히고 깊어지는데 많은 역할을 했습니다. 더욱이 선배학자들의 지적과 가르침은 흔치 않는 좋은 기회였습니다.

특히 김광식 선생님은 혜암스님에 대한 조명은 연대기적인 순서로 천착하기를 바란다고 했습니다. 이 지적은 큰스님의 사상과 수행의 변화를 검토하는데 매우 효과적이라고 생각합니다. 겸허히 수용합니다. 특히 봉암사결사나 개혁불사에 대한 천착은 매우 구체적으로 조명할 필요성을 느낍니다. 개혁불사의 배경이나 혜암큰스님의 행적을 구체적으로 살피고 남겨야 한다는 조언은 깊이 새게겠습니다.

2. 김경집 선생님의 지적 가운데 원당암 주석당시의 수행과 교화를 전기와 후기로 구분해야 한다는 지적은 매우 절절합니다. 교단개혁불사와는 또다른 큰스님의 수행과 포교를 규명하는 차원에서 더욱 효과적인 글쓰기가 될 것이라고 생각합니다.

특히 김경집 선생님이 의문을 제기한 일본 유학 당시의 상세한 조사와 고찰은 저 역시도 의문을 갖고 있는 부분입니다. 기회가 주어진다면 면밀히 살피겠습니다. 이밖에 한암스님과 수행이라든가 도봉산 천축사 무문과 수행에 대한 자료조사는 보완할 것입니다.

다만 봉암사 결사의 주체자와 참여자의 여부는 혜암큰스님은 참여자이면서도 주체자였다는 점에서 주체나 참여 여부를 명확히 구분한다는 것이 애

매한 것이라고 생각합니다. 큰스님의 자유의지였기 때문이다. 한국현대불
교가 지닌 과제해결이라는 큰 화두를 직면하고 있었기 때문입니다.

3. 두 선생님의 지적과 조언은 발표자의 견문과 지식의 폭을 넓히는 계기
가 되었습니다. 앞으로의 학문여정에 유용한 밑거름으로 삼겠습니다.

감사합니다.

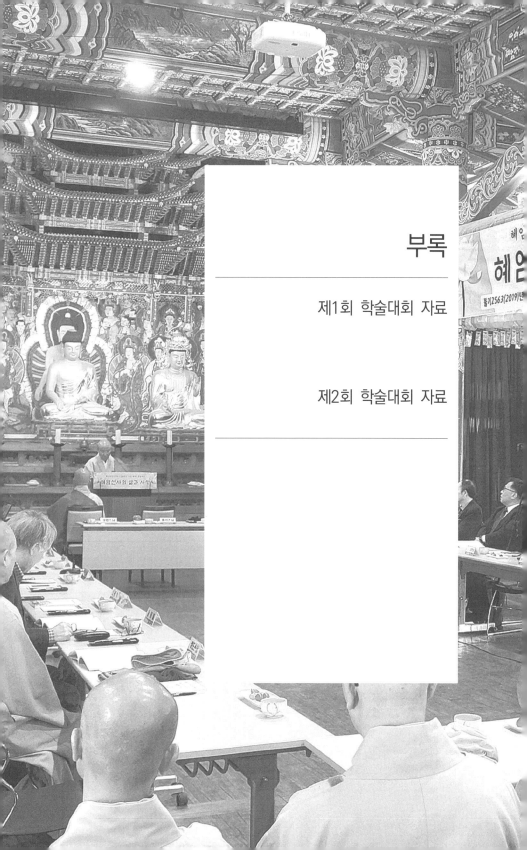

부록

제1회 학술대회 자료

제2회 학술대회 자료

제1회 학술대회 자료

공·부·하·다·죽·어·라

혜 암 선 사 문 화 진 흥 회
제1회 학술대회

- **일시** | 2014년 4월 16일(수) 13:00~18:00
- **장소** | 동국대학교 중강당
- **주최** | (사) 혜암선사문화진흥회
- **후원** | 혜암대종사문도회
- **협찬** | 불교TV, 불교방송, 불교닷컴, 불교포커스, 미디어붓다,
불교신문, 법보신문, 현대불교신문, 주간불교

2014. 4.

제1회 학술대회

개회식 (14:00~14:30)

사회 | 대오(혜암대종사문도회 총무/조계종 종회의원)

- 삼귀의례
- 반야심경 봉독
- 개회사   성법(혜암선사문화진흥회 회장)
- 인사말씀   원각(혜암선사문화진흥회 부회장 / 한국선원수좌회 대표)
- 혜암 대종사 육성법어
- 기념법어   진제(대한불교조계종 종정)
- 격려사   월주(지구촌공생회 이사장)
- 축사   대원(해인사 서당, 학림사 조실)
                   향적(대한불교조계종 종회의장)
- 장학금 수여   성법
- 다문화사업지원단체 발표   성법
- 내외귀빈 소개   대오
- 공지사항

학술대회 (14:30~17:30)

사회 | 연기영(동국대 교수)

- 기조발제   **혜암 선사의 생애와 사상** / 여연(백련사 주지)
- 제1주제   **혜암 선사의 선사상과 수행방법** / 종호(동국대 선학과 교수)

  토론 | 법산(동국대 명예교수) / 신규탁(연세대 교수)

- 제2주제   **혜암 선사(慧菴 禪師)의 수행 리더십 형성과 하화중생(下化衆生)**
  – Max Weber와 신조류(新潮流) 리더십 이론을 중심으로 –
  조기룡(동국대학교 불교학술원 교수)

  토론 | 이학종(미디어붓다 대표)

- 종합토론   사회 | 윤원철(서울대 교수)
- 공지사항
- 사홍서원

차 례

학술대회를 개최하며

성 법(사단법인 혜암선사문화진흥회 회장/혜암대종사문도회 회장)

만물이 소생하는 아름다운 계절에 제 10대 종정을 지내신 혜암당 성관 대종사의 숭고한 정신과 사상을 널리 선양하고자 오늘 이 자리를 마련하였습니다.

공사다망하신 중에도 이 뜻 깊은 자리를 빛내주기 위해 왕림해주신 사부대중 여러분께 진심으로 감사드립니다. 특히 영상으로 기념법문을 보내주신 대한불교조계종 진제 종정 예하님과 격려사를 보내주신 지구촌공생회 이사장이신 송월주 큰스님께 깊은 사의를 표하는 바입니다. 또한 축사를 해주시기 위해 이 자리에 오신 해인사 서당 대원 큰스님과 대한불교조계종 종회의장 향적 스님께도 깊은 감사를 드립니다.

우리 혜암대종사문도회는 〈혜암선사문화진흥회〉라는 사단법인을 설립하여 포교, 교육, 승가복지, 사회복지, 장학사업, 문화사업, 효사상의 실천과 다문화 지원 사업 등 다양한 활동을 통하여 혜암 선사의 숭고한 정신과 얼을 세상에 널리 알리고 발전시켜 가고자 합니다. 그리고 혜암 선사의 높고 깊은 뜻을 잘 이어가며 실천하여 한국불교의 중흥에 기여하고자 합니다.

이번 학술대회는 우선 혜암 큰스님의 업적과 사상을 학술적으로 체계화하여 홍법의 기초로 삼고자 함에 그 목적을 두고 있습니다. 앞으로 사단법인 〈혜암선사문화진흥회〉

가 목적사업을 추진하는 데 기반을 구축하고 학문적인 연구와 체계를 세우는 데는 많은 연구가 선행되어야 한다고 생각합니다.

오늘 이 자리는 바로 이러한 연구의 초석을 놓고자 마련한 학술대회입니다. 앞으로 더욱 심도 있는 연구를 위해 국내외 저명한 학자들을 모시려고 합니다. 우리 혜암 대종사 문도들은 힘을 모아 더욱 정진하겠습니다. 이 자리를 빛내 주신 사부대중 여러분께서도 항상 지켜봐 주시고 동참해 주시기를 기원합니다.

다시 한 번 감사를 드리며 학술대회를 시작하겠습니다.

은사스님의 삶과 사상이 재조명되고
계승 발전되길 바라며

원 각(혜암선사진흥회 부회장/전국수좌회 대표)

온갖 꽃들이 피고 신록이 생기를 더하는 이 따듯한 봄날 유서 깊은 동국대학교에서 혜암 대종사 학술세미나를 개최하게 되어 대단히 기쁘게 생각합니다.

그리고 종정예하께서 법어를 해주시고, 지구촌공생회 이사장이신 월주 큰스님께서 격려사를, 원로의원이신 대원 큰스님과 종회의장이신 향적 스님께서 축사를 해주셔서 너무 고맙다는 말씀을 드립니다.

여러 가지로 바쁘심에도 불구하고 대덕큰스님들과 여러 스님들께서 이렇게 참석해 주시니 아울러 감사하다는 말씀을 드립니다.

오늘 학술대회를 위해 여러 가지 준비와 발표를 하고, 토론을 하고 진행하는 스님들과 교수님들, 그리고 여러분들께도 고마운 말씀을 드립니다.

그리고 이번 세미나를 위해서 동국대학교 연기영 교수님께서 애를 많이 써주셨습니다. 고맙습니다.

스님께서 열반하신 지 벌써 13주년이 되었습니다.

스님께서는 살아생전에 장좌불와와 일종식을 하시고 용맹정진 하셨습니다. 그리고 대중들에게 '공부하다 죽어라'는 법문을 자주 하시고 애써 정진할 것을 강조하셨습니다.

또한 큰스님들 회상에 가서 공부할 것을 우리들에게 권하시고 당신도 가야총림 효봉 스님, 오대산 한암 스님, 통도사 극락암 경봉 스님, 인천 용화사 전강 스님, 월래 관음사 향곡 스님, 해인총림 성철 스님 등 여러 큰스님 회상에서 두루 지내셨습니다.

뿐만 아니라 대중을 가르치시고자 많은 노력을 하셨습니다.

스님께서는 토굴에 사실 적에도 혼자 지내지 않고 대중과 함께 사시고 다른 곳으로 떠나실 때는 뒷사람이 잘 살 수 있도록 식량과 땔나무 등을 넉넉히 준비하는가 하면 주변을 잘 정리하여 뒷사람에게 인계하고 가셨습니다.

해인사 원당암에 재가자 선원을 개설하여 재가자들이 정진할 수 있는 도량을 만드셨습니다. 한 달에 두 번씩 첫째, 셋째 토요일 용맹정진과 봄·가을 두 달 간씩 산철결제, 하안거·동안거 결제 등 재가자가 정진할 수 있는 기틀을 세우시고, 많은 대중들이 와서 정진을 했습니다.

스님이 계시지 않은 지금도 스님께서 계셨을 때의 방식 그대로 하고 있으며 많은 대중들이 열심히 정진하고 있습니다.

스님께서는 상좌들을 나무라실 적에도 네가 미워서 꾸짖는 것이 아니고 가르치기 위해서 이렇게 나무란신다고 말씀하시곤 했습니다.

해인사나 종단에 주요소임을 두루 맡으시고 당신의 안위를 위해 적당히 타협하지 않으셨음은 물론 종단이나 불교발전을 위해서 소신껏 일을 하시고 그 뜻을 관철시키곤 하셨습니다.

스님의 삶은 이렇듯 스님분상에서는 해도 하는 바가 없는 도인의 삶이셨을 것입니다.

아무쪼록 이번에 개최되는 학술세미나가 은사스님의 삶과 사상이 재조명되고 계승 발전되어 후학들이나 신도님들의 삶에 큰 도움이 되고 많은 경책이 되었으면 하는 마음 간절합니다.

아울러 오늘 이 법회에 참석해주신 모든 분들께 거듭 고맙다는 말씀을 드립니다. 대단히 감사합니다.

바른 參禪法을 宣揚하는 뜻 깊은 法席

眞 際(대한불교조계종 종정)

伽倻山色千古秀(가야산색천고수)하고
紅流洞川萬古明(홍류동천만고명)이라.
介中有一閑道者(개중유일한도자)하여
勇猛精進度衆生(용맹정진도중생)이로다.

가야산 산색은 천고에 수려하고
홍류동 계곡물은 만고에 밝게 빛남이라.
그 가운데 한가한 도인이 한 분 있어
용맹정진으로 만 중생을 제도함이로다.

今日 門孫들이 發心하여 慧菴 大禪師의 家風을 다시금 드날리고자 이와 같이 學術會議를 개최함은, 갈수록 參禪法 본연의 色이 根機에 따른 방편수행법인 양 희석되어 가는 즈음에, 大禪師의 本分正眼을 통해 佛祖의 家風을 여실히 드러내어 바르고 바른 參禪法을 宣揚하는 뜻 깊은 法席이 되리라 봅니다.

慧菴 大禪師께서는 寂滅에 드시던 法座에서도 一如하게 頓悟頓修의 活句參禪을 살림살이로 삼으셨고, 一生토록 만 중생을 제도함에 있어서는 흐트러짐 없는 勇猛精進을 그 방편으로 삼으셨으니 어찌 宗門의 눈 푸른 大宗匠이라 칭하지 않을 수 있겠습니까.

때로는 言說을 거두어 장군죽비 警策으로써 一切의 魔群을 魂飛魄散케하여 흐트러진 衲子의 本分을 일깨워주셨고, 때로는 大機大用으로 殺活縱奪하시고, 때로는 騰騰任運 任運自在하시어 向上一路의 祖師家風을 宣揚하시었으니 後學들로 하여금 頓悟하여 見性케 하는 바른 指南으로 남으셨습니다.

또한 가엾은 중생들에게 인연따라 苦口丁寧히 베풀어 주신 無緣慈悲의 法香은 만년토록 衆生界에 光明을 놓으리라 봅니다.

慧菴 大禪師께서는 一生토록 바른 참선법을 宣揚하셨음이요, 모든 부처님과 祖師스님들이 이를 통해 慧命을 이어온 것이라, 後學들은 마땅히 그 遺訓을 받드는 데 혼신의 정진을 다해야 은혜를 갚는 참다운 길이라 할 것입니다.

參禪을 바르게 닦는다 함은, 일상생활 속에 각자의 話頭를 챙기되 話頭가 없는 이는,

"부모에게 이 몸 받기 전에 어떤 것이 참 나던가?"

하고 이 話頭를 챙기면서 마음에서 우러나오는 아주 간절한 의심을 밀어주고, 챙기고 밀어주기를 하루에도 천번만번 하여 끊어짐 없도록 하는 것입니다. 그렇게 話頭疑心 한 생각이 흐르는 물처럼 흘러가도록 무한히 애쓰다보면, 문득 一念三昧에 들어 보는 감각 듣는 감각이 다 사라져 보는 것도 잊어버리게 되고 듣는 것도 잊어버리게 됩니다. 그렇게 한 달이고 일 년이고 십 년이고 흐르고 흐르다가 홀연히 사물을 보는 찰나에 소리를 듣는 찰나에, 話頭가 박살이 남과 동시에 大悟見性하여 할 일을 다 해 마치게 됩니다.

그러면 千佛萬祖師와 어깨를 나란히 하게 되어 天下에 둘도 없는 大自由人이 되는 것이고, 비로소 慧菴 大禪師의 참 모습을 바로 보게 될 것입니다.

昔日에 馬祖 道人이 百丈 侍者를 데리고 산골 들을 지나가게 되었는데, 도중에 농사짓는 큰 저수지에서 놀던 오리 떼가 인기척이 있으니 푸울 날아갔습니다.

이에 馬祖 禪師께서 말씀하시기를,

"저기 날아가는 것이 무엇인고?" 하시니, 百丈 侍者가

"들오리입니다."

"어디로 날아가는고?"

"저 산 너머로 날아갑니다."

侍者가 이렇게 답하자마자, 馬祖 禪師께서 시자의 코를 잡아 비트니 시자가,
"아야!"라고 소리쳤습니다. 이에 馬祖 禪師께서
"어찌 날아 갔으리오." 하셨습니다.

볼 일을 다 보고 百丈 侍者가 馬祖 禪師를 모시고 절에 돌아와서는 자기 방에 들어가 문을 안으로 걸어 잠그고는,
"馬祖 道人이 '저 오리가 어디로 날아가는고?'하고 묻는데 '저 산 너머로 날아가고 있습니다.'하니 어째서 코를 비틀었는고?"

이 화두를 들고 勇猛精進에 들어갔습니다. 一念三昧에 들어 깊이 참구하다가 칠일 만에 話頭를 타파하여 馬祖 祖室스님 방 앞에 가서 말하였습니다.
"祖室 스님, 어제까지는 코가 아프더니 이제는 아프지 않습니다."

百丈 侍者가 이렇게 답을 하니, 馬祖 禪師께서 다른 侍者를 불러 雲集鐘을 치게 하였습니다.

大衆이 法堂에 다 모여 坐定하고 있는데 馬祖 禪師께서 法床에 올라 坐定하고 계시는 차제에, 百丈 侍者가 들어와 禮三拜를 올리고 나서는 절하는 배석자리를 걷어 둘둘 말아 어깨에 메고 法堂을 나가버렸습니다. 그러니 馬祖 禪師께서도 法床에서 내려와 祖室房으로 돌아가 버리셨습니다.

今日 慧菴 大禪師의 家風을 기리고자 모이신 모든 분들이여,
百丈 侍者가 배석자리를 말아 어깨에 메고 나간 뜻은 어디에 있으며, 또한 馬祖 道人께서 즉시 法床에서 내려와 祖室房으로 가신 뜻은 어디에 있습니까?
山僧이 이 法門을 점검하여 慧菴 大禪師 靈前에 法의 供養을 올리고자 하니, 大衆은 잘 받아가지소서.

龍袖拂開全體現(용수불개전체현)이요
須彌倒卓半空中(수미도탁반공중)이로다.

임금이 용상에 올라 소매를 드는데 전체가 드러남이요.
수미산이 반 허공중에 거꾸로 꽂힘이로다.

"공부하다 죽어라!" 수행자의 표본
성관당 혜암 대종사

송월주(지구촌공생회 이사장)

투철하고 매서운 용맹정진으로 후학의 귀감이 되었던 조계종 제10대 종정 혜암 스님(1920~2001)이 열반한 지 올해로 13주년을 맞았습니다. 이즈음 사단법인 혜암선사문화진흥회가 성관당 혜암 대종사의 행장과 유훈을 조명하는 학술대회를 연다고 하니 감회가 새롭습니다.

혜암 스님은 한국불교의 청정수행가풍을 되살린 봉암사 결사의 주역 가운데 한 명이었습니다. 아울러 성철 스님의 뒤를 이어 종정을 지내면서 수행풍토를 크게 진작했습니다. 또한 1994년 종단개혁 당시에는 원로회의 의장으로서 사부대중을 독려하며 부패한 구(舊) 체제를 무너뜨리는 데 크게 기여했습니다. 불퇴전의 수행력을 바탕으로 종단개혁의 기반을 다진 스님의 추진력은 참으로 놀라웠습니다. 요컨대 혜암 스님은 이사(理事)가 무애(無碍)한 선지식의 표본으로 자리매김해, 지금껏 납자와 종도들의 올곧은 지남(指南)이 되고 있습니다.

1920년 전남 장성에서 태어난 스님은 1946년 합천 해인사에서 인곡 스님을 은사로 득도한 후 효봉 스님을 계사로 비구계를 수지했습니다. 당신의 남달랐던 정진을 향한 원력은 산문(山門)에 갓 들어선 시점부터 빛을 발했습니다. 1947년 문경 봉암사에서 성철 스님, 청담 스님, 보문 스님, 향곡 스님 등 당대의 내로라하는 선승들을 모시고 결사에 참여해 정법 수호의 초석을 닦았습니다. 이어 해인사, 송광사, 통도사 극락암, 범어사 선원 등 전국 제방선원에서 초지일관 용맹정진에 임했습니다.

"공부하다 죽어라!" 생전의 혜암 스님이 평소 제자들에게 누누이 강조했던 당부입니다. 안주하거나 한눈을 파는 중생들에게 내리는 따끔한 경책이자, 당신이 일생동안 몸소 실천해온 수행론입니다. 스님은 "참선을 통한 화두타파를 통해 생사의 관문을 뚫을 수 있고, 이것이야말로 모든 중생이 해탈하는 길"임을 강조했습니다. 부모에게서 태어나기 전 나의 본래면목〔父母未生前 本來眞面目〕을 찾으라는 권고였고 본래면목이야말로 이 세상에서 가장 크고 귀한 보물이라고 독려했습니다.

"나고 죽는 것도 아니고, 선도 악도 아니고 옳고 그른 것도 아니며, 있는 것도 아니고 없는 것도 아니고, 이름을 지을 수도, 모양을 그릴 수도 없는 그 물건을 꼭 찾아야 생사를 해탈할 수 있다"는 확언은, 오늘날 성불(成佛)을 서원한 출재가 모든 수행자에게 요구되는 화두입니다. 육체 이전에 생각 이전에 또렷이 존재하는 '이것'을 보라는 것입니다. 그리고 참선수행을 통해 진여자성(眞如自性)을 깨닫게 되면, 이름과 형상으로서의 나는 참다운 내가 아님을 알게 되고, 결국 육체적 질곡을 초월한 자유와 나와 남을 둘로 보지 않는 자비의 마음을 갖게 될 것입니다.

혜암 스님은 산중에서 수행에 전념하다가도, 종단에 위기가 닥치면 누구보다 앞장서서 활인검(活人劍)을 휘두르는 역사의 선각자이기도 했습니다. 서의현 총무원장의 3선 시도로 촉발된 1994년 종단개혁 당시 3선의 부당성을 지적하고 개혁의 깃발을 높이 올렸습니다. 의장 혜암 스님을 비롯한 11명의 원로의원 스님들은 4월 5일 서울 대각사에서 회의를 열어 서 원장의 3선을 묵인한 3월 30일 종회결의 무효와 총무원장의 즉각 사퇴, 전국승려대회 소집을 결의했습니다.

원로회의의 이 같은 결정은 개혁의 필요성에 대한 종도들의 여론을 확산시키고, 국민들의 성원을 이끌어내는 데 공헌했습니다. 이어 조계사 4·10승려대회에서도 거침없는 사자후를 토하며 구습의 척결을 통한 종단의 쇄신을 천명하고 폭넓은 지지를 끌어냈습니다. 4년 뒤 이른바 정화개혁회의 총무원 불법 점거에서 비롯된 '98년 사태' 때에도 종회의원들과 함께 우정로 승려 대회에 참석하여 종단의 큰 어른으로서 중심을 지키고 윗어른이라도 이치에 맞지 않는 주장을 내세우고 지시를 내리더라도 이를 거부하고 배사자립(背師自立)의 정신을 견지하면서 종헌수호와 종단의 정통성을 지키는 데 몸을 던졌습니다.

스님은 이사(理事)를 겸비한 지도자였습니다. 평소에는 납자들을 제접하고 수행정진을 하다가도 종단이 혼란에 처할 때는 용기 있게 사판에 나타나서서 단호하게 원칙을 지키면서 항상 종단을 수습하셨습니다.

이렇듯 혜암 스님의 일생은 정법을 향한 수행과 정법을 현실에 펼치기 위한 실천으로 점철된 삶입니다. 출가 이후 줄곧 이어온 일중일식(日中一食)과 장좌불와(長坐不臥)의 일상은 여전히 선객들에게서 회자되고 있는 미담입니다. 지중했던 참선수행과 함께 청정지계(淸淨持戒)의 살아있는 전범(典範)이기도 했던 혜암 스님의 생애는 모름지기 수행자라면 마땅히 이래야 한다는 것을 생생히 보여주고 있습니다. 아무쪼록 오늘의 학술대회가 스님을 역사적으로 올바르게 평가하고, 수행자와 종단의 바람직한 미래상을 정립하는 계기가 되길 바랍니다.

조계의 종풍을 크게 진작하는 데
헌신하신 분

대　원(해인사 서당 수좌/ 학림사 오등선원 조실)

어머니로부터 얻어 입은 밑 없는 바지를 벗어 버리니

원래로 움직이지 않는 부처로 돌아가고

만 가지 인연이 전부 끊어지니 한 길의 열반문이 활짝 열렸네.

큰 바다의 파도가 몰록 쉬고

푸른 하늘에는 한 점의 구름 끊어졌는데,

털을 헤치니 같고 다른 무리요

전 세계의 몸을 나투지 않는 것이 없도다.

2007년에는 설풍이 천지를 덮는 때에 혜암 대종사님의 법어집을 발간하여 인천(人天)에 보급하여 모든 이를 꿈에서 깨어나게 하시더니 이번에는 훈풍이 천하에 가득하여 춘삼월 호시절에 혜암 대종사님의 생애와 사상을 재조명하는 학술세미나를 이곳 종립 최고 동국대학교 강당에서 개최하게 되어 더없이 기쁩니다.

대종사님께서는 일생동안 장좌불와와 일종식으로 고행 정진하셔서 크게 깨달으신 분이십니다. 평소에 모든 이에게 공부하다 죽으라 하셨습니다.

큰스님께서 평소 마음 쓰심과 몸으로 실천에 옮기신 것을 보면, 넓게 마음을 쓰시는 데는 하늘땅도 모자라고 항하수 모래 숫자도 미치지 못합니다. 세밀하게 마음을 쓰시는 데는 고기 비늘사이도 미치지 못할 정도로 모든 것이 철저하신 분입니다.

깡그리 마른 몸체는 마치 흰 학이 높은 언덕 소나무 위에 외발로 서 있는 것 같고, 어떤 때는 사(邪)와 정(正)을 모조리 끊는 위풍은 깎아지른 철벽과도 같습니다.

설법하실 때는 빗방울도 미치지 못할 정도로 퍼부어 주시고, 잘못된 것을 보시고 꾸짖으실 때는 마치 푸른 하늘에 천둥번개가 쏟아지듯 하셔서 모든 이의 간담이 서늘하여 잘못된 생각이 혼비백산하고 바른 정신으로 돌아오게 해 주셨으며, 잘못된 종단이 위기에 처해 있을 때는 종단을 바로 잡아 주셨습니다. 후학을 일깨워 주시고 조계의 종풍을 크게 진작하는 데 헌신하신 분입니다.

큰스님의 도덕과 법력 크신 업적은 백천만 권의 종이로도 드러내기 어려운데 하물며 짧은 종이 한 장의 축사로 어떻게 다 드러낼 수가 있겠습니까?

이번 학술세미나를 통해 후학들에게 큰 경책의 주장자를 내려 주시는 계기가 되어 후학들의 잘못을 바로잡고 새로운 승풍을 진작하여 이 땅에 불국토가 이루어져서 중생들이 대해탈 자재하여 영원한 지상극락이 정착되고 영원히 태평가를 부르고 살아가는 세상이 되기를 바라마지 않습니다.

　一法元無萬法空　箇中那許悟圓通
　將謂少林消息斷　挑花依舊笑春風

한 법도 원래 없어서 만법이 공하였는데
이 가운데 어찌 깨달아 통하는 것을 허락 하겠는가
소림의 소식이 끊어진 곳에
복숭아꽃은 옛을 의지하여 봄바람에 웃고 있네.

다시 한 번 개혁불사의 정신으로

향 적 (대한불교조계종 종회의장)

종단개혁 20주년을 맞아 전 종도와 더불어 종단개혁의 의미와 성과에 대해 생각하면서 축하의 마음으로 이 자리에 섰습니다.

또한 동시에 종단개혁정신을 오늘의 종단현실에 접목시켜, 종단의 많은 부분을 쇄신해야 한다는 책무감을 가지고 이 자리에 섰습니다.

이것이 있음으로 해서 저것이 존재한다는 부처님의 연기론은 종단의 지난 20년의 행적이 오늘의 결과라는 가르침입니다. 과거의 행위들이 오늘의 모습이고 오늘의 언행들이 미래의 모습일 것입니다.

20년 전 종단개혁불사는 종단운영을 규정하고 있는 종헌을 전면 개정하여 대중공의 정신을 기본으로 수행·교육·포교에 역점을 두는 종단운영 구조로 만들었습니다. 그리고 이를 뒷받침하는 종법 30여 개를 제·개정했습니다.

이러한 초강도의 개혁 작업을 불과 7개월 정도의 기간에 이룩할 수 있었던 것은 당시 원로, 중진스님들과 선·교·율 등의 각 분야의 대표스님들이 개혁의원이 되어 사부대중과 한 마음으로 거 종단적인 개혁불사에 매진한 결과였습니다.

그 후 종단은 이러한 개혁내용들을 상당부분 진척시켜 오늘날에 보는 바와 같이 많은 발전의 성과를 이루었지만, 한편으로는 개혁내용들이 후퇴되거나 소홀하게 된 점이 많은 것이 현실입니다.

20년이 경과한 오늘의 종단은 다시 한 번 개혁불사의 정신으로 돌아가야 합니다. 그동안 종단의 규모와 역할도 더 크고 많아졌고, 사회도 크게 변화되고 발전하였습니다.

이제 종단은 더 이상 20년 전에 만든 제도로는 많은 한계에 봉착했습니다. 현재의 시스템과 활동으로는 우리사회에서 대중교화를 펼치기에는 너무 부족합니다. 다시 한 번 전 종도의 뜻과 힘을 모아 종단개혁을 할 때라고 생각합니다.

사부대중은 이제 한국불교의 미래를 응시해야 합니다. 많은 종도와 국민들이 종단을 향해 다시 개혁의 목소리를 높이고 있습니다. 불교중흥을 위해, 국민이 신뢰하고 불자들이 존경하는 종단으로 거듭나야 합니다.

첫째, 종단 내적으로 수행 · 교육 · 포교분야 외에도 중앙, 교구, 사찰운영제도의 발전적 정비는 물론이고 출가, 복지, 선거, 호계 등 분야별 과제에 대해서도 제도적 정비에 본격 착수해야 합니다.

둘째, 동시에 시선을 바깥으로 돌려, 힘들고 낮은 곳에 있는 중생들의 마음을 위무(慰撫)할 자비 나눔의 길에 사부대중 전 불자가 나설 수 있는 제도와 풍토를 만들어야 합니다.

종단의 개혁불사에 중앙종회가 앞장서도록 하겠습니다.

사부대중들도 다 함께 힘을 모아주십시오. 94년 한국불교 개혁은 현재진행형입니다. 정법구현, 종단의 민주화, 불교의 자주화, 청정교단의 구현, 대사회적 역할 증대를 다짐했던 그때의 호소는 오늘도 유효한 의제(議題)입니다.

94년 개혁정신을 발전적으로 계승하는 일이 불조혜명을 잇는 길이요 한국불교의 미래입니다. 우리 모두 '종단이 바로 수행과 교화의 영겁기단(永劫基壇)'임을 알아 개혁의 길에 다함께 나아갑시다.

감사합니다.

혜암스님, 우리시대 인천의 사표"

불교신문   어현경 기자 2014.4.16.

혜암선사문화진흥회, 첫 학술대회 개최

혜암스님 생애와 사상을 기리는 첫 학술대회가 16일 열렸다.

　"공부하다 죽어라"는 추상 같은 가르침으로 잘 알려진 전 조계종정 혜암 스님(1920~2001)의 생애와 사상을 재조명하는 학술대회가 처음으로 열렸 다. 혜암선사문화진흥회(회장 성법스님)는 오늘(4월16일) 동국대 중강당에서 학술대회를 개최했다. 동국대 중강당은 혜암스님을 그리워하는 스님과 재가불자들로 입추의 여지도 없었다. 조계종 종정 진제스님과 지구촌공생회 이사장 월주스님은 동영상으로 법어와 격려를 전했고, 원로의원 대원스님과 중앙종회의장 향적스님이 축사했다.

이날 강진 백련사 주지 여연스님이 '혜암선사의 생애와 사상'을 주제로 기조발제를 했으며, 동국대 교수 종호스님이 '혜암선사의 선사상과 수행방법'에 대해, 조기룡 동국대 불교학술원 교수가 '혜암선사의 수행 리더십 형성과 하화중생'에 대해 발표했다. 이와 함께 동국대 명예교수 법산스님, 신규탁 연세대 교수, 이학종 미디어붓다 대표가 토론에 나섰다.

기조발제를 맡은 여연스님은 혜암스님 곁에서 보고 느꼈던 스님의 수행상과 종단개혁, 대중교화의 면모를 소개했다. 여연스님은 혜암스님의 수행은 크게 4가지로 설명했다. 45년 동안 하루 한 끼만 먹는 일종식(一種食)과 오후불식(午後不食) 장좌불와 용맹정진 참선수행을 한 것이다. 이와 함께 △밥을 많이 먹지 마라 △공부하다 죽으라 △안으로 공부하고 남을 도와주라 △주지 등 소임을 맡지 마라 △일의일발로 청빈하게 살라는 다섯 가지 가르침을 후학들에게 남겼다.

실제로 혜암스님은 철저한 수행자였다. 오대산 사고암 토굴에서 스님은 '공부하다 죽으리라' 하는 결심 하나로 영하 20도를 오르내리는 추위에도 방에 불을 때지 않고 잣나무 생잎만 먹으며 수행했다고 한다.

이날 학술대회에서 여연스님이 밝힌 여러 가지 일화는 치열한 수행해 온 혜암스님의 모습을 떠올리게 했다. 여연스님은 "해인사 강당에 살 때 차비라도 받으려는 마음에 태백산 동암까지 혜암스님을 찾아갔다"며 "밥도 못 먹고 하루가 걸려 동암에 도착했더니 저녁도 안 주시고 바로 용맹정진을 시켰다"고 회상했다. 또 스님과 함께 법흥사로 가는 길에 중국집에 들렀던 얘기를 전하며 "자장면이라도 먹는 줄 알고 기대했는데 스님이 주방에 가서 국수발을 씻어오라고 시켜서 씻은 국수를 함께 나눠먹었다"고 전했다.

이날 학술대회에는 많은 스님과 재가자들이 참석했다.

지리산 상무주암에서 함께 정진할 당시 이야기는 후학들을 이끌며 수행하는 혜암스님의 면모가 잘 전해진다. 여연스님은 "처음엔 하루 세끼를 꼬박꼬박 주다가 얼마 지나지 않아 오후불식을 하자고 하고 한 달이 되니 일종식을 하자고 했다"며 "일종식을 하면서 너무 배가 고파 스님 몰래 숨어서 밥을 먹다가 들켰는데 그 때부터는 하루 먹을 분량의 양식만 정확하게 재서 창고에서 꺼내주고 문을 잠갔다"며 엄한 모습을 기억했다. 이어 "두 달 뒤에는 용맹정진을 시작했다. 1주일간 단식용맹정진을 했는데, 한 수좌가 다른 암자에 가서 밥을 훔쳐 먹고 장이 뒤틀렸다. 그 때 스님은 병원에 가는 대신 굶는 게 좋다며 다시 1주일간 단식 용맹정진을 했다"며 수행에 있어서는 한 치의 흐트러짐 없던 스님의 모습을 강조했다.

뿐만 아니라 혜암스님은 94년 종단개혁 당시 '개혁의 수상'으로 종단의 자주화 민주화 사회화를 이끌었다.

여연스님은 특히 스님의 대중교화 사상을 높이 평가했다. 1981년 원당암에 선불당이라는 재가불자 선원을 개원해 함께 수행하며 지도한 것을 언급하며 "수행을 통한 사부대중 공동체 건설을 직접 실천했다"고 강조했다. "스님은 평소대로 장좌불와와 철야정진을 하며 신도들과 함께 오전3시와 오후7시 죽비로 예불을 올렸고 오후에는 도량청소와 울력을 함께 했다"며 "대종사는 신도들과 함께 참선하는 것만큼 확실한 대중교화가 없다는 것을 직접 실천했다"고 말했다.

"가야산 정진불, 가야산 대쪽으로 불렸던 불퇴전의 수행력과 청빈한 계율을 바탕으로 한 대중교화의 길은 어느 누구도 결코 흉내낼 수 없는 것"이라며 "스님은 원융무애의 경지를 직접 실천했던 우리시대 인천의 사표였다"고 피력했다.

이날 학술대회에서는 혜암스님 생전의 모습이 방송됐다.

한편 혜암선사문화진흥회는 스님의 높고 깊은 뜻을 이어 다양한 사업을 추진할 계획이다. 회장 성법스님(혜암대종사문도회장)은 "포교 교육 승가복지 사회복지 장학사업, 문화사업 효사상 실천과 다문화지원사업등 다양한 활동을 통해 혜암선사의 숭고한 정신과 얼을 세상에 널리 알리고 발전시켜 나갈 것"이라고 밝혔다. 부회장 원각스님(전국선원수좌회 공동대표)도 "은사 스님의 삶과 사상이 재조명되고 계승발전되어 후학들이나 신도들 삶에 큰 도움이 되고 많은 경책이 됐으면 한다"고 말했다.

이어 성법스님은 동국대 대학원 선학과 석사과정에 재학 중인 법조스님에 게 장학금을 전달했고, 다문화가정지원단체를 선정해 지원할 뜻을 밝혔다.

성법스님이 장학증서를 전달하고 있다.

해인사 원당암 혜암 스님 첫 조명

법보신문 이재형 기자 2014.4.9.

혜암선사문화진흥회, 4월16일 동국대 중강당

4월16일, 동국대 중강당
혜암선사문화진흥회 주관

▲ 조계종 제10대 종정을 역임한 혜암 스님.

출가 이후 50년 간 초인적인 장좌불와(長坐不臥) 수행과 하루 한 끼 공양을 실천
했던 조계종 전 종정 혜암(1920~ 2001) 스님을 조명하는 첫 학술마당이 열린다.
(사)혜암선사문화진흥회(회장 성법 스님)는 4월16일 오후 1~6시 동국대
중강당에서 제1회 학술대회를 개최한다.

혜암 스님의 사상을 선양하기 위한 이날 학술대회에선 백련사 주지 여연 스님의 '혜암선사의 생애와 사상'이란 주제의 기조발제를 시작으로 동국대 선학과 교수 종호 스님의 '혜암선사의 선사상'과 조기룡 불교학술원 교수의 '혜암선사의 수행리더십 형성과 하화중생' 등 논문 2편이 발표된다.

종호 스님은 이날 논문발표에서 선사란 말로 표현할 수 없고 마음으로 통할 수 없어 입만 열면 어긋나는 본래면목의 존재, 하지만 만고에 변함없 으며 추호의 어둠도 없는 그 마니보주를 밝혀 삼세의 모든 부처님과 역대의 조사들과 함께 하도록 하는 것이 본분임을 역설한다. 특히 혜암 스님은 마음의 눈을 가리는 삿된 지식과 학문을 멀리하고 마음의 눈을 밝혀 무한의 광명을 뚜렷이 하는 것이 조사선임을 밝히고 이를 드러내도록 이끌었음을 밝힐 예정이다.

이어 조기룡 교수는 혜암 스님의 리더십을 수행의 관점에서 규명하고 그 리더십이 최종적으로 하화중생(下化衆生)으로 실천되는 과정을 면밀히 고찰 한다. 이를 통해 즉 혜암 스님의 리더십은 수행에 의한 결과로 그 리더십이 종단 차원에서는 1994년 조계종 개혁불사 때 대중들에게 추종심을 형성했 으며, 교단 차원에서는 재가신도들을 위해 재가불자선원과 달마선원을 개원 해 삶의 본질을 공부하도록 하는 하화중생의 동인이 됐음을 논할 예정이다.

사회는 흥국사 주지 대오 스님과 연기영 동국대 교수가, 토론은 동국대 명 예교수 법산 스님, 신규탁 연세대 교수, 이학종 미디어붓다 대표 등이 맡는다.

이번 학술대회 기획에 참여한 해인사 원당암 감원 원각 스님은 "큰스님께서 는 후학들에게 '참선공부하다 죽어라'고 말씀하셨다"며 "이번 학술대회는 우리 가 어떻게 정진하고 살아야 하는지를 알 수 있는 계기가 될 것"이라고 말했다.

한편 혜암문도회를 중심으로 구성된 혜암선사문화진흥회는 포교·교육 사업, 승가·사회복지 사업, 장학·문화 사업, 효사상실천 사업, 다문화지원 사업 등을 통해 혜암 스님의 사상과 정신을 널리 선양하기 위해 지난 2011년 설립됐다.

이재형 기자 mitra@beopbo.com

[1240호 / 2014년 4월 9일자 / 법보신문 '세상을 바꾸는 불교의 힘']

부록

"이 시대의 사표,
혜암 스님의 불이정신 이어야"

현대불교신문 노덕현 기자   2014.04.17

혜암선사문화진흥회, 제1회 학술대회 열어...1000여 명 운집

▲ 이날 동국대 중강당에는 1000여 명의 불자들이 입추의 여지 없이 가득 모였다.

　'공부하다 죽어라'는 가르침으로 잘 알려진 근현대 선지식 혜암 스님. 청
정한 가풍으로 94년 종단개혁의 구심점 역할을 했던 혜암 스님을 재조명
하는 학술대회가 처음으로 열렸다.
　혜암선사문화진흥회(회장 성법)는 4월 16일 동국대 중강당을 가득 메운
1000여 불자들과 함께 학술대회를 열었다.

이날 학술대회에서는 조계종 종정 진제 스님과 前총무원장 월주 스님이 영상을 통해 격려사를 보냈으며, 각계 인사들이 대거 참석했다.

조계종 종정 진제 스님은 이날 축하 영상을 통해 "혜암 스님은 선풍을 널리 일으키신 분으로 일생동안 참선법을 선양하셨다"며 "후학들은 유훈을 받들어 정진해야 할 것"이라고 말했다.

94년 개혁 당시 혜암 스님과 인연이 깊은 前조계종 총무원장 월주 스님도 영상을 통해 "스님은 94년 개혁 당시 원로의장으로서 개혁의 구심점 역할을 했으며, 대중을 독려해 부패한 구 체제를 무너뜨리는데 기여했다"며 "청정한 스스로의 일생은 바로 정법을 향한 수행과 그 것을 펼치기 위한 실천행이었다"고 회고했다.조계종 중앙종회의장 향적 스님은 "혜암 스님의 20년 행적이 오늘날 불교계를 낳게 했다. 다시한번 개혁불사 당시의 정신으로 돌아가야 한다"고 강조했다.

혜암대종사문도회장 성법 스님은 개회사를 통해 "혜암 스님의 정신을 선양하기 위해 구성된 '혜암선사문화진흥회'를 통해 포교 교육 승가복지 사회복지 장학사업 다문화지원사업 등을 펼치고 있다"며 "오늘 학술세미나로 스님의 업적과 사상을 학술적으로 체계화해 홍법의 기초로 삼겠다"고 했다.

여연 스님은 기조발제 '가야산의 대쪽, 혜암성관 대종사의 생애와 사상'에서 혜암 스님과 같은 출가수행자의 사표가 필요함을 강조했다.

여연 스님은 "현재 한국불교는 침체의 늪에 빠져 있는데 이는 우리 시대를 책임질 본분종사가 부재하기 때문"이라며 "출가에서 열반까지 한순간도 멈추지 않고 용맹정진한 스님은 현대불교의 모든 출가수행자의 전범"이라고 말했다.

여연 스님은 또 혜암 스님의 종단개혁을 분석하며 "수좌로서는 드물게 세상이치에 밝았다"며 "이는 은둔형 수행자가 아닌 적극적·개혁적인 수행자로서의 모습"이라고 말했다.

"혜암 스님의 개혁정신 지속해서 이어가야"

여연 스님은 또 "스님은 장좌불와와 철야정진을 하며 재가자들과 함께 조석으로 예불을 올리고 도량청소와 울력을 함께 했다"며 "스님은 재가자들과 함께 수행정진하는 것 만큼 확실한 대중교화가 없다는 것을 알고 직접 실천했다"고 말했다.

조기룡 동국대 불교학술원 교수도 '혜암 선사의 수행 리더십 형성과 하화중생'에서 "스님의 장좌불와와 일일일식 등 용맹정진 가풍이 근대 불교계의 리더쉽이 됐다"며 "간화선에서는 재가불자선원과 달마선원을 개원해 재가자들에게도 간화선을 지도했다. 이는 간화선이 생활선임알고 실천하신 모습"이라고 말했다.

조 교수는 "혜암 스님이 산문에서 수행해온 삶과 밖에서 종단 개혁을 이끌던 삶은 둘이 아니었다"고 말했다.

수지맞는 장사 권했던 혜암 스님"

불교닷컴 조현성 기자   2014.04.16

혜암선사문화진흥회, 제1회 학술대회서 조명

▲ 혜암 스님(사진=해인사)

　"내 마음이 나를 해치고 있는데 무슨 행복이 있고 자유가 있고 성불이 있
겠는가. 인간은 다 죽습니다. 죽음이 다가오고 있다는 것을 잠시라도 잊지
말고 내 마음을 지키고 닦을 때 내가 성인이 됩니다…. 이 세상에서 제일
수지맞는 일 가운데 하나가 공부하다 죽는 일입니다. 목숨 내놓고 정진하다

보면 견성이 가까워 옵니다. 공부하다 죽어라." -혜암 스님 법어 가운데.

1994년 개혁 당시 원로의장으로서 서의현 당시 총무원장의 3선을 묵인한 종회결의 무효와 총무원장 즉각 사퇴, 전국승려대회 소집을 결의했던 조계종 10대 종정 혜암 스님(1920~2001)을 추모하는 첫 학술행사가 열렸다.

혜암선사문화진흥회(회장 성법 스님)는 16일 동국대 중강당에서 제1회 학술대회를 개최했다.

행사에서는 여연 스님(백련사 주지)이 '혜암 선사의 생애와 사상'을 주제로 기조발제를 했다. 종호 스님(동국대)이 '혜암 선사의 선사상과 수행방법', 조기룡 교수(동국대 불교학술원)가 '불교리더십 형성과 하화중생'을 주제발제 했다.

이날 행사에는 조계종 교육원장 현응 스님, 호계원장 일면 스님, 봉은사 주지 원학 스님과 혜암 스님 문도회원 등 1000여 사부대중이 참석했다.

"94개혁, 구체제 무너뜨리는데 기여한 분"

조계종 종정 진제 스님은 영상 법어에서 "혜암 대선사는 종문의 눈 푸른 대종장으로서 일생토록 바른 참선법을 선양하셨다. 후학들은 마땅히 그 유훈을 받드는 데 혼신의 정진을 다해야 할 것"이라고 당부했다.

94개혁 후 제28대 조계종 총무원장을 지낸 월주 스님(지구촌공생회 회주)은 영상 격려사를 통해 "혜암 스님은 94년 종단개혁 당시에는 원로의장으로서 사부대중을 독려하며 부패한 구 체제를 무너뜨리는데 크게 기여했다"며 "스님의 일생은 정법을 향한 수행과 정법을 현실에 펼치기 위한 실천으로 점철된 삶이었다"고 했다.

해인사 서당 수좌 대원 스님(학림사 오등선원 조실)은 축사에서 "혜암 스님의 깡그리 마른 몸체는 흰 학이 높은 언덕 소나무 위에 외발로 서 있는 것 같고, 사(邪)와 정(正)을 모조리 끊는 위풍은 깎아지른 철벽과도 같았다"고 했다.

혜암선사문화진흥회 제1회 학술대회에서 왼쪽부터 미디어붓다 이학종 대표,
조기룡 교수, 종호 · 여연 · 법산 스님, 신규탁 · 연기영 교수. ⓒ2014불교닷컴

"20년 전 행적이 오늘의 결과…개혁은 진행형"

조계종 중앙종회의장 향적 스님은 "이것이 있음으로 저것이 존재한다는 부처님 연기론은 종단의 지난 20년 행적이 오늘의 결과라는 가르침"이라며 "다시 한 번 개혁불사 정신으로 돌아가야 한다. 종법구현, 종단의 민주화, 불교의 자주화, 청정교단의 구현, 대사회적 역할 증대를 다짐했던 그때의 호소는 오늘도 유효한 의제"라고 축사했다.

이에 앞서 혜암대종사문도회장 성법 스님(혜암선사문화진흥회장)은 개회사에서 "혜암대종사문도회는 '혜암선사문화진흥회'라는 단체를 설립해 포교 교육 승가복지 사회복지 장학사업 다문화지원사업 등을 통해 혜암 선사의 숭고한 정신과 얼을 세상에 널리 알리고 발전시켜 가고자 한다"며 "오늘 학술세미나는 스님의 업적과 사상을 학술적으로 체계화해 홍법의 기초로 삼고자 마련됐다"고 했다.

부록

혜암선사문화진흥회 부회장 원각 스님(전국선원수좌회 공동대표)은 인사 말씀에서 "혜암 스님이 열반한 지 13년이 지났다. 스님은 스님분상에서는 해도 하는 바가 없는 도인의 삶을 사셨다"며 "오늘 세미나가 스님의 삶·사상이 재조명되고 계승·발전돼 대중의 삶에 큰 도움이 되고 많은 경책이 됐으면 하는 바람"이라고 했다.

여연 스님 "한국불교 늪에 빠져…이유는?"

여연 스님은 기조발제 '가야산의 대쪽, 혜암성관 대종사의 생애와 사상'에서 혜암 스님을 추모하는 까닭을 밝혔다.

스님은 "21세기는 불교의 시대이지만 한국불교는 침체의 늪에 빠져 있다. 이는 우리 시대를 책임질 본분종사가 부재하기 때문이다. 혜암 스님을 추모하는 이유가 여기 있다"고 했다.

스님은 혜암 스님의 수행을 ▷45년 동안 일종식 ▷오후불식 ▷장좌불와 ▷용맹정진 참선수행으로 정리했다. 출가에서 열반까지 한순간도 멈추지 않고 용맹정진을 했기에 근현대불교에서 대종사 수행력은 모든 출가수행자의 전범이 됐다고도 했다.

스님은 "혜암 스님에게서 빠질 수 없는 것이 종단개혁이다. 스님은 수좌로서는 드물게 이사를 겸비한 본분종사였다. 은둔형 수행자가 아니라 적극적·개혁적인 수행자로서 종단개혁의 깃발을 손수 들고 앞으로 나아갔다"고 했다.

이어 "혜암 스님의 올곧음과 개혁성이 오늘의 조계종단을 반석에 올리는 데 결정적 기여를 했다. 스님은 종단이 누란의 위기에 빠질 때마다 단호한 결정과 실천력으로 종단 개혁의 견인차 역할을 해냈다"고 했다.

스님은 "혜암 스님은 우리시대를 이끌어준 guru(스승·지도자)였다"고 했다.

종호 스님 "말·글 아닌 체험 강조한 선지식"

종호 스님은 '혜암 선사의 선사상과 수행법'에서 〈혜암대종사법어집〉을 근거로 "혜암 스님의 선사상은 정통 조사선에 입각해 있다. 방법론에 있어서도 직입과 경절의 방법을 들었다"고 했다.

스님은 "혜암 스님은 (법어에서) 언어도단하고 심행처멸한 중도실상을 밝히면서 무엇보다 실제 체득을 강조했다. 선이 문자 이해나 분별에 있는 것이 아니라 몸소 체증함에 있는 것은 두말할 나위 없지만 선사는 법신에 관한 이론과 법신 자체는 다르다고 했다"고 설명했다.

이어 "스님은 마음이 부처라는 도리를 이해하는 것과 마음이 부처님을 깨닫는 체험과는 확연히 다름을 설했다"고도 했다.

스님은 "혜암 스님은 돈오를 강조했다"고 했다. 돈오법이 '곧바로 쉽게' 깨달음으로 들어가는 방법이라는 설명이다. 그러면서 "혜암 스님은 돈오라는 한 문에 의지해 진여자성을 바로 깨쳐야 진정한 해탈을 얻을 수 있다고 했다. 또, 구경각은 무념·무소득이라고 했다"며 "삼삼조사를 비롯해 선종 정맥의 모든 조사가 구경각을 돈오라고 했지 중간 해오를 돈오라고 한 분은 아무도 없었다고 했다"고 말했다.

혜암 스님은 "선은 발심한 자의 소유물이니 고생하고 노력 없이는 성취할 수 없다"고 했다. "오직 이 한 물건만 믿는 것을 바른 신심이라고 한다. 석가도 달마도 쓸데 없다. 팔만장경이 다 무슨 잔소리냐"고 했다.

이에 대해 종호 스님은 "'한 물건만 믿는 것이 바른 신심'이라는 것은 근본실상, 즉 본래면목에 대한 믿음"이라고 했다.

부록

혜암선사문화진흥회 제1회 학술대회에는 1000여 사부대중이 참석해 성황을 이뤘다.
ⓒ2014불교닷컴

조기룡 "종정은 그 자체로 최고 권위"

조기룡 교수(동국대 불교학술원)는 '혜암 선사의 수행 리더십 형성과 하화중생'에서 스님의 장좌불와와 일일일식 등 용맹정진 하는 수행가풍이 리더십을 형성했다고 했다.

조 교수는 "간화선 수행자로서 혜암 스님의 일생은 산문 안에서 순일하게 수행 자체에 정진한 삶과 종단의 누란지위를 구하고자 산문 밖을 나선 삶, 재가불자선원·달마선원을 개원해 재가신도들에게 간화선을 지도한 삶으로 요약된다"고 했다. 이어 "스님의 이런 일생은 간화선을 생활선이자 사중선으로 인식·실천한 것"이라고 했다.

조 교수는 "동·정을 초월해 동정이 일여한 경계에서 참구하라는 대혜 선사의 가르침을 돌이켜볼 때 혜암 스님의 산문 안에서 순일하게 수행하던 삶과 산문 밖에서 94·98 종단 개혁을 이끌던 삶은 둘이 아니었다"고 했다.

그러면서 "간화선 수행자인 스님에게 있어서는 일상이 그대로 공부요, 공부가 그대로 생활이었다"며 "스님은 생활선으로서 간화선을 실천했다. 스님은 간화선을 출가자 전유물이 아닌 재가자와 공유하는 사중선을 실천했다. 이는 하화중생의 발현이었다"고 했다.

조 교수는 혜암 스님이 조계종 제10대 종정을 지냈던 사실을 설명하며 "종정은 수행리더십의 상징이다. 종정은 그 직위 자체로 최고의 권위를 인정받는다"고도 했다.

혜암선사문화진흥회 제1회 학술대회 전경 ⓒ2014불교닷컴

이에 대해 미디어붓다 이학종 대표는 논평에서 "혜암 스님은 94·98년 종단개혁 과정에서 본의든 아니든 서암 종정과 월하 종정 등 두 분의 종정스님을 물러나게 하는 역할을 했다. 이 점은 혜암 선사 일생에서 아쉬웠던 점으로 지적되기도 한다"고 했다.

그러면서 "서암·월하 종정스님은 당시는 물론 지금도 존경의 대상으로 남아있다"고 했다.

[불교중심 불교닷컴, 조현성 기자　2014.04.16.]

제2회 학술대회 자료

혜암선사慧菴禪師의 삶과 사상

일　시 : 불기 2563(2019)년 4월 20일(토) ~ 21일(일)

장　소 : 대한불교조계종 해인사 보경당

주　최 : (사)혜암선사문화진흥회

시화음

자료 399

■ 2019년 4월 20일(토)

13:30	참가자 도착 및 등록
14:00	입재식 / 사회: 연기영(동국대 명예교수) 삼귀의 반야심경 개회사: 성법스님(사단법인 혜암선사문화진흥회 이사장) 격려사: 원각스님(해인총림 방장) 환영사: 향적스님(대한불교조계종 해인사 주지) 여는 말씀: 여연스님(행사준비위원장)
14:30	기조발제	**慧菴 性觀 大宗師의 思想과 業績** **- 혜암 대종사 '상당법어' 集註 소감-** 신규탁(연세대 철학과 교수 / 전 한국선학회 회장)

제1부: 慧菴禪師의 禪思想과 禪修行觀
      좌장: 신규탁(연세대 철학과 교수)

15:00	제1주제	**慧菴禪師의 自性三學의 禪修行觀 一考察** **- 勇猛精進과 頭陀苦行을 중심으로 -** 발표자: 문광스님(조계종 교육아사리, 동국대 외래교수) 토론자: 권탄준(금강대 불교인문학부 명예교수) 　　　　효신스님(동국대 학술원 교수)
17:30		저녁 공양 및 휴식
19:00	제2주제	**慧菴禪師의 간화선에 대한 고찰** 발표자: 오용석(원광대학교 마음인문학연구소 HK연구교수) 토론자: 윤원철(서울대 종교학과 교수) 　　　　정도스님(동국대 선학과 교수)
21:00		취침

■ 2019년 4월 21일(일)

06:00		아침 공양
제2부: 현대 한국불교에서의 慧菴禪師의 위상 **좌장: 연기영(동국대 명예교수)**		
08:00	제3주제	**慧菴 禪思想의 경전적 배경과 한국불교에서의 위상** 발표자: 정영식(동경대 박사, 고려대장경연구소 연구위원) 토론자: 최유진(경남대 역사학과 교수) 차차석(동방문화대학원대 교수)
10:00	제4주제	**성인전(聖人傳)이론과 한국불교의 큰스님 만들기에 대한 고찰** **-慧菴 性觀의 사례를 중심으로-** 발표자: 박재현(동명대학교 글로벌문화콘텐츠학부 교수) 토론자: 김용표(동국대 불교학부 명예교수) 김방룡(충남대 철학과 교수)
12:00		점심 공양 및 휴식
14:00	제5주제	**韓國 現代佛敎의 動向과 慧菴 性觀의 修行과 敎化** 발표자: 오경후(동국대 학술원 교수) 토론자: 김광식(동국대 교수) 김경집(진각대 교수)
16:00	회향식	감사 말씀: 원각스님(해인총림 방장) 성범스님(혜암선사문화진흥회 이사장) 닫는 말씀: 여연스님 (행사 준비위원장) 공지사항: 연기영(준비위원회 간사) 사홍서원
16:30		폐회

혜암스님
"화두는 성불의 방으로 가는 문고리"

불교신문 이성수 기자 2019.04.22

혜암선사문화진흥회, '혜암스님의 삶과 사상' 조명 학술대회

대원(大願), 신심(信心), 분심(忿心), 의심(疑心). 평생 수좌로 정진하며 후학을 제접하고 불자들을 인도한 혜암스님이 화두 참구를 위해 강조한 덕목이다.

조계종 종정과 해인총림 해인사 방장을 역임한 혜암(慧菴)스님은 특히 대원을 통해 보살심을 다지고 수행의 처음과 끝을 관통하는 원력으로 생사에서 벗어나 다른 이들을 도울 것을 강조했다.

혜암스님의 탄신 100주년을 한 해 앞두고 사단법인 혜암선사문화진흥회(이사장 성법스님)가 지난 4월20일부터 21일까지 이틀간 가운데 해인총림 해인사에서 개최한 '혜암선사(慧菴禪師)의 삶과 사상'이란 주제의 학술대회에서 오용석 원광대 HK연구교수는 이같은 점에 주목했다.

오용석 교수는 '혜암 선사의 간화선에 대한 고찰'이란 주제발표에서 "(혜암스님은) 화두를 참구하면 동정일여(動靜一如), 몽중일여(夢中一如), 오매일여(寤寐一如)의 경계를 지나 깨치게 된다고 했다"면서 "화두 의정(疑情)이 24시간 지속되느냐에 방점을 두었다"고 밝혔다. 성철스님이 오매일여 개념 안에 몽중일여와 숙면일여(熟眠一如)를 포함시켜 이해한데 비해, 혜암스님은 숙면일여 다음에 오매일여를 강조했다는 것이다.

이날 오용석 교수는 "(혜암스님)은 화두 공부의 근기는 따로 없기에 화두에 대한 의심을 통해 공부만 하면 누구나 수행해 깨달을 수 있다고 역설했다"는 점을 부각시켰다. 주력, 기도, 참회 등에 매달리지 말고 오직 화두 공부를 통해 수행에 집중하라는 것이다.

"스님이 제시한 화두 공부의 핵심은 한 생각 일어나기 이전 소식으로 의심해 들어가는 것입니다. 한 생각 일어나기 전은 어떠한 분별심을 일으킬 수 없기 때문입니다. … 스님의 이러한 화두 공부법은 출재가 공통의 수행 가풍을 이루게 하였고 재가자들을 간화선으로 적극적으로 끌어들이게 한 원동력이 되었습니다."

혜암스님은 화두를 삼팔선에 비교했다. 스님의 생전 법문이다. "화두는 성불의 방으로 가는 문고리와 같은 것입니다. '화두 당처가 부처님 마음자리다' 그런 대목이 나오는데 한 생각만 뒤집어 보면 바로 부처님이 되어버립니다. 도(道) 자리하고 딱 붙어 있는 삼팔선 자리이기 때문입니다."

오용석 교수는 '혜암스님의 간화선'에 대해 승속이 없고, 번뇌와 보리가 없고, 중생과 부처가 없는 길이라고 분석했다. 그는 "화두는 언구(言句)로서는 하나의 매개가 되고 그 자체로는 생각을 떠난 소식이므로 한 생각을 깨쳐 성불할 수 있는 경절문(徑截門)이 될 수 있다"면서 "따라서 이러한 스님의 간화선에 대한 태도는 철저한 실천주의 수행 가풍으로 나타날 수 밖에 없다"고 주장했다.

나아가 혜암스님의 간화선은 깨칠 수 있는 가능성을 현실적으로 제고(提高)하여 출재가(出在家) 공통의 수행 위주 가풍을 진작시켰다. 다시 혜암스님의 육성법문이다. "번뇌망상을 쉰 사람이 사는 곳은 바로 부처님 도량이고, 그렇지 못한 사람이 사는 곳은 아무리 법당이나 절이 거룩하고 스님이 백만 명이 살고 있어도 속가집이라고 합니다."

오용석 교수는 "불교의 근본정신을 회복하는 것, 대무심(大無心)을 배워 '지금 여기'에 청정국토를 건립하여 괴로움의 미망에서 벗어나는 것이 혜암스님의 대원력"이라면서 "그것이 바로 스님이 제시한 간화선 수행의 길"이라고 힘주어 말했다.

윤원철 서울대 종교학과 교수는 오 교수의 발표에 대해 "혜암스님은 철저하고 충실하게 조사선의 전통을 잇는 전형적인 간화선 종사임을 확인했다"고 논평했다. 이어 "초월적인, 출세간적인 이상을 추구하는 고전 종교의 수행자들에게 모두 공통적으로 가장 중요한 것은 정진"이라면서 "사람들이 갈수록 종교를 미덥잖게 여기는 척박한 세태에 종교인들이 그 불신을 불식시킬 가장 중요한 자량(資糧)이 정진"이라고 강조했다.

동국대 불교대 교수 정도스님은 "혜암스님 자신만의 독특한 안목과 개성 그리고 주체적인 입장에서 선학(先學)들의 가르침을 내면화 시켰음을 알 수 있다"면서 "임제(臨濟)스님이 외친 '어떠한 경계에서도 투탈자재(透脫自在)하여 얽매이지 않고 인혹(人惑)과 물혹(物惑)을 꿰뚫어서 자유자재하게 된다'를 떠올리게 된다" 는 의견을 제시했다.

한편 이번 학술대회에는 해인총림 방장 원각스님과 사단법인 혜암선사문화진흥회 이사장 성법스님을 비롯해 원로회의 의장 세민스님, 해인사 주지 향적스님, 해인사 전계대화상 종진스님, 백련문화재단 이사장 원택스님, 행사준비위원장 여연스님, 범어사 수좌 인각스님, 달마사 수좌 성곤스님, 봉암사 선덕 기원스님, 동화사 유나 지환스님, 수좌 설우스님 450여 명이 참석했다.

연기영 동국대 명예교수의 사회로 진행된 입재식에서는 혜암선사문화진흥회 이사장 성법스님의 개회사, 해인총림 방장 원각스님의 격려사, 해인사 주지 향적스님의 환영사가 이어졌다.행사준비위원장 여연스님의 여는 말씀으로 막을 올렸다.

해인총림 방장 원각스님은 "이번 학술대회를 통해 혜암스님의 삶과 사상이 제대로 드러나고

혜암스님 오도송과 임종게

진면목이 세상에 널리 알려질 수 있기 바란다"면서 "내년 탄신 100주년을 기념해 국제학술회의를 개최하려고 하는데 기초자료가 될 것"이라고 격려했다. 혜암선사문화진흥회 이사장 겸 문도회장인 성법스님은 "경향 각지에서 많은 학자들이 참석해 혜암스님의 삶과 사상을 논의하는 장

을 마련한 것을 기쁘게 생각한다"면서 "이번 학술대회를 통해 큰스님의 진면목이 드러나 사부대중이 지침으로 삼을 수 있기 바란다"고 인사했다.

해인총림 해인사 보경당에서 '혜암선사의 삶과 사상'이란 주제로 열린 학술대회에는 사부대중 450여 명이 참석했다. 사진제공=연기영 동국대 명예교수.

　입재식에 이어 학술대회는 첫째날 신규탁 연세대 철학과 교수를 좌장으로 △혜암선사의 자성삼학의 선수행과 일고찰(문광스님 발표, 권탄준 금강대 명예교수, 효신스님 토론) △혜암선사의 간화선에 대한 고찰(오용석 원광대 HK교수 발표, 윤원철 서울대 교수, 정도스님 토론)이란 발표와 토론이 진행됐다.

　둘째날에는 연기영 동국대 명예교수를 좌장으로 △혜암 선사상의 경전적 배경과 한국불교에서의 위상(정영식 고려대장경연구소 연구원 발표, 최유진 경남대 교수, 차차석 동방대학원대 교수 토론) △성인전 이론과 한국불교의 큰스님 만들기에 대한 고찰 - 혜암 성관의 사례를 중심으로(박재현 동명대 교수 발표, 김용표 동국대 명예교수, 김방룡 충남대 교수 토론) △한국 현대불교의 동향과 혜암 성관의 수행과 교화(오경후 동국대 불교학술원 교수 발표, 김광식 동국대 특임교수, 김경집 진각대 교수 토론)에 대한 발표와 토론이 이어졌다.

부록

한편 혜암선사문화진흥회는 혜암대종사 탄신 99주년 기념일인 4월26일 〈공부하다 죽어라-집주 혜암대종사 상당법어집〉을 봉정한다. 이 책을 집주(集註)한 신규탁 연세대 철학과 교수는 "이제 중국 선종의 어록을 참고하여 우리 방식대로 본지풍광(本地風光)을 드러내야 한다"면서 "돈오돈수(頓悟頓修)의 진면목을 현양(顯揚)하신 성철스님과 혜암스님의 뒤를 이어 전통을 분명히 이어 나가야 할 시대적 소명이 있다"고 강조했다.

학술대회에 동참한 스님과 불자들이 기념촬영을 했다.

"혜암 스님은 근현대불교사 상징이자 키워드

법보신문 이재형 기자 2019.5.1.

'가야산의 정진불' '가야산의 대쪽' '공부하다 죽어라'로 널리 알려진 조계종 전 종정 혜암성관 스님(1920~2001)의 삶과 사상을 심층적으로 조명하는 자리가 열렸다.

(사)혜암선사문화진흥회(이사장 성법 스님)는 4월20·21일 합천 해인사 보경당에서 혜암대종사 탄신 100주년기념 제2회 학술대회를 개최했다. 지난 2014년 4월16일 서울 동국대에서 제1회 학술대회를 연 지 꼭 5년만이다.

조계종 원로의장 세민 스님, 해인총림 방장 원각 스님, 혜암선사문화진흥회 이사장 성법 스님,

해인사 주지 향적 스님을 비롯한 사부대중 400여명이 참여한 가운데 열린 이번 학술대회는 혜암 스님 생전의 선법문 동영상 시청과 신규탁 연세대 철학과 교수의 기조발제로 시작됐다.

'공부하다 죽어라-집주 혜암 대종사 상당법어집'을 편찬한 신 교수는 "그 동안 한국불교계를 돌아보면 중국 선종의 어록을 양 손에 쥐고 흔들어댔던 것이 사실"이라며 "이제는 우리 방식대로 우리 장단에 맞춰 우리의 본지풍 광을 드러내야 한다"고 역설했다. 이어 "참으로 은혜롭게도 가야산 해인총 림에는 성철과 혜암 두 대종사께서 뒤를 이어 출세하셨고, 게다가 돈오돈수 의 같은 곡조를 연양(演揚)하셨으니 분명 전통이라 할 만하다"며 "귀중한 이 전통이 잘 계승되어 이 시대에 걸맞게 연주되어 온 세상에 울려 퍼져야 할 것"이라고 밝혔다.

동국대 외래교수 문광 스님은 용맹정진과 두타고행을 중심으로 혜암 스님의 자성삼학(自性三學)과 선수행관을 고찰했다. 혜암 스님이 입적하던 해 시봉을 맡았던 문광 스님은 "출가수행자 사표이자 활승(活僧)이었던 스님을 최측근에서 모실 수 있었던 체험은 어떤 상황이 오더라도 보리심을 잃지 않 고 살아갈 수 있게 만들어준 나만의 입법계품 서장으로 남아 있다"며 "혜암 스님은 생활이 그대로 법문이었기에 완벽한 언행일치를 보여준 삶이었다" 고 밝혔다. 또 "혜암 선의 한 특징은 용맹정진과 두타고행이 그대로 자성삼 학과 다르지 않다는 것"이라며 "스님의 삼학은 따로 존재하는 것이 아니라 오직 화두참선을 용맹스럽게 하는 것으로 귀결되고 있다"고 설명했다.

오용석 원광대 마음인문학연구소 HK연구교수는 혜암 스님의 간화선 사 상과 방법을 집중적으로 탐색했다. 오 교수는 "스님은 교(敎)와의 관계를 염 두에 두기보다는 선 자체에 가치 부여를 하고 적게 먹고 장좌불와를 하는 등 두타행 중심의 선수행 가풍을 확립했다"며 "조사선의 정법과 부합되느냐 의 여부, 중도의 이치와 실상에 적합한가의 여부가 스님 삶의 방식이었다" 고 분석했다. 이어 "스님이 제시한 화두 공부의 핵심은 한 생각 일어나기 이전 소식으로 의심해 들어가는 것"이라며 "이러한 스님의 화두공부법은 출 재가 공통의 수행가풍을 이루게 하였고 재가자들을 간화선에 적극 끌어들 이게 한 원동력이 됐다"고 높이 평가했다.

정영식 고려대장경연구소 연구위원은 혜암 스님 선사상의 경전적 배경과 한국불교에서 위상을 구명했다. 그는 혜암 스님이 송대(宋代)가 아닌 당대

(唐代)의 선어록을 주로 인용했던 것은 당대의 선을 모범으로 생각했기 때문이며, 규봉종밀이나 연명연수에 대한 언급을 거의 찾아볼 수 없는 것은 혜암 스님이 돈오돈수를 주장했던 것과 깊은 관련이 있다고 보았다. 또 혜암 스님이 정토사상을 설하고 있지 않은 점에 주목한 정 연구위원은 "천상이니 지옥이니 하는 구별은 원래 없고 모두 마음이 지었다는 것이 선의 주장"이라며 "그런 의미에서 본다면 스님은 참으로 선지식이었다고 할 수 있다"고 말했다.

박재현 동명대 글로벌문화콘텐츠학부 교수는 혜암 스님의 사례를 중심으로 성인전(聖人傳) 이론과 한국불교의 '큰스님 만들기'에 대해 살펴봤다. 박 교수는 "혜암 선사를 비롯한 근현대 시기의 대표적 고승들에 대한 성인화 작업이 진행되지 않고 단순히 추모에서 그친다면 도인은 없고 깨달은 자도 없는 한국불교사의 암흑기만 기약 없이 연장될 것"이라고 말했다. 이어 "성인이 없는 종교를 상상하기 어렵듯 성인전 같은 인물연구방법론과 그 성과는 종교의 발전 과정에서 핵심적인 동력으로 작용한다"며 "혜암 선사를 모범적인 전문 선수행자의 모습으로 자리매김하는 데서 그칠 것인지 아니면 만세의 사표, 고승의 새로운 표준, 깨친 수행자의 모델로 제시할 것인지도 한국불교가 추구하는 가치와 이념이라는 거시적인 문제의식 속에서 그 방향을 결정해야 할 것"이라고 강조했다.

마지막 발표자인 오경후 전 동국대 불교학술원 교수는 한국 현대불교의 동향과 혜암 스님의 수행과 교화에 대해 검토했다. 그는 혜암 스님이 한국 근현대불교의 질곡과 변화의 과정을 거치면서 산중과 저자거리를 오가면서 부처님법대로 살기를 염원했고, 두타행을 통해 정법안장을 지키고자 한평생을 보냈다고 평가했다. 특히 1947년 봉암사 결사를 비롯해 1994년 및 1998년 종단개혁 과정에서 혜암 스님의 역할을 조명한 오 교수는 "혜암 스님은 한국 근현대불교사의 상징적 존재 가운데 1인으로 성철 스님과 함께 한국 근현대불교사를 이해하는 키워드"라고 밝혔다.

토론자로는 권탄준 금강대 명예교수, 은유와마음연구소 효신 스님, 윤원철 서울대 종교학과 교수, 동국대 선학과 교수 정도 스님, 최유진 경남대

부록

역사학과 교수, 차차석 동방문화대학원대 교수, 김용표 동국대 명예교수, 김방룡 충남대 철학과 교수, 김광식 동국대 교수, 김경집 진각대 교수가 참여해 발표 논문을 보완하고 혜암 스님에 대한 자신의 견해를 피력했다.

이번 학술대회와 관련해 해인총림 방장 원각 스님은 "혜암 대종사께서는 선사로서 한 치의 물러섬도 없는 대쪽 같은 성품을 지니셨으면서도 출가자는 물론 재가자에게도 늘 불법을 일깨워주려는 자비로운 모습을 보이셨다"며 "내년 4월 국제학술대회를 비롯해 스님의 삶과 사상이 제대로 드러날 수 있도록 앞으로도 학자들의 연구 활동을 적극 지원하겠다"고 밝혔다. 혜암선사문화진흥회 이사장 성법 스님도 "많은 학자들을 초청해 혜암 스님의 삶과 사상을 논의하는 자리가 마련돼 매우 반갑고 고맙다"며 "이번 학술대회를 통해 드러난 혜암 스님의 진면목이 지금 우리는 물론 앞으로 살아갈 모든 사부대중에게도 삶의 지침이 되길 바란다"고 당부했다.

한편 혜암선사문화진흥회는 4월26일 해인사 원당암에서 '공부하다 죽어라-집주 혜암 대종사 상당법어집' 봉정식 및 김호석 화백이 그린 혜암 대종사 진영 봉안식을 개최한다. 또 5월1일에는 지리산 영원사에서 해인총림 방장 원각 스님을 증명법사로 제4차 혜암대종사 수행도량 순례법회를 진행할 예정이다.

해인사=이재형 기자 mitra@beopbo.com
[1487 / 2019년 5월 1일자 / 법보신문 '세상을 바꾸는 불교의 힘']

'선지식' 혜암 스님 수행·사상 망라

현대불교신문 신성민 기자 2019.4.25.

혜암선사문화진흥회 주관으로 4월 20~21일 제2회 학술대회

"성철·혜암 두 대종사 뒤 이어 전통 계승해야 할 소명 있어" 26일 상당법어집·진영 봉안도

조계종 제10대 종정 취임법회에서 혜암 스님이 주장자를 들어 보이고 있는 모습.

"공부하다 죽어라"라며 수행 정진을 강조했던 조계종 前 종정 혜암 스님 (1920~2001)의 생애와 사상, 수행관 등을 집중적으로 조명하는 자리가 마련됐다.

(사)혜암선사문화진흥회(이사장 성법)는 4월 20~21일 합천 해인사 보경당에서 '혜암 대종사 탄신 100주년기념 제2회 학술대회'를 개최했다.

이날 학술대회는 해인총림 방장 원각 스님, 조계종 원로회의 의장 세민 스님, 조계종 전계대화상 종진 스님, 해인사 주지 향적 스님, 백련문화재단 이사장 원택 스님 등 사부대중 500여 명이 참석했다. 대회는 혜암 스님 생전 육성법문 동영상 시청과 신규탁 연세대 철학과 교수 기조발제로 시작됐다.

〈공부하다 죽어라- 집주 혜암대종사 상당법어집〉의 집주를 맡았던 신규탁 교수는 "이제 중국 선종의 어록을 참고해 우리 방식대로 본지풍광을 들어내야 한다"면서 "돈오돈수의 진면목을 언양한 해인총림 성철 스님과 혜암 스님 두 대종사의 뒤를 이어 전통을 계승해 나가야 할 시대적 소명이 후학들에게 있다"고 강조했다.

이어진 주제 발표에서는 혜암 스님의 수행관과 사상 등을 집중 조명하는 논문들이 발표됐다.

'혜암선사의 자성삼학(自性三學)의 선수행관 일고찰'을 발표한 조계종 교육아사리 문광 스님은 용맹정진과 두타고행을 중심으로 혜암 스님의 수행관을 살폈다.

용맹정진과 두타고행이 자성삼학과 다르지 않은 점을 혜암 스님의 선수행의 특징으로 꼽은 문광 스님은 "혜암 스님의 삼학은 따로 존재하는 것이 아닌 화두참선을 용맹스럽게 하는 것으로 귀결된다"고 주장했다.

오용석 원광대 마음인문학연구소 HK연구교수는 '혜암 선사의 간화선에 대한 고찰'에서 혜암 스님의 간화선 사상과 방법론을 조명했다.

오용석 교수는 "혜암 스님은 선 자체에 가치 부여를 하고 두타행 중심의 수행 가풍을 확립했다"며 "스님이 제시한 화두 공부의 핵심은 한 생각 일어나기 이전 소식으로 의심해 들어가는 것이었고, 이런 화두공부법은 출재가 공통의 수행가풍을 이루며 재가자들을 적극 동참케 하는 요인이 됐다"고 강조했다.

'혜암 선사상의 경전적 배경과 한국불교에서의 위상'을 발표한 정영식 고려대장경연구소 연구위원은 혜암 스님의 선사상에 대한 경전적 배경을 살피고 한국불교에서 위상을 구명했다. 특히 정영식 위원은 혜암 스님이 정토

사상을 설하지 않는 것에 주목했다. 그는 "혜암 스님은 오직 유심정토(唯心淨土)만을 주장할 뿐이며, 영가법문에서도 정토왕생을 설한 적은 없다. 이러한 점은 혜암 스님이 선승의 본분에 충실했다는 증거"라고 설명했다.

(사)혜암선사문화진흥회는 4월20~21일 합천 해인사 보경당에서 혜암대종사 탄신 100주년기념 제2회 학술대회를 개최했다.

박재현 동명대 글로벌문화콘텐츠학부 교수는 '성인전(聖人傳) 이론과 한국불교의 큰스님 만들기에 대한 고찰'을 통해 올바른 선사의 선양에 대해 고찰했다.

박재현 교수는 "국내 불교학 분야에서는 인물연구 방법론에 대한 연구가 별로 진행되지 못했다"고 지적하며 "성인이 없는 종교를 상상하기 어렵듯이 성인전 같은 인물연구방법론과 그 성과는 종교의 발전 과정에서 핵심적인 동력으로 작용한다"고 주장했다.

이어 "혜암 선사를 '공부하다 죽어라'고 외쳤던 모범적인 선수행자의 모습으로 자리매김하는 데에서 그칠 것인지 아니면 만세의 사표, 고승의 새로운 표준, 깨친 수행자의 모델로 제시할 것인지를 한국불교가 추구하고자 하는 가치와 이념 속에서 방향을 결정해야 할 것"이라고 강조했다.

'한국 현대불교의 동향과 혜암 성관의 수행과 교화'를 발표한 오경후 前동국대 불교학술원 교수는 혜암 스님은 굴곡진 근현대불교사 안에서 두타행을 통해 정법안장을 지키고자했던 수행자였다고 평했다. 오경후 前교수는 "혜암 스님은 한국 근현대사와 함께 얽혀있는 불교계의 뿌리 깊은 한계와 모순을 극복하고 정법안장을 지키기 위해 평생을 진력했던 인물"이라며 "때문에 혜암은 성철과 함께 한국 근현대불교사를 이해하는 키워드"라고 밝혔다.

학술대회에 앞서 입재식이 봉행됐다. 해인총림 방장 원각 스님은 격려사에서 "이번 학술대회를 통해 스승 혜암 스님의 삶과 사상이 제대로 들어나고 진면목이 세상에 널리 알려질 수 있는 자리가 됐으면 한다"며 "내년 탄신 100주년 기념으로 국제학술회의를 개최하려 한다. 앞으로 학자들의 연구 활동을 적극 지원하겠다"고 밝혔다.

혜암선사문화진흥회 이사장 성법 스님은 "많은 학자들이 참석해 스승 혜암 스님의 사상을 논의하는 장을 마련한 것을 기쁘게 생각한다"며 "이번 학술대회를 통해 스님의 진면목이 드러나 사부대중이 지침으로 삼을 수 있는 계기가 되길 바란다"고 당부했다.

한편, 혜암선사문화진흥회는 4월 26일 해인사 원당암서 〈공부하다 죽어라-집주 혜암 대종사 상당법어집〉 봉정식 및 김호석 화백이 그린 혜암 대종사 진영 봉안식을 봉행했다.

集註 慧菴大宗師上堂法語集

①

공부하다 죽어라

(사)혜암선사문화진흥회 엮음

신규탁 집주

시화음

엮은이 혜암선사문화진흥회 | 시화음 | 2019.04.25
페이지 296 | 판형 신국판 양장

<u>책소개</u>

가야산 정진불! 평생을 청정수좌로서 청백가풍 위법망구의 정신으로 수행정진하시고 조계종 10대 종정을 지내신 혜암큰스님의 청천벽력같은 가르침! 2020년 현대 한국불교의 선지식 혜암대종사의 탄신 100주년을 앞두고 큰스님의 사상과 업적을 선양하는 사업을 펼치고 있는 (사)혜암선사문화진흥회가 연세대 철학과 신규탁 교수의 주석으로 혜암큰스님의 친필 상당법어집 〈공부하다죽어라 ①〉을 출간했다. 책머리에는 최근 봉안된 혜암대종사의 진영을 비롯하여 출가에서 열반에 이르기 까지 한눈에 볼 수 있는 사진을 실어 큰스님의 삶과 사상을 한눈에 살펴볼 수 있도록 했다

제10대 조계종정 혜암대종사 탄신 백주년 기념논집

혜암선사연구 ①

혜암선사의 삶과 사상

1판 1쇄 인쇄 2020년 4월 4일

1판 1쇄 발행 2020년 4월 14일

엮은이 | 혜암선사문화진흥회
발행인 | 연기영
발행처 | 시화음
등　록 | 2018년 11월 21일(제2018-000240호)
주　소 | 서울특별시 서초구 사평대로58길 6 현대썬앤빌
강남 더 인피닛 1412호 (서초동)
전　화 | 02)534-6726　E-mail | yeunky1@naver.com
ISBN 979-11-966840-2　　　　　　　　　정가 2,6000원

좋은 독자가 좋은 책을 만듭니다.
시화음은 독자 여분의 의견에 항상 귀 기울이고 있습니다.